Joachim Oelschlegel

CAFM –
Computerunterstützung
im Facility Management

Praktische Anleitung zur organisatorischen, technischen
und kaufmännischen Einführung bzw. zum Ausbau von CAFM.
Mit Datenbank zum Softwarevergleich

D1699593

83 Edition
expert *soft*

Dr. Joachim Oelschlegel

CAFM – Computerunterstützung im Facility Management

Praktische Anleitung zur organisatorischen, technischen und kaufmännischen Einführung bzw. zum Ausbau von CAFM. Mit Datenbank zum Softwarevergleich

expert verlag®

Onlinematerial verfügbar

Bibliografische Information Der Deutschen Bibliothek

Die Deutsche Bibliothek verzeichnet diese Publikation
in der Deutschen Nationalbibliografie;
detaillierte bibliografische Daten sind im Internet über
http://dnb.d-nb.de abrufbar.

Bibliographic Information published by Die Deutsche Bibliothek

Die Deutsche Bibliothek lists this publication
in the Deutsche Nationalbibliografie;
detailed bibliographic data are available on the Internet at
http://dnb.d-nb.de .

Onlinematerial verfügbar unter:
files.verlag.expert/9783816930020

ISBN 978-3-8169-3002-0

Bei der Erstellung des Buches wurde mit großer Sorgfalt vorgegangen; trotzdem lassen sich Fehler
nie vollständig ausschließen. Verlag und Autoren können für fehlerhafte Angaben und deren Folgen
weder eine juristische Verantwortung noch irgendeine Haftung übernehmen.
Für Verbesserungsvorschläge und Hinweise auf Fehler sind Verlag und Autoren dankbar.

Vorwort

Die Motivation für dieses Buch entspringt aus verschiedenen Erfahrungen:

1. IT-Projekterfahrungen seit 1970, GIS[1] seit 1991 und CAFM seit 1995 zu verallgemeinern und weiterzureichen,
2. Vorträge und Lehrgänge, die vom Autor in vielfältiger Form gehalten wurden, zusammenzufassen und
3. theoretische Überlegungen zur Begriffsbildung, basierend auf Arbeiten der 80er Jahre, in die IT-Praxis umzusetzen.

Der dritte Aspekt wurde durch die GEFMA 940 [GEFMA 940, 2009] angestoßen.

Aus der Sicht des Autors entwickeln sich die Fachgebiete Facility Management (FM) und dessen Computerunterstützung (CAFM) gut. Trotzdem befinden sie sich in einer permanenten Sinnkrise, da immer wieder neue Begriffe (Integriertes FM, ganzheitliches FM, CAIFM u.a.) auftauchen, um die vermeintlichen begrifflichen Schwächen zu beheben.

Bekanntermaßen lässt sich um Begriffe trefflich streiten. Eine solche Auseinandersetzung ist dann nützlich, wenn sie Ausgangspunkte für Weiterentwicklungen liefert. Diese Auseinandersetzung ist hiermit gewollt. Die Präzisierung von Begriffen im Facility Management soll als Beitrag zur Methodik des FM/CAFM verstanden werden.

Damit wird gleichzeitig gesagt, dass hier kein „CAFM-Handbuch" [May; 2003] beabsichtigt ist, sondern eine kritische Sicht, beruhend auf jahrzehntelanger praktischer Tätigkeit in der IT und 15-jähriger IT-Projekterfahrung im Computerunterstützten Facility Management. Gute Erfahrungen, die Kosten gespart haben, und schlechte Erfahrungen, vor allem bei der Erstdatenerfassung, die viele Euro Unkosten gebracht haben, werden dargestellt.

Die GEFMA hat Hervorragendes zur Begriffsbildung geleistet. Das Gleiche kann man von der DIN 32736 und der VDI 6009 behaupten. Aber nach jahrelangen Beobachtungen des Autors haben diese Bemühungen wenig Einfluss auf das tägliche praktische Handeln gezeigt. Das ist an folgenden Unzulänglichkeiten erkennbar:

- die Bezeichnung FM wird häufig als kaschierende Worthülse benutzt
- Ausschreibungen mit unklarer Aufgabenstellung zum FM, besonders die IT betreffend
- keine adäquate Abbildung im Wirtschaftsverzeichnis des Statistischen Bundesamtes [WZ, 2008] (u.a. als „Hausmeisterdienste")
- wenige Standards für den Datenaustausch
- keine allgemein anerkannten Bezeichnungen der funktionalen Modularisierung[2] von CAFM-Programmen (vgl. [GEFMA 940, 2009])
- keine allgemein anerkannte Bezeichnungssystematik der Facilities

---

[1] Alle Abkürzungen von Fachtermini werden im Kap. 12 erläutert; IT-Fachtermini sind im Kap. 9 definiert

[2] Funktionale Modularisierung wird begrifflich im Zusammenhang mit der Softwaredatenbank präzisiert und ist eine der wesentlichsten Definitionen für das gesamte Buch

- unscharfe Berufsbilder und nicht vergleichbare Berufsabschlüsse
- unscharfe Abgrenzungen und Beziehungen zu anderen Managementdisziplinen, wie ITSM, CREM u.a.

Der Hauptinhalt des Buches wird aus den Projekterfahrungen des Autors gespeist. Diese Erfahrungen stehen teilweise im Widerspruch zu anderer IT-Applikations-Literatur oder ordnen Arbeitsschritte anderen Projektphasen zu. Gefördert wurden diese Erfahrungen durch 16-jährige unternehmerische Tätigkeit im CAD-Systemhaus Dr. Oelschlegel e.K. und die fleißigen und kreativen Mitarbeiter im Zeitraum von 1990 bis 2005.

Alle praktischen Erfahrungen basieren auf dem Hintergrund der Integration von CAFM in eine bestehende IT-Landschaft nachfolgender Art:

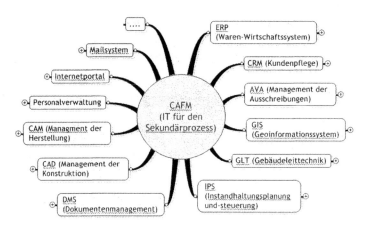

Abb. 0-1:   Grundverständnis von CAFM als eine IT-Managementdisziplin unter vielen anderen

CAFM ist eine der in Abb. 0-1 unvollständig aufgezählten angewandten IT-Managementdisziplinen.

Wichtige Merkmale des CAFM sind Komplexität und die unbedingte Notwendigkeit zur Integration in eine bestehende oder zu gestaltende IT-Welt eines Unternehmens. Darüber hinaus wird durch unterschiedlichste Betreiberkonzepte der Immobilien der Zugriff externer Unternehmen auf das CAFM immer wichtiger. Die Dynamik in diesem Bereich ist atemberaubend und kann nur durch wohl strukturiertes und schrittweises Vorgehen beherrscht werden. Dazu möchte das Buch einen Beitrag leisten.

Der theoretische Hintergrund basiert auf einer jahrzehntelangen Beschäftigung mit erkenntnistheoretischen Aspekten der Begriffsbildung in Entscheidungsprozessen, gefördert durch meinen hochverehrten Kollegen, Herrn Prof. Dr. Horst Kreschnak (s. [KRE, 2007]).

Das vorliegende Buch wendet sich an

- Bauherren und Betreiber, die sich für die Einführung bzw. den Ausbau des Facility Management interessieren,
- Facility Manager,
- IT-Verantwortliche im Applikationsbereich,
- IT-Systemhäuser, die CAFM als Geschäftsfeld aufbauen wollen,
- Verwaltungsdirektoren in Großunternehmen und Institutionen,
- Verantwortliche für Technik und/oder Flächen von Liegenschaften und Immobilien,
- Verantwortliche für Wartung und Instandhaltung in den Bereichen Service und Produktion,
- Unternehmensberater,
- Dozenten, Studenten und Auszubildende einschlägiger Fachrichtungen.

Im Buch wird davon ausgegangen, dass in FM-Struktureinheiten FM-Prozesse definiert sind. Es wird also nicht definiert, was Reinigung oder Energiemanagement unter FM-Sicht ist (dafür wird FM-Literatur empfohlen). Unter methodischen Aspekten wird dargestellt, in welchen Schritten man die definierten FM-Prozesse unter Berücksichtigung der Reduktion auf Information in CAFM-Prozessen abbildet und nutzen kann. Ein zentraler Begriff des Buches ist der Begriff „Facility". Daraus entwickelte sich ein neuartiges Datenmodell über Software im Allgemeinen und CAFM-Software im Speziellen. Der interessierte Leser kann mittels der beiliegenden CD verschiedene CAFM-Systeme vergleichen und Beziehungen zu anderen Produktsparten wie ERP, CRM, CAD, AVA, ECM usw. erkennen. Die Vergleichsmerkmale werden im Buch im Zusammenhang mit einer Kritik an der GEFMA 940 systematisch entwickelt.

Die Programm-CD im Anhang enthält eine Datenbank „Softwaredatenbank 2010" (kurz: Softwaredatenbank; auf Basis der Entwicklungsumgebung von pit-FM), die ab dem Betriebssystem Windows XP lauffähig installiert werden kann. Die Installation des Programms ist selbsterklärend und danach für 180 Tage ohne Freischaltung nutzbar. Eine kurze Bedienungsanleitung ist als PDF-Datei auf der CD enthalten. Interessenten können in der Datenbank mittels FM- und IT-Begriffen nach Softwareprodukten suchen und diese differenziert analysieren. Der Datenexport ist abgeschaltet. Einfache Reports sind enthalten, komplexe können über das Web-Portal *www.diesoftwaredatenbank.de* bestellt werden. Softwareprodukthersteller haben kostenfreien Zugang zur Pflege ihrer Produkte.

Der Leser ist eingeladen, sich bei der Auswahl, der Einführung und dem Ausbau eines CAFM-Produkts eine methodische Orientierung zu holen. Hinweise werden unter info@cad-systemhaus.de dankbar entgegen genommen.

Danken möchte ich den CAFM-Beratern und CAFM-Projektanten, die im Kapitel 6 „Erfahrungsberichte aus verschiedenen CAFM-Projekten" nach einem vom Autor vorgegebenen Schema sehr anschaulich ihre Erfahrungen und Ergebnisse dargestellt haben. Interessanter Weise decken sich viele, aber selbstverständlich nicht alle Erfahrungen der Autoren. Ausreißer in den Budgets bestätigen die Regel. Der Autor hatte allen in der Softwaredatenbank aufgeführten Herstellern, Drittanbietern oder Kunden die Möglichkeit eines Projektberichtes angeboten. Realisiert haben dies (entsprechend Reihenfolge der Artikel) Frau Dipl.-Ing. (FH) Sabrina Raffelsberger

(Ing. Günter Grüner GmbH), Herr Rainer Siewert (FM Nord), Herr Dipl.-Inf. Olaf Th.
Buck (PIETSCHCONSULT GmbH), Herr Dipl.-Geogr. Andreas Malec (IP Syscon
GmbH), Frau Dipl.-Ing. Odette Müller (pit-cup GmbH), Herr Dipl.-Ing. Michael Heinrichs (IMS Gesellschaft für Informations- und Managementsysteme mbH), Herr Dipl.-
Ing. Roland Bartmann (Iveco Magirus AG), Herr Dr. Michael Dahr (Dr. Dahr Consulting GmbH), Herr Dipl.-Oec.troph. (FH) Peter Schmidt (Axxerion Facility Services
B.V.) und Herr Dipl.-Ing. Robert Umshaus (Ing. Günter Grüner GmbH). Nach Redak-
tionsschluss hatten sich noch weitere Interessenten gemeldet, die in einer eventuellen Nachauflage berücksichtigt werden.

Zum Schluss möchte ich Herrn Prof. Dr. Harald Löhr für seine akribische Arbeit bei
der inhaltlichen und formalen Gestaltung des Buches ganz herzlich danken. Der Anhang im Kap. 9 ist aus dieser gegenseitig anregenden Zusammenarbeit als sein
eigenständiges, die IT-Aspekte vertiefendes Werk entstanden. Meiner Ehefrau danke
ich besonders für das gründliche Lektorat und die kritisch-anregenden Fragen während der Erarbeitung des Buches.

Joachim Oelschlegel

Inhaltsverzeichnis

1.1   Überlegungen zur Begriffsbildung

Vor der (n+1). Begriffsdefinition von Facility Management soll der Prozess der Begriffsbildung methodisch beleuchtet werden.

Das Nachdenken über Begriffe ist eng mit dem Nachdenken über die Sprache verbunden. Moderne Reflektion über Sprache und Denken hat seine Wurzeln in der griechischen Philosophie. Gottlob Frege (1848-1925) hat sich in vielen Aufsätzen vertiefend mit dem Begriff als Basiselement der Sprache auseinandergesetzt und erstmals zwischen Sinn und Bedeutung unterschieden.

Die Unterscheidung von Sinn und Bedeutung kann an einem bekannten psychologischen Experiment veranschaulicht werden.

Schritt 1: Das Phänomen, das Beobachtbare, die nicht interpretierte Realität

Abb. 1-1:   Was ist das?

Dieses geometrische Objekt kann funktional, z.B. ab DBMS Oracle 9i, mit einem Verhältnis von schwarz und weiß, einer symmetrischen Teilung und einem Kurvenverlauf beschrieben werden. In gewisser Weise ist damit von „dem Ding an sich" die Rede; eben dem Phänomen, das für jegliche Erklärung/Beschreibung offen ist.

Schritt 2: Interpretationen intuitiv

Von den sieben Interpretationen von Lehrgangsteilnehmern im CAD-Systemhaus Dr.Oelschlegel sollen hier nur die gängigsten angeführt werden:
- Zwei Frauenprofile
- Vase
- Mann mit Hut und Nürnberger Trichter

Schritt 3: Interpretationen formal

Jede dieser 3 Aussagen,

- die Abbildung stellt zwei Frauenprofile dar,
- die Abbildung stellt eine Vase dar und
- die Abbildung stellt einen Mann mit Hut und Nürnberger Trichter dar,

ist korrekt. Es gibt sogar psychologische Beweggründe für die jeweilige Begriffsbildung.

Die Bedeutung (Semantik) definiert sich aus den typischen Eigenschaften von Stirn, Nase, Kinn und Mund eines fraulichen Gesichtsprofils. Der Sinn (nämlich dies als Frauenprofil zu interpretieren) kommt aus momentanen Stimmungen, aus dem Persönlichkeitsprofil des Interpretierenden usw., d.h. aus pragmatischen Gründen. Dieser Hintergrund einer Begriffsbildung ist meist im Unterbewusstsein und auf einer anderen Abstraktionsebene als die Bedeutung.

Aus diesem einfachen Beispiel lassen sich weitreichende Konsequenzen ableiten, beispielsweise:

Jede Begriffsbildung hat einen pragmatischen Hintergrund, über den in der Regel nicht explizit reflektiert wird[3].

In den nachfolgenden Kapiteln wird versucht, den Zweck der Begriffsbildung immer aus den praktischen Erfordernissen abzuleiten. Daraus resultiert auch manch abweichende Auffassung zur bestehenden Begriffswelt im FM und CAFM.

Die GEFMA leistet zur Standardisierung/ Richtlinienarbeit einen herausragenden Beitrag. Standardisierung ist einer der wesentlichsten Ansätze zum Fortschritt im FM und CAFM. Die nachfolgende Kritik an dieser Arbeit resultiert in erster Linie aus methodischen Aspekten, aus dem Fregeschen Verständnis zum Begriff „Begriff".

Man kann mind. 5 Eigenschaften/Merkmale aufführen, die einen verbalen Begriff auszeichnen.

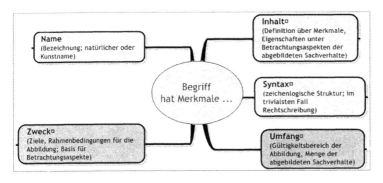

Abb. 1-2:   Merkmale eines verbalen Begriffs

---

[3] Diese These wird später mit einigen Beispielen belegt.

Der Name („Worthülse") ist also nur *eine* Eigenschaft von verbalen Begriffen. Häufig werden Wörter (Namen) mit ihrem Sinn identifiziert. Das ist aus sprachökonomischer Sicht zweckmäßig, aber manchmal nicht korrekt und führt zu falschen Aussagen.

Verschiedene Wörter für den gleichen Inhalt werden als *Synonyme* bezeichnet. Beispiele sind CAFM und CAIFM (Begründung s. weiter unten). Über Synonyme verständigt man sich leicht, allein schon durch die Frage: „Was ist der Unterschied?" Viel komplizierter und nicht selten tragisch in der Konsequenz sind *Homonyme* – ein Wort, aber verschiedene Bedeutung. Man meint eine zeitlang, über das Gleiche zu reden, doch man redet über völlig Verschiedenes. Diesem Phänomen begegnet man bei der Modellierung von Geschäftsprozessen täglich; gleiche Bezeichnungen werden in den Abteilungen eines Unternehmens verschieden interpretiert. Ein Beispiel ist der Begriff „Anlage", der früh zwischen AN und AG zu klären ist.

Es gibt CAFM-Software, die zwischen Gerät und Anlage nur über ein Attribut unterscheidet. Diese Unterscheidung hat meist abschreibungstechnischen Hintergrund und ist damit kein technisches, sondern ein kaufmännisches Merkmal einer IT-Abbildung.

In anderer CAFM-Software ist eine Anlage z.B. nur dadurch definiert, dass sie über Komponenten bestimmt wird. Anlagen sind dann Geräten übergeordnet, d.h. ein Gerät kann, muss aber nicht Komponente einer Anlage sein.

Eine weitere Irritation zum Anlagenbegriff kommt über *Planungs*raumbücher. Hier sind Anlagen nicht über Komponenten zweckmäßig zu definieren, sondern im Sinne eines Gerätes mit anlagentypischen Attributen. Dies vereinfacht die Datenerfassung und Auswertung im Planungsprozess. Im Gegensatz dazu sind in einem *Betreiber*raumbuch Anlagen effektiver durch eine Menge von Geräten zu verwalten. Der Lebenszyklus einer Anlage kann dann anhand des Gerätetausches nachvollzogen werden, womit der Mehraufwand in der Datenpflege zu rechtfertigen ist.

Dies verdeutlicht die IT-Sicht auf die Realität, die eben nicht ein 1:1-Abbild ist. Welche Funktionalität mit der Abbildung abgedeckt werden soll, das entscheidet über „Anlage" im Sinne eines Gerätes oder „Anlage" im Sinne eines Gerätekomplex. Die Begriffswelt in Geschäftsprozessen ergibt sich aus den Zielen und Rahmenbedingungen dieser Prozesse.

Die Skizze (Abb. 1-2) macht deutlich, dass ein Streit um „wahre" Begriffe[4] eigentlich gegenstandslos ist. Begriffe sind weder wahr noch falsch, sondern nur zweckmäßig oder unzweckmäßig im jeweiligen historischen Kontext. Sie sind Handwerkszeug und damit nur nach ihrer Eignung, dem Zweck, zu bewerten. Bewusst oder unbewusst resultiert der Zweck aus dem erkennenden und handelnden Umgang mit der Realität, als Hilfsmittel im Verstehen und Beherrschen der Realität.

---

[4] Wahrheit ist eine Eigenschaft von Aussagen.

Daraus resultiert zwangsläufig, dass die Hilfsmittel ständig einer sich verändernden Realität angepasst werden sollten. Demzufolge ist eine Aussage „Mit dem Erscheinen dieser Richtlinie sind frühere Definitionen des FM nicht als falsch anzusehen ..." (s. S. 16 – [GEFMA 100-1, 2004]) aus dieser Sicht nicht korrekt und überflüssig. Das Wesen eines Begriffs definiert sich aus seinem Zweck. Deshalb sind Begriffe ständig weiterzuentwickeln, an die Realität anzupassen oder auch mit ihrer Hilfe neue Realitäten zu schaffen.

Die in Abb. 1-2 den Merkmalen unterlegten Farben charakterisieren Eigenschaften zweier Sprachebenen – Objektsprache und Metasprache (Sprache über die Objektsprache). Name, Inhalt und Syntax sind mit dem Begriff direkt gekoppelt und ständig reproduzierbar (so genannte Objektebenen). Diese Merkmale sind z.B. in WIKIPEDIA.DE immer mit begrifflichen Bestimmungen verknüpft. Der Zweck (Sinn) und der Gültigkeitsbereich sind „flüchtige Eigenschaften" (so genannte Metaebenen), die häufig nur gedacht und selten aufgeschrieben sind. Der Grund, die Ursache, warum ein Begriff zur Ordnung der Beschreibung und Veränderung der Realität gebildet worden ist, verschwindet.

Statt um Worthülsen und Inhalte (Bedeutung) zu streiten, wäre es oft angebrachter, über den Sinn (Zweck – Absicht) zu diskutieren. Der Konsens zum Sinn ebnet den Weg zum Konsens des Inhaltes und der Bezeichnung.

Nach Art der Abbildung der Realität kann man verschiedene Arten von Begriffen unterscheiden, von phänomenologischen (alle Merkmale sind beobachtbar) bis zu gesetzesartigen Begriffen (Naturgesetze, Verhaltensregeln usw.).

Im realen Leben wird unser Handeln in der Mehrheit durch nonverbale Begriffe bestimmt (s. Kap.8.1). Diese Begriffe spielen in jeglichen Entscheidungsprozessen eine wesentliche Rolle. Eine formale Abbildung in Software ist per Definition unmöglich. Die nonverbalen Begriffe sind Träger von „Bauchgefühlen". Auf deren Zusammenhang mit CAFM wird in nachfolgenden Kapiteln mehrfach eingegangen.

Ein Begriff ist dann relativ stabil, wenn er reproduzierbare und wesentliche Merkmale eines Sachverhalts klassifiziert. Standardisierungen sind Basis für die Reproduzierbarkeit eines Sachverhaltes. Die Reproduzierbarkeit erfordert beschreibbare Merkmale, die alle drei Bedingungen einer Äquivalenzrelation (Symmetrie, Reflexivität und Transitivität) erfüllen (näheres in [OEL, 2007]).

Was macht also das Wesen von Facility Management aus, wie kann der Begriff reproduzierbar definiert werden oder muss er überhaupt scharf definiert werden? Welche Beziehungen bestehen zu dessen IT-Abbildung im CAFM?

Vor einer Antwort soll noch der Lebenszyklus eines Begriffs selbst betrachtet werden.

Im Wort „Begriff" ist der gedankliche Prozess „Begreifen" enthalten. Begreifen selbst ist wiederum mit „Behandeln, Bearbeiten", mit Tun verbunden. Daraus ergibt sich, den Begriff in einen Kreislauf von Erkennen und Handeln einzuordnen (s. Abb. 1-3). Damit wird deutlich, dass die Begriffbildung ein fortwährender, zyklischer Prozess ist. Begriffe haben gesellschaftliche Rahmenbedingungen und immer einen historischen Hintergrund.

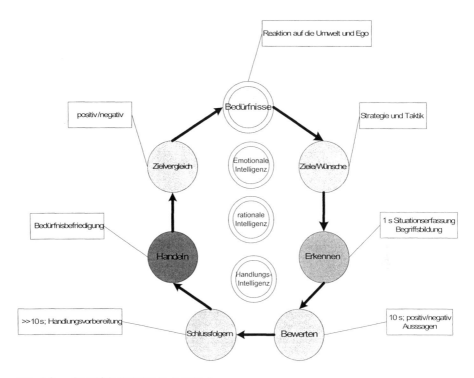

Abb. 1-3:   Bedürfnis-Handlungs-Kreislauf

Der Zweck einer Begriffsbildung resultiert seinem Ursprung nach, bewusst oder unbewusst, aus der Bedürfnisbefriedigung. Bedürfnisse entwickeln sich aus rationalen
Überlegungen, physischen Notwendigkeiten und/oder Emotionen. Damit realisieren
alle Lebewesen[5] Begriffsbildung; nur der Mensch hat dafür als einziger Sprache
und Schrift entwickelt. Im täglichen Arbeitsprozess werden nonverbale Begriffe und
verbale Begriffe genutzt, scharfe, verbal definierte und reproduzierbare Begriffe e-
benso wie unscharfe, nicht eindeutig reproduzierbare Begriffe. Das Erstaunliche ist,
dass unser modernes Leben von nonverbalen und unscharfen Begriffen dominiert
wird, die nicht formallogisch berechenbar sind, und es trotzdem funktioniert. Dass
wir täglich ebenso Objekt- und Metainformation (s. Kap. 8.4) in einer Aussage ver-
mengen und trotzdem zu relativ wahren Aussagen gelangen, ist ein herausragen-
des Ergebnis unserer natürlichen Intelligenz.

Die IT zwingt uns allerdings zu formalen Systemen, die im Gegensatz zur natürlichen Sprache allesamt berechenbar sind.

---

[5] Roboter, auch die „intelligenten", können bisher keine Bedürfnisse und daraus resultierende Selbstziele entwickeln. In der Tierwelt dagegen haben sich nonverbale Begriffsbildungen vollzogen, die im Sinne einer
Überlebensstrategie ständig angepasst werden. Nonverbale Begriffe basieren auf Mustererkennung über alle
Sinnesorgane. Diese „niedere" Form der Begriffsbildung ist rudimentär durch das „Bauchgefühl" in allen „höheren" Formen enthalten.

Scharfe und unscharfe Begriffe sind die Basis rationalen Handelns [KRE, 2006]. Wenn wir die IT als Hilfsmittel für rationales Handeln immer besser beherrschen wollen (natürlicher Anspruch eines jeden Facility Managers), sind wir gezwungen, schrittweise die Begrifflichkeit zu schärfen, wohl wissend, dass menschliches Entscheiden immer eine Mischung aus nonverbalen, unscharfen und scharfen Begriffen sein wird.

Begriffe haben noch viele weitere Eigenschaften, die im Zusammenhang mit den nachfolgenden Kapiteln an praktischen Beispielen diskutiert werden.

Fragen wir uns nun, in welchen Begrifflichkeiten wird Facility Management und dessen IT-Unterstützung, das CAFM, abgebildet. Seit 11 Jahren erscheint eine CAFM-Marktübersicht, die als GEFMA 940 eine Richtlinie zur Klassifizierung von CAFM-Produkten darstellt [GEFMA 940, 2010]. Wie handlungsorientierend und entscheidungsunterstützend sind die dabei verwendeten Begriffe?

1.2   GEFMA 940 – Kritik

Die GEFMA 940 basiert auf der GEFMA 100 und besonders auf den Richtlinien 400, 410, 420 bis 444. In der GEFMA 400 [GEFMA 400, 2007] werden auf sieben Seiten die Grundbegriffe zu CAFM entwickelt und Funktionalitäten definiert (Anwendungsbereich, Begriffsbestimmung, Anforderungen an CAFM, Datenbasis für CAFM, Nutzen der Einführung von CAFM).

Es ist keinesfalls selbstverständlich, dass sich eine unabhängige Organisation (hier die GEFMA) kontinuierlich um die Klassifizierung von Anwendungssoftware (hier CAFM) kümmert, um hilfesuchenden IT-Entscheidern eine Orientierung zu geben. Diese Bemühungen verdienen Anerkennung und Unterstützung.

Verfolgt man die Historie bis zur 11. Ausgabe [GEFMA 940, 2010], wird deutlich, dass der Kriterienkatalog das Schema schrittweise detaillierter vorgibt, nach dem die Softwareanbieter ihre eigene Software einordnen können.

Im Sinne einer begrifflichen Analyse sollen hier ausschließlich die vier „Anwendungsschwerpunkte" – Technisches FM, Infrastrukturelles FM, Kaufmännisches FM und Übergeordnete Leistungen – sowie die vom Hersteller angegebenen „Module und Funktionen" untersucht werden (in [GEFMA 940, 2009] auf der jeweils zweiten von 4 Seiten je CAFM-Systembeschreibung). Dazu muss man auch wissen, dass die durch die GEFMA vorgegebenen Kriterien durch die Hersteller selbst bewertet werden. Nur die Modulbezeichnungen in der letzten Tabelle der jeweils zweiten Seite sind die des Herstellers.

In der GEFMA 940 werden drei Hierarchie-Ebenen definiert, die man in einem 1:n Graphen-Schema abbilden kann. Bei dieser Art von Graph hat jeder Vorgänger N Nachfolger (N>1). Sachverhalte, die nicht in das Schema passen, werden in „Sonstiges", „Weitere Leistungen" usw. eingeordnet.

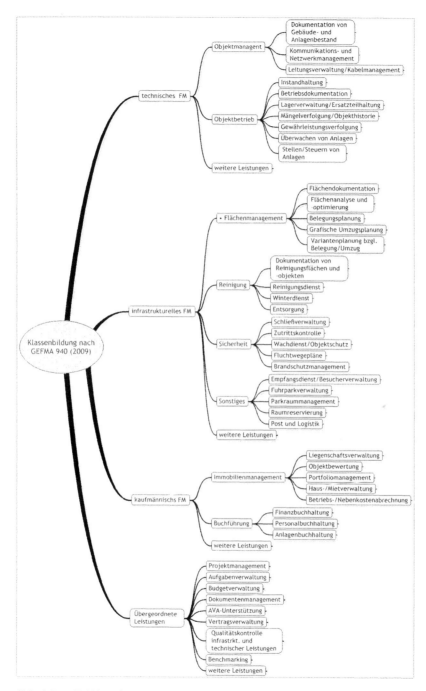

Abb. 1-4: FM-Klassifizierung nach GEFMA 940 2009

Die eigentlichen FM-Prozesse, die die Software unterstützen soll, befinden sich in der dritten Ebene. Diese Begriffe definieren FM-Leistungen (s. [GEFMA 940, 2010] S. 14-15). Diese Definitionen (als Erläuterungen bezeichnet) wollen sicherlich nicht den Anspruch auf Wissenschaftlichkeit erheben. Aber selbst nur von einer nutzerorientierten Funktion dieser Definitionen darf man erwarten, in gewisser Weise strukturell vergleichbar zu sein und schon bei der Benennung eine inhaltliche Orientierung zu erhalten.

Betrachten wir zuerst die „Äußerlichkeiten", die Bezeichnung der FM-Leistungen. Mehrere Begriffe werden mit „...ung" und andere mit „...management" bezeichnet. So wird z.B. die „Schließ*verwaltung*" (Klasse 3[6]) zum Infrastrukturellem FM und zur Sicherheit gehörend definiert. Analysiert man dann, welche „Module und Funktionen" die Softwarehersteller selbst benutzen (36 Anbieter, davon führen 29 explizit das Thema auf), werden erhebliche Differenzen in der Bezeichnung des Prozesses deutlich.

Tab. 1-1: GEFMA-Funktion „Schließverwaltung" versus Modulbezeichnung der Hersteller

Funktionsbereich	Softwarehersteller	Bezeichnung durch den Hersteller
Schließverwaltung	eTask FM-Bausteine	Tür- und Schließtechnik
Schließverwaltung	Faciplan	Schlüsselverwaltung
Schließverwaltung	fmINIT	Schlüsselverwaltung
Schließverwaltung	KeyLogic	Schlüsselverwaltung
Schließverwaltung	HSD FM MT/BT-DATA	Schlüsselverwaltung
Schließverwaltung	MORADA	Schlüsselverwaltung
Schließverwaltung	visual FM	Schlüsselverwaltung
Schließverwaltung	VIOLA	Schlüsselmanagement
Schließverwaltung	Axxerion	Schlüsselmanagement
Schließverwaltung	conject FM	Schlüsselmanagement
Schließverwaltung	pit-FM	Schlüsselmanagement
Schließverwaltung	FAMOS	Schlüsselmanagement

---

[6] Die GEFMA 940 hat keine Bezeichnungen für die Klasse 2 und 3. Aus Sicht des Autors werden in Klasse 3 FM-Funktionen und in Klasse 2 FM-Funktionsbereiche abgebildet. FM-Module der Hersteller benutzen Wortbezeichnungen aus beiden Klassen.

Funktionsbereich	Softwarehersteller	Bezeichnung durch den Hersteller
Schließverwaltung	FM-Tools	Schlüsselmanagement
Schließverwaltung	consultware	Schlüssel
Schließverwaltung	Allplan Allfa	Schlüssel
Schließverwaltung	IMSware	Schließmanagement/ Zugangskontrolle
Schließverwaltung	Planon	Schließmanagement
Schließverwaltung	Speedikon-FM	Schließmanagement
Schließverwaltung	Aperture	Schließmanagement
Schließverwaltung	Byron/BIS	Schließmanagement
Schließverwaltung	iffmGIS	Schließmanagement
Schließverwaltung	sMOTIVE	Schließanlagenmanagement
Schließverwaltung	newsystem kommunal	Schließanlagen- und Schlüsselmanagement
Schließverwaltung	Kolibri	Schließanlagen
Schließverwaltung	innocad	Schließanlage
Schließverwaltung	OneTools	KeyOne
Schließverwaltung	ATC-FM	Key-Manager
Schließverwaltung	GEBMan	GEBMan-Schlüsselverwaltung
Schließverwaltung	CyCoT-FM	Schließverwaltung

Nur ein Hersteller (CyCoT-FM) benutzt die Bezeichnung der GEFMA. Der Leser der GEFMA 940 kann aus dieser Übersicht nicht erkennen, welcher CAFM-Anbieter bietet mehr oder weniger; wer macht nur Verwaltung und wer bietet Management[7], insofern es erlaubt ist, in die Bezeichnung diese inhaltliche Bedeutung hinein zu interpretieren.

---

[7] Interessanterweise gibt es auf dem deutschen Softwaremarkt separate Schließmanagementsysteme, die das Thema bis auf wenige Funktionalitäten professionell beherrschen (was fehlt, sind meist Aspekte der Instandhaltung und zugehörige kaufmännische Prozesse). Man kann daraus schließen, dass die Schließverwaltung eine

Betrachtet man andererseits die GEFMA-Bezeichnung „Parkraum*management*" und deren Abbildung in „Module und Funktionen" der Hersteller, ergibt sich die nachfolgende Tabelle:

Tab. 1-2: GEFMA-Funktion „Parkraummanagement" versus Modulbezeichnung der Hersteller

Funktionsbereich	Softwarehersteller	Bezeichnung durch den Hersteller
Parkraummanagement	Allplan Allfa	Parkplatz
Parkraummanagement	Faciplan	Parkplatzverwaltung
Parkraummanagement	pit-FM	Parkplatzverwaltung

Es ist erstaunlich, dass diese Funktionalität in den Modulbezeichnungen der 36 CAFM-Systeme nur in dieser geringen Anzahl auftaucht. Der interessierte Leser kann mit Hilfe der Softwaredatenbank alle durch die GEFMA 940 definierten Begriffe auf Übereinstimmung mit Hersteller-Funktionalitäten/Modulen prüfen (s. Anlage Programm-CD).

Woraus resultieren diese Unterschiede der Bezeichnungen bzw. Wortwahlen? Interpretiert man als gründlicher Leser einerseits mehr in den Inhalt hinein, wenn man andererseits die Wortwahl vielleicht nicht so ernst nimmt? Klassifizierung erfordert Systematik, auch in der Wortwahl, um damit die Kommunikation effektiv gestalten zu können. Betrachten wir deshalb nun die inhaltliche Struktur der FM-Leistungen an zwei Beispielen, die repräsentativ für andere stehen:

„Reinigungsfläche/-objekte – Dokumentation von zu reinigenden Flächen und Objekten und deren Reinigungsmerkmalen wie Intervalle, Leistungen etc." und
„Reinigungsdienst – Verwaltung der Ressourcen rund um die Reinigungsdienstleistung: Personal, Reinigungsmittel et." (s. [GEFMA 940, 2010] S. 14)

In der ersten Definition wird eine Teilmenge von Stamm- und Bewegungsdaten beschrieben. Der Rest von Stamm- und Bewegungsdaten wird dann in den Dienst verpackt. Beide Definitionen sind im Bewertungsschema in der Klasse „Infrastrukturelles FM" in der Unterklasse „Reinigung"[8] zusammengefasst. Eine sachlich korrekte Struktur von FM-Dienst und Facility ist daraus schwer zu erkennen und, was dann die Kreuze der Hersteller bedeuten, bleibt dem Leser der CAFM-Marktübersicht vorbehalten.

Betrachtet man im Zusammenhang mit „Reinigung" die inhaltlichen Definitionen der GEFMA 444, wonach CAFM-Software zertifiziert wird, könnte man obige Begrifflichkeit erwarten. Diese Definitionen sind allerdings nicht direkt für den Endnutzer gemacht, wohl aber das erteilte Zertifikat. Der Autor war überrascht, wie gering die

---

Kernfunktionalität des FM ist, da über 95% der CAFM-Anbieter diese Funktionalität/ Modul anbieten. Nur wenige erwähnen explizit Schnittstellen zu einem Schließsystem.

[8] erweitert um die FM-Leistung „Winterdienst" und „Entsorgung"

Schnittmenge der Definitionen ist. Zuerst fällt auch wieder auf, dass plötzlich „Reinigungsmanagement" zertifiziert wird. Danach werden Merkmale nach einer einheitlichen Struktur „Daten erfassen" über „Daten verarbeiten" bis „Daten auswerten" beschrieben. Hier findet man auch eine Struktur, der man gut folgen kann, im Sinne von Planung und Durchführung, die der Autor als Verwaltungsprozess bezeichnet. Was aber völlig fehlt, sind Reinigungsarten (s. Kap.6.3.1.2) und auch der Winterdienst und Entsorgung sowie die Branche[9]. Alle Kriterien der GEFMA 444 [GEFMA 444, 2010] sind für CAFM-Hersteller, die Reinigung im Produkt-Portfolio haben, weitestgehend selbstverständlich. Einen Managementprozess bilden diese Kriterien in keinem Fall ab.

Viel problematischer als eine Wortwahl ist die begriffliche Struktur der Klasse 2 mit nachfolgenden Elementen (s. [GEFMA 940, 2010]):

- Objektmanagement
- Objektbetrieb
- Flächenmanagement
- Reinigung
- Sicherheit
- Immobilienmanagement u.a.

Diese Klassen der GEFMA 940 sind im Sinne einer Klassifizierung scheinbar eindeutig. Der Oberbegriff wird durch n Unterbegriffe definiert. Allerdings trifft diese Aussage nur dann zu, wenn alle Unterbegriffe sich gegenseitig ausschließen (normalisiert sind). Bei „Reinigung" dürften sich die vier Funktionen gegenseitig inhaltlich nicht überschneiden, was für alle vier Begriffe leider nicht zutrifft. Analog ist der Oberbegriff „Flächenmanagement" mit den Unterbegriffen „Flächendokumentation", „Flächenanalyse und -optimierung", „Belegungsplanung", „Grafische Umzugsplanung" und „Variantenplanung bzgl. Belegung/Umzug" inkonsistent strukturiert. Umzüge werden nach dieser Klassifikation nur geplant. Die Umzugsdurchführung kommt nicht vor. Ebenso verwunderlich ist, dass z.B. „Parkraummanagement" nicht zum Flächenmanagement gehört, dafür unter „Sonstiges" eingeordnet wird.

Die Begriffe Objektmanagement und Objektbetrieb sind durch die Funktionsbereiche orientierend beschrieben. Doch wie interpretiert ein Leser „Module und Funktionen" bei fast allen Herstellern, wenn „Objektmanagement" und „Energiemanagement" in einer Ebene aufgezählt werden, die aber in der GEFMA 940 Ober- und Unterbegriff sind? Sollten sich hier die Hersteller an die eindeutige GEFMA-Klassifizierung halten oder ist die GEFMA-Klassifizierung an dieser Stelle zwar eindeutig, aber nicht zweckmäßig?

Allgemein enthält die Klasse 2 einen weit verbreiteten Klassifizierungsfehler. Klassen einer Ebene müssen hinsichtlich der Klassifizierungskriterien äquivalent (normalisiert) sein. In Klasse 2 wechselt[10] mehrfach der Klassifizierungsgesichtspunkt

---

[9] Reinigung in Industrie, Gastgewerbe und einem Gefängnis dürften sehr verschiedene Prozesse sein, die IT-mäßig zu unterstützen sind.

[10] Die Klassifizierung einer Menge nach genau einem Gesichtspunkt wird bei der Datenmodellierung als 1. Normalform (1NF) bezeichnet. Wird z.B. in MS Excel in der Spalte „Name" neben dem Namen zusätzlich der Vorname untergebracht, ist die 1NF verletzt. Auch wenn Excel und Outlook keine Datenbanken sind, so kann

(Reinigung ist Prozess, Fläche ist Facility, Objekt- und Flächenmanagement haben die gleiche Abstraktionsebene, Reinigung und Sicherheit eine andere u.a.). Daraus erklärt sich dann auch die umfangreiche Klasse „Sonstiges" (also alles, was nicht in das benutzte Schema passt).

Auch die Klasse 3 ist nicht normalisiert (z.B. Haus-/Mietverwaltung neben Betriebs-/Nebenkostenabrechnung; eine Mietverwaltung ohne Nebenkostenabrechnung ist schwerlich denkbar).

Zusammenfassend werden in der Klassifizierung von CAFM nach GEFMA 940 nachfolgende Schwächen deutlich:

- Einige Begriffe sind nicht eindeutig.
- Weder die Klasse 2 noch die Klasse 3 der GEFMA 940 sind normalisiert. Dadurch sind die Klassen „Sonstiges" zu umfangreich und diffus.
- Die Modulbezeichnungen der Hersteller stimmen kaum mit den GEFMA-Bezeichnungen überein.
- Es ist nicht erkennbar, ob mit „Module" Verkaufs-Produkte oder Funktionalitäten gemeint sind.
- Die Suffixe „ung" und „ment" von Funktionsbereichen werden nicht nachvoll-ziehbar durcheinander verwendet. Oberbegriffe mit „ung" (z.B. Reinigung) und Unterbegriffe mit „ment" (z.B. Energiemanagement) sind nicht zweckorientierend benannt und werden deshalb von den Herstellern oft anders bezeichnet.
- Ein Facility „Mensch" ist explizit nur in der „Personalbuchhaltung" enthalten.
- In den Herstellermodulen werden FM-spezifische und FM-neutrale Funktionalitä-ten nicht unterschieden.

Die Zielstellungen der GEFMA 940:
1. ein CAFM-Interessent soll aus der Vielzahl der CAFM-Anbieter mittels transpa-renter Kriterien eine effektive Vorauswahl treffen können (Kundensicht) und
2. der Hersteller soll sich mittels der GEFMA-Kriterien möglichst eindeutig und den Tatsachen entsprechend abbilden (Herstellersicht),

hält der Autor für sehr nützlich.

Diese Zielstellungen sind allerdings mittels des vorliegenden Schemas – 4 Seiten je Softwareprodukt und eine Zusammenfassung in Matrizenform – nur bedingt um-setzbar. Insgesamt ist die Darstellung für den Top-Entscheider zu detailliert und für die Entscheidungsvorbereiter (Facility Manager, IT-Manager) nicht detailliert genug. Möchte man nur bestimmte Merkmale (z.B. Schnittstellen) analysieren, sind die da-zu notwendigen Vergleiche sehr aufwändig.

Deshalb drängt es sich nahezu auf, die Zielstellungen der GEFMA 940 in einer Da-tenbank abzubilden, um so den Produktvergleich transparenter und effektiver für den Vorauswahlprozess zu gestalten.

---

man doch diese Tabellen sauber in der 1NF abbilden. Nur auf dieser Basis ist dann eine Übernahme der Daten aus Excel in eine relationale Datenbank möglich.

Die unter der Adresse *www.cafm-check.de* vorhandene Datenbank hält sich strikt an die Klassifizierung der GEFMA. Leider werden wegen der unzureichenden Qualität der Klassifizierung und dem bestehenden Grundwiderspruch „für Top-Entscheider zu detailliert und für Vorentscheider nicht detailliert genug" die Zielstellungen der GEFMA 940 ebenfalls nur bedingt erreicht.

In einem frühen Stadium der Arbeit an diesem Buch entschloss ich mich, die Begriffsbildungen praktisch auf den Entwurf einer Datenbank über CAFM-Software anzuwenden. Im Verlauf eines halben Jahres stand fest, dass der Ansatz über CAFM hinaus auf jegliche Anwendungssoftware anwendbar ist. Es entwickelte sich ein neuartiges Datenmodell über Software, dessen Ausbau mehrere Jahre in Anspruch nehmen wird. Den aktuellen Stand findet der Leser im Anhang auf einer CD, eine Beschreibung der wesentlichsten Begriffe im Zusammenhang mit CAFM im folgenden Abschnitt.

1.3 Facility Management – Management von Facilities?

1.3.1 Zum Stand des Begriffs „Facility Management" unter ausgewählten Aspekten

Die Euronorm DIN EN 15221-1 [DIN EN 15221, 2006] bringt es strategisch auf den Punkt: Es geht um die Gleichstellung der wertschöpfenden Prozesse (Primärprozesse) mit den werterhaltenden Prozessen (Sekundärprozesse). Gerade in Zeiten knapper Kassen wird zuerst bei Sekundärprozessen gespart. Die langfristigen Auswirkungen dieses Verhaltens auf Primärprozesse werden aus überlebens-strategischen Gesichtspunkten kleingeredet. Dieser weit verbreiteten Sichtweise auf die Sekundärprozesse entgegen zu wirken, ist sicher der unausgesprochene Zweck der merkmalsarmen Begriffsdefinition im genannten Standard (DIN EN 15221-1).

In Sinne des Marketings einer Branche war eine Wortschöpfung „Facility Management", angelehnt an den ebenfalls unscharfen Begriff „Management" nicht schlecht gewählt. Anglizismen[11] erregen immer noch Aufmerksamkeit. Wie bei vielen Anglizismen darf man hier allerdings die Worthülse nicht übersetzen (Hausmeisterdienste), weil damit die Bedeutung (Inhalt) stark reduziert würde. Ein einzelnes deutsches Wort für den zweifelsfrei umfangreichen Inhalt zu benutzen, verzerrt die Sicht, da man gewohnheitsmäßig Wort und Inhalt identifiziert (sprachökonomisch zweckmäßig; s. oben). Man hätte ein Kunstwort erfinden müssen (ein gelungenes Kunstwort ist „Datei" als Übersetzung des englischen „File"). Dazu ist es zu spät. Es kann also nur noch darum gehen, den Fachbegriff „Facility Management" inhaltlich so zu schärfen, dass dadurch die Alleinstellung des Begriffs allgemein anerkannt, zukunftsorientiert, erweiterbar und reproduzierbar ist.

Die GEFMA hat sich intensiv mit dem Begriff „Facility Management" auseinandergesetzt. Wenn man über Jahre verfolgt, wie sich aus der simplen Definition in der Richtlinie 100 von 1995 der Inhalt zur heutigen Definition gewandelt hat [GEFMA 100, 2005], kann man nur positiv staunen. Waren anfangs statische Bereichsbildungen, wie kaufmännisch, technisch und infrastrukturell, die wesentlichen Merk-

---

[11] Die Begründung, im Rahmen der EU allen verständliche Anglizismen zu benutzen, ist fachlich nicht haltbar.

male, so stehen jetzt der Prozess und eine ganze Reihe von Betrachtungsaspekten berechtigter Weise im Vordergrund. Doch sind damit offensichtlich immer wieder Klassifizierungsprobleme verbunden, die zu den eingangs genannten Problemen führen.

Ein besonders krasses Beispiel einer Definitionsignoranz sei noch genannt. In einer europaweiten Ausschreibung eines großen Deutschen Flughafens war gefordert „FM-gerechte Planung und Dokumentation". Dabei wurde stillschweigend angenommen, mit folgenschweren Konsequenzen für den Tiefbauplaner, dass die Infrastruktur außerhalb von Gebäuden mit Geoinformationssystemen (GIS) und nicht mit CAFM abgebildet wird. Wäre die GEFMA-Richtlinie eindeutig reproduzierbar, könnten solche Ausschreibungen schon aus formalen Gründen zurückgewiesen werden.

Das gleiche Klassifizierungsproblem wie mit der GEFMA hat der Nutzer auch mit der DIN. Allerdings auf einem anderem Abstraktionsniveau. In der Anlage 1 von [DIN EN 15221, 2006] wird der Objektbereich von FM sehr gut als ein methodischer Ansatz dargestellt. Aus diesem Ansatz kann man viel mehr Merkmale ableiten, als dies in der DIN selbst mit „2.5 Facility Management / Facilities Management – Integration von Prozessen innerhalb einer Organisation zur Erbringung und Entwicklung der vereinbarten Leistungen, welche zur Unterstützung und Verbesserung der Effektivität der Hauptaktivitäten der Organisation dienen" (vgl. [DIN EN 15221, 2006] S. 6) beschrieben ist.

Missverständnisse sind auch mit dem richtigen Ansatz der Ganzheitlichkeit von FM „Planen – Bewirtschaften – Umnutzen – Entsorgen" verbunden.

Das Kerngeschäft des FM ist die Bewirtschaftung. Es wird in der Planung keinen Facility Manager geben, und die Planungsabteilung kann nicht durch die FM-Abteilung ersetzt werden. FM-gerechtes Planen ist ein Anspruch an den Planer, schon sehr früh mit dem Facility Manager zu kooperieren oder FM-Gesichtspunkte (Bewirtschaften – Umnutzen – Entsorgen) in die Planung einfließen zu lassen. FM-gerechtes Planen ist ein Anspruch an das Top-Management: Nach welchen Kriterien wird FM-gerechtes Planen bewertet und wie wird die Kommunikation zwischen Planer und Betreiber organisiert?

In der Ausbildung von Architekten und Fachplanern findet der FM-Aspekt immer größere Berücksichtigung. Auf der Management-Ebene geht aber dieser Aspekt zumeist bei Neu- oder Umbauten im Projektstress unter. Kurzfristige Ziele haben höhere Priorität als nachhaltiges Bauen. Ausnahmen bestätigen diese Regel.

Was sind Ursachen dafür, dass das Facility Management nicht den Stellenwert hat, den es verdient? Eine wesentliche Ursache ist die Ökonomie, umgesetzt in fördernden oder hemmenden Anreizsystemen. Eine weitere Ursache ist die Sprache.

1.3.2 Was ist ein Facility?

Wenn der Begriff „Facility Management", also das Management von Facilities, momentan entweder

- zu allgemein (und damit wenig zu einer reproduzierbaren Klassifizierung der

Realität beiträgt) oder

- zu speziell (und damit zu wenig die ständige Weiterentwicklung der Realität berücksichtigen kann)

ist, was ist dann ein oder eine Facility[12]?

In der DIN EN 15221 wird definiert: „Facility (Einrichtung) – materieller Vermögenswert, der eine Organisation unterstützt" (vgl. [DIN EN 15221, 2006] S. 6).

Damit wäre das Management von Facilities ein Management materieller Vermögenswerte. Nun gehören aber Personal, Verträge und viele andere immateriellen Vermögenswerte anerkannter Weise zum Facility Management.

Wir wenden die Methodik der Begriffsdefinition entsprechend Abb. 1-2 auf das oder die Facility wie folgt an (s. Abb. 1-5):

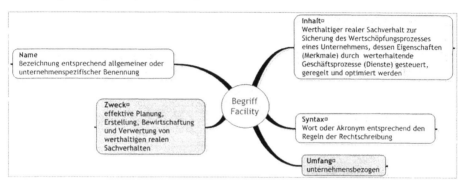

Abb. 1-5:   Begriff Facility mit 5 Merkmals-Dimensionen

Aus dieser Darstellung ergibt sich, dass „Facility" immer eine Abbildung realer Sachverhalte im Rahmen von Geschäftsprozessen ist. Diese Beziehung kann man formal wie folgt beschreiben:

Ein Objekt der Realität (Sachverhalt O) wird innerhalb bestimmter Rahmenbedingungen (R) im Zusammenhang mit Diensten (D) zum Facility (F).

$F =_{def} D(O,R)$

Mit dieser Definition kann man erklären, dass je nach Art eines Unternehmens die gleichen realen Objekte in völlig unterschiedlichen Facilities abgebildet werden.

Vereinfacht kann man das Facility[13], je nach Rahmenbedingungen, auch als *Planungsobjekt*, als *Verwaltungsobjekt* oder auch als *Verwertungsobjekt* bezeichnen. Nachfolgend werden Facility und Verwaltungsobjekt als Synonyme benutzt. Der Geschäftsprozess (hier allgemein als Dienst bezeichnet) strukturiert den Umgang mit der Realität und die Realität selbst. Verwaltungsprozesse können innerhalb einer Branche ähnlich, zwischen Branchen aber sehr verschieden sein.

---

12 Viele Anglizismen erhalten ihr Genus nach dem des ihnen semantisch am nächsten stehenden deutschen Worts: Engl. Wörterbuch facility - Anlage; demzufolge „die Facility". Weder in [NÄVY, 2006] noch [MAY, 2008] ist „Facility" definiert. Implizit wird von „Objekten" geschrieben; demzufolge wäre dann richtig „das Facility".

[13] Analog zur Definition „Facility" im CAFM könnte „Feature" im GIS definiert werden.

Beispiel 1: Facility „Tür":

An einem *Flughafen* gibt es Türen, die spezifische Objekte sind. Im CAFM sind solche Türen Anlagen, abgebildet in einem komplexen Datenmodell. Bestandteile dieses Datenmodells sind Instandhaltungen, Prüfungen, Brandschutz, Zutrittsberechtigung und Sicherheit, Schließsystem und viele weitere Objekte, Prozesse, Richtlinien und gesetzliche Rahmenbedingungen zur Verwaltung dieser Facilities „Tür". Diese Aufzählung erhebt nicht den Anspruch auf Vollständigkeit, sondern soll nur auf die ohne Zweifel bestehende Spezifik hinweisen.

Die Tür einer *Industrieimmobilie* ist auch nach Gesichtspunkten der Prüfungen nach mechanischen und hydraulischen Toranlagen zu untergliedern. Als Träger eines Schließzylinders ist damit in der Regel dann das Datenmodell mit 2-3 verbundenen Tabellen vollständig.

In einer *Büroimmobilie* können zur Tür der Schließzylinder und die Belange des Brandschutzes gut in einer Tabelle abgebildet werden.

In diesem Sinne ist das Wort „Tür" Homonym (gleiches Wort für verschiedenen Inhalt) zwischen den Branchen. Die übereinstimmenden Merkmale sind gering, weil die Dienste so verschieden sind.

Es besteht oft die Auffassung, CAFM-Software ist so flexibel, dass man dem Nutzer überlässt, zu definieren, was bei ihm ein Facility, z.B. Tür, ist. Es wird im Zusammenhang mit der Modellierung (s. Kap.4.2.1.2) noch gezeigt, dass dies eine naive Auffassung ist, weil es eben nicht nur um die Objekte O geht, sondern um die Beziehung $F =_{def} D(O,R)$.

Beispiel 2: Technische Anlage:

Eine technische Anlage, betreut durch externe Dienstleister, wird beim Eigentümer zu einem Attribut in seiner Datenbank. Beim Dienstleister wird das gleiche Objekt mit vielen Attributen und oft mit den technisch instand zu haltenden Komponenten in mehreren Tabellen[14] abgebildet.

Damit ist ein Facility niemals selbsterklärend (ein „Ding an sich"), sondern definiert sich stets aus dem Zusammenhang von praktischer Dienstleistung, Benchmark und anderen werterhaltenden Prozessen oder deren Begleitprozessen.

Der hier definierte Begriff „Facility" hat erhebliche praktische Konsequenzen aus verschiedenen Sichten:

- Ein Facility im Planungsprozess ist nicht notwendig ein Facility im Bewirtschaftungsprozess (DIN 276 ist Sicht auf mögliche Facilities im Lebenszyklus „Planung").
- Ein Facility wird wesentlich durch die Branche (Wirtschaftszweig) definiert.

---

[14] Es wird in diesem Buch nur das relationale Datenbankmodell berücksichtigt, das Eigenschaften von Objekten in Tabellen abbildet. Im Anhang Kap. 10.2 werden andere Datenmodelle ergänzend dargestellt.

Diese Auffassung vom „Facility" ist Basisbegriff der Softwaredatenbank (s. Anhang Programm-CD). Daraus ergab sich praktisch, dass CAFM-Produkte abweichend von der GEFMA 940 (s. Kap. 1.2) strukturiert und klassifiziert werden.

In der Softwaredatenbank werden Facilities in der Klasse Verwaltungsobjekte abgebildet (s. Abb. 1-6):

Abb. 1-6:   Abbildung eines Verwaltungsobjektes (Facility im CAFM)

Verwaltungsobjekte stehen in einer hierarchischen Beziehung von Ober- und Unterbegriff (Ober- und Unterklasse). Am Beispiel des Facility „Verträge" ist es selbst Oberbegriff (Attribut „ist Teil von" ist leer) und hat eine Liste möglicher Vertragsarten als Unterbegriffe (s. Abb. 1-7):

🔨 Verwaltungsobjekte	ist Oberbegriff von	definiert in	in SP-Dienste	in Software

7	ist Teil von	Bezeichnung	Synonyme	Beschreibung
1	Verträge	Arbeitsvertrag		
2	Verträge	Energieliefervertrag		
3	Verträge	Versicherungsvertrag		
4	Verträge	Dienstleistungsvertrag		
5	Verträge	Werkvertrag		
6	Verträge	Pachtvertrag		
7	Verträge	Mietvertrag		

Abb. 1-7:   Unterklassen des Facility „Verträge"

Facilities als $F =_{def} D(O,R)$ haben Beziehungen zu Spartendiensten (Definition s. Kap. 1.4.1). Diese Beziehungen werden wiederum in einer Liste von Spartendiensten abgebildet (s. Abb. 1-8):

🔨 Verwaltungsobjekte	ist Oberbegriff von	definiert in	in SP-Dienste	in Software

1	Verwaltungsobjekt	SP-Dienst	Bemerkung
1	Verträge	Vertragsverwaltung	

Abb. 1-8:   Beziehung eines Facility zu damit verbundenen Diensten

Auf dieser Basis kann ein CAFM-Programm differenziert seine Spezifik abbilden und umgekehrt der CAFM-Interessent gezielt suchen. Eine systematische Einführung der Softwaredatenbank zum Zweck der Vorauswahl von CAFM-Software erfolgt im Kap. 9.

17

Als nächstes stellt sich die Frage, ob denn jeder Geschäftsprozess um und mit Facilities auch ein Managementprozess ist?

1.3.3 Facility Management als Managementdisziplin

Was kann man unter Management verstehen? Wie unterscheidet sich Management vom Verwalten? Wer managt eine Sache und wer verwaltet nur?

Bei der Analyse der GEFMA-Kriterien für CAFM fällt die Wortwahl auf: viele Wörter enden auf „...ung" und in gleicher Hierarchieebene mit „...management". Der Leser könnte fragen, wo denn die inhaltlichen Unterschiede liegen (z.B. Reinigung und Reinigungsmanagement).

Wörter (Bezeichnungen) haben auch einen historischen Kontext. Früher benutzte man deutsche Wörter wie „-Leitung" und „-Verwaltung", heute lieber „-Management".

Es soll hier versucht werden, den unscharfen Begriff „Management" aus IT-Sicht etwas schärfer zu fassen.

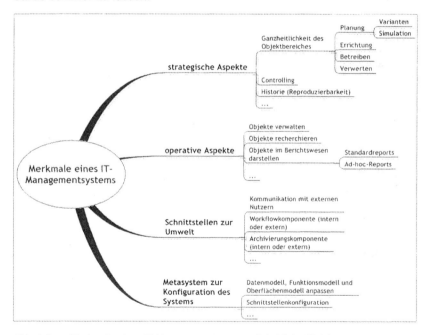

Abb. 1-9:   Merkmale eines IT-Managementsystems (inhaltliche Sicht)

18

Ohne auf Details in dieser Grafik einzugehen, werden vier Merkmale eines Managementsystems genannt, die sich wiederum auf zwei Abstraktionsebenen bewegen.

Deutsche Begriffe mit der Endung „ung" haben als Wesensmerkmal das operative Geschäft im Fokus. „Verwaltung" oder „Dienst" ist das eigentliche Tun. Wird das operative Geschäft um Merkmale eines „strategischen Geschäfts" und in Beziehungen mit anderen Geschäften gestellt, dann ist der Management-Begriff eine treffende Bezeichnung für den Inhalt. Verwaltung kann man ohne Management realisieren, aber Management nicht ohne Verwaltung.

Man sollte verantwortungsvoller z.B. mit den Tätigkeitsbezeichnungen umgehen, um inhaltliche Unterschiede auch sprachlich ökonomisch darzustellen. Im täglichen Sprachgebrauch ist bekanntlich die Bezeichnung keine Garantie für den Sinn und die Bedeutung. In diesem Zusammenhang ist ein „Hausmeister" eben kein „Facility Manager", wenn seine Hausmeisterdienste nicht entsprechend erweitert werden. Ein neues Etikett für einen alten Inhalt klingt gut, schadet aber mehr als es nützt.

IT Programm-Module werden häufig mit „Management" bezeichnet, obwohl nur ein „Dienst" realisiert wird. Dabei kann der Dienst genau den Erfordernissen entsprechen. Jedoch „Management" ist für das IT-Programm kurzfristig verkaufsfördernd, aber langfristig nicht unbedingt vertrauensfördernd.

In der Softwaredatenbank wird der Managementbegriff durch „Spartendienstleistungen" abgebildet (s. Kap. 9).

1.4   Verbesserungsvorschlag zur Klassifizierung von CAFM

1.4.1 Begriffliche Grundlagen
und deren Umsetzung in Softwarebeschreibung

Die obigen Zielstellungen zur Klassifizierung von CAFM-Software führten zur Entwicklung einer Datenbank. Der Datenbankentwurf basiert auf zwei Überlegungen:
- dem Paradigmenwechsel der Begriffsdefinition „Facility" (s. Kap. 1.3.2) und
- einer klaren Trennung von Objekt- und Metainformation in der Beschreibung von Software.

Die Beziehung $F =_{def} D(O,R)$ wurde im Prozess der Modellierung und Entwurfserprobung der Datenbank verallgemeinert. Die Dienste D wurden als die kleinsten, vorerst nicht mehr teilbaren Beschreibungseinheiten in Abhängigkeit von O (realen Sachverhalten) und R (Rahmenbedingungen) aus Nutzersicht definiert. CAFM-Dienste sind damit Dienste im Rahmen des Facility Managements, Dokumentendienste Dienste im Rahmen eines Dokumentenmanagements, Ausschreibungsdienste Dienste im Rahmen einer AVA usw. Mit der Verallgemeinerung der „CAFM-Dienste" in „Spartendienste" konnte die bestehende Abbildung von CAFM-Software durch ein verallgemeinertes Schema über Software ersetzt werden.

Abb. 1-10: Abbildung eines Spartendienstes am Beispiel „Aufgabenverwaltung"

Die Definition von „Sparten-Dienst Standardbezeichnung" ist ein komplexer Begriff, der als kleinste Einheit der Softwaredatenbank die Geschäftsprozesse aus Nutzersicht beschreibt. Diese Dienste stehen aber in Beziehungen zu anderen Geschäftsprozessen, nutzen standardisierte Schnittstellen, bilden den Lebenszyklus von Verwaltungsobjekten ab und weitere Eigenschaften. Aus der Basisdefinition des Facility ergaben sich weitere Begriffe, die in Datenmodellen abgebildet worden sind und untereinander in Beziehung stehen:

- Branche (auf Basis des WZ 2008 – s. Kap.4.2.1.3) – für welche Branche ist die CAFM-Software spezifiziert?
- Produktsparten (Akronyme wie CRM, ERP, CAFM, CAD, GIS usw.), die durch Spartendienste definiert und untereinander vernetzt sind,
- Spartendienste (z.B. FM-Prozesse werden in CAFM-Diensten aus der Nutzersicht beschrieben) und
- Spartendienstleistungen (funktionale Zusammenfassung von Spartendiensten),
- Softwarebedienung (Funktionalitäten auf der Nutzeroberfläche einer Software, sie können in Metabegriffen, wie Usability, abgebildet werden)
- Softwaredienste (Basisfunktionalitäten der Software, wie Mandantenverwaltung, Mehrsprachigkeit, Replikation usw.),
- Systematik der Datenintegration (Schnittstellen),
- Verkaufsmodul (welche CAFM-Dienste und -Dienstleistungen kann man in welchen Zusammenstellungen erwerben?).

Einige bestehende Begriffe der Klasse 2 und 3 der GEFMA 940 gehen in dieses Begriffsnetz ein. Alle Begriffe stehen aber in völlig neuen Beziehungen und bilden ein komplexes Datenmodell über Software. Der wesentlichste Begriff ist der „Spartendienst", der an einem Beispiel diskutiert wird.

20

Der Spartendienst „Aufgabenverwaltung" wird als Standardbeschreibung damit in nachfolgenden Beziehungen abgebildet:

hat Verwaltungsobjekte	in Sparten	in SP-Dienstleistungen	in Software
🔏 Sparten-Dienst Standardbezeichnung		hat Beziehung zu SP-Diensten	nutzt Schnittstellen

4	Sparten- Dienst	hat Beziehung zu SP-Dienst	Bemerkung
1	Aufgabenverwaltung	*Qualitätskontrolle	
2	Aufgabenverwaltung	Einkauf	
3	Aufgabenverwaltung	Help Desk	
4	Aufgabenverwaltung	Instandhaltung	

Abb. 1-11: „Aufgabenverwaltung" hat Beziehungen zu „Sparten-Diensten"

Die Liste der Beziehungen ist noch unvollständig und wird im Rahmen des Standardisierungsprozesses vervollständigt.

hat Verwaltungsobjekte	in Sparten	in SP-Dienstleistungen	in Software
🔏 Sparten-Dienst Standardbezeichnung		hat Beziehung zu SP-Diensten	nutzt Schnittstellen

Normschnittstellen Daten

2	Spartendie...	Daten-Normsch...	Bemerkung
1	Aufgabenv...	GAEB	
2	Aufgabenv...	Datanorm	

Normschnittstellen Prozess

0	Spartendie...	Funktions-...	Bemerkung
	Keine anzuzeigenden Objekte.		

Abb. 1-12: Spartendienst hat Beziehungen zu standardisierten Schnittstellen

Diese Liste soll zukünftig alle Standards aufführen, wobei bestimmte Standards nur in einer Branche gültig sind (z.B. GAEB im Bauwesen).

Die Beziehung des Spartendienstes zu Verwaltungsobjekten ist auch eine Liste:

🔏 Sparten-Dienst Standardbezeichnung		hat Beziehung zu SP-Diensten	nutzt Schnittstellen
hat Verwaltungsobjekte	in Sparten	in SP-Dienstleistungen	in Software

6	SP-Dienst	Verwaltungsobjekt	Bemerkung
1	Aufgabenverwaltung	Arbeitsaufgabe	
2	Aufgabenverwaltung	Arbeitsergebnisse	
3	Aufgabenverwaltung	Arbeitsplatz	
4	Aufgabenverwaltung	Arbeitsstoff	
5	Aufgabenverwaltung	Bestellungen	
6	Aufgabenverwaltung	Gesundheits- und Arbeitsschutzbestimmungen	

Abb. 1-13: Spartendienst hat Beziehungen zu Verwaltungsobjekten

Auch diese Liste wird im Zuge der Standardisierung vervollständigt werden.

Es gibt Spartendienste, die typisch nur in einer Sparte auftreten. Die Mehrzahl wird aber, wenn auch sicherlich modifiziert, in mehreren Sparten genutzt:

🏛 Sparten-Dienst Standardbezeichnung		hat Beziehung zu SP-Diensten	nutzt Schnittstellen
hat Verwaltungsobjekte	in Sparten	in SP-Dienstleistungen	in Software

	5	SP-Dienst Standardbez.	Sparte	Name	Bemerku
	1	Aufgabenverwaltung	AGVS	Anlagegüterverwaltungssystem (AGVS), früher oft au...	
	2	Aufgabenverwaltung	BI	Business Intelligence	
	3	Aufgabenverwaltung	CAFM	Computer Aided Facility Management	
	4	Aufgabenverwaltung	CMMS	Instandhaltungsmanagement	
	5	Aufgabenverwaltung	PMS	Projektmanagementsoftware	

Abb. 1-14:   Spartendienst einer Sparte hat Beziehungen zu anderen Sparten

Spartendienstleistungen als Managementdisziplin nutzt mehrere Spartendienste. Der Spartendienst „Aufgabenverwaltung" ist Bestandteil einer Liste von Sparten-dienstleistungen.

🏛 Sparten-Dienst Standardbezeichnung		hat Beziehung zu SP-Diensten	nutzt Schnittstellen
hat Verwaltungsobjekte	in Sparten	in SP-Dienstleistungen	in Software

	SP-Dienst Standardbez.	SP-Dienstleistung Standardbez.	Bemerkung
..	Aufgabenverwaltung	Auftragsmanagement	
..	Aufgabenverwaltung	Energiemanagement	
..	Aufgabenverwaltung	Instandhaltungsmanagement	
...	Aufgabenverwaltung	Vertragsmanagement	

Abb. 1-15:   Spartendienst hat Beziehungen zu Spartendienstleisungen

Jeder standardisiert beschriebene Spartendienst wird in jedem Softwareprodukt individuell abgebildet. Der Hersteller hat die Möglichkeit, seine Definition der Um-setzung des Dienstes in seinem Produkt zu beschreiben.

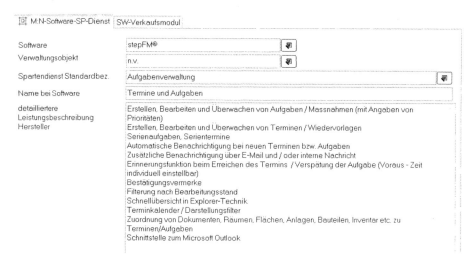

Abb. 1-16:   Individuelle Beschreibung eines Spartendienstes bei einem Softwareprodukt

22

Je nach Tiefe und Umfang der Fragestellung an die Softwaredatenbank wird dann die Anzahl der gefilterten Softwareprodukte beschränkt. Jedes Softwareprodukt hat Alleinstellungsmerkmale, die durch das komplexe Datenmodell gut beschreibbar sind.

Entscheidend ist, dass alle Spartendienste Abbildung der realen Prozesse aus IT-Anwendersicht sind. Bestehende Standards, Richtlinien und Empfehlungen sind Abbildungen, die der Strukturierung von Tätigkeitsprozessen oder organisatorischen Strukturen dienen. Die DIN 31051 definiert z.B. Instandhaltung[15]) als Beschreibung der realen Prozesse und gibt strukturelle Empfehlungen für die Prozessgestaltung. Die IT-Abbildung kann nur die aus der Realität gewinnbaren und brauchbaren Daten, eingebunden in den Datenwandlungsprozess, berücksichtigen.

Nach verschiedenen Modellierungsversuchen wurde sich an die Begriffe der 3. Klasse der GEFMA 940 angelehnt, aber nach einer einheitlichen Struktur definiert. Jeder dieser Begriffe (Spartendienste) ist, wie oben demonstriert, mit anderen Spartendiensten gekoppelt; Instandhaltung mit Adressverwaltung, mit Budgetierung, mit Aufgabenverwaltung usw.

Damit kann ein Begriffsnetz aller Spartendienste generiert werden. In der Softwaredatenbank werden den unterschiedlichen Nutzern Reports angeboten und das Begriffsnetz kann zukünftig z.B. zur Generierung von Anforderungsprofilen, als Basis für Ausschreibungen genutzt werden.

Das komplexe Datenmodell wird hier nur aus einer frühen Entwurfssicht dargestellt (s. Abb. 1-17).

---

15 Aus langjähriger Erfahrung mit IT-Projekten in der Industrie ist dem Autor in nicht einem Fall die Strukturierung der Instandhaltung in Wartung, Inspektion, Instandsetzung und Verbesserung begegnet. Auch keine CAFM-Software bildet diese Struktur vollständig ab.

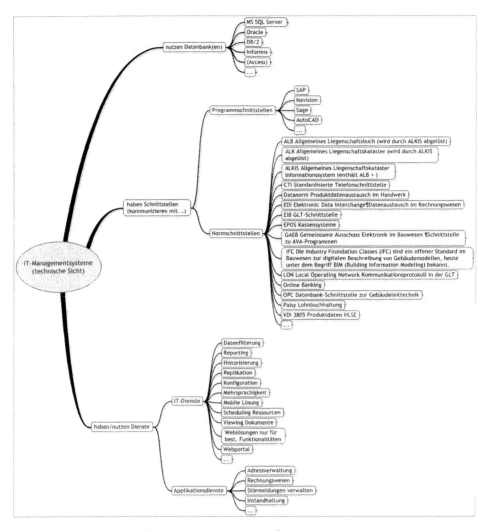

Abb. 1-17: Merkmale von Softwaresystemen (technische Sicht)

Jeder Begriff wird in einer Klasse[16] des Datenmodells abgebildet. Diese Klassen werden in der Softwaredatenbank wie folgt abgebildet (s. Abb. 1-18):

---

[16] Die Bezeichnungen „Begriff", „Klasse" und „Tabelle" sind im Zusammenhang mit der Softwaredatenbank Synonyme.

24

Abb. 1-18: Abbildung der Klasse Software in Beziehung zu anderen Klassen

Alle Begriffe/Klassen werden durch Merkmale (Datenattribute) auf Bildschirmmasken abgebildet. Es gibt folgende Merkmalsarten:

- ein einzelnes Datenattribut mit den Eigenschaften

  - freies Textattribut zu sein, (z.B. „aktuelle Version" (s. Abb. 1-19)) oder
  - Referenzattribut auf ein anderes Objekt (z.B. „Produktsparte") oder ein
  - Funktionsattribut zu sein (z.B. „Produkt-Homepage"),

- eine Liste gleichartiger Datenattribute (z.B. „Verkaufsmodule" (s. Abb. 1-19)).

Die konkreten Daten zu einer Klasse der Datenbank werden allgemein als Instanzen oder als Objekte (näheres s. Kap. 10.2) bezeichnet. Im Falle der Software werden die Instanzen konkret „Softwareprodukte" genannt.

Am Beispiel der Klasse „Software" sind die Merkmale gruppiert und auf 16 Bildschirmmasken verteilt (s. Abb. 1-19).

Abb. 1-19: Oberfläche zur Abbildung von Software (das Objekt „..?" dient nur zur Erklärung der verwendeten Begriffe)

Die Datenattribute innerhalb der Bildschirmmasken und die Anordnung der Merkmalsgruppen (hier Reiter einer Karteikarte) sind entsprechend der vermeintlichen Priorität aus Sicht des Entwicklers angeordnet (s. Abb. 1-19). Mit der Bezeichnung der Merkmale wurde versucht, deren Bedeutung verständlich zu beschreiben. Alle Merkmale (Datenattribute) sind für unterschiedliche Nutzergruppen gedacht, ohne dass dies gekennzeichnet ist. Bis auf wenige Ausnahmen kann man nicht unterscheiden, was Objekt- und Metainformation ist („Hersteller-Info" ist Beispiel für Metainformation zur Software).

Die Darstellung und Erläuterung der inhaltlichen Bedeutung der Begriffe befindet sich im Anhang 2 (s. Kap.9). Der Zweck der Begriffsbildung resultiert aus den unterschiedlichen Sichten potenzieller Nutzergruppen der Softwaredatenbank. Die Nutzergruppen sowie Objekt- und Metainformation werden zukünftig im Internetportal der Softwaredatenbank[17] durch wesentlich unterschiedliche Oberflächen und Reports berücksichtigt.

Im Gegensatz zur GEFMA 940 bedurfte es in der gesamten Klassifizierung keiner Restklasse (Sonstiges). Allerdings wurde in einigen Klassen ein Objekt „?" geschaffen, das bei einer Einordnung eines Merkmales eines Softwareprodukts noch keiner Standarddefinition zugeordnet werden konnte. In manchen Fällen dient das „?", wie hier (s. Abb. 1-19), nur der Erläuterung der Merkmale der Klasse.

Einzelne Begriffe werden als Basisklassen bezeichnet (Software, Sparte, Unternehmen, Dokumente u.a.). Beziehungen zwischen den Begriffen werden in m:n-Tabellen (s. Kap. 4.2.1.2) umgesetzt (z.B. Software zu Software, Spartendienste zu Software usw.) und ergeben eine neue Klasse. Die Softwaredatenbank enthält mehr m:n-Klassen als Basisklassen. Daraus resultiert, dass sich die Datenerfassung reduziert und man mit wenigen Anfragedaten sehr viele Abfrageergebnisse (s. Abb. 10-1) erhalten kann.

Abb. 1-20:   m:n-Klassen der Softwaredatenbank

---

[17] www.diesoftwaredatenbank.de

Jede dieser Klassen hat unterschiedliche Komplexität, was man in der Softwaredatenbank leicht nachvollziehen kann.

1.4.2 Konsequenzen aus dieser Klassifizierungsmethode

Sucht man nach Software (CAFM oder anderen IT-Akronymen) in Google oder in anderen Suchmaschinen, erhält man Hinweise (Links) auf

- Hersteller einer *Software* (Rangfolge nach Geschick der Präsentation),
- *Vermarktungsplattformen* (wie SoftGuide, s. Kap. 13),
- Dienstleister oder
- *Softwareübersichten* zu den verschiedenen IT-Themen (CAFM, CRM, DMS, ECM, ERP, CAD, GIS, ITSM usw.).

Der Suchende hat mit den Suchergebnissen nachfolgende Probleme:

- Deckt die *angebotene* Software die Spezifik ab, die benötigt wird?

  (Was zeichnet eine Software im Vergleich zu ähnlichen Produkten aus? *Produktvergleiche* sind nur selten möglich.)

- Wurde *berücksichtigt*, dass CAFM mit anderen IT-Themen verbunden ist (ERP, DMS, AVA usw.)?

  (Die IT-Themen durchdringen sich einerseits ständig immer mehr, andererseits tritt gleichzeitig eine Spezialisierung ein, wodurch immer neue IT-Themen entstehen. Diese Zusammenhänge bleiben dem „normalen" Anwender verborgen.)

- Welche *Merkmale* der CAFM-Software sind wesentlich, welche unwesentlich? (Von jeder Auskunftsquelle bekommt man unterschiedliche Beschreibungs-Strukturen von Software angeboten)

Dieser Zustand resultiert aus der Situation, dass es bisher kein einheitliches Datenmodell über Anwendungssoftware gibt, weder national noch international.

Die hier entwickelte Methodik erlaubt es, den Begriff „Facility Management" selbst schrittweise schärfer zu formulieren (Sekundärprozess, der wesentlich von den Facilities der Branche, deren Lebenszyklus und den zugehörigen Diensten definiert wird). Zu wenig Merkmale (s. DIN EN 15222) oder zu viele Merkmale (s. GEFMA 100) führen zur Abstumpfung des Werkzeuges „Klassifizierung". Begriffe und die damit verbundene Ordnung der Realität sollten leicht verifizierbar sein.

Nachfolgende Ergebnisse werden mit dieser neuartigen Software-Klassifizierung erreicht:

- Die Chance zur besseren Einordnung und Vergleichbarkeit der verfügbaren CAFM-Dienste in den verschiedenen CAFM-Softwareprodukten wird erhöht.
- Durch die Trennung von CAFM-Diensten und IT-Diensten wird der Umfang an Spartendiensten jeglicher Software sofort vergleichbar.
- Nach entsprechenden standardisierten Definitionen von CAFM-Dienstleistungen werden diese über Views der zugeordneten CAFM-Dienste automatisch der Software zugeordnet. Damit erübrigt sich auch die Zuordnung einer Software zu einer Produktsparte (CAFM, ERP, ITSM usw.). Was eine Software wirklich leistet, wird in den Sparten-Diensten beschrieben und damit auch durch den Softwaresuchenden gefunden. Der Hersteller wird auch entbunden, zwangsweise seine Software einem IT-Akronym (ERP, ECM, DMS, CAFM usw.) zuzuordnen.

- Ebenso wird dem Nutzer der Fokus der Software deutlicher (welche Branchen und welche Lebenszyklen der Immobilie werden abgebildet).

Diese Methodik ist auch geeignet, neue IT-Akronyme einzuordnen. Sollte der Begriff CAIFM mehr Merkmale haben, die auch noch I (für integrated) rechtfertigen, so hätte er seine Berechtigung. Wenn allerdings nur der Integrationsaspekt hervorgehoben werden soll, ist dies kein Argument für einen neuen Begriff, da die Integration zum Wesen von CAFM gehört.

Durch diese Klassifizierung kann man alle Angaben der 36 CAFM-Anbieter (s. [GEFMA 940, 2009]) besser in Übereinstimmung mit den vorgegebenen Kriterien und die vom Hersteller aufgeführte Funktionalität/Modularität bringen. Allerdings lassen sich zum Kriterium „Branche" bis auf wenige Systeme keine eindeutigen Aussagen machen. Das Gleiche gilt für das Kriterium „Lebenszyklusphase". Es liegt aber nahe, fast alle Systeme in die Phase „Bewirtschaftung" einzuordnen.

Über diese Klassifizierung kann man relativ einfach die Modulbezeichnungen der Hersteller nach CAFM-Diensten, Software-Diensten, Software-Schnittstellen, Norm- und Geräteschnittstellen klassifizieren. Dadurch ist sofort erkennbar, wer aus z.B. 30 Modulen, CAFM-Dienste und/oder Software-Dienste und/oder Software-Schnittstellen und/oder Norm- und Geräteschnittstellen abbildet. Bei manchen CAFM-Produkten reduzieren sich dann die wirklichen CAFM-Dienste oder -Dienstleistungen auf weniger als die Hälfte der angegebenen Module.

Von der GEFMA wurden 7 Begriffe im Sinne von CAFM-Dienstleistungen definiert (Objektmanagement, Objektbetrieb, Flächenmanagement, Reinigung, Sicherheit, Immobilienmanagement, Buchführung sind Oberbegriffe, die durch Aufzählung von Unterbegriffen definiert werden, s. [GEFMA 940, 2009] S. 10). Diese Begriffe sind in der Softwaredatenbank vorerst fast analog abgebildet, indem die Dienste (Unterbegriffe) den Dienstleistungen zugeordnet werden. Alle diese Begriffe sind als Managementbegriffe jedoch mit entsprechenden Spartendiensten systematisch neu zu definieren. Jeder Managementbegriff enthält in der Regel einen Spartendienst, der für die Namensgebung verantwortlich ist (z.B. Projektmanagement hat Spartendienst Projektverwaltung, Reinigungsmanagement hat Spartendienst Reinigung).

Mit der vorgeschlagenen Klassifizierung sind die CAFM-Hersteller gefordert, CAFM-Dienste in der Softwaredatenbank dem Kunden transparent und zutreffend darzustellen. CAFM-Dienstleistungen werden dann über Filter dem Softwareprodukt automatisch zugeordnet. Die korrekte Zuordnung von CAFM-Diensten zu CAFM-Dienstleistungen wird zukünftig durch Experten und Gremien per Definition erfolgen.

Insgesamt werden durch diese Klassifizierung Schwerpunkte und Erfahrungen sowie bestehende Angebotslücken der CAFM-Hersteller deutlicher. Alleinstellungsmerkmale von Software werden durch Filterung sofort dargestellt. Die Softwaredatenbank ist auch geeignet, entsprechend eines Nutzer-Anforderungsprofils gezielt Ausschreibungen zu generieren. Mittels einer Anforderungsmatrix, die je nach Nutzerprofil vom Top-Manager, über den Facility Manager bis zum IT-Verantwortlichen reicht (Nutzerprofile sind auf der CD momentan nicht abgebildet), können eindeutiger als in vielen der heutigen Ausschreibungen die Anforderungen an die CAFM-Hersteller dargestellt werden.

Die Klassifizierung der Dienste nach Sparten macht auch deutlich, dass CAFM eine IT-gestützte Managementdisziplin ist, die von allen Sparten etwas enthält. Eine CAFM-Dienstleistung (in der Softwaredatenbank als Spartendienstleistung verallgemeinert) in einem CAFM-Programm ist in der Regel nicht so komfortabel wie die des Softwaresparten-Spezialisten. Das in CAFM-Programmen bezeichnete Projektmanagement (umgesetzt ist meist eine Projektverwaltung) ist eine Teilmenge von Projektmanagement des Spezialisten für PMS-Software (s. Softwaredatenbank Sparte PMS). Die eigenständige Qualität von Facility Management als Management-Disziplin entsteht durch die ganzheitliche Sicht auf die Prozesse mit Facilities, abgebildet in einem komplexen Datenmodell und einer komplexen spartenspezifischen Funktionalität (CAFM-Dienste und CAFM-Dienstleistungen) mit vielen Beziehungen zu anderen Softwaresparten (CRM, DMS, AVA usw.).

Begriffe wie „Property Management" lassen sich ebenfalls schlüssig einordnen. Jede CAFM-Dienstleistung hat die Potenz, sich durch vertiefte Strukturierung und Funktionalität außerhalb des FM/CAFM als eigenständige Disziplin zu etablieren. Die Übergänge zur Eigenständigkeit sind insofern nicht fließend, dass eben genau dieses Mehr an Funktionalität sich aus den erweiterten strategischen und operativen Zielen des Managements ergibt. Die Überschneidungen der Inhalte von Managementdisziplinen (Überschneidung ist die Regel) kann man exakt bestimmen. Eine begriffliche Analyse kann also relativ einfach verdeutlichen, ob das, was darauf steht (Marketing), auch tatsächlich inhaltlich enthalten ist.

Das was die Softwaredatenbank nicht leisten kann und will, ist eine Klassifizierung in „gute und schlechte Software". Wiederholt ist die Frage gerade von Beratern gestellt worden, die aber nur der Nutzer beantworten kann, wenn er mit der Software seine Aufgaben zu lösen hat. Je qualifizierter die Anfragen an die Softwaredatenbank, umso spezifischer die Antwort. Wie bei jedem Hilfsmittel gilt auch hier: je qualifizierter der Nutzer umso größer der Nutzen.

Man sollte statt nach „gut oder schlecht" zu klassifizieren, besser nach „passend und unpassend" trennen. Ein Beispiel liefert die Integration der CAFM-Software in eine bestehende IT-Landschaft. Hier kann der Berater im Vorfeld über Softwarearchitekturen, Schnittstellen und Organisationsstrukturen Rahmenbedingungen definieren. Diese Rahmenbedingungen werden in Datenfilter definiert. Diese Filter liefern dann aus der Softwaredatenbank die Softwareprodukte, die der Berater nach „passend oder weniger passend" klassifizieren kann.

In den abschließenden beiden Kapiteln zur Thematik „Begriffsbildung" sollen noch zwei Begriffe analysiert werden, die große praktische Relevanz für die CAFM-Einführung haben – Schnittstelle und CAFM-System.

1.5 CAFM und Schnittstellen

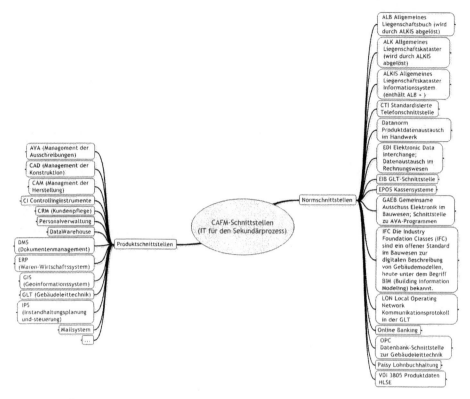

Abb. 1-21:   Übersicht CAFM-Schnittstellen

Im Marketing mancher Softwareanbieter wird argumentiert, dass die beste Software die ist, die Schnittstellen meidet. Diese Übersicht sollte auch den hartnäckigsten Vertreter der obigen These vom Gegenteil überzeugen:

Es geht nicht um das Vermeiden, sondern um das Gestalten von Schnittstellen (Ausführliches dazu ab Kap. 4.4).

Ein wesentliches Merkmal von CAFM ist die Vielfalt an Schnittstellen, die in unterschiedlicher Ausprägung beherrscht werden müssen. Gutes Consulting bei der CAFM-Einführung zeichnet sich auch dadurch aus, dass mancher technischer Wunsch (z.B. Online-Kopplung), relativiert am Verhältnis von Aufwand/Nutzen, auch offline befriedigend erfüllt werden kann.

In diesem Buch wird der Begriff „Schnittstelle„ (engl. Interface) synonym dem Begriff „Daten- und Prozessintegration„ verwendet. Kurze Bezeichnungen werden in der Regel häufiger genutzt, damit aber gleichzeitig auch die Missverständlichkeit gefördert, wie in diesem Fall das Wort „Schnittstelle".

30

1.6 CAFM-System und CAFM-Lösung

CAFM ist die Computer- oder auch Rechnerunterstützung des FM. Daran gibt es keinen Zweifel.

Zweifel bestehen an der Zweckmäßigkeit der Definition von CAFM-Software und CAFM-System in der GEFMA 400. Wird Software durch Anpassung (Costumizing) zum System (s. S. 3 [GEFMA 400, 2007])?

Richtig ist, zwischen einem Produkt und seiner Anpassung zu unterscheiden. Allerdings ist die Wortwahl nicht zutreffend, denn in der IT ist das Wort „System" inhaltlich besetzt.

In einer analogen IT-Managementdisziplin „GIS – Geo-Informationssysteme" [BEHR, 1998] wird zwischen GIS-Software und GIS-Hardware unterschieden. Genauso verhält es sich in einer weiteren IT-Anwendungsdisziplin CAD/CAM (vgl. [CAD/CAM 1987]). Deshalb erscheint es zweckmäßiger, IT-Anwendungs-Systeme als komplexe Produkte zu bezeichnen, deren Anpassung zu *Lösungen* führt.

Die Spezifik von CAFM-Hardware hält sich sicher in Grenzen (Barcode, RFID, PDA u.a.). Sie ist aber auch vorhanden und wird sich sicher im Zusammenhang mit der automatisierten Produktkennzeichnung erweitern.

Im Unterschied zu [MAY, 2003] und [GEFMA 400, 2007] wird hier ein CAFM-System mit 3 Komponenten definiert.
- CAFM-Software
- CAFM-Hardware
- CAFM-Orgware (Lizenzmodell, Handbuch, Schulungsunterlagen, Wartungsvertrag u.a.)

Damit ist das System mit seinen Komponenten unabhängig vom Nutzer strukturiert. Die Anpassung (Costumizing) an den Nutzer selbst, die „Füllung" des Systems mit der Spezifik des Kunden, soll als CAFM-Lösung bezeichnet werden.

Damit lässt sich ein Marketingspruch wie folgt gut formulieren: *CAFM-Systeme kann man kaufen, CAFM-Lösungen muss man sich erarbeiten.*

Außerdem erhöht sich bei einer CAFM-Lösung die Anzahl der Komponenten:
- CAFM-Software inkl. aller CAFM-Dienstleistungen und Schnittstellen
- CAFM-Hardware
- CAFM-Orgware (Lasten- und Pflichtenheft, Handbuch, Datenmigrationsstrategie, Schulungsunterlagen, Wartungsvertrag u.a.)
- Daten (dem schützenswertesten Investitionsgut des Kunden)

Diese Begriffsbildung ist geeignet, die Kostenanteile einer CAFM-Einführung deutlicher zu strukturieren und den Lebenszyklus der CAFM-Lösung zu beschreiben.

Eine weitere Begriffsbildung, dass ein CAFM-System sich aus der Verbindung von CAFM-Software mit ERP, CAD, GIS, DMS usw. ergeben soll (s.[GEFMA 410, 2007], S. 1 Bild 1) ist verwunderlich. Würden sich die angeführten Systeme ebenfalls nur definieren, indem sie sich mit anderen Systemen verbinden, dann liegt eine klassische Zirkeldefinition vor.

Die Unterscheidung zwischen CAFM-Software und CAFM-System in der GEFMA 410 ist nicht handlungsunterstützend oder anders gesagt, sie ist irreführend.

Ausgehend von der Definition eines Facility ergibt sich auch zwangsweise die Notwendigkeit, CAFM-Systeme als Branchenlösungen zu konfigurieren, weil die Prozesse einer Branche (eines Wirtschaftszweigs) die IT-Modellstrukturen definieren. Beispielsweise hat ein CAFM-System für ein Krankenhaus mit einem CAFM-System für einen Flughafen nur eine geringe Schnittmenge. Dieser Aspekt ist in den GEFMA-Richtlinien wenig präsent und in der GEFMA 940 als Kriterium nicht vorhanden. In der Softwaredatenbank kann dieser Aspekt bei einigen CAFM-Produkten gut nachvollzogen werden. Manche Hersteller bezeichnen Verkaufsmodule direkt nach der Branche (Kommunale Behörde, Flughafen, Krankenhaus u.a.).

Damit möchte der Autor die begrifflichen Analysen abschließen und hofft Anstoß zu einer weiterführenden methodischen Diskussion gegeben zu haben.

2   Strategische Entscheidungen beim Softwarekauf

2.1   Eine erste Kostenschätzung als Orientierungshilfe für Investitionsentscheidungen

2.1.1 Vorbemerkungen

Dieses Kapitel ist für Schnellleser und Manager gedacht, also für Leute, die sich nur kurz strategisch informieren möchten und in der Regel über hohe Entscheidungskompetenz verfügen. Hier werden Hinweise für „Bauchentscheidungen" gegeben, deshalb werden sie als intuitive Entscheidungen bezeichnet.

Dieser Zwischenschritt auf dem Weg zu fundierten Entscheidungen begegnet dem Autor in jedem IT-Projekt, weshalb diese Klientel hiermit ausdrücklich angesprochen werden soll.

Aus jahrelanger Erfahrung im Projektgeschäft weiß ich, dass im Erstgespräch schon nach kurzer Zeit die Zwischenfrage kommt: „Und was kostet die Software?" Meine Erfahrung ist, zwischen einem Fünftel bis einem Zehntel des Gesamtprojekts. Diese Antwort stößt in der Regel auf Skepsis, in seltenen Fällen auch zum Abbruch der Akquise, weil das geplante Budget nur zum Kauf der Software reichen würde. Es ist nicht einfach, die Kunden davon zu überzeugen, dass die Lizenzkosten im gesamten Projekt eine marginale Rolle spielen und der eigentliche Wert in investitionssicheren Daten liegt. Es kommen aber weitere Faktoren dazu, die bei einer Kostenschätzung zu berücksichtigen sind.

2.1.2 Faktoren einer Kostenschätzung

Bevor man ein CAFM-Projekt anstößt, sollte eine Kostenschätzung gemacht werden und danach mit den Möglichkeiten an Investitionsmitteln gegen gerechnet werden. Eine ernsthafte Kosten-Nutzen-Betrachtung (Kostenermittlung) kann man erst im Projektverlauf erarbeiten (s. Kapitel 3.2).

Nachfolgende Faktoren fließen in die CAFM-Kostenschätzung ein:
- Kosten der Basislizenz
- Kosten der CAFM-Dienstleistungen (oft als Module bezeichnet), sofern nicht in Basisversion vorhanden
- Kosten für Mehrfachlizenzen
- Kosten möglicher zusätzlicher Hardware
- Kosten für Schnittstellenanpassungen
- Kosten Consultingleistungen mit Pflichtenheft als Ergebnis
- Kosten Altdatenübernahme
- Kosten für Schulungen, Schulungsunterlagen und das Nutzerhandbuch (Rollenbeschreibungen der CAFM-Lösung)

In der nachfolgenden Tabelle sollten die Relationen (s. Spalte „% ...") und nicht die Absolutwerte[18] (s. Spalte „Wert") berücksichtigt werden.

Tab. 2-1:Kostenschätzung für das erste Jahr der Einführung von CAFM

Kostenart	Wert (Beispiel)	% zu Gesamt
Kosten der Basislizenz	5.000,00 €	4%
Kosten der CAFM-Dienstleistungen (oft als Module bezeichnet), sofern nicht in Basisversion	10.000,00 €	8%
Kosten für Mehrfachlizenz	10.000,00 €	8%
Kosten möglicher zusätzlicher Hardware	5.000,00 €	4%
Kosten für Schnittstellenanpassungen	20.000,00 €	16%
Kosten Consultingleistungen mit Pflichtenheft als Ergebnis	25.000,00 €	20%
Kosten Datenübernahme Altdaten	40.000,00 €	31%
Kosten Schulungen	10.000,00 €	8%
Wartungskosten Software/Support	3.000,00 €	2%
Gesamt	128.000,00 €	100%

In dieser Tabelle sind nicht die Selbstkosten berücksichtigt, die etwa in ähnlicher Größenordnung geplant werden müssen (Mann-Tage an interner Kapazität). Der hier genannte Gesamt-Wert ist ein Durchschnittswert aus Erfahrungen des Autors mit max.10 Mitarbeitern einer FM-Abteilung. Diese Budgetstruktur sollte also geplant sein, um ein CAFM-Projekt erfolgreich einzuführen. Damit dieses Budget genehmigt wird, muss auch der ROI dargestellt sein (s. [GEFMA 460, 2010]).

Kann ein Unternehmen nur die direkten Investitionskosten in Soft- und Hardware im Geschäftsjahr einstellen, dann sollte es das Projekt verschieben und in besseren Zeiten angehen. Selbst die Erstellung eines Lastenheftes könnte eine Fehlinvestition sein, weil in kürzerer oder längerer Zeit Aufgaben- und Strukturänderungen eine wesentliche Überarbeitung notwendig machen könnten.

2.2 Was muss die Software aus Kundensicht können?

Die wichtigste Forderung des Kunden ist immer die einfache Bedienung der Software. Als zweitwichtigstes Bewertungskriterium wird in der Regel der Preis der Software genannt.

---

[18] Absolutwerte von CAFM-Projekt-Klassen sind in [CG-MUNICH, 2004] gut dargestellt.

Hinterfragt man dann diese beiden k.o.-Kriterien aus der Sicht des Lebenszyklus einer Software, werden weitere Kriterien genannt. Der Autor hat diese „Kunden-Kriterien" in der Phase der Projektakquise bewerten lassen und nach einer ca. einjährigen Nutzung die gleichen Kriterien erneut abgefragt.

Diese Werte sind Mittelwerte aus verbalen Einschätzungen in einer Skala von 1 (geringste Bedeutung) bis 10 (höchste Bedeutung) von FM-Mitarbeitern im mittleren Management.

Tab. 2-2: Wichtung der Kriterien vor dem Kauf einer Software

Merkmal	subjektive Wichtung vor Entscheidung
Investitionskosten	10
Bedienbarkeit auf Nutzerseite; Schulungsaufwand	10
Betriebskosten (Softwarepflege, Nachschulungen)	1
Reproduzierbarkeit von Tätigkeiten (Wiederholbarkeit, Transparenz)	1
Aufwand Datenpflege	1
Aufwand Ad-hoc-Auswertungen	1
Anpassungsaufwand Programmierung	1
Administrationsaufwand	1
Datenredundanz; Datenkonsistenz	2
Systemoffenheit (Integrationspotenzial)	3
Datensicherheit; Zugriffsschutz	5
Summe	36

Die GEFMA 420 [GEFMA 420, 2007] führt nachfolgende Kriterien auf:
- Softwaretechnologie und -architektur
- Schnittstellen
- Zuverlässigkeit
- Benutzerfreundlichkeit
- Performance
- Wartbarkeit
- Hilfesystem und Dokumentation

Die Schätzung dieser (vorläufig) selbsterklärenden Kriterien kann man in einem Diagramm veranschaulichen:

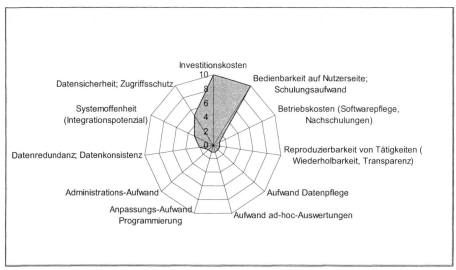

Abb. 2-1:   Diagramm Wichtung der Kriterien vor dem Kauf der Software

In Auswertung mehrerer Kundenprojekte haben die Entscheider nach Einführung der Software die gleichen Kriterien anders bewertet. Die gemittelten Gewichte der Kriterien ergaben ein wesentlich anderes Diagramm, was das aufgespannte Vieleck plastisch verdeutlicht.

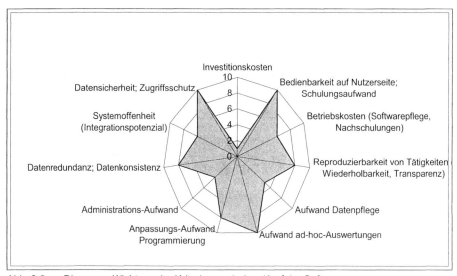

Abb. 2-2:   Diagramm Wichtung der Kriterien nach dem Kauf der Software

Der Einschätzung aus Nutzersicht (Abb. 2-1 und 2-2) kann man eine Expertenbefragung (CAFM- und Applikationshersteller allgemein) gegenüberstellen, die nur
wenige Abweichungen gegenüber Abb. 2-2 aufweist:

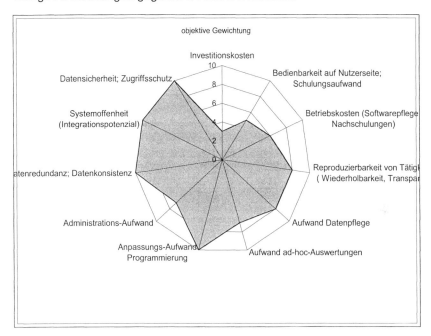

Abb. 2-3:   Diagramm Wichtung der Kriterien aus Expertenbefragung

Die Abb. 2-1 veranschaulicht den üblichen „Tunnelblick" auf die Software. Die beiden nachfolgenden Abbildungen spannen den Betrachtungskreis weiter. In 24% der
CAFM-Projekte, die weniger als 10% der Ziele umgesetzt haben (vgl. [CG-
MUNICH, 2004] S. 10), kommt man erst nach einer Entscheidung zu dieser Betrachtungsweise.

Diese Bewertungskriterien sind noch wenig präzise. Die Darstellung soll nur das
„Bauchgefühl", das auch gegenüber von Software einen hohen Stellenwert hat, et-
was qualifizieren. Das „Bauchgefühl" wird wesentlich durch die Programmober-
fläche definiert. Bei der Komplexität von Software ist es angeraten, neben diesem
Gefühl (dessen Rolle auch bei den späteren Nutzern enorm wichtig ist und mit dem
Begriff „Usability" beschrieben wird) objektivere Kriterien hinzuzuziehen (s. Kap. 7).

Auch die Schlussfolgerung „Im Unternehmen X ist die Software Y im Einsatz; weil
ich X kenne und es ähnlich dem unsrigen ist, kommt für uns auch nur Y in Frage" ist
ein fragwürdiges Kriterium für eine Auswahl-Entscheidung.

Für CAFM-Software gibt es noch keinen TÜF und keine Bewertungs-Automatismen,
selbst wenn es dazu indirekte Bemühungen gibt (vgl. [FM-KONGR, 2009] S. 323).
Die Bemühungen um maschinell berechenbare, objektive Kriterien im Gegensatz zu
den gerade diskutierten subjektiven Entscheidungen werden solange nur bedingt

erfolgreich sein, solange das verschiedenartige Wissen und die verschiedenartigen Erfahrungen nicht formalisiert beschrieben werden. Nur mathematische Kalküle sind berechenbar.

Trotz aller Fortschritte der Künstlichen Intelligenz ist man von diesem Anspruch noch sehr weit entfernt. Dieses Geschäft bleibt beratungsintensiv. Es ist mit künstlerischen (weil mit Abstraktionsvermögen verbunden) und emotionalen Komponenten gekoppelt.

Fehlentscheidungen zum Einsatz einer CAFM-Software und zu deren Anbieter lassen sich nicht ausschließen. Die nachfolgenden Überlegungen sollen das Vorgehen bei der Entscheidungsfindung und der CAFM-Einführung detaillierter stützen. Es wird versucht, den Leser zu befähigen, solche Entscheidungen zu fällen, so dass er zukünftig nicht zu den 17% unzufriedenen bzw. neutralen CAFM-Kunden gehört (s. [CG-MUNICH, 2004] S. 24).

Der Leser soll auch nicht zu denen gehören, die weniger als die Hälfte der mit dem CAFM gesteckten Ziele erreicht haben (46%) (s. [CG-MUNICH, 2004] S. 10).

2.3   Verkaufsmodelle im CAFM-Markt

Verkaufsmodelle sind stets ein brisantes Thema und häufigen Änderungen unterworfen. Der Trend, vom komplexen Produkt zum separaten Dienst, wird besonders durch das Internet gefördert. Aber auch hier wird es nicht „die Lösung" geben, weil es mehrere Einflussfaktoren gibt.

Der Verkaufspreis wird durch nachfolgende Faktoren (F) bestimmt:

F1:   komplexe Branchenlösung oder Zerlegung bis auf Spartendienste

F2:   Umfang der zur Verfügung gestellten Funktionalität (je Verkaufsmodul)

F3:   Art der Lizenzierung (Zugriff simultan (concurrent), personalisiert usw.)

F4:   Lizenzerwerb, Leasing oder Miete

F5   konfigurierbares Tool oder spezifizierte Lösung

Der Verkaufspreis ist dann stets eine Mischung aus diesen Faktoren. In keiner Mischung ist es möglich, den Preis von der CAFM-Kaufentscheidung bis zur ersten nutzbaren CAFM-Lösung exakt vorauszusagen. Die Ursache liegt ganz einfach in dem Umstand, dass man mit einem vermutlichen Vorteil sofort auch einen Nachteil einkauft. Natürlich gibt es unterschiedliche Unschärfen je nach Mischung der Faktoren, aber scharfe Voraussagen (Angebote) beruhen immer auf Selbsttäuschung sowohl beim AG als auch beim AN. Dies betrifft seitens des AG besonders auch die „Ehda"-Kosten (der Mann ist eh da) bei der Projekteinführung.

Eine kurze Darstellung der Vor- und Nachteile der obigen Faktoren soll dies verdeutlichen.

F1.1: komplexe Branchenlösung

Vorteile: komplexe Branchenlösungen bieten das Know-how in gebündelter Form; Anpassungen sind überschaubar; Einführung kommt schneller voran

Nachteile: kostenintensivere Anschaffung, evtl. Funktionalitäten, die nicht benötigt werden

F1.2: Zerlegung bis auf Spartendienste

Vorteile: geringe Anschaffungskosten, es wird nur das eingekauft, was benötigt wird

Nachteile: Spartendienste gehören zu einem Komplex von Dienstleistungen, was nicht notwendiger Weise am Projektbeginn klar kommuniziert werden kann (sowohl vom AG als auch vom AN; die „Best-Praxis" einer Branchenlösung wird nicht mehr transparent vermittelt (Kunde bekommt den Happen in Häppchen mit dem gleichen Ergebnis bei den Kosten wie F1.1, nur zeitversetzt).

F2:   Umfang der zur Verfügung gestellten Funktionalität wird in Verkaufsmodulen zusammengefasst. Technologisch gesehen liegt dies genau zwischen einer komplexen Branchenlösung und einer separierten Dienstleistung.

Vorteile: Geringere Anschaffungskosten als F1.1, es werden überschaubare Best-Praxislösungen eingekauft.

Nachteile: Auch diese Verkaufsmodule decken nur Teile der Funktionalität ab, so dass weitere Verkaufsmodule erforderlich sind. Das Endergebnis kann wiederum F1 sein, auch nur zeitverzögert.

F3:   Art der Lizenzierung (Zugriff concurrent, personalisiert usw.)

In der Softwaredatenbank (s. Anhang) sind nachfolgende Lizenzierungsmethoden aufgeführt, die von den CAFM-Produkten in unterschiedlichem Umfang angeboten werden:

Kurz_ Bezeichnung	Lang_Bezeichnung	Definition
CCU	Concurrent Use (Floatinglizenzen)	nicht benutzergebundene Lizenzen
CL	Campuslizenz (Schulen, Hochschulen)	
CPU	Prozessorgebundene Lizenz	
DL	Device basierte Lizenz (Geräte basierte Lizenz)	
EAP	Enrollment for Application Platform	Mit dem so genannten „Enrollment for Application Platform" (EAP) hat Microsoft ein neues flexibles Lizenzmodell vorgestellt. Bei diesem Lizenzmodell für Unternehmen erhält der Kunde während der Vertragslaufzeit unbegrenzte Deployment-Rechte in seinem Unternehmen. mehr...(TecChannel-News 6.12.09)
EWL	Einwohnerabhängige Kommunallizenz	
Lizenz-Dongle		heute meist USB-Dongle

Kurz_ Bezeichnung	Lang_Bezeichnung	Definition
Lizenz-Key	generierter Lizenzschlüssel	
NUL	Named-User-Lizenz (benutzergebundene Lizenz)	
PL	Projektbezogene Lizenz	
SL	Studentenlizenz	
SPLA	Service Provider Licence Agreement	
UL	Unternehmenslizenz (Nolimet Lizenz)	

In diesem Fall muss man keine Vor- und Nachteile abwägen, sondern einfach nur rechnen und nach Anzahl der Nutzer, der verfügbaren Technik, der Betreuungsmitarbeiter, den gemittelten Netzausfällen u.a. Faktoren die preiswerteste Lizenzierung ermitteln.

F4:   Lizenzerwerb, Leasing oder Miete

Welche dieser drei Möglichkeiten (F4) im Zusammenhang mit Wartungskosten, Investitionskosten, Betriebskosten und Zinseszins betriebswirtschaftlich sinnvoll ist, kann ebenfalls rechnerisch ermittelt werden.

Traditionell wird eine Software-Lizenz erworben. Rechtlich sind damit aber eine Reihe von ungelösten Problemen verbunden. Bekanntlich wird mit dem Lizenzerwerb nur das Nutzungsrecht an der Software erworben. Obwohl Software seitens des Finanzamtes ein Investitionsgut ist (damit in den Gewinn eingeht), ist der Weiterverkauf als gebrauchtes Gut immer noch nicht endgültig geklärt. Ein weiteres ungeklärtes Problem ist die im Rahmen eines Werksvertrags erarbeitete Anpassung des Standardprodukts des Softwareherstellers zur Kundenlösung. Diese Anpassung ist Eigentum des Auftraggebers. Wie kann aber dieses Eigentumsrecht im Zusammenhang mit dem Nutzungsrecht im Streitfall in Anspruch genommen werden? Eine Antwort darauf kann juristisch korrekt sein, technisch aber nur zu einer unbefriedigenden Lösung führen.

Leasing im Sinne des Lizenzerwerbs (Kaufleasing) ist ein teures, aber liquiditätserhaltendes Finanzierungsmodell, das außerdem in Betriebskosten eingeht und nicht im Gewinn verrechnet wird.

Miete ist immer nur für einen bestimmten Zeitraum preiswerter als der Erwerb der Software. Betriebswirtschaftlich sind es die laufenden, absetzbaren Kosten, die das Modell der Miete von Hard- und Software interessant machen. Eine häufig mit dem Mietmodell verbundene Werbung, Software auf Zeit zu nutzen, ist eher fragwürdig, sofern nicht die zu lösende Aufgabenstellung tatsächlich zeitlich begrenzt ist. Der Ausstieg aus Software A würde doch einen Neueinstieg in Software B bedeuten. Wie können die Daten zum Ende des Mietvertrages von A durch B weiter genutzt werden? Diese Überlegung muss am Beginn stehen, da bekanntlich meist schon innerhalb eines Jahres der Wert der Daten den Erweb der Software übersteigt. Stammdaten von Software A in eine andere Software B zu übernehmen ist heute kein allzu großes Problem. Viel größere Schwierigkeiten bereiten die Bewegungsdaten. Man muss schon sehr genau analysieren, welche Geschäftsprozesse nach dem Miet-Modell ausgelagert werden können, um langfristig Effekte zu erreichen. CAFM als komplexe Software ist nur aus betriebswirtschaftlichen Gründen dafür geeignet. Technisch ist es nur dann sinnvoll, wenn Teilprozesse des CAFM mit geringen Integrationsgrad ausgelagert werden können.

Ein Argument für das Mietmodell ist die Reduzierung der Hardwarekosten. Beim „Cloud Computing" werden durch einen Internet-Provider Hard- und Software zur Verfügung gestellt. Ausfallsicherheit und Sicherheit vor unberechtigtem Zugriff sind oft gehörte Für- oder Gegenargumente zum „Rechner aus der Wolke". Der stete Zuwachs des „Cloud Computing" spricht für diese Art der Hard- und Softwarenutzung. Trotzdem sind mit der Internettechnologie immer noch einige technische Nachteile verbunden, die sich in nachfolgenden Funktionalitäten bemerkbar machen:

- Eingeschränktes Reporting
- Eingeschränkte Logik der Datensuche und Datenfilterung
- Eingeschränkte CAD-Funktionalität
- Eingeschränkte Geräteschnittstellen
- Eingeschränkte Schnittstellen zu anderen Anwendungsprogrammen
- Erhöhtes Sicherheitsrisiko

Wenn diese allgemeinen Einschränkungen für den konkreten Anwendungsfall keine Nutzungseinschränkungen bedeuten, dann spricht einiges für das Mietmodell.

F5   konfigurierbares Tool oder spezifizierte Lösung

Zu diesem Verkaufsmodell gibt es konträre Ansichten. Neben strikten Befürwortern (oftmals aus der OpenSource-Anhängerschaft) gibt es strikte Gegner (nicht notwendig Vertreter proprietärer Software). Von diesem Modell ist dann abzuraten, wenn damit Individualsoftware entsteht. Risiken hinsichtlich der Investitionssicherheit sind damit vorprogrammiert. Wird jedoch im CAFM-Tool zwischen dem individualisierten Datenmodell und einer standardisierten Programm-Funktionalität unterschieden (Schichtenarchitektur), dann ist dieses Geschäftsmodell interessant. Aussagen in dieser Richtung kann man teilweise aus dem vom CAFM-Produkthersteller verwendeten Entwicklungswerkzeugen ableiten. Dazu liefert die Softwaredatenbank dem IT-Experten Aussagen.

Vorteile: jede Besonderheit eines Geschäftsprozesses kann meist effektiv abgebildet werden. Software passt sich weitgehend dem Nutzer an und nicht umgekehrt.

Nachteile: auch erfahrene Berater können nicht exakt den Anpassungsaufwand in der Angebotsphase voraussagen. Qualitativ hochwertige Datenmodelle kann man nicht kostengünstig auf nur einen Kunden umlegen. Ebenso wenig kann man ein hochwertiges Datenmodell an nur einem Kunden entwickeln. Werbeaussagen wie „Attribute und Tabellen können sofort ergänzt werden" stehen solider, strukturierter Datenmodellierung entgegen. Die mit MS Excel „hingeworfenen Tabellen" sind genau die Vorgehensweisen, die langfristig zu inkonsistenten Datenbeständen führen.

3.1   GEFMA 420

In dieser Richtlinie [GEFMA 420, 2007] wird auf 5 Seiten eine Vorgehensweise zur Einführung von CAFM dargestellt, der man in vielen Punkten folgen kann. Die Struktur der Richtlinie ist sehr gut gelungen (Anwendungsbereich, Produktauswahl, Implementierung, Systemnutzung und Weiterentwicklung). Die Kritik betrifft im Wesentlichen drei Punkte:

- die Reihenfolge in der Vorgehensweise,
- die geringe Unterscheidung von Lastenheft und Pflichtenheft und
- die geringe Berücksichtigung organisatorischer Rahmenbedingungen für das CAFM.

Auch in anderer Literatur über IT-Applikationen (vgl. auch [GIS, 2002]) wird empfohlen, nach der konzeptionellen Phase mit der Analyse des Ist-Zustands zu beginnen. Dies ist auf den ersten Blick einleuchtend.

Das Manko dieser *Vorgehensweise* resultiert aus der menschlichen Psyche. Es besteht ein determinierter Zusammenhang zwischen Sehen und Verstehen (s. Kap. 1.1). Was wir nicht kennen, das erkennen wir auch nicht. Deshalb sollte vor einer Analyse der Gesichtskreis erweitert werden. Daraus resultiert eine etwas anders strukturierte Vorgehensweise (s. Kap. 3.2, Auf die Schrittfolge kommt es an).

Die unscharfe Unterscheidung von *Lastenheft und Pflichtenheft* ist kritischer zu sehen. Eine klare Unterscheidung hat große praktische Konsequenzen für die Stellung von Lasten- und Pflichtenheft im Einführungsprozess.

Ein Lastenheft (früher Grobkonzeption) definiert die zu bewältigenden Aufgabenstellungen *konzeptionell* und untersucht mögliche *Lösungsvarianten* (dieser Aspekt fehlt in GEFMA 420 vollständig). Das Lastenheft ist Basis für eine funktionale Ausschreibung.

Im Pflichtenheft wird, nachprüfbar für Auftragnehmer und Auftraggeber, detailliert bis auf Attributebene die *Leistung der Soft- und Hardware* beschrieben. Nach Erfahrung des Autors ist diese Präzisierung ökonomisch nur im Zusammenhang mit der einzuführenden Software umsetzbar. Mit diesem Ansatz ergeben sich erhebliche Unterschiede zur GEFMA 420, die nachfolgend dargestellt werden sollen.

Unterschiede zwischen den CAFM-Projekten ergeben sich nicht aus der Größe (dabei ist unklar, was groß ist – s. [GEFMA 420, 2007] S. 3), sondern in erster Linie aus der bereit- oder „abgestellten" „Manpower", den *entscheidungsbefugten Mitarbeitern*. Nach Erfahrungen des Autors resultieren aus dieser Ressourcenbetrachtung zwei vollständig verschiedene Vorgehensweisen.

3.2   Auf die Schrittfolge kommt es an

3.2.1 Rahmenbedingungen für datenbankbasiertes[19] CAFM

Die IT-Unterstützung von FM-Prozessen wird nach Kenntnisstand des Autors in mehr als 90% der mittleren und kleineren Unternehmen durch die FM-Mitarbeiter mittels MS Outlook, MS Excel und MS Word erledigt. Der Begriff CAFM wird aber in der GEFMA 400 zweckmäßiger Weise an eine Datenbanknutzung gekoppelt.

Datenbankbasierte IT-Unterstützung macht wiederum dann Sinn, wenn die abzubildenden Geschäftsprozesse hinreichend komplex und die Anzahl und Struktur der Facilities hinreichend umfangreich sind. Ein Hinweis auf die Komplexität des FM-Prozesses ist intuitiv dann zu erkennen, wenn Berichte und die Datenpflege zu aufwändig sind und von *nur* wenigen kundigen Personen mit Hilfe des Computers korrekt erstellt werden. Fallen diese Personen aus, fällt in der Regel auch der Bericht aus bzw. wird entsprechend der Verfügbarkeit der Personen verschoben. Auch Fehler wegen individueller, nicht aktueller Outlook-Adressen können schmerzlich und teuer zu stehen kommen (sofern sie auf Managementebene überhaupt bemerkt werden).

Eine weitere Unterstützung für CAFM kommt aus dem Qualitätsmanagement und der Zertifizierung nach ISO 9000-1 des Unternehmens. Kostentransparenz und Reproduzierbarkeit sind ohne Datenbanken kaum umsetzbar. Wenn allerdings diese Zertifizierung mit einem gewissen Aktionismus verbunden ist, entwickelt sich daraus selten ein langfristig erfolgreiches CAFM-Projekt.

Aus Erfahrung ist bekannt, dass Facility Manager oft zu spät reagieren. Bei 40 bis 50 verschiedenen MS Excel-Dateien, dazu häufig noch gleiche Dateien mit verschiedenen Datenständen, geht schrittweise die Übersicht verloren. IT-affine Fachleute des FM reizen oft in dieser Situation MS Excel über funktionale Verknüpfungen aus, um Fehler zu reduzieren. Damit wird Datenbankfunktionalität auf sehr niedrigem Niveau und dazu unvollständig nachgebildet.

Der oft anzutreffende „Dateiwust" wird von einer Kostenfalle begleitet. Die „Ehda"-Kosten führen entweder zu einer überhöhten Arbeitsbelastung oder zu einer schleichenden Qualitätsminderung. Die Notwendigkeit zur Veränderung der FM-Arbeitsweise ist nur mittels CAFM, einer datenbankbasierten IT-Unterstützung, umsetzbar.

Der Projekterfolg der Einführung von CAFM hängt in erster Linie von den organisatorischen Rahmenbedingungen ab. Man kann auch mit schlechter Software erfolgreiche Projekteinführung erreichen (wobei sich dann langfristig sicherlich der Nutzen in Grenzen hält). Mit „schlechten" (ungeeigneten) Mitarbeitern kann man aber Projekte nicht erfolgreich durchführen. Wenn jedoch der Projektleiter das „Zugpferd" ist, sind die personellen Rahmenbedingungen für ein CAFM-Projekt günstig.

---

[19] CAFM ist immer datenbankbasiert. Die Redundanz dient nur der Hervorhebung.

Einen wesentlichen Einfluss auf ein CAFM-Projekt hat der Umfang der Arbeitsteilung und damit auch der Umfang der Struktureinheit FM.

In Unternehmen mit bis zu eintausend Mitarbeitern sind je nach Umfang der Immobilien und der Anlagen, Maschinen und Geräte zwischen 3 und 10 Mitarbeiter für die Werterhaltung[20] verantwortlich. Je weniger Mitarbeiter, umso mehr Outsourcing der notwendigen FM-Tätigkeiten und umso mehr Organisation und Koordination durch die Struktureinheit FM.

In kleineren Unternehmen mit 1-3 FM-Mitarbeitern haben wir[21] wesentlich andere Vorgehensweisen zur CAFM-Einführung entwickelt (s. Kap. 3.2.3, FM-Abteilungen mit weniger als 10 Mitarbeitern).

Die Rahmenbedingungen

- hinreichende Komplexität der Prozesse (Dateiwust),
- QM-Anforderungen an die Prozesse und
- personelle Befähigung in der FM-Struktureinheit

definieren nicht nur verschiedene Formen der CAFM-Einführung, sondern auch den Umfang und die Struktur einer CAFM-Lösung selbst.

3.2.2 FM-Abteilungen mit mehr als zehn Mitarbeitern

3.2.2.1 Aus Erfahrung abgeleitete Thesen

- CAFM ist Chefsache (Technischer und kaufmännischer GF) und nicht im Verantwortungsbereich der IT-Abteilung[22].
- CAFM „friert" die organisatorischen Prozesse ein (selbst bei Vorhandensein einer Workflowkomponente im CAFM). Deshalb müssen diese Prozesse vorher geordnet und neu durchdacht werden.
- Es ist in der Regel genau eine Person, die das Thema voranbringt oder hemmt, auch in großen Unternehmen.
- Die meisten Misserfolge bei CAFM-Einführung beruhen auf fehlerhaften strategischen Entscheidungen und sind in den wenigsten Fällen durch die Software bedingt.
- Ohne Investition in die Prozessanalyse ist Investition in Software ein teures Wagnis.
- CAFM-Software ergänzt SAP[23]. SAP deckt nur Teilbereiche von CAFM ab. SAP ist aus kaufmännischer Sicht konfiguriert. CAFM bildet vorrangig technische Sichtweisen ab.

---

[20] Die Bezeichnung der Struktureinheiten ist in jedem Unternehmen unterschiedlich; auch abhängig von der Bandbreite der Aufgabenstellungen.

[21] Autor und Mitarbeiter von CAD-Systemhaus Dr.Oelschlegel e.K.

[22] In Deutschland ist ein COI (Chief of Information) selten im Top-Management, sondern bestenfalls im Stabsbereich etabliert. Würde es diesen COI geben, wäre die obige Aussage anders zu formulieren.

[23] In fast allen größeren CAFM-Projekten des Autors war immer SAP als ERP-System das führende kaufmännische System und Schnittstellen zwischen den Software-Systemen wurden in allen denkbaren Varianten umgesetzt.

44

3.2.2.2 Projektphasen

Phase 1 – Projekteröffnung

Sollte man mit dem Grobkonzept beginnen?

Die Richtlinie GEFMA 440 empfiehlt - ja. Ich empfehle – nein!

Man sollte dem Topmanagement zuerst die Augen öffnen und Visionen vermitteln, wohl wissend, dass davon nur Bruchteile umgesetzt werden können. Langfristigkeit vor kurzfristigem Gewinn – solche scheinbar einfachen Weisheiten müssen konkret für das CAFM als strategisches Instrument vorgeführt werden. Benchmark's, Kennzahlen und Workflows aus QM-Sicht sollen die Führungsebene überzeugen.

Dies schafft aber der „Prophet im eigenen Haus" in der Regel nicht. Ein externer Berater ist sehr früh gefragt und für den Projekterfolg ganz entscheidend. In Erkenntnis dessen, dass der Mensch das sieht, was er kennt, wünscht, fühlt usw. wird vor das Grobkonzept eine methodisch-strategische Qualifizierung der Entscheider zum CAFM gesetzt. Der externe Berater muss neutral beraten können und gleichzeitig über grundsolide Software-Produktkenntnisse verfügen. Referenzen über erfolgreiche Projekte sind ein K.o.-Kriterium für seine Auswahl.

Abb. 3-1:   Phase 1 Projekteinführung (> 10 FM-Mitarbeiter)

Die Auswahl des Projektleiters ist die zweite, alles bestimmende strategische Entscheidung. Mit ihm steht und fällt der Projekterfolg. Neben der fachlichen Qualität ist es vor allem die soziale Kompetenz, die für diese Tätigkeit eine entscheidende Voraussetzung ist. Berater und Projektleiter müssen sich verstehen und sich in ihren Fähigkeiten möglichst ergänzen.

Ein weiterer Erfolgsfaktor für den ersten Schritt ist die Richtlinienkompetenz, mit der ein Projektleiter durch das Top-Management ausgestattet sein muss.

Das Ergebnis des ersten Schrittes muss eine gut lesbare Zielbeschreibung sein mit:

* wesentlichen zu erreichenden Eckzahlen,
* qualitativen Verbesserungen der wichtigsten Prozesse (QM-relevant),
* notwendigen Ressourcen und
* zeitlichen Etappen als Rahmenbedingung (hier Positionspapier genannt).

Kann die Phase 1 in zwei bis vier Wochen abgearbeitet sein, erfordert der nächste Schritt wesentlich mehr Zeit.

Phase 2 – Lastenheft

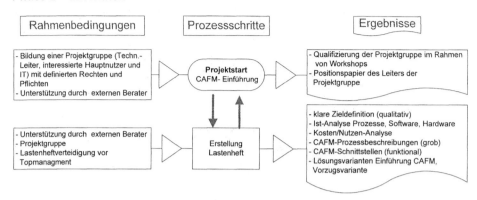

Abb. 3-2:   Phase 2 – Lastenheft (> 10 FM-Mitarbeiter)

In dieser Phase ist der externe Berater wesentlich für die Ergebnisse verantwortlich. Eine Konzentration auf das Wesentliche im Top-Down-Ansatz macht diesen Schritt zu einem Mix aus Intuition und Wissen. Es ist hohes Abstraktionsvermögen gefordert, um nicht im Wust von detaillierten Anforderungen, Daten und Meinungen unterzugehen. Die Sicht eines Außenstehenden fördert diesen Prozess. Die Frage „Was ist wesentlich?" ist einfach gestellt, aber meist schwierig zu beantworten, am schwierigsten in der Regel durch den Betroffenen selbst.

Die methodische Antwort ist: Wesentliches ist Gesetzmäßiges. Gesetzmäßig ist eine Sache dann, wenn sie wiederholt *reproduzierbar herstellbar* ist. Prozesse, die sich nicht wiederholen, mit IT abzubilden, ist ökonomischer Unfug. In diesem Sinne wird auch die beste CAFM-Lösung immer ein unvollständiges Hilfsmittel im gesamten Tätigkeitsprozess bleiben. Das reale Leben ist und bleibt umfangreicher und mit Zufälligem und Einmaligem gespickt, anders als es die weiseste Vorausschau bei der Prozessmodellierung leisten kann.

In der Regel wird CAFM nicht auf die „grüne Wiese" gesetzt. In der Ist-Analyse spielen deshalb die vorhandenen IT-Programme eine wichtige Rolle. Schnittstellen zu SAP, MS NAVISION (Industrie) oder CIP (Kommune) usw. sind zu berücksichtigen[24]. Dabei wurde immer wieder festgestellt, dass die anfangs hohen Forderungen (z.B. bidirektionale Kopplung zu SAP) im Verlaufe des Projekts stark reduziert wurden und manchmal auf kontinuierliche Batchprozesse beschränkt werden konnten, ohne wesentliche Qualitätseinbußen hinnehmen zu müssen.

Die unbedingt notwendige Kosten/Nutzen-Analyse kann nur eine Schätzung sein. Sie gelingt dann am besten, wenn in der Prozessanalyse die wesentlichsten Tätigkeiten des FM-Personals und des Managements beschrieben worden sind.

---

[24] Je nach Branche haben sich für ERP (allgemein Software für den Kernprozess der Branche) Marktführer entwickelt, die hier nicht alle genannt werden können. In der Softwaredatenbank (s. Anlage) sind einige weitere aufgeführt.

Lösungsvarianten von Prozessketten werden in den seltensten Fällen erarbeitet. Ein guter externer FM-Berater ist dazu in der Lage, vorausgesetzt das Honorar ist ausreichend (vgl. [HONORAR, 2002] ab S.10).

Dieser zweite Schritt kann zwischen 2-6 Monate dauern (wenn länger, dann ist das Projekt nicht zweckmäßig portioniert). Wesentliche Inhalte des Lastenheftes sind formal graphisch beschriebene Prozesse und deren Beziehungen. Oftmals können dazu vorhandene QM-Handbücher genutzt werden. In der Regel sind aber diese QM-Beschreibungen für eine IT-Umsetzung zu grob und nicht aus der Sicht der benötigten und erzeugten Daten konzipiert. Diese ergänzende Abstraktion ist eine wesentliche Aufgabe des externen Beraters.

Das Lastenheft ist Grundlage für die funktionale Ausschreibung einer CAFM-Lösung.

Phase 3 – funktionale Ausschreibung

Für diese Phase liefert die GEFMA 440 „Ausschreibung und Vergabe von Lieferungen und Leistungen im CAFM" eine sehr nützliche Vorlage [GEFMA 440, 2007]. Auf insgesamt 17 Seiten (sechs davon Definitionen, der Rest 7 sehr informative Anlagen) wird übersichtlich die Vorgehensweise dargestellt. Die Bewertungskriterien resultieren u.a. aus der GEFMA 400, 410, 420 und 430 und werden entsprechend des hier entwickelten methodischen Ansatzes relativiert und teilweise erweitert.

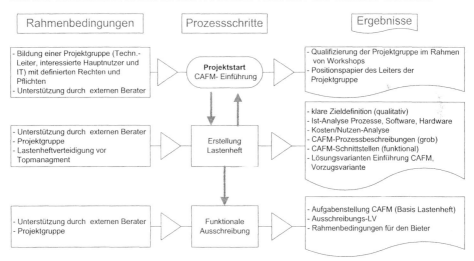

Abb. 3-3:   Phase 3 Funktionale Ausschreibung (> 10 FM-Mitarbeiter)

Für das Ausschreibungs-LV besteht die Kunst darin, die wesentlichsten Funktionalitäten so zu beschreiben, dass der Bieter eine CAFM-Lösung anbieten kann. Darin müssen enthalten sein:

- die Software inkl. aller erforderlichen CAFM-Dienstleistungen (Module),
- die erforderliche Hardware (z. B. für Barcode oder RFID) und
- ein Analyse- und Beratungspaket, mit dem die CAFM-Software zur CAFM-Lösung für den Kunden konfiguriert wird.

Aus leidvoller Erfahrung soll hier auf einen Punkt hingewiesen werden, den auch die GEFMA unausgesprochen voraussetzt: klare Rahmenbedingungen für den potenziellen Auftragnehmer. Dies beginnt mit Kenntnissen des Unternehmens-Organigramms und setzt sich fort mit dem Ansprechpartner und dessen Vertreter, den Funktionsplänen der FM-Mitarbeiter usw.

Das LV selbst hat als wichtigste Bestandteile

- qualitative Anforderungen und Beschreibungen (Leistungsabfragen auf Basis des Lastenheftes) und
- quantitative Anforderungen (Preisanfrage).

Alle anderen Bestandteile einer Ausschreibung sind in der GEFMA 430 sehr gut dargestellt [GEFMA 430, 2007].

Die Preisanfrage wird effektiver Weise mit einem AVA-Programm erstellt. Es ist dabei immer wieder erstaunlich, wie unbekannt bei den CAFM-Anbietern diese Form des LV ist. Auch die Anlage E, Auszug Preisanfrage der GEFMA 430 suggeriert die übliche Form einer Exceltabelle. Der einzige Vorteil einer solchen Tabelle ist die gute Optik. Der Aufwand, daraus einen übersichtlichen Bietervergleich (auch nach Untergruppen) oder gar das Auftrags-LV zu generieren, ist erheblich. In dieser Art der Datenerfassung klafft ein Widerspruch zwischen Anspruch an den Bieter und der IT-Beherrschung des Auftraggebers.

Auch eine Ausschreibung erfordert Informationsmanagement und ist nur dann professionell, wenn sie datenbankgestützt abläuft (damit analog zu CAFM). Es ist Aufgabe des externen Beraters, diesen Schritt auch IT-technisch mit modernen Methoden zu begleiten, weil in vielen baufernen Unternehmen AVA-Programme nicht bekannt sind.

Das LV ist so zu gestalten, dass die Angebote auch exakt vergleichbar sind. Das ist allerdings nicht einfach. In der Regel ist die Preispolitik der CAFM-Anbieter unterschiedlich und nur über den Lebenszyklus der Software als Ganzes vergleichbar.

Im Unterschied zur GEFMA 430 (s. [GEFMA 430, 2007] Anlage E) hält der Autor Preise für Schnittstellen und Datenerfassung für nicht kalkulierbar.
Begründung:

- Eine kalkulierte Auspreisung kann nur auf Basis eines Pflichtenheftes erfolgen. Weil das Pflichtenheft erst später auf Basis der Standardsoftware (des CAFM-Produkts) angefertigt wird, kann das Thema nur als Kostenschätzung innerhalb der Beratungsleistung ausgewiesen werden. Schnittstellen können nur im Ergebnis der Datenmodellierung beschrieben und danach kalkuliert werden.
- Erst wenn die Prozesse weitestgehend definiert sind, kann auf dieser Basis das Datenmodell mit allen Attributen und Verknüpfungen beschrieben werden. Erst dann kann eine Datenerhebung erfolgen und danach wiederum die Technologie der Datenerfassung bestimmt werden. Es erstaunt immer wieder, wie gering die Rolle des Datenmodells geschätzt wird, obwohl es gravierenden Einfluss auf die gesamte Kommunikation hat. Besonders deutlich wird dies im Zusammenhang mit CAD-Daten.

- In fast allen Fällen haben sich die vom Auftraggeber hoch gepriesenen CAD-Daten als unbrauchbar erwiesen. Die Praxis zeigt, dass sogar aus ein und demselben Planungsbüro zu unterschiedlichen Zeitpunkten verschiedene CAD-Datenstrukturen geliefert wurden. Umso weniger ist zu erwarten, dass von unterschiedlichen Büros eine vorgegebene CAD-Richtlinie einheitlich umgesetzt wird (s. Kap. 4.4.2.2 Datenübernahmen aus CAD).

Was für beide Seiten sinnvoll ist, gerade im Zusammenhang mit der nachfolgenden Phase, ist die Bereitstellung von Beispieldaten, die dem Anbieter Hinweise auf die Daten-Qualität und den Import-Aufwand geben. Eine Kalkulation ist damit nicht möglich, wohl aber eine Kostenschätzung.

Der Import ausgewählter Kunden-Daten ist ein Muss einer Bieterpräsentation.

Die Art der Ausschreibung (öffentlich, beschränkt) hängt sicherlich vom geplanten Budget ab und den damit verbundenen gesetzlichen Bestimmungen.

Beim Bietervergleich auf Basis der schriftlichen Angebote lohnt es sich, besonders die Dienstleistungen der Bieter zu vergleichen.

In der Regel werden die drei günstigsten Angebote zur Präsentation geladen.

Phase 4 – Bietervergleich und Vergabe

Diese Phase erfordert nicht nur Vorbereitung durch den Bieter, sondern auch durch den Auftraggeber. Dies betrifft nachfolgende Aktivitäten:
- Erstellung einer Zusammenstellung der Bewertungskriterien (vgl. GEFMA 430, Anhang F und Anhang G mit Kap. 7). Diese Liste sollte die Schwerpunkte der Funktionalität auch explizieren, wozu der externe Berater entsprechende Zuarbeiten zu liefern hat.
- Auch für die CAFM-Projektgruppe (eventuell erweitert um potenzielle Hauptnutzer) muss gerade in der heißen Phase des Bietervergleichs ein ausreichender Zeitfonds zur Verfügung stehen. Präsentationen unter 3 Stunden sind die Ausnahme. Es empfiehlt sich auch, sofort nach der Präsentation eine erste gemeinsame Auswertung zu machen, die durch den externen Berater protokolliert werden sollte. Damit ist ein halber Arbeitstag für einen Bieter zu blocken. Wer hier unter Zeitdruck spart, zahlt später zu.

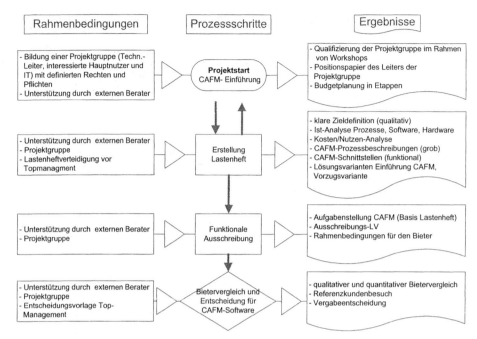

Rahmenbedingungen	Prozessschritte	Ergebnisse
- Bildung einer Projektgruppe (Techn.-Leiter, interessierte Hauptnutzer und IT) mit definierten Rechten und Pflichten - Unterstützung durch externen Berater	Projektstart CAFM- Einführung	- Qualifizierung der Projektgruppe im Rahmen von Workshops - Positionspapier des Leiters der Projektgruppe - Budgetplanung in Etappen
- Unterstützung durch externen Berater - Projektgruppe - Lastenheftverteidigung vor Topmanagment	Erstellung Lastenheft	- klare Zieldefinition (qualitativ) - Ist-Analyse Prozesse, Software, Hardware - Kosten/Nutzen-Analyse - CAFM-Prozessbeschreibungen (grob) - CAFM-Schnittstellen (funktional) - Lösungsvarianten Einführung CAFM, Vorzugsvariante
- Unterstützung durch externen Berater - Projektgruppe	Funktionale Ausschreibung	- Aufgabenstellung CAFM (Basis Lastenheft) - Ausschreibungs-LV - Rahmenbedingungen für den Bieter
- Unterstützung durch externen Berater - Projektgruppe - Entscheidungsvorlage Top-Management	Bietervergleich und Entscheidung für CAFM-Software	- qualitativer und quantitativer Bietervergleich - Referenzkundenbesuch - Vergabeentscheidung

Abb. 3-4:   Phase 4 Bietervergleich (> 10 FM-Mitarbeiter)

Was in der GEFMA 430 fehlt, ist ein Hinweis auf die Gewichtung der Rangfolge des Preisvergleichs und der Rangfolge der Leistungsabfrage. Nach Erfahrungen des Autors wurde in den seltensten Fällen der einfache Durchschnitt aus beiden Bewertungen gebildet. Meist hat der Preis eine höhere Bewertung als die qualitative Bewertung erhalten. Welche Entscheidung die bessere ist, bleibt empirisch offen. Genauso offen bleibt, dass in jeder Entscheidung auch immer das „Bauchgefühl" die rationalen Faktoren stark modifizieren kann. Wenn die „Chemie" zwischen Auftragnehmer und Auftraggeber von Beginn an nicht stimmig ist, kann sich daraus nur in seltenen Fällen ein erfolgreiches Projekt entwickeln. Dieser Faktor ist in dieser Phase mathematisch nicht zu bestimmen.

In der GEFMA 430 werden auf S. 5 bei größeren Projekten vor der Vergabeentscheidung Teststellungen der Bieter empfohlen. Das ist sicher begrüßenswert, wenn dazu auch die Ressourcen seitens des Auftraggebers zur Verfügung stehen. Man kann die Testung nicht nur einer Person überlassen, sondern muss dann in diesem Fall die Hauptnutzer (manchmal „Power-User" genannt) mit einbeziehen und entsprechende Auswertungen organisieren.

Mit einem persönlichen Besuch bei einem Referenzkunden des erstplazierten Bieters (ohne dessen Anwesenheit) wurden gute Erfahrungen gemacht. Es kam sogar vor, dass auch der Zweitplatzierte und dessen Referenzkunde besucht wurden.

Es gibt Beispiele, dass Ausschreibungen wegen Nichtvergleichbarkeit der Angebote aufgehoben werden. Das ist dann natürlich ein Versagen der Ausschreibenden und nicht der Bieter.

Phase 5 – Standardprodukt und Pflichtenheft

Der wichtigste Schritt ist nun, aus dem CAFM-Produkt des Siegers der Ausschreibung (AN) eine CAFM-Lösung des Auftraggebers (AG) zu entwickeln (Costumizing).

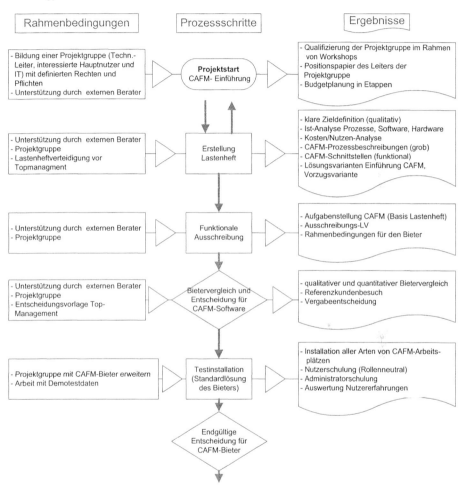

Abb. 3-5:   Phase 5 Pflichtenheft (evtl. Testinstallation) (> 10 FM-Mitarbeiter)

Dazu ist auf Basis des Standardprodukts des Auftragnehmers (AN) und der darin abgebildeten Workflows das Pflichtenheft zu entwickeln. Bei dieser Methodik ist das Pflichtenheft strategisch das „Delta" – die Differenz – von Standard und den Zielen des Lastenheftes. Inhaltlich wird nur das bis ins Detail definiert, was nicht im Standard enthalten ist. Das spart Zeit und reduziert in der Regel ein Pflichtenheft auf die Hälfte des sonst üblichen Umfanges (allerdings umfassen diese Pflichtenhefte im-

mer noch ca. 150 Seiten). Außerdem werden durch das Daten- und Funktionsmodell des Standardprodukts Missverständnisse über Abläufe und Datenstrukturen
reduziert.

Es hat sich nachfolgende Vorgehensweise bewährt:

- Installation des Standardprodukts,
- Schulung der Hauptnutzer für die ersten einzuführenden Module/ Funktionalitäten,
- schrittweise Besprechung der Geschäftsprozesse anhand der Standardprozesse
  und Definition der CAFM-Prozesse, parallel dazu Erstellung Pflichtenheft,
- Programmierung/Anpassung des Standardprodukts als CAFM-Lösung des AG,
- Installation des Prototypen und Testung durch Hauptnutzer,
- Auswertung der Testung im Rahmen der Projektgruppe,
- mögliche weitere Anpassungen und Installation der Version 1.0 CAFM des AG.

Die Variante, nach der Installation der Standardlösung den Bieter doch noch zu
wechseln, ist theoretisch vorhanden. In der Praxis des Autors ist das allerdings nie
vorgekommen.

Nach Abnahme des Pflichtenheftes hat nun der Softwareentwickler oder ein autori-
sierter Partner des Softwareentwicklers durch Programmierung und Konfigurierung
(Costumizing) die Anforderungen 1:1 umzusetzen.

Phase 6 – 1. Anpassung – Pilot

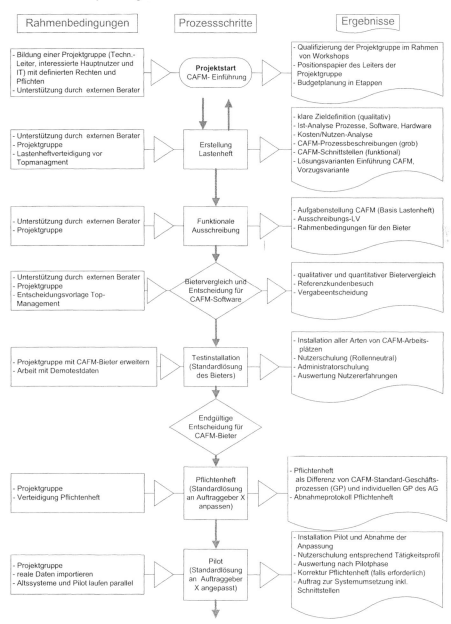

Abb. 3-6:   Phase 6 Nutzerschulung am Pilot (> 10 FM-Mitarbeiter)

53

Diese Phase ist dann besonders empfehlenswert, wenn die Vorstellungen der Nutzer über das CAFM wenig ausgeprägt sind. Unter diesen Umständen kommt es in der Regel nach Umsetzung des Pflichtenheftes immer wieder zu Veränderungswünschen. Damit sich diese Veränderungswünsche (die man nie ausschließen kann) in Grenzen halten, macht es Sinn, nach der Nutzer-Schulung das Pflichtenheft zu präzisieren, weil erst in dieser Phase der zukünftige Nutzer genauer definieren kann, was er auf Grund der Möglichkeiten der Software alles benötigt.

Der wesentlichste Schritt in dieser Phase ist die Datenübernahme.

In der Praxis liegen die Daten in der Regel in folgenden digitalen Quellen[25] vor:
- MS Excel-Tabellen,
- Tabellen, die von MS Access oder einem anderen relationalen DBMS verwaltet werden,
- CAD-Dateien, meist im dwg-Format.

MS Excel-Tabellen sind die häufigsten Datenquellen. Die Übernahme der Daten in eine CAFM-Datenbank ist dann problemlos, wenn alle Spalten der 1. Normalform (1NF) entsprechen. Dies trifft in ca. 50 % der Fälle zu. Die 1. NF wird durch folgende Arten der MS Excel-Nutzung verletzt:

- In einer Spalte werden mind. zwei Gesichtspunkte, meist durch ein Komma oder Leerzeichen getrennt, untergebracht (z.B. Gerätetyp und Hersteller). Wenn man diese Zeichenkette importiert, muss man dann per Hand (Drag&Drop) die Daten auf die betreffenden Attribute der CAFM-Datenbank separieren.
- Durch Makros werden Daten zusammengefasst (Konsequenz s. 1. Anstrich).
- Durch Gruppierungen entstehen unterschiedliche Zeilenarten, so dass die Spalten keine einheitlichen Inhalte enthalten.

Es erscheint paradox: Je geringer die Intelligenz in der MS Excel-Datei ist, desto weniger bereitet die Datenübernahme Probleme.

Mit *MS Access-Daten* kann man die gleichen Entwurfsfehler wie mit MS Excel machen. Da aber MS Access ein bestimmtes Kenntnisniveau über Datenbanken voraussetzt, sind häufig diese Daten wohl strukturiert und deshalb gut geeignet, übernommen zu werden. Hier besteht nur die Aufgabe, die Attribute der Quelle den Attributen der Zieldatenbank zuzuweisen und dabei den Datentyp strikt zu berücksichtigen.

CAD-Dateien spielen in der Phase der Projektakquise bei vielen Kunden eine herausragende Rolle. Die Datenübernahme aus CAD ist nicht selten das K.o.-Kriterium beim Systementscheid. In mehr als 80% der Projektverläufe erwies sich dann dieses Kriterium als unwesentlich. Der Grund war immer der gleiche: die CAD-Daten haben in keiner Weise den Anforderungen einer automatisierbaren Datenübernahme entsprochen. In der Regel hatte kein Bauherr seine CAD- oder CAFM-Richtlinie algorithmisch geprüft. Man hat sich mit Sichtkontrollen begnügt. Damit liegt dann ein „Datenfriedhof" vor, der nicht oder nur unter unvertretbarem Aufwand in ein CAFM-System importiert werden kann.

---

[25] analoge Datenquellen (Papier als Datenträger) sollen hier nicht besprochen werden

Phase 7 – CAFM-Lösung X V1.0

In dieser Abschlussphase einer CAFM-Einführung hat das Thema Dokumentation eine große Bedeutung.

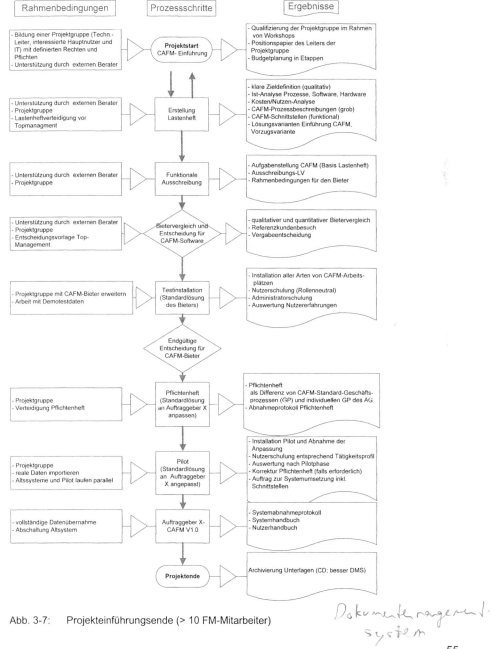

Abb. 3-7:   Projekteinführungsende (> 10 FM-Mitarbeiter)

Dokumentenmanagement-System

3.2.2.3 Die häufigsten Fehler bei der Systemauswahl

- *Erscheinung:* CAFM wird nicht als komplexes digitales Informationsmanagement, das die gesamte Unternehmens-IT betrifft, gesehen.
  Mögliche Fehlerursache: Missachtung der Rolle des Informationsmanagement als strategisches Führungsinstrument im Top-Management des Unternehmens. Oftmals beginnt dies bei der geringen Entscheidungskompetenz der Projektgruppe (sofern sie überhaupt etabliert wird).
- *Erscheinung:* Delegation des CAFM-Themas an den IT-Verantwortlichen
  Mögliche Fehlerursache: Die Entscheidung kann nur vom verantwortlichen FM-Mitarbeiter kommen. Nur er weiß, was inhaltlich erforderlich ist. Der IT-Verantwortliche trägt eine nachgeordnete technologische Verantwortung (Investitionssicherheit der Software; Programmiertechnologie, Administrierbarkeit usw.).
- *Erscheinung:* CAFM liefert die Erfahrungen des Softwareentwicklers frei Haus. (Aussage nicht ganz klar)
- Es ist weder die These „die Software muss sich an den Nutzer anpassen" noch „der Nutzer muss sich an die Software anpassen" richtig.
- *Mögliche Fehlerursache:* Jedes Unternehmen entwickelt sich ständig weiter. Impulse von außen können manchmal sehr nützlich sein. Nur müssen sie schöpferisch für das eigene Unternehmen angepasst werden.

Diese Liste beobachteter Erscheinungen könnte weiter fortgesetzt werden. Die wesentlichsten Ursachen sind Unkenntnis, verbunden mit IT-Ignoranz und daraus resultierender ineffizienter Projektorganisation.

Die IT liefert ein riesiges Methodenpotenzial zum Informationsmanagement, das meist nur in Bruchteilen praktisch angewendet wird.

3.2.3 FM-Abteilungen mit weniger als 10 Mitarbeitern

3.2.3.1 Aus Erfahrungen abgeleitete Thesen

- Der Projekterfolg hängt genau von einer Person im FM-Umfeld ab.
- Ein Projekt muss schon innerhalb von 3 Monaten erste praktische Erfolge zeitigen.
- In der Regel sollte der Standard der CAFM-Software schon 90% der Anforderungen des Unternehmens abdecken.

Phasen der Einführung:

Phase 1 – Marktanalyse

In kleineren Unternehmen wird nach Erfahrungen des Autors das Thema CAFM meist durch einen Personalwechsel in der mittleren Führungsebene gefördert.

In über 90% der Unternehmen bearbeiten FM-Abteilungen Informationen auf Dateiebene mit MS Office-Produkten. Die Erkenntnis über dieses ineffektive Datenmanagement wird durch einen neuen Mitarbeiter manchmal als Chance zur eigenen Profilierung gesehen. Dies bedeutet nicht zwangsläufig CAFM einzuführen. Der

Zwang zu datenbankgestützter Arbeitsweise resultiert einmal aus der Datenmenge, aber genauso auch aus der Komplexität der Datenbeziehungen.

Es ist dann wiederum die Ausnahme, wenn Anfragen zum CAFM auf der Basis eines vorbereiteten Konzeptes erfolgen. Es sind meist Kollegengespräche, Messebesuche oder Werbungen, die den Anstoß zur Verbesserung des Informationsmanagements liefern. Eine A4-Seite mit Anforderungen befindet sich häufig im Kopf des FM-Verantwortlichen oder der FM-Mitarbeiter. Im Gespräch hat der Kunde in der Selbsteinschätzung oftmals genaue, aber beim Aufschreiben dann sehr grobe Vorstellungen über das, was er alles erreichen möchte.

Abb. 3-8:   Phase 1 – Marktanalyse (< 10 FM-Mitarbeiter)

Das Internet hat sich als favorisierte Informationsquelle entwickelt[26].

Bei der Bietervorauswahl sollten die Vor- und Nachteile jeder Informationsquelle beachtet werden (vgl. Kap. 5.1).

Phase 2 – Bieterauswahl

In Unternehmen der hier betrachteten Größe wird in der Regel der externe Berater für die Systemauswahl und CAFM-Einführung eingespart. Größeren Einfluss üben manchmal neutrale Berater aus, die in der Regel ihren Erfahrungen entsprechend CAFM-Anbieter empfehlen. Wirkliche Neutralität gibt es nicht, da es unmöglich ist, alle am deutschen Markt verfügbaren Systeme in der dazu notwendigen Tiefe zu kennen.

Das Problem sind in der Regel nicht die CAFM-Software und die oftmals im Detail verborgene, erheblich unterschiedliche Funktionalität, sondern die unklaren Vorstellungen des Kunden selbst. Welche Prozesse sollen wie informationstechnisch unterstützt werden? Zu dieser Abstraktion ist man meist nicht in der Lage, da das Tagesgeschäft immer konkret und praktisch ist. Es treffen zwei Erfahrungswelten aufeinander, bei der keine sich über die andere erheben kann, die sich aber gegenseitig benötigen – theoretisch & abstrakt – praktisch & konkret.

Der CAFM-Softwareanbieter trifft in dieser Phase häufig auf Qualifizierungsdefizite beim Kunden. Einige potenzielle Kunden qualifizieren sich zu Lasten verschiedener

---

[26] Bis ca. 2005 hat der Autor vorwiegend Aufträge über Messen generiert; die Quote über das Internet liegt 2009 bei über 90%; s. auch Kap. 13 Internetadressen.

Softwareanbieter. Der damit verbundene ineffiziente Zeitaufwand wird mehr oder weniger bewusst in Kauf[27] genommen.

In diesem strategischen Mangel liegt natürlich auch eine Chance: Wer es als Anbieter versteht, die Kundenbedürfnisse auf den Punkt zu bringen und für einige Kundenprobleme schon eine Lösung zu präsentieren, hat hohe Abschlussquoten. Erfahrungsgemäß hat bei dieser Konstellation der letzte Bieter die besseren Chancen.

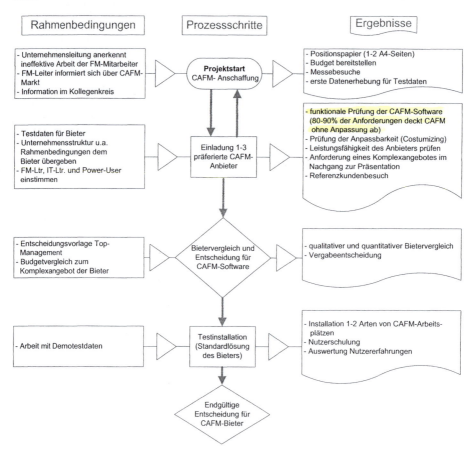

Abb. 3-9:   Phase 2 – Bieterauswahl (< 10 FM-Mitarbeiter)

Auch hier hat der Referenzkundenbesuch große Bedeutung. Dabei sollte man weniger den Formulierungen, sondern mehr dem realen Anwendungsstand Beachtung schenken. Jeder einigermaßen zufriedene Kunde versucht natürlich auch seine Investition durch Stärkung des Lieferanten zu schützen.

---

[27] Es gibt eine Reihe von 2-3 tägigen Qualifizierungsveranstaltungen, die effektiv Mittel und Methoden zur CAFM-Einführung vermitteln; s. auch Kap. 5.1.6.

Eine bewährte Entscheidungshilfe ist die Installation einer Demo-Version der favorisierten Bieter. Der Autor unterstützt solche Installationen in der Regel durch 2 bis 3-stündige Remote-Verbindungen über das Internet, nachdem der potenzielle Kunde selbst erste „Gehversuche" mit der Software unternommen hat.

Die Aussagen zum sozialen Projektumfeld treffen bei dieser Konstellation genauso zu (s. Kap. 3.2.2).

In seltenen Fällen dauert diese Phase nur 1-2 Monate, in der Regel bis zu 6 Monaten, da die Ressourcen des verantwortlichen Mitarbeiters durch Tagesaufgaben gebunden sind. Erfahrungen zeigen, dass hier engagierte Mitarbeiter in ihrer Freizeit Prozesse nicht mehr mit MS Excel modellieren, sondern die CAFM-Software als Objekt der Selbstverwirklichung betrachten. Solche Rahmenbedingungen sind die beste Grundlage für den Projekterfolg.

Phase 3 – Pflichtenheft und Anpassung (Costumizing)

Nach der Systementscheidung wird auch hier sofort die Standardlösung des CAFM-Anbieters installiert.

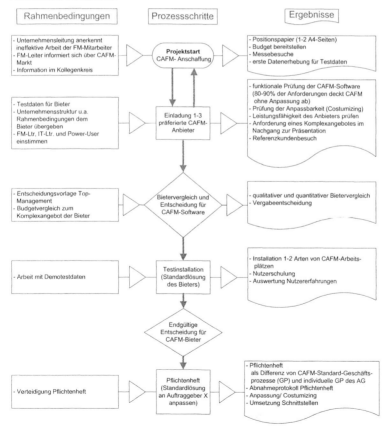

Abb. 3-10:   Phase 3 – Pflichtenheft (< 10 FM-Mitarbeiter)

Selbst bei Anpassungen, die weniger als 10% der im Standard enthaltenen Prozesse und Daten betreffen, ist die systematische Dokumentation eine wesentliche Aufgabe. Das muss vorher im Budget berücksichtigt und auch vom Bieter in Form einer Kostenschätzung ausgewiesen sein. Damit wird für beide Seiten eine „Salami-Taktik" vermieden.

Es kommt auch häufig vor, dass in die Standardversion der CAFM-Software (also das noch nicht angepasste Verkaufsprodukt) reale Daten (meist aus MS Excel) importiert werden. Damit wird kein Pilot erstellt, sondern schon die real nutzbare CAFM-Lösung. Der Idealzustand ist dann erreicht, wenn durch den schrittweisen Import der MS Excel-Daten diese Daten archiviert werden und danach sofort mit der CAFM-Software weiter gearbeitet wird. Das Pflichtenheft läuft dann parallel zur realen Nutzung. Bei dieser oftmals vom Kunden gewollten Strategie wird billigend in Kauf genommen, dabei auch Entwurfsfehler zu machen, die Zeit und damit Kosten verursachen. Man hat in der Regel keine Geduld (manchmal auch kein Geld) für ein Pflichtenheft, da das Programm die IT-Unterstützung schon nach kurzer Zeit wesentlich verbessern soll.

In diesem Sinne wird die letzte Einführungsphase gleitend sein und sich über mindestens ein Jahr hinziehen. Je nach Rahmenbedingungen kann auch dieses Vorgehen, das in keiner Hochschullehre vermittelt wird, effektiv und praktikabel sein. Das gelingt allerdings nur auf einer soliden Vertrauensbasis zwischen IT-Systemhaus, dem CAFM-Lösungsanbieter und dem CAFM-Kunden.

Phase 4 – CAFM-Lösung

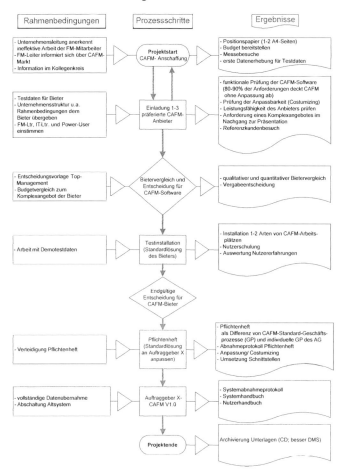

| Rahmenbedingungen | Prozessschritte | Ergebnisse |

- Unternehmensleitung anerkennt ineffektive Arbeit der FM-Mitarbeiter
- FM-Leiter informiert sich über CAFM-Markt
- Information im Kollegenkreis

→ Projektstart CAFM- Anschaffung

- Positionspapier (1-2 A4-Seiten)
- Budget bereitstellen
- Messebesuche
- erste Datenerhebung für Testdaten

- Testdaten für Bieter
- Unternehmensstruktur u.a. Rahmenbedingungen dem Bieter übergeben
- FM-Ltr, IT-Ltr. und Power-User einstimmen

→ Einladung 1-3 präferierte CAFM-Anbieter

- funktionale Prüfung der CAFM-Software (80-90% der Anforderungen deckt CAFM ohne Anpassung ab)
- Prüfung der Anpassbarkeit (Costumizing)
- Leistungsfähigkeit des Anbieters prüfen
- Anforderung eines Komplexangebotes im Nachgang zur Präsentation
- Referenzkundenbesuch

- Entscheidungsvorlage Top-Management
- Budgetvergleich zum Komplexangebot der Bieter

→ Bietervergleich und Entscheidung für CAFM-Software

- qualitativer und quantitativer Bietervergleich
- Vergabeentscheidung

- Arbeit mit Demotestdaten

→ Testinstallation (Standardlösung des Bieters)

- Installation 1-2 Arten von CAFM-Arbeits-plätzen
- Nutzerschulung
- Auswertung Nutzererfahrungen

Endgültige Entscheidung für CAFM-Bieter

- Verteidigung Pflichtenheft

→ Pflichtenheft (Standardlösung an Auftraggeber X anpassen)

- Pflichtenheft als Differenz von CAFM-Standard-Geschäfts-prozesse (GP) und individuelle GP des AG
- Abnahmeprotokoll Pflichtenheft
- Anpassung/ Costumizing
- Umsetzung Schnittstellen

- vollständige Datenübernahme
- Abschaltung Altsystem

→ Auftraggeber X-CAFM V1.0

- Systemabnahmeprotokoll
- Systemhandbuch
- Nutzerhandbuch

→ Projektende

Archivierung Unterlagen (CD; besser DMS)

Abb. 3-11: Phase 4 – CAFM-Lösung (< 10 FM-Mitarbeiter)

Bei dieser Vorgehensweise hat sich anstelle eines Pflichtenheftes ein Projektbegleitbuch bewährt. Darin werden alle Festlegungen und Ergebnisse historisch dokumentiert. Dies ist aber nur bei Anpassungen <10% eine praktikable Variante.

3.2.3.2 Die häufigsten Fehler bei dieser Systemauswahl

- *Erscheinung:* Konzentration der Projektarbeit nur auf den einen Mitarbeiter, dessen Selbstverwirklichung das Produkt unterstützt. Ausfall des Mitarbeiters bedeutet dann Stillstand oder gar Abbruch des Projekts.
- *Mögliche Fehlerursache:* CAFM-Projekt wird unbewusst als eine weitere IT-Insel im Unternehmen angelegt, resultierend aus einem fehlenden Gesamtkonzept zur Unternehmens-IT.

- *Erscheinung:* Bestehende Prozesse sollen analog der Arbeitsweise von MS Excel abgebildet werden. Eine Modellierung auf Basis der 1. Normalform wird völlig unterschätzt.
- *Mögliche Fehlerursache:* Man hat sich an die grafische Gestaltung und die darin enthaltenen unstrukturierten Daten gewöhnt. Durch die notwendige Strukturierung in einer Datenbank geht „alles auf einen Blick" zwangsweise verloren (die Vorteile werden später erkannt).
- *Erscheinung:* Nach anfänglicher Euphorie stockt die Weiterentwicklung.
- *Mögliche Fehlerursache:* Die Mühen der Datenpflege wurden unterschätzt. Manchmal wird versucht, die Datenerfassung über Hilfskräfte abzuwickeln (Kostendruck). Selten werden mit diesem Vorgehen positive Erfahrungen gesammelt.
- *Erscheinung:* Zu viele unterschiedliche FM-Prozesse werden gleichzeitig begonnen und folglich kein Prozess konsequent zu Ende projektiert.
- *Mögliche Fehlerursache:* Es liegt auf der Hand, bei dieser Erscheinung auf ein fehlendes Konzept zu schließen. Personelle und organisatorische Veränderungen sind dann überfällig.

Auch diese Liste könnte um weitere Erscheinungen und Kurzerklärungen erweitert werden. In Summe sind es strategische Fehlentscheidungen, die den Projekterfolg begrenzen. Die oft gehörte Klage, „das interessiert die Chefs kaum", hat natürlich zwei Seiten: das unaufgeschlossene Top-Management und den FM-Verantwortlichen, der es nicht versteht, das Top-Management für dieses Thema zu sensibilisieren.

Im nachfolgenden Kapitel wird versucht, auf eine der möglichen Ursachen für Misserfolge oder die Vermeidung von Misserfolgen einzugehen: *Halbwissen* über die Anforderungen einer IT-Umsetzung realer FM-Prozesse ist der denkbar ungünstigste Zustand für ein CAFM-Projekt. Hier *Wissen* solide zu vermitteln ist anspruchsvoll, aber lohnend. Der Leser sei ermutigt und der Autor darf kritisiert werden.

4 Prozess-, Daten- und Schnittstellen-Modellierung

4.1 Vorbemerkungen

Die IT-Modellierung ist ein „Architektur-Prozess" für die Mensch-Maschine- oder Maschine-Maschine-Kommunikation. Die realen Geschäftsprozesse sind in abstrakte Beziehungen $F =_{def} D(O,R)$ (s. Kap. 1.3.2) abzubilden. Reale Prozesse sind in Informationsflüsse und Datenstrukturen algorithmisch aufzubereiten und in einer Kommunikationsschicht zu präsentieren.

Der IT-Verantwortliche in kleineren Unternehmen ist in den seltensten Fällen zu dieser Tätigkeit in der Lage. Das Tagesgeschäft (der Computer/IT-Infrastruktur muss funktionieren) lässt in der Regel keine Zeit, um Geschäftsprozesse aus IT-Sicht zu durchleuchten und zu optimieren. Genau das ist der Grund, warum CAFM-Projekte nicht in die Hand des IT-Verantwortlichen gelegt werden sollten.

Die nachfolgende Diskussion hat zwei wesentliche Ziele:

- Erweiterung der Kenntnisse über und Verständnis für CAFM-Software zu schaffen und
- Anregungen zu kritischen Betrachtungsweisen während einer CAFM-Einführung zu geben.

4.2 Modellarten in Applikationssoftware

IT-Programme sind modellierte (formal beschriebene) Abläufe, die in eine Computersprache (mathematisch-logischer Kalkül) übersetzt wurden. IT-Modelle sind stets Abstraktionen (Reduzierung, Vereinfachung, Hervorhebung) von Objekten und Verbindungen der realen Welt aus Sicht ihrer informationellen Beziehungen (Informationsflüsse).

Formale Modelle können im Zusammenhang mit Simulationen für Prozessverbesserungen (Zeit, Kosten) genutzt werden. Weil es im FM noch keine standardisierten Prozessmodelle gibt, wird bisher das Thema Simulation im CAFM wenig beachtet.

CAFM-Modelle bilden Eigenschaften von

- realen Sachverhalten (Objekte, Verfahren,…),
- Tätigkeiten mit den realen Sachverhalten und
- Organisationen (Rahmenbedingungen)

in Klassen und Attributen ab.

Diese Klassen (Entitäten) und deren Attribute sind Grundlage für Modelle nachfolgender Art:

- Prozessmodell (Datenumwandlung von Zustand A nach B)
- Datenmodell (Datenbeziehungen)
- Funktionsmodell (Zugangsberechtigung, Datengenerierung)
- Darstellungsmodell (Prozess- und Daten-Präsentation)

Nur das Darstellungsmodell ist dem Nutzer zugänglich; alles andere bleibt in der Regel verborgen (weitere Erläuterungen s. [TGM, 2008]).

4.2.1 Datenmodell

4.2.1.1 Bedeutung des Datenmodells

Die Richtlinie GEFMA 430 beschreibt auf sieben Seiten die Thematik Datenbasis und Datenmanagement. Dieses Dokument gibt dem Einsteiger eine gute Orientierung (Grundsätze des Datenmanagements, Struktur der Datenbasis, Aufbau und Pflege der Datenbasis, Qualitätsmanagement).

Kritikpunkte sind die geringe fachliche Tiefe und die teilweise fachlich nicht korrekten Darstellungen. Es wird nicht zwischen Daten und Information unterschieden (s. auch Kap. 8.2), Datenkonsistenz wird falsch beschrieben. Der wesentlichste Mangel ist jedoch, dass die Bedeutung des Datenmodells nur erwähnt, aber nicht erklärt wird. Weder der Zusammenhang von Datenerfassung und Datenpflege noch der von Datenabfragen mit dem Datenmodell werden berücksichtigt. Vereinfachte oder zu komplexe Datenmodelle sind die Ursache für den Aufwand

- bei der Datenerfassung,
- Daten zu selektieren und
- Ad-hoc-Berichte (Reports) zu erzeugen.

Die Oberfläche (Präsentationsschicht) verbirgt dem Normalnutzer das Datenmodell.

Das Thema Datenmodellierung/Datenmodell ist für den Nicht-IT-Fachmann eine formal-abstrakte und nicht gegenständlich-abstrakte Betrachtungsweise. Der FM-Fachmann (häufig Ingenieur des Bauwesens oder Maschinenbaus) ist es gewohnt, immer gegenständlich-abstrakt zu denken. Ohne das Verständnis, die Realität nur auf den informellen Aspekt zu reduzieren, bleiben jedoch viele Eigenschaften von Software unerklärbar.

Aus diesem Grund wird für die Demonstration ein sehr einfaches Beispiel gewählt, das in der CAFM-Modellierung sogar häufig völlig übersehen wird. Dabei ist es bei genauer Betrachtung sogar so komplex, dass es hier nicht einmal vollständig dargestellt werden kann: die Abbildung einer Telefonnummer als Datenmodell.

4.2.1.2 Grundlagen Datenmodell – Beispiel 1: Telefonnummer

Eine Telefonnummer (Synonym Rufnummer) wird häufig in Softwaresystemen nur als eine Zeichenkette in nachfolgender Weise dargestellt:

Land	Ort	Unternehmen	Name	Telefonnummer
Deutschland	Dresden	Blüte	Semper	47 78 98 1
Deutschland	Leipzig	Phantasie	Behr	0341 33 45 667 8
Deutschland	Berlin	Glück	Pöppelmann	03 494455
Deutschland	Leipzig	Ärger	Burger	0341 56789 0
Deutschland	Frankfurt/M	Erfolg	Dix	069 57 44 56
Schweiz	Turgi	Stress	Rottluff	0041 69 876 987
Österreich	Wien	Hormon	Müller	0043 58 68610-0
Schweiz	Turgi	Stress	Altenkirch	0041 69 876 987

Das ist eine gegenständlich-abstrakte Betrachtungsweise. Man bezeichnet dies als unstrukturierte Abbildung des realen Sachverhalts „Telefonnummer". In diesem Fall ist es eine gängige Datenerfassung der Telefonnummern, die unter bestimmten Rahmenbedingungen (z.B. weniger als 100 Telefonnummern zu pflegen) ihre Berechtigung hat. Unter anderen Rahmenbedingungen (mehrere tausend Telefonnummern) ist diese Datenerfassung nicht nur umständlich, sondern auch höchst fehleranfällig. Dazu ist eine strukturierte Abbildung der Telefonnummer (hier eingegrenzt auf Festnetznummern) erforderlich. Eine strukturierte Abbildung führt in der IT zum Datenmodell.

Datenmodelle sind die formale Grundlage dafür, dass die Abbildung von realen Sachverhalten (Diskursbereich) in einer Datenbank

1. redundanzfrei und

2. widerspruchsfrei (konsistent) ist.

Diese zwei fundamentalen Bedingungen sind notwendig, aber nicht hinreichend. Es kommen praktische Anforderungen, die sich aus dem täglichen Umgang mit den Daten ergeben, hinzu. Ob man die Praktikabilität über die Redundanz stellt, ist aus gegebenen Rahmenbedingungen zu definieren. Die Konsistenz muss zweifelsfrei immer gewährleistet sein.

Obige Tabelle über unstrukturierte Telefonnummern enthält, bedingt durch redundante Länder (Deutschland, Schweiz) und Orte (Leipzig, Turgi), redundante Teil-Zeichenketten. Diese Redundanz ist die Basis für nicht konsistente Daten, die bei dieser kleinen Beispielmenge noch einfach vermieden werden können.

Redundanzfreie Datenmodelle gewinnt man durch Normalisierung. Die 1. Normalform (1NF) ist die kleinste, nicht weiter teilbare Informationseinheit. Was jedoch die kleinste Informationseinheit ist, kann nur durch Prozessbetrachtung (Datennutzung) ermittelt werden. Daraus wird der erste Schritt der Abstraktion definiert.

*Schritt 1: Rahmenbedingungen und Zielstellungen der Abbildung im Diskursbereich
– der zu gestaltende Prozess*[28]

Datennutzung (gemachte Annahmen): Das Unternehmen ist international tätig. In einer Unternehmens-Datenbank sollen Telefonnummern von Debitoren und Kreditoren so abgebildet werden, dass die Datenpflege sehr einfach und fehlertolerant ist und die Kommunikation über eine CTI-Schnittstelle automatisiert wird.

Datenpflege: Ändert sich z.B. die Einwahl eines Kreditors, so soll die Änderung nur an einer Stelle eingepflegt werden und nicht bei den 10 oder gar 100 Ansprechpartnern aus diesem Unternehmen. Die Apparatenummern müssen individuell gepflegt werden und sollten auf die Person im Unternehmen bezogen sein. Die Datenpflege hat eine höhere Priorität als die Schnittstelle zu CTI.

CTI: Für CTI ist nur eine Zeichenkette (s. Tabelle oben) die effektivste Form der Speicherung; alle anderen Speicherformen müssen diese Zeichenkette generieren. Durch die Separierung von Orts- und Unternehmenseinwahl steht fest, dass für die CTI-Schnittstelle ein Programm (oder eine Konfiguration der Schnittstelle) erstellt werden muss.

Diese beiden Zielstellungen widersprechen sich. Solche Zielkonflikte im Zusammenhang mit der Datenmodellierung sind der Normalfall. Wie tief man die Realität in Informationseinheiten zerlegt (Normalisierung), ist bewusst zu lösen und sogar rechnerisch durch Aufwandschätzungen zu bewerten. Datenmodellierung ist damit immer auch ein Entscheidungsprozess über Aufwand und Nutzen. Methodisch interessant ist auch, dass man das Ziel nicht ohne mögliche Abbildungs- bzw. Entscheidungsvarianten definieren kann (top down). Entscheidungsfreiheit hat man aber nur, wenn man das „Hintergrundwissen" besitzt. Das einfache Beispiel Telefonnummer ist damit auch repräsentativ für das am Beginn aufgeworfene Problem „Sehen durch Wissen". Hier ist es das Hintergrundwissen über Möglichkeiten der Datenpflege in Abhängigkeit der Komplexität des Sachverhaltes.

Schritt 2: Zerlegung der Realität in Entitäten (Klassen) entsprechend Zielstellungen

Eine Telefonnummer besteht in der Realität aus einem 4-Tupel:
\<lll\>\<ssss\>\<NNNNN\> \<aaa\>, hat also folgende Entitäten:

- lll   – Ländervorwahl
- ssss   – Ortsvorwahl
- NNNNN   – Unternehmenseinwahl
- aaa   – Apparatenummer

---

[28] Leider wird auch in [NÄVY, 2006] auf S. 381 die übliche uneffektive Vorgehensweise propagiert: „Die Darstellung folgt also der Logik: Daten -> Methoden > Prozesse -> Systeme".

Es wäre aber auch eine zweite Interpretation dieser Logik denkbar: Der Autor geht intuitiv richtig vor, nur beschreibt er sein Vorgehen unvollständig, und damit ist es nicht korrekt nachvollziehbar.

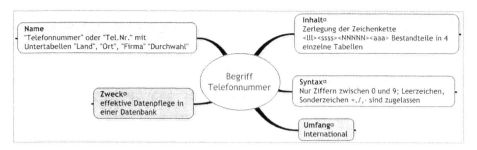

Abb. 4-1:   Dimensionen des Begriffs „Telefonnummer"

Alle vier Entitäten werden in je einer Tabelle abgebildet. Die Tabelle „Ländervorwahl" könnte wie folgt aussehen:

Land	Kennzeichen	Vorwahl
Afghanistan	AFG	93
Ägypten	ET	20
Albanien	AL	355
Algerien	DZ	213
Amerikanisch Samoa		684
Andorra	AND	376
Angola	AN	244
Äquatorialguinea		240
Argentinien	RA	54
Armenien		374
Aserbaidschan		994
Äthiopien	ETH	251
Australien	AUS	61
...		
Deutschland	D	49
...		

Völlig analog sind dann die Ortstabelle, Unternehmenstabelle, die Tabelle der Apparatenummern und die Namentabelle zu gestalten. Diese Tabellen entsprechen dann alle der 1. Normalform.

Dieser erste Schritt erscheint sehr einfach. Aber genau an dieser Stelle werden die häufigsten Entwurfsfehler gemacht, weil die Entität entweder zu elementar (wie hier im Beispiel jede Entität eine Tabelle) oder zu komplex (alle vier Entitäten in nur eine Zeichenkette) definiert sind[29].

---

[29] Vertiefende Darstellung dieser Methodik ist im Anhang Kap. 8 enthalten.

Wie schon oben erwähnt, ist die Definition der Entität immer vom Prozess-Endziel aus (top down) zu betrachten: wozu und wie benutze ich eine Sache, wie ist sie effektiv zu verwalten[30].

Schritt 3: Modellierung der Beziehungen der Entities (ERM)

Genau wie die Objekte der realen Welt, stehen Begriffe/Entitäten untereinander in Beziehungen (Relationen[31]). Diese Darstellung wird als ERM (Entity Relationship Model) bezeichnet.

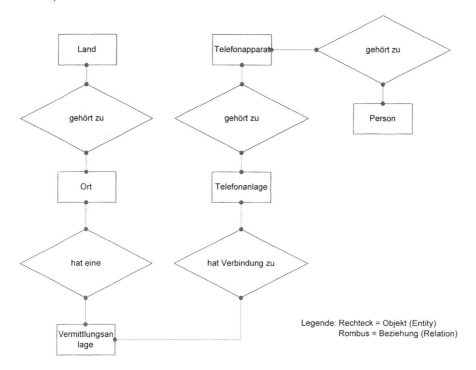

Abb. 4-2:   Entity Relationship Model „Telefonnummer"

Jede dieser Tabellen ist über einen Link mit der darüber liegenden Tabelle zu verknüpfen. Diese Tabellenverknüpfung, hergestellt durch Verbindungen (1:n oder m:n) und einen Verbindungs-Schlüssel (Primärschlüssel), wird als 2. Normalform (2NF) bezeichnet. Diese Modellierung führt zum Datenmodell.

---

[30] Diese Fragestellungen sind im Schritt 1 enthalten. Sie werden hier nicht dargestellt, um das einfache Beispiel nicht zu komplex zu machen. In der viel komplexeren Realität der FM-Prozesse können die vielen möglichen Fragestellungen nur auf die wesentlichen reduziert werden.

[31] Daraus hat man für ein spezielles Datenmodell die Bezeichnung „Relationales Datenmodell" abgeleitet.

Schritt 4: Modellierung der Daten und ihrer Eigenschaften (hier relationales Daten-modell – RDM)

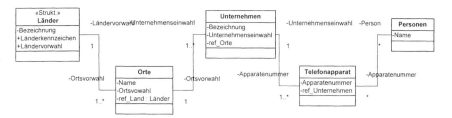

Abb. 4-3:   Datenmodell „Telefonnummer" mittels UML

Dieses Schema sagt aus, dass

- N Orte (im UML an den Verbindungslinien mit „1..*" markiert) genau einen Schlüssel (im UML an den Verbindungslinien mit „1" markiert) auf ein Land haben,
- N Unternehmen einen Schlüssel auf einen Ort haben,
- N Apparate einen Schlüssel auf ein Unternehmen haben und
- N Personen M Apparate haben können (im UML an den Verbindungslinien mit „*" markiert).

1:n-Beziehungen sind eindeutig und korrekt in einer Datenbank abbildbar. Dagegen erfordert eine m:n-Beziehung einige zusätzliche Überlegungen, da die Zuordnung Person zu Apparat nicht mehr eindeutig ist. Datenbanken erfordern referenzielle Integrität (s. Anlage 13) und damit die Zerlegung einer m:n-Beziehung.

Es gibt nun vier Möglichkeiten, mit dieser m:n-Beziehung umzugehen:

1. Möglichkeit: Nach genauer Analyse des realen Sachverhaltes über die Beziehungen von Telefonapparaten und Personen wird die Abbildung auf eine 1:1-Beziehung (jede Person nur einen Telefonapparat; im UML an den Verbindungslinien mit „1" markiert) reduziert. Dieser Fall wird in den meisten Datenbanken abgebildet.

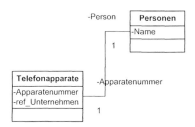

Abb. 4-4:   Abbildung Telefonapparat zu Person als 1:1-Beziehung

In diesem Falle ist es zweckmäßig, auf der Bildschirmmaske zur Person ein Attribut „Telefon" als dessen Telefonapparat zu definieren. Ein zweites Attribut als Referenzfeld zur Telefonnummer des Unternehmens erleichtert dann die Telefonwahl, wenn man per Hand, mit Blick auf die Maske der Datenbank, wählt. Bei Nutzung einer CTI-Schnittstelle kann die zweite Referenz weggelassen werden, da die Person immer Mitarbeiter des Unternehmens ist, das man anruft oder von dem aus angerufen wird. Die wenigen Sonderfälle (Mitarbeiter hat mehrere Telefonnummern) müssen dann unstrukturiert gespeichert werden. Dafür wird üblicher Weise das „Bemerkungsfeld" genutzt. Nehmen diese Sonderfälle nicht stetig zu, kann man mit dieser Unstrukturiertheit gut leben.

2. Möglichkeit: Man bildet eine 1:n-Beziehung (dann hat eine Person mehrere Telefonapparate).

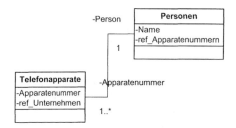

Abb. 4-5:   Abbildung Person zu Telefonapparat als 1:n-Beziehung

Damit entsteht zu einer Person eine extra Entityliste (Tabelle) über weitere Telefonnummern. Auf der Bildschirmmaske ist damit eine, eigenen Platz erfordernde, Tabelle notwendig oder gar eine extra Bildschirmmaske, die weitere Kommunikationsdaten enthalten kann (Fax, Mail, Web-Adressen usw.).

3. Möglichkeit: 1 Telefonapparat für mehrere Personen.

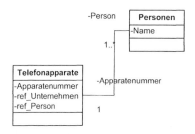

Abb. 4-6:   Abbildung Telefonapparat zu Person als 1:n-Beziehung

In diesem Fall muss auf der Bildschirmmaske zur Person ein Attribut „Telefon" sein, dass auf die Telefonapparatenummer z.B. einer Abteilung/Bereiches referenziert. Dieses Modell ist dann sinnvoll, wenn z.B. mehrere Unternehmensbereiche Gruppentelefone besitzen.

4. Möglichkeit: Der reale Datenbestand sagt aus, dass eine beachtliche Anzahl von Mitarbeitern Tätigkeiten in verschiedenen Gruppen ausführen. Damit ist man gezwungen, eine m:n-Beziehung abzubilden. Dazu ist ein Zwischenschritt erforderlich,

70

der oft als „Hilfstabelle" bezeichnet wird. Nur mit dieser Hilfstabelle kann die für Datenbanken notwendige Eindeutigkeit hergestellt werden. Dadurch steigt der Datenerfassungs- und Datenpflegeaufwand erheblich. Die referenzielle Integrität wird durch folgendes Schema dargestellt:

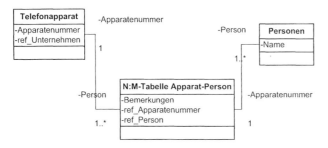

Abb. 4-7:   Auflösung einer m:n-Beziehung über Hilfstabelle[32]

Die Bildschirmoberfläche der Datenbank zur Person des Attributs „Telefon" ist dann identisch der „2. Möglichkeit". Inhaltlich besteht aber ein wesentlicher Unterschied. Im Fall „2. Möglichkeit" war dies die Tabelle „alle Telefonnummern zur Person X" In diesem Fall stammen die Telefonnummern aus einer ganz anderen Klasse (der Klasse Hilfstabelle). Diese Hilfstabelle erfordert selbst wieder eine Bildschirmmaske und entsprechende Datenpflege.

Das einfache Beispiel „Telefonnummer" wurde auch deshalb so ausführlich diskutiert, weil

a) in der Praxis mit wenig strukturierten Entwürfen zwar schnell ein Ergebnis vorzulegen ist, dessen spätere Nutzung aber häufig mit ewigen Problemen und Aufwand gekoppelt ist ;

b) sich ein Mehraufwand in der Struktur-Analyse bei der Nutzung schnell amortisieren kann;

c) IT-Modellierung stets mit Erkenntnis von Gesetzmäßigkeiten verbunden ist.

Leider wird im Zusammenhang mit der Datenmodellierung kaum über die Erkenntnis von Gesetzmäßigkeiten reflektiert. Es liegt aber auf der Hand, mit einem Datenmodell nur das abzubilden, was sich häufig wiederholt (Invariantes, gesetzmäßig Auftretendes). Versucht man, jeden Einzelfall mit abzudecken, wird man mit Modellieren nie fertig. Dieser „Vollständigkeits-Anspruch" ist zwar theoretisch sauber, aber nicht praktisch. Auch hier besteht die Kunst darin, die Pareto-Regel (s. Abb. 4-20) im richtigen Moment wirken zu lassen.

Datenmodelle entsprechend Abb. 4-3 bis Abb. 4-6 kann man für jede Datenbankapplikation anfertigen. Der IT-Fachmann mit Datenbankwissen erkennt sofort, ob

---

[32] In der Softwaredatenbank ist dies die häufigste Tabellenform (wird hier m:n-Tabelle bezeichnet). Diese Tabellen sind die Basis für große Flexibilität in der Zuordnung zweier Klassen, zu einfachen Filterbedingungen und einfachen Reports über diese Klassen und deren Beziehungen.

ein Datenmodell einfach oder komplex strukturiert ist. Daraus kann er gut den Aufwand abschätzen, der benötigt wird, um Datenbankabfragen (Filter) oder Datenbankberichte (Reports) zu erstellen. Komplexe Datenmodelle kann man sehr gut filtern und Reports lassen sich einfach erstellen.

Schritt 5: Abbildung in einer Nutzeroberfläche (Darstellungsmodell – hier am Beispiel einer vorhandenen CAFM-Lösung)

Erster Teil-Schritt: Erfassung Ländereinwahl

🐾 Land	Reports	
Land	Deutschland	
Kennzeichen	D	
Vorwahl	49	
Kontinent	Europa	

Abb. 4-8:   Datenerfassung Ländereinwahl

Zweiter Teil-Schritt: Erfassung Ortseinwahl

📇 Postleitzahl		
Ort	Dresden-Gönnsdorf	
PLZ	01328	
Vorwahl	0351	
Bundesland	Sachsen	⬇
Land	Deutschland	⬇

Abb. 4-9:   Datenerfassung Ortseinwahl

Dritter Teil-Schritt: Erfassung Betriebseinwahl

Abb. 4-10:   Bildschirmmaske zur Erfassung der Firma

Nach der Darstellung der Firmeneinwahl wird dann der Mitarbeiter mit seiner Apparatenummer als freies Feld erfasst, alle anderen Nummern werden beim Mitarbeiter als ausgegraute Felder (nicht veränderbar) angezeigt.

| Name_Nr [X] | 👤 Mitarbeiter | Privat | Kontakte | Wiedervorlage | Pool | Einweisungen | Reports | Aufgaben/Aufträge | Dokumente | Filter |

Name	Oelschlegel	Personal-Nr.		👤
Vorname	Joachim	Telefon dienstl.	-11	🔧
Anrede	Herr 📇	Mobiltelefon	+49 (0172) 3901329	🔧
Geschlecht	n.v. 📇	Pager	9007.2829	
Titel	Dr. 📇	Fax	+49 (0351) 2662817	🔧
Funktion	n.v. 📇	E-Mail	JOelschlegel@cad-systemhaus.de	📇
Tätigk./Abt.	Geschäftsführender Inhaber 📇	Benutzername	JO	

Firma Intern
  CAD-Systemhaus
    Dokumente
    Kontakte Firma Intern
    Abteilungen
    Mitarbeiter
      Oelschlegel
      Oelschlegel
    Zweigstellen
    ausgeschiedene Mitarbeiter

Abb. 4-11:   Datenerfassung Telefonnummer beim Mitarbeiter

Damit erhalten alle Unternehmen aus dem gleichen Ort (im Beispiel Dresden) automatisch die Voreinwahl (physisch nur einmal in der Datenbank!) und alle Mitarbeiter der Firma automatisch die Firmeneinwahl.

In der bisherigen Modellierung wurde die Syntax der Telefonnummer bewusst vernachlässigt. Hier gibt es eine große Anzahl verschiedener Schreibweisen. Interessanterweise wird der Vorschlag der DIN 5008 praktisch nicht angewendet (Ziffernfolgen mit Leerzeichen ohne Klammerung). Es wird hier eine häufig verwendete Schreibweise benutzt: Ländervorwahl mit + beginnend, Ortsvorwahl (xxxxx) mit Vornull, die Unternehmenseinwahl als Ziffernfolge ohne Leerzeichen mit -0 endend und die Apparatenummer als 1- bis 5-stellige Ziffernfolge ohne Leerzeichen.

Vorteile der Modellierung „Telefonnummer in 4 verknüpften Tabellen":

• einfache Datenpflege (Ort oder Land ändert Vorwahl, dann nur 1 Datensatz ändern)
• einfache Abfragen („zeige alle Orte mit der Vorwahl 0351" – Dresden + Vororte, die nicht Dresden heißen)

Natürlich sind bei allen Vorteilen eines RDM[33] auch Nachteile vorhanden. Der wesentlichste Nachteil besteht darin, dass diese Daten nicht einfach als Zeichenkette, wie bei einer MS Excel-Tabelle, von einem Programm A in ein Programm B per Drag&Drop übernommen werden können (Datenaustausch per Drag&Drop kann hilfreich sein, kann aber genauso gut Basis für inkonsistente Daten sein). Tauscht man strukturierte Telefondaten aus, muss vorher das Datenmodell des Quellprogramms A das Datenmodell des Zielprogramms B kennen. Dieser Abgleich erfolgt im Rahmen der Programmierung/Konfiguration einer Schnittstelle zwischen A und B oder mittels XML mit Bekanntgabe des Schemas.

Dass die Modellierung und die Umsetzung in Software aufwändige Prozesse sind, dürfte an diesem einfachen Beispiel deutlich geworden sein. In diesem Sinne erfordert der Gesamtprozess eine Technologie der Modellierung für IT-Projektanten. Dafür gibt es so genannte CASE-Tools, mit denen, ausgehend von der Grobstrukturierung des Geschäftsprozesses bis hin zur konkreten Lösung, dieser Prozess unterstützt werden kann.

In Zusammenhang mit der Datenmodellierung muss noch auf eine weit verbreitete Werbeaussage von CAFM-Entwicklern verwiesen werden: „Zu unserer Software

---

[33] RDM – Relationales Datenmodell – Beziehungen zwischen normalisierten Tabellen; s. Kap. 13

kann man beliebige Attribute und Klassen hinzufügen". Damit wird eine Selbstverständlichkeit hervorgehoben, die jede moderne Anwendungssoftware bietet. Der Umgang mit Erweiterung bestehender komplexer Datenmodelle muss aber sehr strukturiert erfolgen, denn scheinbar fehlende Klassen und Attribute können, nur mit anderer Bezeichnung und in anderen Beziehungen, schon vorhanden sein. Schnell können redundante Daten mit nachfolgenden Inkonsistenzen die ganze CAFM-Anwendung in Frage stellen. Dieser warnende Hinweis müsste der Werbung hinzugefügt werden.

Deshalb ist es schon sehr erstaunlich, dass sich diese Werbeaussage in den ersten beiden Bewertungskriterien von CAFM-Basissoftware in der GEFMA 444 indirekt mit der Frage „Können neue Datenklassen angelegt werden? (s. [GEFMA 444, 2010] Anhang A – Seite A1) wiederfindet. Mit dem Anspruch auf Wissenschaftlichkeit und Hersteller-Neutralität der Richtlinie sollte auf den fundamentalen Zusammenhang zwischen Datenmodellierung und Konsistenz hingewiesen werden.

4.2.1.3 Grundlagen Datenmodell – Beispiel 2: Wirtschaftszweige (Branchen)

Der Begriff Branchen wird nicht einheitlich verwendet. Das resultiert auch aus dem Zusammenhang, dass ein Unternehmen aus zwei Sichten betrachtet wird:

- Produkte und/oder Dienstleistungen, die aus Sicht der IHK/HWK einem Wirtschaftszweig zugeordnet werden (Außensicht) und
- diese Produkte und Dienstleistungen werden aus Sicht des Herstellers für Kunden gemacht (Innensicht).

Betrachtet man zuerst nur die Innensicht des FM und CAFM. Im FM und CAFM wird die Branche in zweifacher Weise benötigt:

- zur Klassifizierung von Dienstleistungsunternehmen (oft als Gewerk bezeichnet). Diese Kennzeichnung ermöglicht es dann, über einen Datenfilter Dienstleister als „Tischler", „Glaser" usw. schnell zu finden;
- zur Klassifizierung der FM-Kunden (Industrie, Banken, Krankenhäuser usw.).

In der Außensicht werden FM und CAFM sehr verschiedenen Wirtschaftszweigen zugeordnet. Darüber wird weiter unten diskutiert.

Im Zusammenhang mit der Modellierung der Softwaredatenbank zur Abbildung von Anwendungssoftware ist der Autor auf ein Problem aufmerksam geworden, das ähnlich wie die Telefonnummer behandelt wird, die Zuordnung einer Software zu einer Branche. Die Branche selbst wird sehr verschieden klassifiziert, man gewinnt den Eindruck, nach „Gutdünken". Dieser Eindruck täuscht, da es tatsächlich keinen normierten Branchenbegriff geben kann. Die Ursache resultiert aus dem im Kap. 1 Gesagten, der Begriff wird durch den Zweck bestimmt. Der Zweck einer Kundenklassifizierung ergibt sich aus dem Fokus, den der Softwarehersteller auf seine potenzielle Kundschaft hat. Der Branchenbegriff ist damit immer relativ und nicht absolut. Eine Normierung könnte sich aber durch die Methodik der Begriffsbildung ergeben (auf der Metaebene).

Sucht man bei Google nach „Branchenschlüssel", so wird man auf das Statistische Bundesamt verwiesen. Zu Recht wird diese 5-stufige Verschlüsselung nicht als Branchenschlüssel, sondern als Wirtschaftszweig (s. [WZ 2008]) bezeichnet.

Ausgangssituation

Aus vielen Gesprächen hat sich ergeben, dass der WZ 2008 weitestgehend unbekannt ist. Dabei ist nach dem WZ 2008 jedes Unternehmen automatisch über die IHK oder HWK nach genau einem Schlüssel klassifiziert. In Auskunfteien (z.B. Creditreform) werden Unternehmen mehrere Schlüssel des WZ 2008 zugeordnet. Die Zuordnung entsprechend IHK und HWK ist Grundlage für Auswertungen zur wirtschaftlichen Entwicklung der BRD durch das Statistische Bundesamt.

Der Schlüssel wird nach 5 hierarchisch verbundenen Ebenen gebildet:

Tab. 4-12: Gliederungsebenen WZ 2008

Formaler Aufbau der WZ 2008

Gliederungsebene	Anzahl	Kode
Abschnitte	21	A-U
Abteilungen	88	01-99
Gruppen	272	01.1-99.0
Klassen	615	01.11-99.00
Unterklassen	839	01.11.0-99.00.0

Die nachfolgende Tabelle kann aus dem Internet herunter geladen werden (http://www.destatis.de).

Tab. 4-13: Auszug WZ 2008

Lfd. Nr.	WZ 2008 Kode	WZ 2008 - Bezeichnung (a.n.g. = anderweitig nicht genannt)	ISIC Rev. 4
1	A	ABSCHNITT A - LAND- UND FORSTWIRTSCHAFT, FISCHEREI	
2	01	Landwirtschaft, Jagd und damit verbundene Tätigkeiten	
3	01.1	Anbau einjähriger Pflanzen	
4	01.11	Anbau von Getreide (ohne Reis), Hülsenfrüchten und Ölsaaten	0111
5	01.11.0	Anbau von Getreide (ohne Reis), Hülsenfrüchten und Ölsaaten	
6	01.12	Anbau von Reis	0112
7	01.12.0	Anbau von Reis	
8	01.13	Anbau von Gemüse und Melonen sowie Wurzeln und Knollen	0113
9	01.13.1	Anbau von Gemüse und Melonen	
10	01.13.2	Anbau von Kartoffeln sowie sonstigen Wurzeln und Knollen	
11	01.14	Anbau von Zuckerrohr	0114
12	01.14.0	Anbau von Zuckerrohr	
13	01.15	Anbau von Tabak	0115
14	01.15.0	Anbau von Tabak	
15	01.16	Anbau von Faserpflanzen	0116
16	01.16.0	Anbau von Faserpflanzen	
17	01.19	Anbau von sonstigen einjährigen Pflanzen	0119
18	01.19.1	Anbau von Zierpflanzen zum Schnitt	
19	01.19.2	Erzeugung von Blumensamen	
20	01.19.9	Anbau von sonstigen einjährigen Pflanzen a. n. g.	
21	01.2	Anbau mehrjähriger Pflanzen	
22	01.21	Anbau von Wein- und Tafeltrauben	0121

Problem1: Spalte 3 nicht normalisiert und redundant

In Spalte 3 werden alle 5 Klassifizierungsgesichtspunkte abgebildet, womit diese Spalte nicht der 1NF entspricht. Außerdem sind alle Gruppen, die keine Klassen haben (z.B. 01.11 und 01.11.0), redundant enthalten.

Problem 2: Schlüssel ist nicht intuitiv einem Wirtschaftszweig zuordenbar

Die Abteilungen 01 bis 03 gehören zum Abschnitt A. Die Abteilung 05 ist der Beginn des Abschnittes B (Bergbau …). Der Zahlencode ist also ohne die Verwendung der Buchstaben nicht intuitiv interpretierbar und schon gar nicht ohne Algorithmen generierbar.

Man gewinnt den Eindruck, dass eventuell die ehemalige Abbildung der Wirtschaftszweige in Karteikarten 1:1 auf die IT übertragen worden ist oder die MS Exceltabelle aus der Sicht der „menschlichen" Lesbarkeit strukturiert worden ist.

Wie oben erwähnt, hat die Branche den größten Einfluss auf das Datenmodell einer Anwendungssoftware. Deshalb benötigt in der Regel jede Anwendungssoftware einen Branchenschlüssel. Wie wenig vergleichbar diese Branchenschlüssel sind, kann man leicht im Internet unter dem Google-Stichwort „Software Vergleich" erkennen. Dieser Schlüssel hat aber die Potenz, mit wenigen Anpassungen durch ein Datenmodell einen allgemein nutzbaren Branchenschlüssel mit variabler Gliederungstiefe zu liefern.

Lösung des Problems durch Datenmodellierung

Zieldefinition:
- Generierung eines leicht lesbaren Schlüssels,
- Definition eines relativen Branchenbegriffs,
- Bezeichnung des Wirtschaftszweigs analog WZ 2008 ohne Redundanz.

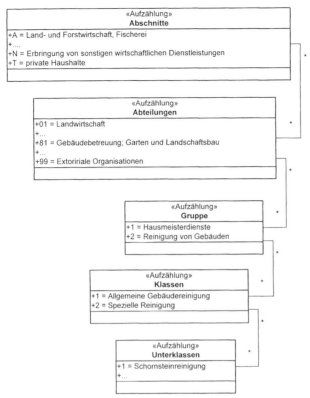

Abb. 4-14: Datenmodell WZ 2008

Was im Datenmodell (hier im UML) nicht eindeutig darstellbar ist: der Wertevorrat eines Oberbegriffs wird durch seine Unterbegriffe definiert. Alle Daten sind damit redundanzfrei abgebildet. Das Datenmodell wird dann mittels eines Algorithmus zur Generierung des Schlüssels und der Bezeichnung des Wirtschaftszwigs benutzt.

Das Funktionsmodell (Algorithmus) besteht darin, dass sich die Bezeichnung des Wirtschaftszwigs, im Gegensatz zum WZ-Kode, aus der jeweils letzten Ebene ergibt. Der CAFM-Hersteller hat damit die Wahl, je nach Detailliertheit der Betrachtung (den wirtschaftlichen Schwerpunkten des Kundenkreises) aus diesen 5 Hierarchie-Ebenen die Ebene auszuwählen, nach der auch sein potenzieller Kunde sucht. Damit ist es möglich, auf der Softwaredatenbank sich alle Softwareprodukte zum Abschnitt D (Energieversorgung) anzeigen zu lassen. Es werden dann auch die Hersteller angezeigt, deren Produkt bisher nur der Gruppe 35 (Elektrizitätsversorgung) zugeordnet ist.

In der Softwaredatenbank werden alle Softwareprodukte genau nach diesem Modell Branchen zugeordnet.

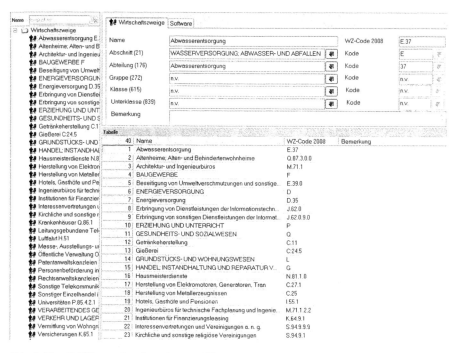

Abb. 4-15:   Abbildung einer Branche mit Hilfe des WZ 2008 in der Softwaredatenbank

Diese Bildschirmmaske vereinigt Daten- und Funktionsmodell in einer Oberfläche. Hierfür eine SOA (Serviceorientierte Architektur) zur Verfügung zu stellen, wäre sicherlich nützlich.

Zum Schluss noch eine Anmerkung zur Außensicht auf FM und CAFM. In welchem Wirtschaftszweig wird quartalsweise durch das Statistische Bundesamt die Wirtschaftskraft oder der Umsatz ermittelt? Interessanterweise werden im WZ 2008 keine Anglismen verwendet (außer Call Center – Kode 2 in Gruppe der Abteilung 82). „Facility Management" ist nicht zu finden. Nach Rücksprache mit dem Statistischen Bundesamt wird FM in Hausmeisterdiensten abgebildet.

👤 WZ-Wirtschaftszweige				
Name	Hausmeisterdienste		WZCode	N.81.1.0
Abschnitt (21)	ERBRINGUNG VON SONSTIGEN WIRTSCHAFTLICHEN DIE		Kode	N
Abteilung (176)	Gebäudebetreuung; Garten- und Landschaftsbau		Kode	81
Gruppe (272)	Hausmeisterdienste		Kode	1
Klasse (615)	Hausmeisterdienste		Kode	0
Unterklasse (839)	n.v.		Kode	n.v.
Bemerkung				

Abb. 4-16:   Abbildung Facility Management im WZ 2008

Für diese verkürzte Sicht kann man nicht das Statistische Bundesamt verantwortlich machen. Man sollte meinen, dass dafür Verbände und deren zahlende Mitglieder verantwortlich sind.

Dem CAFM als IT-Disziplin geht es kaum besser, dargestellt in nachfolgender Zuordnung (s. Abb. 4-17).

Abb. 4-17:   Abbildung von CAFM im WZ 2008

Die allgemeine Zuordnung liegt in der Klasse „Abteilung - Erbringung von Dienstleistungen der Informationstechnologie". Die IHK hat den WZ 2008 erweitert, wobei die IT dann etwas differenzierter abgebildet wird.

Zusammenfassung zum Datenmodell:

Das Datenmodell ist der Kern eines Programms im Allgemeinen und eines CAFM-Programms im Besonderen. Datenmodelle sind jedoch in der Regel für den Programm-Nutzer unsichtbar. Im Datenmodell spiegelt sich das Abstraktionsvermögen der Programmentwickler wieder, in der Funktionalität des Programms das fachspezifische Know-how.

Gering strukturierte Datenmodelle können durch funktionelle Vielfalt des Programms überdeckt werden, so dass der Nutzer bei einer „noblen Karosse" nicht zwangsläufig auf einen „starken Motor" schließen kann.

Der „starke Motor" erschließt sich erst in der intensiven Nutzung,

- denn das Datenmodell beeinflusst wesentlich den Datenerfassungsaufwand,
- ebenso beeinflusst es die Reportmöglichkeiten (Berichte) und
- ganz wesentlich die Aufwendungen für Erzeugung von Ad-hoc-Anfragen (Erzeugung von Listen aus frei wählbaren Fragestellungen).

Diese Merkmale von Datenmodellen bestimmen wesentlich die Investitionssicherheit eines Programms. Deshalb ist es angebracht, bei einer Ausschreibung ein generiertes ERM anzufordern, um es von Datenbankspezialisten bewerten zu lassen. Ist kein Datenbankspezialist verfügbar, sind Erscheinungen in der Modularisierung des Programms interpretierbar (resultierend aus der Komplexität des Datenmodells), die im Kap. 9 kurz dargestellt werden.

4.2.2 Prozessmodell

Im Kap. 4.2.1 Datenmodellierung wurde der Zusammenhang von Prozessbeschreibung und Datenmodell verbal beschrieben, der Prozess selbst aber nicht modelliert (wegen der einfachen Beispiele nicht erforderlich). Nachfolgend sollen nun komplexere Sachverhalte betrachtet werden.

Ein Prozessmodell bildet die Geschäftsprozesse und deren Zielstellungen ab. In unserem Fall werden FM-Prozesse auf informelle Prozesse reduziert, um in CAFM abgebildet werden zu können.

Ein einfaches FM-Prozessmodell ist z.B. die Abwicklung einer Störmeldung mit allen Objekten, Subjekten und deren Beziehungen. Diese FM-Modellierung ist keinesfalls mit dem Software-Modell (CAFM-Modell) identisch. In diesem Beispiel wird die wesentlichste Tätigkeit, nämlich die Beseitigung der Störung durch einen Techniker, durch Software nicht abgebildet. Abgebildet wird der informelle Aspekt des Tätigkeitsresultats (Meldung: Störung beseitigt).

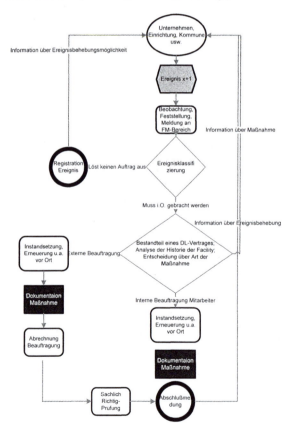

Abb. 4-18:   FM-Prozess Störungsbeseitigung (unvollständiger Ausschnitt)

Das FM-Prozessmodell bildet die Grundlage für das CAFM-Prozessmodell. Im CAFM-Prozessmodell werden nur die Prozesse dargestellt, die durch Software effektiv unterstützt werden können. Anschaulich beschrieben, bildet das CAFM-Modell ausschließlich das Fließen der Daten zwischen den Entitäten ab. Dieser Datenfluss muss die Aufgaben- oder Problemlösung des Programmnutzers führen. Für diese Modellierung werden heute UML-Modelle genutzt.

Bezüglich der Störmeldung wird im FM-Prozessmodell das Endergebnis der Beseitigung der Störung dargestellt, im CAFM-Prozess nur die Rückmeldung. Damit wird deutlich, dass IT-Modellierung eine doppelte Abstraktion der Realität darstellt:

1. Abstraktion: wer, was und wie ist in welcher Reihenfolge beteiligt
2. Abstraktion: welche Informationen fließen und was davon soll/muss durch IT unterstützt und damit reproduzierbar abgebildet werden.

In einer guten CAFM-Software ist schon eine Vielzahl von Prozessen abgebildet, die den Nutzer führen (z.B. Aufträge in Rechnungen zur Sachlich-Richtig-Prüfung überführen; aus Störmeldungen unter bestimmten Bedingungen Arbeitsaufträge generieren usw.). In einer sehr guten CAFM-Software gibt es neben diesen „eingebrannten" Prozessen die Möglichkeit, über Workflow-Generatoren (oder über Schnittstellen zu einem WMS) Prozesse selbst zu gestalten oder anzupassen.

Die Erfahrung zeigt, dass die flexible Prozessgestaltung von vielen Kunden gefordert, aber nur von ganz wenigen genutzt wird. In fast allen Projekten mit weniger als 10 FM-Mitarbeitern werden stabil die Prozesse genutzt, die im Consulting konfiguriert wurden. Die Kunst der Prozessgestaltung besteht auch hier aus dem Mix an Freiheitsgraden für den Nutzer, Notwendiges strikt zu fordern und nicht zwangsweise Notwendiges durch den Nutzer selbst gestalten zu lassen.

In der Regel setzen sich Prozesse aus Teilprozessen zusammen. Ein Service im Rahmen einer SOA ist ein invarianter Teilprozess, der in mehreren IT-Anwendungsprozessen variabel nutzbar ist. Diese Sicht kann im Rahmen eines Pflichtenheftes zweckmäßig sein (Überführung eines CAFM-Systems in eine CAFM-Lösung).

Für den Vergleich von Software, die dem Nutzer ihm verständliche Prozessbezeichnungen anbieten muss, ist diese Detaillierung bedingt geeignet. Deshalb wurden in der Softwaredatenbank zwei Begriffe eingeführt, die den Bezug zur Aufgabenstellung des Nutzers enger herstellen:

- Spartendienste, die ein Service in einem SOA-Konzept sein können, und
- Spartendienstleistungen.

4.2.3 Funktionsmodell

Ein Funktionsmodell beschreibt

- die Rolle des Menschen im Prozess (Rechte und Pflichten des Nutzers, abgebildet durch sogenannte Rollen) und
- die algorithmischen Beziehungen zwischen Daten (z.B. die Generierung des Branchenschlüssels oder die Flächenberechnung aus Strecken).

Das Funktions- und Prozessmodell müssen die Arbeitsteilung zwischen Mensch und Maschine abbilden. Nicht in jedem Programm wird explizit ein Prozess- und

Funktionsmodell entworfen und systematisch umgesetzt. Ein CAFM-Prozessmodell liegt z.B. vor, wenn die Software nach dem Erfassen einer Störmeldung dem Facility Manager den nachfolgenden Prozess, z.B. den dazugehörenden Technik-Verantwortlichen sowie den entsprechenden Techniker, anzeigt und ihm den dazugehörigen Arbeitsauftrag erzeugt.

Funktionsmodelle werden im Unternehmen durch organisatorische Bestimmungen definiert. Deshalb kann man Verwaltungssoftware, wozu CAFM gehört, prinzipiell nur auf einigermaßen gefestigte Organisationsstrukturen aufsetzen. Einen ständigen Wechsel von Verwaltungseinheiten eines Unternehmens und daraus resultierende Verschiebungen von Verantwortlichkeiten kann auch die flexibelste Software nur mit mehr oder weniger vertretbaren Kosten abbilden.

Das Datenmodell muss in einem iterativen Entwicklungs- und Consultingprozess mit dem Funktions- und Prozessmodell abgestimmt werden. Diese Zusammenhänge zu beherrschen, ist die größte und anspruchvollste Aufgabe bei der Einführung von IT-gestützten Managementprozessen.

4.2.4 Darstellungsmodell

Das Darstellungsmodell ist die Modellierung der Nutzeroberfläche einer Software, der Bedienbarkeit und der Nutzerführung. Eine gut strukturierte Oberfläche und eine angemessene Bedienerführung bestimmen in hohem Grade die Systemakzeptanz und den Einarbeitungsaufwand für die Bedienung durch den Nutzer.

Die Benutzerfreundlichkeit (Usability) ist stets ein subjektiver Eindruck, der von vielen subjektiven Faktoren bestimmt wird. Architekten des Bauwesens als Dienstleister für CAFM-Daten bevorzugen grafische Programm-Oberflächen, Techniker mehr datenorientierte Darstellungen. Diese Liste kann durch weitere Berufsgruppen ergänzt werden, bis hin zur Abhängigkeit der Ausprägung der linken und rechten Gehirnhälfte. Entscheidend sind die Aufgabenstellung des Nutzers und die Unterstützung durch das CAFM-Programm. Hier allen Anforderungen gerecht zu werden, ist ein bisher kaum geglückter Spagat. Dies ist auch einer der Gründe, warum sich die seit langem angekündigte Marktbereinigung nicht vollzieht.

Für die Oberfläche von CAFM-Software hat sich ein gewisser Standard etabliert, der an den MS Windows-Explorer angelehnt ist: links ein Fenster in Baumstruktur über die Facilities; rechts daneben ein Fenster mit den Attributen des jeweiligen Facility.

Die wesentlichsten Funktionalitäten, wie Daten erzeugen, kopieren, drucken, filtern usw., werden in der Regel in einer Menüzeile am oberen Bildschirmrand untergebracht. Diese Menüleiste sollte durch den Nutzer leicht anpassbar sein (Hinzu- oder Wegschalten von Funktionen) und nicht überfrachtet werden. Auch hier ist weniger mehr im Sinne der intuitiven Einarbeitung in die Software.

Der Begriff „Usability" dient zur Beschreibung der Nutzerergonomie. Es existieren darüber viele Untersuchungen (z.B. Augentracking – Analyse der Augenbewegung), die in einer DIN zur Bildschirmgestaltung zusammengefasst sind. Allerdings ist das nur ein Aspekt. Ein weiterer wesentlicher Aspekt ist die Funktionalität im Sinne der effektiven Nutzung (mit wenigen Mausklicks, <3 zum Ziel). Im Kap. 4.4.1 wird aus der Sicht der Schnittstellen darauf nochmals eingegangen.

In der Softwaredatenbank wird das mit nachfolgenden Merkmalen zusammenfassend beschrieben:

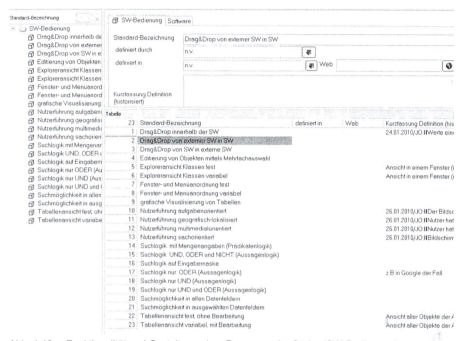

Abb. 4-19:   Funktionalität und Gestaltung einer Programmoberfläche (SW-Bedienung)

Die Definitionen sind vorläufige Arbeitsdefinitionen. Sie sollen in Zusammenarbeit mit Experten (mit namentlicher Referenz im Feld „definiert durch") präzisiert werden. Diese schnittmengenfreie Klassifizierung ist geeignet, darüber mit Metabegriffen die Benutzerfreundlichkeit (Usability) nutzerverständlich zu definieren. Diese Definitionen werden im Zusammenhang mit Nutzerprofilen der Softwaredatenbank im Web-Portal www.diesoftwaredatenbank.de zu leisten sein.

4.2.5 Erste Schlussfolgerungen für eine CAFM-Systemauswahl – Einführung im Zusammenhang mit der Modellierung

Könnte man die Welt und alle Geschäftsprozesse vollständig normieren, dann wäre eine „Standardsoftware" möglich, selbst für komplizierte Prozesse. Eine vollständige Normierung wird es aber nicht geben. Ausgehend vom Gesamtziel eines Unternehmens, Profit zu erzielen, müssen sich die Teilziele den ständig wandelnden Bedingungen des Marktes anpassen. Prozesse werden stark durch Rahmenbedingungen geprägt. Wie stabil Rahmenbedingungen sind, gerade im Zeitalter der Globalisierung und Deregulierung, kann sich der Leser selbst erklären.

FM-Prozesse, die sich in Unternehmen wiederholen (invariant sind), können als wieder verwendbare CAFM-Bausteine in Software „gegossen" werden. Diese Wiederverwendbarkeit wird in der GEFMA 940 in den Funktionen und hier mit CAFM-Diensten beschrieben.

Aus der Vielfalt an CAFM-Systemen am Markt kann man ablesen, dass es in den Unternehmen wenige invariante Prozesse gibt. Das ist der Grund einer gering ausgeprägten Marktführerschaft im CAFM-Markt. Die Stärken der CAFM-Systeme hängen in der Regel genau davon ab, welche Prozesse zur Entwicklung der jeweiligen Software geführt haben. Ob am Beginn ein Raumbuch als Grundlage für Umzugsmanagement stand oder Software für ein technisches Management, das kann man bei Beschäftigung mit den Prozess- und Daten-Modellen der Software relativ leicht erkennen.

Schlussfolgerungen möchte der Autor in zwei Richtungen diskutieren:

a) Welche Konsequenzen ergeben sich für die Software und deren Eigenschaften?

b) Welche Konsequenzen kann man für das Consulting zur Einführung von CAFM ableiten?

Entscheidend für die Struktur einer Software sind die zu unterstützende Branche und die Geschäftsprozesse des jeweiligen Unternehmens. Jedes Computerprogramm hat eine Historie, die oftmals von konkreten Kunden geprägt worden ist und dann schrittweise für die Branche weiterentwickelt wurde. An der „Wiege" des Programms werden grundlegende Abstraktionen gemacht, die in der Regel im gesamten Lebenszyklus erhalten bleiben. Es sind unternehmerische Zielstellungen der Hersteller, die eine Software prägen.

Sind die Ziele weit gefächert, dann kann das Programm meist sehr viel, aber einiges davon nur sehr aufwändig (dafür hat sich zum metaphorischen Vergleich die Bezeichnung „eierlegende Wollmilchsau" eingebürgert).

Sind die Ziele eng gesteckt, dann kann das Programm eben nur Spezialaufgaben lösen, diese aber effektiv. Beide Zielstellungen sind akzeptabel und haben einen Markt, der sich sehr unterscheidet. Wenn man Programme nur nach der Funktionalität bewertet und womöglich noch zertifizieren will (s. [GEFMA 444, 2010]) und dabei elementare Rahmenbedingungen vernachlässigt, hilft dies dem potenziellen Kunden wenig. Durch ein Zertifikat ohne Trennschärfe kann sogar das Gegenteil von dem erreicht werden, was eigentlich beabsichtigt war: dem Kunden Sicherheit in seiner Entscheidung zu geben.

Programmentwicklungen können weder vom IT-Spezialisten noch vom Fachspezialisten allein betrieben werden. Nur in einer abgestimmten Zusammenarbeit beider kann ein CAFM-Programm entstehen, das beim Anwender die notwendige Akzeptanz findet. Diese Akzeptanz ist Basis für Investitionssicherheit von Programm und Hersteller. Die Akzeptanz ist aber keine übertragbare Eigenschaft und schon gar nicht zertifizierbar. Akzeptanz entwickelt sich im Prozess der Anpassung eines CAFM-Programms hin zu einer CAFM-Lösung. Dazu bedarf es der Prozess- und Datenmodellierung.

Die Modellierung ist ein Erkenntnisprozess, bei dem die zu lösenden Aufgaben in Programmfunktionalität übersetzt werden müssen. Dieser Erkenntnis- und Abbildungsprozess unterliegt einer Gesetzmäßigkeit hinsichtlich des Aufwandes und des Ergebnisses.

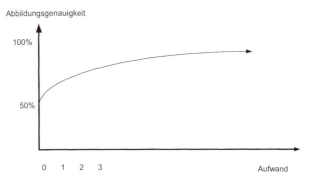

Abb. 4-20:   Pareto-Regel für Aufwand und Genauigkeit bei FM-Modellierung

Die Abb. 4-20 soll verdeutlichen, dass auf Anhieb mindestens 50 Prozent der Sachverhalte zweckmäßig abgebildet werden (dies bezeichnet man auch als „Gefühl aus dem Bauch heraus"). Eine weitere Präzisierung erfordert meist viel Aufwand, bringt aber ab einem gewissen Aufwand nur noch geringen Mehrnutzen.

Bei der Anpassung einer Software an die Zielstellungen des Auftraggebers spielen im Consulting Erfahrung und Abstraktionsvermögen eine ganz entscheidende Rolle, da eine 85%-ige Lösung weit wirtschaftlicher und benutzerfreundlicher sein kann als eine 95-%ige Lösung (100%-ige Lösungen sind unbezahlbar und noch vor ihrer Fertigstellung durch die Dynamik der Realität überholt).

Es gibt CAFM-Hersteller, die preisen ihr Produkt als „Werkzeugkasten (Tool)" an, mit dem man sich an keine Vorgaben anpassen muss und alles selbst definieren kann. Auch für diesen Typ von Software gibt es ein Klientel, das aber ohne einen FM-Experten und einen exzellenten CAFM-Berater geringe Chancen auf eine CAFM-Lösung hat.

4.3   CAFM-Modellierungssichten

4.3.1 Vorbemerkungen

Die Aussagen zur Modellierung im Kapitel 4.2 sind relativ unabhängig von FM (realer Prozess) und CAFM (Abbildung der realen Prozesse) und damit auch auf andere Anwendungssoftware übertragbar. Welchen Einfluss haben dann die Merkmale von FM, wie:

- Management der Unterstützung der Primärprozesse,
- Management des Lebenszyklus,
- Management strategischer und operativer Entscheidungen,

auf die Modellierung und Modelle von CAFM? Welche Zusammenhänge bestehen zwischen den FM-Prozessen und deren IT-Abbildung im CAFM?

In der Einführung der Begrifflichkeit zur Softwaredatenbank (s. Kap. 1.4.1) wurde alles aus der Sicht des Softwareproduktes diskutiert. Aus dieser Sicht sind Begriffe wie:

- Verkaufsmodule,
- CAFM-Dienste (verallgemeinert als Spartendienste bezeichnet),
- CAFM-Dienstleistungen (verallgemeinert als Spartendienstleistungen bezeichnet) und
- Softwaredienste (Basisfunktionalitäten von Software)

entwickelt und in Beziehung gesetzt worden.

Nachfolgend soll diese Sicht mit weiteren Begriffen und Beziehungen vertieft werden, um die Besonderheiten von CAFM-Software hervorzuheben. Der Autor geht davon aus, dass jedes CAFM-Softwareprodukt Alleinstellungsmerkmale hat. Diese Alleinstellungsmerkmale für den Softwaresuchenden oder FM/CAFM-Berater transparenter zu machen, ist ein wesentliches Ziel der CAFM-Modellierungssichten und deren Umsetzung in der Softwaredatenbank.

4.3.2 Modelle aus Branchensicht

Nach Erfahrungen des Autors führen die Branche und die Branchenerfahrungen der Softwareentwickler zu wesentlichen Unterschieden zwischen den CAFM-Produkten. Die Abbildung einer Branche in der CAFM-Software kann man gut an folgenden Merkmalen erkennen:

- Begriffe der Branche (CAFM-Dienste, Bezeichnungen und Strukturtiefe der Facilities),
- Umsetzung der branchentypischen DIN und
- Umsetzung normierter Schnittstellen.

Ein FM-Verantwortlicher eines Unternehmens kann entsprechend dessen Wirtschaftszweig unter obigen Gesichtspunkten nach Begriffen, Normen und Schnittstellen in der Softwaredatenbank filtern.

In der Regel ist auch eine CAFM-Dienstleistung oder auch nur ein CAFM-Dienst charakterisierend für bestimmte Wirtschaftszweige. Beispiele dafür sind: Hochschulen – Hörsaalverwaltung, Krankenhaus – Medizingeräteverwaltung, Büroimmobilien Mieterverwaltung usw. Diese Besonderheiten der Branche erfordern dann die Anpassungen von bestehenden oder neu zu erstellenden Daten- und Funktionsmodellen in der CAFM-Software.

Oftmals haben sich kleine Software-Firmen auf einen Wirtschaftzweig spezialisiert, gewachsen aus einem Klientel, das man zuerst nur IT-mäßig betreut hatte. Oder man hat im Kundenkontakt eine bestehende Marktlücke erkannt und speziell Software dafür entwickelt. Die Bedeutung der Branche wurde in den letzten Jahren von den größeren CAFM-Anbietern erkannt. Die konsequenteste Umsetzung der Anforderungen einer Branche ist eine branchenspezifische CAFM-Basislösung und nicht nur eine Erweiterung einer allgemeinen CAFM-Basislösung um branchenspezifische Prozesse und Facilities. Manche Hersteller haben deshalb ihre Verkaufs-module[34] entsprechend der Branche benannt (s. Softwaredatenbank) oder als „Produktvarianten" bezeichnet.

Ein Beispiel dafür stellt FAMOS dar:

	hat Daten- Normschnittstelle		hat Prozess-Normschnittstelle		hat Schnittstelle Gerätsystem	
SW-Verkaufsmodul	hat SP-Dienste		nutzt SP-Dienste	hat SP-Dienstleistungen		hat SW-Dienste

Verkaufsmodul: Medizintechnische Anlagendokumentation   zu Verkaufsmodul: n.v.
von Software: FAMOS
Name lang:
speziell für Sparte: n.v.   Basispreis bei Erwerb: [€]
speziell für Gerätetyp: Medizingeräte   Rabatt auf Folgelizenz: [%]
speziell für WZ: Krankenhäuser Q.86.1   Basispreis bei Miete: [€/Jahr]
Hersteller-Info:

neue Notiz

	5	von Softw...	Verkaufsmodul	Name lang	Hersteller-Info	speziell für WZ
	1	FAMOS	Auftragsverwaltung			
	2	FAMOS	Basismodul			
	3	FAMOS	Fuhrparkverwaltung			
	4	FAMOS	Medizintechnische Anlagend...			Krankenhäuser
	5	FAMOS	Service Point (Help Desk)			

Abb. 4-21:   Beziehung von Branche und CAFM-Verkaufmodul

Die Wirtschaftszweige werden neben den Verkaufsmodulen als

- Branchenzuordnung durch den Softwarehersteller und als
- Wirtschaftszweig eines Referenzkunden des Herstellers

in Attributen der Datenbank abgebildet.

SW zu SW	SW von SW	SW-Geräte	SW-Anbieter	SW-Nutzer	Versionen	Lizenzmodelle	Dokumente
Software	WZ2008	Verkaufsmodule	Bedienung	SP-Dienste	SP-DL	SW-Dienste	SW-Normschnittstellen

Zuordnung SW entspr. Hersteller   Zuordnung entspr. Kunden   Zuordnung entspr. Verkaufsmodul

	WZCo...	Wirtschaftszweig		0	WZCode	Wirtschaftszweig		3	ref_Wirtschafts...	Verkaufsmodul
...	N.81.1.0	Hausmeisterdienste		Keine anzuzeigenden Objekte.				1	L.68.2	FAMOS Vermietung
...	M.71.1...	Ingenieurbüros für technis...						2	O.84.1	FAMOS Public
...	Q.86.1	Krankenhäuser						3	Q.86.1	*Medizintechnische An
...	O.84.1	Öffentliche Verwaltung								
...	J.61.9	Sonstige Telekommunikat.								
...	P.85.4...	Universitäten								
...	C	VERARBEITENDES GE...								
...	H	VERKEHR UND LAGEREI								

Abb. 4-22:   CAFM-Software und deren Beziehung zur Branche/Wirtschaftszweig

---

[34] Die Fa. Autodesk (s. www.autodesk.com) liefert in diesem Sinne ein Beispiel, wie man von einem Basispro-dukt „AutoCAD" schrittweise in Branchenlösungen wie „AutoCAD Architecture" für den Hochbau, „AutoCAD Civil 3D" für den Tiefbau usw. migriert. Dass man schon durch diese Benennung den Endkundenkreis zielgenauer anspricht, liegt auf der Hand.

Auch danach können Datenfilter erstellt werden, um die passenden Softwareprodukte zu selektieren.

Die Affinität der CAFM-Software zur Branche, verbunden mit dem jeweiligen FM-Kernprozess, sollte ein wesentliches Entscheidungskriterium bei der CAFM-Systemauswahl sein. Alleinstellungsmerkmale können in der Beschreibung der Hersteller der Verkaufsmodule oder in den CAFM-Diensten enthalten sein. Eine Filterung mit nutzerrelevanten Suchworten in diesen Attributen ist mittels der Softwaredatenbank leicht möglich.

CAFM-Projekte aus verschiedenen Branchen werden im Kap 6.2 beschrieben.

4.3.3 Modelle aus Sicht der FM-Dienste

CAFM-Dienste (Spartendienste) bilden in der Softwaredatenbank die kleinsten, nicht mehr teilbaren realen FM-Prozesse (Geschäftsprozesse) ab. Die CAFM-Dienste müssen während der Einführung der CAFM-Software natürlich in einem Daten- und Prozessmodell an die vorhandenen FM-Prozesse angepasst werden.

Die in der Softwaredatenbank definierten Standard-Spartendienste, deren Merkmale und Beziehungen, können dabei als eine Orientierungshilfe genutzt werden.

An dieser Stelle soll nun, mit einem Blick „hinter die Kulissen", die Beschreibung der CAFM-Dienste im Data Dictionary (Beschreibung der Metadaten der Datenbank) einer CAFM-Software dargestellt werden.

Abb. 4-23: Beispiel für Metadatenbeschreibung zur Konfiguration von CAFM-Diensten (hier Kategorien) durch Facilities (hier Klassen)

Der CAFM-Dienst „Abfallverwaltung" (vom Hersteller als Abfallmanagement bezeichnet) wird über das Facility „Abfallholstelle", über eine n:m-Tabelle „Abfallholung", einen Katalog „Abfallschlüssel", das Facility „Behälter", das Facility „Entsorgungsvertrag" und das Facility „Abfallrechnung" so abgebildet, dass der CAFM-Dienst voll dem informellen Aspekt des FM-Prozesses entspricht. Allerdings werden in dieser Beschreibung weder die Funktionen mit den Facilities (womit **P** nicht vollständig ist) noch die Rahmenbedingungen **R** beschrieben. Ein vollständiges Data Dictionary, erweitert um Methoden im Repository im Sinne von **F** =$_{def}$ **D(O,R)**, bietet nach Kenntnis des Autors noch keine CAFM-Software an.

Ein Datenbankadministrator des potenziellen CAFM-Kunden sollte wenigstens einmal diese Beziehungen im Data Dictionary des CAFM-Produkts analysiert haben. Wenn auf Administratorebene das CAFM-System dann auch noch die Möglichkeit bietet, das Datenmodell direkt aus den Metadaten zu generieren, wie am Beispiel der Softwaredatenbank (s. Abb. 4-24), dann sind wichtige Mittel gegeben, um die Architektur der Datenbank auf deren Pflegbarkeit und Analysierbarkeit zu bewerten.

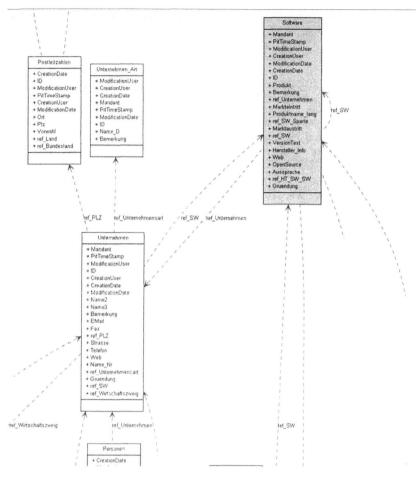

Abb. 4-24:   Generierung eines Datenmodells (Ausschnitt aus der Softwaredatenbank) aus den aktuellen Metadaten des Programms

4.3.4 Modelle aus Sicht der FM-Dienstleistungen

Wir unterscheiden bei den realen FM-Prozessen zwischen FM-Diensten und FM-Dienstleistungen[35], abgebildet in der IT in CAFM-Diensten und CAFM-Dienstleistungen.

Den CAFM-Dienstleistungen, als Spezialfall von Spartendienstleistungen, kommt nach der Branche die zweithöchste Bedeutung sowohl für die CAFM-System-auswahl als auch für die CAFM-Einführung zu. Allerdings ist die Entscheidung über die erforderliche Komplexität und der Umfang einer CAFM-Dienstleistung nicht so

---

[35] FM-Dienste und FM-Dienstleistungen sind synonym zu Teilprozess und Gesamtprozess. Die sprachliche Anlehnung erfolgt wegen der neuen Begriffsbildung von Facility, CAFM-Dienst und CAFM-Dienstleistung.

einfach wie die Branche. Dies betrifft sowohl die Seite des AN (Bieter) als auch des AG (Kunde).

- Vom *CAFM*-Anbieter wird Management versprochen, aber „nur" Verwaltung realisiert.
  Beispiel: Der Dienst wird als „Gewährleistungsmanagement" bezeichnet, aber es fehlt ein kaufmännisches Verwalten der Einbehalte.
- Der *CAFM-Kunde* muss sich fragen, wird Management und der damit verbundene Mehraufwand benötigt oder reicht eine Verwaltung, die mit weniger Daten auskommt, aus?
  Beispiel: „Energiemanagement" oder „Zählerverwaltung und -auswertung"?

Diese Gratwanderung zu bewältigen, erfordert ein gutes Zusammenspiel von externem Berater und CAFM-Projektleiter.

In der Softwaredatenbank werden jedem CAFM-Dienst eine oder mehrere CAFM-Dienstleistungen zugeordnet. Umgekehrt definiert sich jede CAFM-Dienstleistung über eine Liste von CAFM-Diensten. Diese beiden Sichten werden in den nachfolgen beiden Abbildungen dargestellt (s. Abb. 4-25 und Abb. 4-26).

Abb. 4-25: mögliche n:m-Zuordnung von CAFM-Diensten zu CAFM-Dienstleistungen

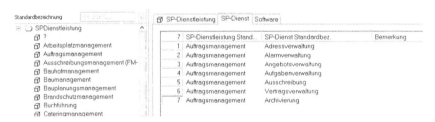

Abb. 4-26: Mögliche n:m-Zuordnung von CAFM-Dienstleistungen zu CAFM- Diensten

Welche Funktionalität in welchem Umfang (Verwaltung oder Management) durch Software abgebildet wird, sollte aber zuerst an den realen FM-Prozessen analysiert werden und erst danach bei der Systemauswahl berücsichtigt werden. Das Kundenrisiko bleibt aber stets erhalten, denn wenn man sich bewusst für „Verwaltung" entscheidet, könnte schon nach kurzer Zeit „Management" benötigt werden. IT bildet eben nicht nur passiv FM-Prozesse ab, sondern schafft selbst neue Möglichkeiten für FM-Prozesse.

Wenn die CAFM-Software nach SOA-Prinzipien strukturiert ist, dann bereitet diese Erweiterung in der Regel weniger Probleme. Aus Nutzersicht bietet die Softwaredatenbank die Möglichkeit, schrittweise CAFM-Produkte entsprechend der benötigten Funktionalität zu selektieren.

4.3.5 Modelle aus der Sicht der Lebenszyklen

Es wird oft gefragt, welche Planungsdaten werden für die Bewirtschaftung gebraucht, oder kann man überhaupt Planungsdaten für die Bewirtschaftung nutzen?

Die Antwort ist nicht so einfach, da Planung und Bewirtschaftung zwei wesentlich verschiedene Prozesse sind und damit zwangsweise gleiche Sachverhalte durch unterschiedliche Nutzersichten abgebildet werden (Bezeichnungen der Facilities in diesen verschiedenen Lebenszyklen sind Homonyme!).

Der Lebenszyklus einer Immobilie beginnt beim Planungsprozess. Nach einer Grundlagenermittlung (Beschreibung Aufgabenstellung) wird in einer der Entwurfsphasen ein Raumbuch[36] erstellt, in dem die Aufgabenstellungen entsprechend der DIN 276 in Kostengruppen mit technischen und funktionalen Anforderungen untersetzt werden. Nach Erfahrung des Autors waren die Raumbücher in keinem Projekt identisch. Auch hier hat die Branche wesentlichen Einfluss auf die Struktur der Daten.

Ein Planungsraumbuch zur Flächenplanung wurde in einem Krankenhausprojekt folgendermaßen dargestellt (s. auszugsweise in Abb. 4-27).

E29

	A	B	C	D	E	F	J	K	L	M
1							Raumbedarf (**Soll**)			
2–6	Lfd. Nr.	Raumbezeichnung 1) / Dienststellung der Benutzer	Raum-Code (RC)²)	Aufteilung -Abteilung -Gruppe -Sachgeb	Anzahl der Arb.-plätze	Anzahl der Räume	m² / Raum	Teilsumme (6x7) HNF 3) m²	Teilsumme (6x7) NNF 3) Stand 10.05.200 m²	davon Zuschläge 4) m²
7	1	2	3	4	5	6	7	8	9	10
8										
9		**Servicebereich A Zell/Gewebs-Einheit**								
10		Molekularbiologisches Labor	352		2	2	20,0	40,0		
11		Zellkulturlabor	352		2	1	20,0	20,0		
12		Laserdisektion groß	352		4	1	36,0	36,0		
13		Laserdisektion	352		2	1	16,0	16,0		
14		Histologielabor	355			1	40,0	40,0		
15										
16		Autoklav / Spülküche				1	34,0	34,0		
17		Kühlgeräteraum	345			1	20,0	20,0		
18		Kühlgeräteraum mit Arbeitsplatz	345		1	1	20,0	20,0		
19		Kühlraum	434			1	20,0	20,0		
20		Chemikalienlager	415			1	20,0	20,0		
21		Geräteraum	344			2	20,0	40,0		
22		Ver- und Entsorgungsraum	446			1	20,0	20,0		
23		Gasflaschenlager	415			1	12,0	12,0		
24										
25		Viererbüro	211		4	1	24,0	24,0		
26		Büro für EDV	211		3	1	18,00	18,0		
27		Rechnerraum	284		3	1	18,0	18,0		
28										

Raumbedarfsplan-Titelblatt RL-B / VB 1 / VB 2 / SB A / SB B / TB / Zusammenstellung /

Abb. 4-27: Auszug Raumbuch in Phase Planung Anforderungen

---

[36] „Neben der Auflistung der gewünschten Räume, dem Planungssoll, kann das Raumprogramm parallel zum Projektfortschritt detailliert und präzisiert werden. So entsteht ein Raumbuch, das Planungsergebnisse für die Ausschreibung von Bauleistungen und Ergebnisse der Bauausführung für den späteren Gebäudebetrieb dokumentiert. Zu den typischen Raumbuchdaten zählen sämtliche Raumeigenschaften wie die Raumfläche, Rauminhalte, Bodenbeläge, Wandbekleidungen, Elemente der Haustechnik, wie beispielsweise Elektroinstallationen, Einbauten und Möbel." (s. Wikipedia.de 2009)

Für die Technik werden im gleichen Projekt nachfolgende technische Daten entsprechend der DIN 276 gefordert (Auszug):

KG 344 - Türen / KG 344 - Fenster	Menge / Einheit
1. Türen · lfd. Nummer · Mehrfachauswahl	Stck.
Typ und Material	
Lichte Maße der Türöffnung (Breite, Höhe)	
Schließzylindernummer	
Türen mit besonderen Anforderungen (Brandsch., Schallsch., Sicherheitsanforderungen...)	
mechanische Sicherungsmaßnahmen	
Kraftbetrieben	
Feststellanlage	
bettenfähig / rollstuhlgerecht	
Beschilderung / Kennzeichnung	
2. Fenster / · lfd. Nummer · Mehrfachauswahl	Stck.
Typ und Material	
Lichte Maße der Fensteröffnung (Breite, Höhe)	
Glasfläche einseitig gemessen	qm
Sonnenschutz /Blendschutz	
Verdunklung voll / teilweise	
Fenster mit besonderen Anforderungen (Brandsch., Schallsch., Sicherheitsanforder....)	
mechanische Sicherungsmaßnahmen	
Kraftbetrieben	
3. Feste Einbauten aus Glas, Glasflächen als Summe der Fläche in m² (einseitig gemessen)	qm
4. Oberlichter	Stck.
Typ und Material	
Summe der zu reinigenden Flächen	qm

Abb. 4-28: Merkmale Technik nach DIN 276 im Raumbuch des Krankenhausprojekts

Diese Anforderungen sind Grundlage für die räumliche und technische Planung. In allen weiteren Phasen des Planungs- und Erstellungsprozesses entsprechend der HOAI werden diese Daten schrittweise differenzierter erfasst.

Betrachtet man dann die Daten aus der Sicht der Bewirtschaftung, bleiben vom Planungsraumbuch nur noch wenige Daten übrig. Das ist wiederum abhängig vom Bewirtschaftungsmodell (Eigenbetrieb, Fremdbetrieb usw.).

Damit widerspricht der Autor Ausschreibungen, die vom Planer fordern, Planungsdaten per Knopfdruck in die Bewirtschaftungssoftware zu übernehmen. Eine solch globale Forderung ist unpraktikabel und auch noch nirgends durchgängig realisiert worden. Diese Forderung kann aus Planungssicht nur mit einer wohldefinierten[37] Teil-Attribut-Menge der Facilities erfüllt werden, nach Klärung aller wesentlichen Rahmenbedingungen der Bewirtschaftung. Dann muss diese technische Forderung mit einer Technologie der Datenprüfung gekoppelt werden, um revisionierte Daten (was tatsächlich verbaut worden ist) auch auf Knopfdruck übernehmen zu können. Zu viele Datenattribute von Facilities sind ähnlich schädlich für die Nutzerakzeptanz wie zu wenige.

In der Softwaredatenbank werden diese Aspekte über CAFM-Dienste (Raumbuch u.a.) und Kundenprojekte abgebildet.

4.3.6 Modelle und deren Auswirkung auf die Datenerfassung

Datenerfassung und Datenpflege sind zweifelsfrei die alles entscheidenden Themen einer Softwarenutzung. Nur wer entsprechend seiner täglichen Erfahrung mit den realen Sachverhalten, deren Abbildung hinreichend vollständig und notwendig aktuell in der Datenbank vorfindet, akzeptiert die Datenbank (und verzichtet damit auf doppelte Datenhaltung).

Nachfolgende Aussage kann als „Binsenweisheit" bezeichnet werden: es sollten nur die Daten erfasst werden, die auch wirklich gebraucht werden. Auch hier gilt der Satzteil von B. Brecht „Das Einfache, was so schwer zu machen ist...". Die obige Binsenweisheit zwingt zur Top-down-Vorgehensweise: die *Technologie der Datenerfassung muss aus der Sicht der Technologie der Datennutzung* entwickelt werden. Vom Endziel (z.B. Berichtswesen) muss man auf den Beginn (der Datenerfassung) schauen. Mit diesem Top-down-Ansatz vermeidet man zu detaillierte Merkmale der Facilities. Zu viele Merkmale eines Facility führen in der Regel zu „Datenfriedhöfen" und damit zum Verlust der Nutzerakzeptanz.

Die Datenerfassung kann durch folgende Funktionalitäten wesentlich gestützt werden:

- durch Nutzerrollen, so dass nur der Verantwortliche „seine" Daten pflegen kann,
- durch syntaktische und semantische Datenprüfung und
- durch automatisches erzeugen ableitbarer Daten (z.B. Raumfläche aus Länge x Breite).

Ebenso kann im Zusammenspiel mit anderen Programmen eine effektive Datenerfassung möglich sein. Dienstleister, die z.B. die BGV A3-Prüfung entsprechend der definierten Zyklen durchführen, erfassen alle ortsveränderlichen und ortsfesten elektrischen Güter. Es ist dann sehr einfach, wenn Bezeichnungen und Datenstrukturen abgestimmt sind, aus den Prüfprotokollen diese Objekte als Facilities in eine Datenbank zu übernehmen.

Anhaltspunkte der Umsetzung dieser Aspekte werden in der Softwaredatenbank durch Programm- und Geräteschnittstellen geliefert. Die Top-down-Vorgehensweise wird nicht abgebildet. Aus Bildschirmmasken über Facilities sollte man keine direkten Schlussfolgerungen ziehen, da die Anzahl der Attribute in der Regel über Rollen angepasst werden kann.

---

[37] Im mathematischen Sinne eindeutigen Zuordnung (s. Kap. 8.3)

4.3.7 Datenmodelle und deren Auswirkungen auf die Datenauswertung

Wir unterscheiden zwei Arten von Datenauswertungen:

a) Standard-Abfragen (Reports aus der Datenbank, die oft benötigt werden und über ein Auswahlmenü per Knopfdruck erzeugt werden.)

b) Ad-hoc-Abfragen (Reports aus der Datenbank, die spontan benötigt werden, aber im Auswahlmenü nicht enthalten sind und somit direkt als SQL-Abfrage erzeugt werden müssen.)

Standardisierte Abfragen decken in der Regel strategische Fragestellungen ab (Reports im Energiemanagement u.a.). Ad-hoc-Abfragen resultieren meist aus operativen Anforderungen, aus dem Tagesgeschäft. Interessant ist auch hier die Stimmigkeit der Pareto-Regel: zu 80% werden Standard-Abfragen gefordert, die 20% Zeitaufwand benötigen; die 20% Anforderungshäufigkeit der Ad-hoc-Abfragen benötigen aber 80% der Zeit (gemeint ist hier die Gesamtzeit der Abfragen).

Der Aufwand für Standardreports bleibt dem Nutzer verborgen. Es interessiert kaum, ob sich hinter einem Report 10 oder 100 Zeilen SQL-Text (Statements) verbergen. Diese Fragestellung taucht erst im Zusammenhang mit Erweiterungen der Standardreports auf. Der Entwickler muss dann seinen Aufwand real kalkulieren. Wie einfach oder wie umfangreich die Statements der SQL-Abfrage ausfallen, wird durch das Datenmodell definiert.

Auf der CD (s. Anhang) befindet sich eine zweite Accessdatenbank (die, im Gegensatz zur Softwaredatenbank, sich mit einem Doppelklick in einem Accessprogramm öffnet). Diese Datenbank zeigt eine weitere Möglichkeit der Abbildung von Telefonnummern und dient der Demonstration einfacher SQL-Abfragen. Es werden dort mehrere Fälle von Abfragen in Abhängigkeit von der verwendeten NF diskutiert.

Zusammenfassend kann man feststellen:

Fall 1: Alle Tabellen sind nach 2.- und 3.-Normalform verknüpft. Je nach Fragestellung werden bis zu 100% weniger SQL-Statements benötigt als im Fall 2. In der Softwaredatenbank kann man dies analog über parametrische Abfragen realisieren (s. Bedienungsanleitung Softwaredatenbank).

Fall 2: Alle Tabellen sind nur in der 1. Normalform dargestellt. Diese Darstellung ist der typische Fall, der in den frühen Phasen der relationalen Datenbanken, z.B. mit dBase auf Personalcomputern, zu akzeptablem Zeitverhalten führte. Ältere CAFM-Systeme nutzen zwar längst moderne DBMS, aber dabei wurden die Datenmodelle kaum verändert. Parametrische Abfragen sind dann meist nur auf wenigen Tabellen möglich und nicht ohne Programmierkenntnisse umsetzbar.

Diese Beispiele sollen zeigen, welche Bedeutung der professionellen Analyse des Datenmodells zukommt. Deshalb sei nochmals darauf verwiesen, in der CAFM-Ausschreibung ein generiertes ERM vom Anbieter zu fordern.

CAFM-Produkte, die noch weitestgehend auf älteren Datenmodellen (1NF) aufbauen, erkennt man oft daran, dass Abfragen (oft als Auswahl oder Selektionen bezeichnet) und Listen als gesonderte Verkaufsmodule angeboten werden.

Weitere Merkmale kann man in der Softwaredatenbank über die Klasse „SW-Bedienung Standardbezeichnung" analysieren (s. Abb. 4-29).

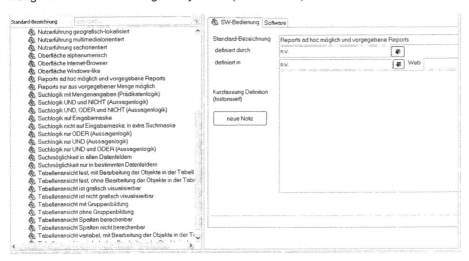

Abb. 4-29:   Beschreibungsmerkmale zur Klasse „SW-Bedienung Standardbezeichnung"

Ob diese Merkmale in den einzelnen CAFM-Produkten vorhanden sind, wird in der Klasse „Software" auf der Bildschirmmaske „Bedienung" als Liste dargestellt (s. Kap.9). Nach diesen Merkmalen kann man bequem filtern.

4.4 Datenintegration im CAFM (Schnittstellen)

4.4.1 Schnittstellenarten und ihre Bedeutung für CAFM

4.4.1.1 Allgemeine Bemerkungen

Die Bedeutung von Schnittstellen wird von der GEFMA zu Recht nach der CAFM-Definition (GEFMA 400) gleich danach in der GEFMA 410 [GEFMA 410, 2007] hervorgehoben. Auf acht Seiten werden sehr übersichtlich die Möglichkeiten der Datenintegration im CAFM dargestellt. Kritisch sind die geringe Detaillierung und die teilweise fachlich nicht korrekte Beschreibung eines Datenmodells anzusehen.

Mit Schnittstellen sind ganze Glaubensbekenntnisse verbunden, zusammengefasst in der häufig zu hörenden Aussage: Schnittstellen kosten nur Geld und sind tunlichst zu vermeiden.

Wir vertreten die These: Ohne Schnittstellen ist moderne Software undenkbar.

a) Es gibt heute keine Software, die sich nicht externer Leistungen bedient. Diese Leistung wird sich über Schnittstellen (Interfaces) geholt! (Anmerkung: die Werbung „Alles aus einer Hand" will suggerieren, dass es auch ohne Schnittstellen geht!).

b) Man sollte sich keine Software zulegen, die keine effektiven Schnittstellen hat.

Schnittstellen gehören zum Wesen von Software, insbesondere von CAFM (s. Abb. 1-8). Schnittstellen kann man nicht vermeiden, sondern nur gestalten. Die Integration einer Software in eine bestehende IT-Landschaft ist die zentrale Aufgabe in der Vergangenheit, der Gegenwart und der Zukunft der IT-Anwendung in einem Unternehmen. Gegenwärtig und zukünftig geht es um Integration zwischen Unternehmen, wozu CAFM vom Wesen her (z.B. Austausch von Services) einen Beitrag leisten kann.

4.4.1.2 Technische Schnittstellenarten

Schnittstellen unter technischen Aspekten lassen sich vereinfacht wie folgt darstellen:

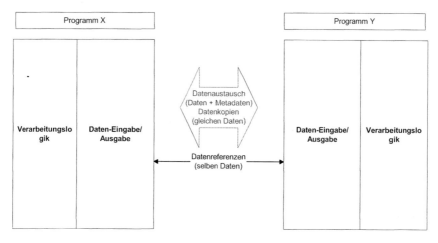

Abb. 4-30:   Schnittstelle zwischen zwei Programmen

Begriff	Ausprägung 1	Ausprägung 2
Verbindungsart	offline	online
Lage der Schnittstelle	intern	extern
Verbindungsanzahl	1	N
Referenz	nicht referenziert (Kopie)	referenziert
Standardisierung	unternehmensweit, produktorientiert	International
Datentransport	nur Objektdaten (die Sache selbst)	Objekt- und Metadaten (Beschreibung der Objektdaten)
Richtung	unidirektional	bidirektional
Funktionalität	nur Datenstruktur	Prozess und Datenstruktur
Ort	auf Oberfläche	im Programm
Integration	über spezielle Interfaces	über Middelware

Abb. 4-31:   Technische Merkmale von Schnittstellen

Eine Erläuterung der verwendeten Begriffe in Kurzfassung:

- Online – Datenänderungen im Programm x werden automatisch auch im Programm y durchgeführt; dabei gibt es wiederum zwei Arten der Datenhaltung:
  - Daten werden redundant gehalten, aber durch Trigger konsistent geführt.
  - Datenwert existiert nur in Programm x; Programm y referenziert diesen Datenwert (oder View).
- Offline – Datenänderungen im Programm x werden über Schnittstellen aus x in eine Datei geschrieben und über Schnittstellen des Programms y in y übernommen. Hier lassen sich auch zwei Arten von Schnittstellen unterscheiden:
  - Unidirektional – nur von Programm x nach Programm y,
  - Bidirektional – von Programm x nach Programm y und umgekehrt.

Die nachfolgende Übersicht ordnet einige bekannte Schnittstellen wie folgt ein:

Austausch format	Technische Eigenschaften	Bedeutung
DXF	Offline; extern; 1:N; Kopie, nur Objektdaten (Version muss man kennen!); Herstellerstandard (Autodesk), Datenstruktur	Einfach strukturiert, obwohl nicht effektiv, da in der Regel besonders mit den Schriftfonds Probleme verbunden sind
IFC	Offline; extern; N:N; Kopie, nur Objektdaten (XML-Version auch Metatdaten); Internationaler Standard, Datenstruktur	Gewinnt langsam an Bedeutung; vor allem in großen Bauvorhaben
CSV	Offline; extern; N:N; Kopie, nur Objektdaten, nicht standardisiert	Stabiles Format für relativ problemlosen Datenaustausch
GAEB	Offline; extern; N:N; Kopie, nur Objektdaten, standardisiert	Ist zu XML weiter entwickelt! Praxis ist aber relativ resistent gegen diese Neuerungen
Web-Services	Online; N:N; auf Basis von XML (s. http://de.wikipedia.org/wiki/Webservice), funktional	Sehr effektive Form des Datenaustausches, wird immer häufiger Standard-Anwendung, Probleme sind mit WSDL-Dateien verbunden

Das Thema Datenintegration (Schnittstellen) hat in der Softwaredatenbank eine herausragende Bedeutung. Dies wird durch nachfolgende Bildschirmabbilder veranschaulicht, wobei sich diese Darstellung noch in Entwicklung befindet und mit dem gegenwärtigen Stand etwa zur Hälfte (zur Zufriedenheit des Autors) beschrieben ist.

Daten- und Prozessschnittstellen „SW-Normschnittstellen“

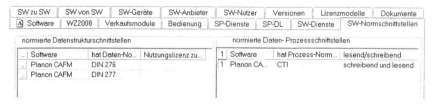

Abb. 4-32: Zwei Arten von Normschnittstellen und deren Abbildung in Software

Es wird zwischen normierten Datenschnittstellen und normierten Prozessschnittstellen unterschieden. Jedes Softwareprodukt kann aus einer Liste von definierten Datenschnittstellen (s. Klasse „SW-Daten-Normschnittstelle“) und einer Liste von normierten Prozessschnittstellen (s. Klasse „SW-Prozess-Normschnittstelle“) auswählen.

Jede einzelne normierte Datenschnittstelle wird mit ihren wesentlichsten Daten beschrieben.

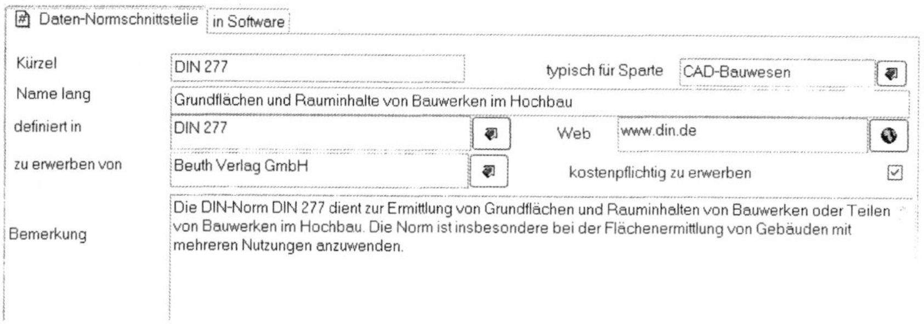

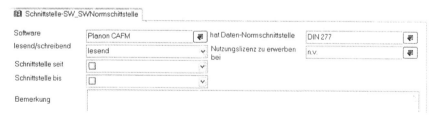

Abb. 4-33: Abbildung einer Normschnittstelle mit definierter Datenstruktur

Die Kopplung der Software mit der jeweiligen Normschnittstelle wird wie folgt dargestellt:

Abb. 4-34: Abbildung der Beziehung von Software mit der normierten Daten-Schnittstelle

Über diese detaillierte Beschreibung der Datenintegration von normierten Fremd-produkten in eine Anwendungssoftware kann sich der Interessent für CAFM-Produkte vorab genauer als bisher über den Umfang einer Daten- und Prozessin-tegration und möglicher Folgekosten informieren. Jeder Softwarehersteller ist in der Lage, Datenintegration nach Wunsch herzustellen. Jegliche Integration hat einen Preis, der sich in der Regel für beide Seiten nur dann rechnet, wenn eine breite Kundenbasis die Entwicklungskosten trägt. Dabei hat jegliche Integration auch Be-sonderheiten, die in der Softwaredatenbank nur bedingt abbildbar sind. Beim Beispiel der DIN 277 muss der CAFM-Hersteller die Struktur der „Grundflächen und Rauminhalte von Bauwerken im Hochbau" in einem Datenmodell abbilden und da-für nur die Berechtigung der DIN-Konformität für die Weitergabe an Dritte erwerben.

Obige drei Bildschirmausschnitte (s. Abb. 4-32, Abb. 4-33, Abb. 4-34) stellen die prinzipielle Abbildung von Schnittstellen in der Softwaredatenbank dar. Es gibt im-mer genau drei Klassen die miteinander gekoppelt werden: die Klasse „m:n-Tabelle" (hier „Schnittstelle-SW_SWNormschnittstelle"), die Klasse „m-Tabelle" (hier „Software") und die Klasse „n-Tabelle" („Daten-Normschnittstelle"). Diese m:n-Tabellen können auch als Matrizen dargestellt werden. Diese Matrizen liefern einen schnellen Überblick von Beziehungen, sagen aber nichts über die Qualität der Be-ziehungen aus. Dazu sind andere Reports möglich und notwendig.

Schnittstelle Mensch-Maschine (Nutzerinterface) „SW-Bedienung"

SW zu SW	SW von SW	SW-Geräte	SW-Anbieter	SW-Nutzer	Versionen	Lizenzmodelle	Dokumente
A Software	WZ2008	Verkaufsmodule	Bedienung	SP-Dienste	SP-DL	SW-Dienste	SW-Normschnittstellen

10	Software	Bedienung-Standardbezeichnung	Bemerkung
1	FAMOS	Drag&Drop innerhalb der SW	
2	FAMOS	Drag&Drop von externer SW in SW	
3	FAMOS	Drag&Drop von SW in externe SW	Excel, Word
4	FAMOS	Editierung von Objekten mittels Mehrfachauswahl	
5	FAMOS	Exploreransicht Klassen variabel	
6	FAMOS	Fenster- und Menüanordnung variabel	
7	FAMOS	Suchlogik mit Mengenangaben (Prädikatenlogik)	
8	FAMOS	Suchlogik UND, ODER und NICHT (Aussagenlogik)	
9	FAMOS	Suchmöglichkeit in allen Datenfeldern	
10	FAMOS	Tabellenansicht variabel, mit Bearbeitung	

Abb. 4-35:   Funktionalität auf der Programmoberfläche und deren Abbildung in Software

Auf die Bedeutung dieser Schnittstelle wurde und wird an vielen Stellen in diesem Buch eingegangen.

Schnittstellen zwischen Software „SW zu SW" und „SW von SW"

📇 Software	WZ2008	Verkaufsmodule	Bedienung	SP-Dienste	SP-DL	SW-Dienste	SW-Normschnittstellen	
SW zu SW	SW von SW	SW-Geräte	SW-Anbieter	SW-Nutzer	Versionen	Lizenzmodelle	Dokumente	

11	von Software	mit Software	Sparte	Schnittstellenart	seit	zertifiziert ...	Bemerkungen des
1	InfoCABLE	MicroStation ...	CAD-Basis-Pr...	API "von Progr...	01.1998		
2	InfoCABLE	Oracle	DBMS	API "von Progr...	01.1995		
3	InfoCABLE	Bentley Power...	GIS	API "von Progr...	01.1998		
4	InfoCABLE	Windows	I-BS				
5	InfoCABLE	Linux	I-BS				
6	InfoCABLE	Unix	I-BS				
7	InfoCABLE	Java	I-ETool				
8	InfoCABLE	HP OpenView	ITMS	API "von Progr...	01.1998		
9	InfoCABLE	Spectrum	NMS	API "von Progr...	01.1998		
10	InfoCABLE	CineMa	NMS	ASCII	01.2000		
11	InfoCABLE	MS Office Stan...	Office	API "zu Progra...	01.2000		MS Excel (Import M

Abb. 4-36: Abbildung der Schnittstellen zwischen Softwareprodukten

Geräteschnittstellen "SW-Geräte"

Ⓐ Software	WZ2008	Verkaufsmodule	Bedienung	SP-Dienste	SP-DL	SW-Dienste	SW-Normschnittstellen	
SW zu SW	SW von SW	SW-Geräte	SW-Anbieter	SW-Nutzer	Versionen	Lizenzmodelle	Dokumente	

	Software	Gerätesystem	lesend/schreibend	Bemerkung
	conjectFM	GLT ABB		
	conjectFM	GLT Honeywell		
	conjectFM	GLT Landis und Staefa		
	conjectFM	GLT Sauter		
	conjectFM	GLT Siemens		

Abb. 4-37: Darstellung von Geräteschnittstellen bei Softwareprodukten

Abb. 4-38: Beschreibung einer Schnittstelle in Beziehung zum Softwareprodukt

Die Softwaredatenbank bietet in der Vorauswahl von CAFM-Produkten im Zusammenhang mit diesen Schnittstellen dem IT-Verantwortlichen umfangreiche Analysemöglichkeiten, um das Thema Integration in eine bestehende IT-Landschaft gut vorzubereiten und damit für die Präqualifikation Zeit zu sparen.

Im Zusammenhang mit Schnittstellen soll auf ein Geschäftsmodell zur Nutzung von CAFM-Software hingewiesen werden: die Nutzung über das Internet als ASP-Modell und SaaS. Dieses Geschäftsmodell, Software und Daten nicht mehr selbst im Unternehmen zu halten und für die Nutzung nur noch Miete zu zahlen, ist unter bestimmten Rahmenbedingungen sehr sinnvoll, unter anderen Bedingungen eher weniger. Diese Aussage hat nichts mit der Internetfähigkeit der Software zu tun, die sich schrittweise zu einem berechtigten K.o.-Kriterium für den Erwerb von Software entwickelt.

ASP lohnt sich für den Provider nur im Zusammenhang mit Standardisierung und Normierung der Softwarepflege. Diese Grundvoraussetzung steht schon a priori im Widerspruch zum Geschäftsmodell des CAFM – Individualität. Ein weiterer wesentlicher Gesichtspunkt ist, dass Schnittstellen von einer gehosteten Software zu einer Unternehmenssoftware nur sehr eingeschränkt möglich sind. Die Einschränkungen sollen im Zusammenhang mit den nachfolgenden Kapiteln detailliert werden.

ASP eignet sich sicher gut für einzelne Aufgabenstellungen, die auch der externen Kommunikation bedürfen. Denkbar wäre dies mit dem Reinigungsmanagement. Erfahrungen liegen dazu bisher nur wenige vor.

4.4.1.3 Fachliche Schnittstellen

4.4.1.3.1 Normschnittstellen

„Die IFC sind ein Datenmodell und gleichzeitig Schnittstellenbeschreibung für digitale Gebäudemodelle in allen Planungs-, Ausführungs- und Bewirtschaftungsphasen, in dem die Sichten der verschiedenen Architekten, Fachplaner, Bauausführenden und Betreiber abgebildet sind. In einem konkreten IFC-Datenaustausch werden dagegen immer zwischen zwei Softwareprodukten Gebäudedaten übergeben, die sich auf ein oder zwei Phasen und ein oder zwei Fachdisziplinen beziehen."
(s. http://de.wikipedia.org/wiki/Webservice, 2009)

Die Entwicklung dieser Schnittstelle verläuft schleppend und ist bisher nur von wenigen CAD-Entwicklern umgesetzt worden. Ein Raumbuch per IFC enthält die meisten der im Beispiel genannten Daten, aber leider nicht alle. Man beschränkt sich auf die vermeintlich wesentlichsten Daten. Genau damit könnte auch ein Akzeptanzproblem verbunden sein, weil „wesentlich" stets eine relative Beziehung abbildet. Ein weiteres Problem ist die Herstellerneutralität. So ist beispielsweise im CAFM Instandhaltung ohne Herstellerdaten nicht denkbar.

Ein Beispiel, wie detailliert eine normierte Datenbeschreibung herstellerbezogen möglich ist, kann man in dem TGA-Produktdatenaustauschformat VDI 3805 für Komponenten und Anlagen der Heizungs-, Lüftungs-, Sanitär- und Elektrotechnik nachvollziehen.

Dateien nach VDI 3805 (s. www.vdi3805.org) enthalten:

Produktdaten	Technische Daten	Geometriedaten
Produkthauptgruppen	Leistungsdaten	Störräume
Eigenschaften (einschließlich Zuordnung von Bildern und Datenblättern)	Auslegungsdaten (einschließlich Zuordnung von Bilder und Datenblätter)	Anschlussdaten

Produktdaten	Technische Daten	Geometriedaten
Zubehör (Antrieb, Bauformen, Anschlüsse,...)	Kennlinien	Gestaltdaten einfach, detailliert und symbolisch
Artikelnummer	Funktionen	Materialdaten / Oberflächendaten / Farben

Zusätzlich sind in den VDI-Daten Verweise auf kaufmännische Daten, wie Bestellnummer, DATANORM, StLB-Nummer, EAN-Nummer, enthalten.

Mit Stand 2009 werden auf 39 Blättern bisher 37 Produkte, beginnend mit Blatt 2 „Heizungsarmaturen", beschrieben.

Weitere Eigenschaften der normierten digitalen Produktbeschreibung sind:

- zwei dreidimensionale Darstellungstiefen, eine sogenannte Grob- und eine Detaildarstellung werden definiert (leider keine standardisierten Symbole),
- für jedes TGA-Bauteil werden Fließrichtung, Anschlussbezeichnung, Anschlussform, Verbindungsart und Anschlussnennweite hinterlegt,
- für jedes TGA-Bauteil wird der Störraum definiert (Basis für Kollisionsbetrachtungen) und
- eine optische Darstellung von Anschlusspunkten.

Dass man per Drag&Drop diese Objekte in CAD übernehmen kann, ist ein weiteres nützliches Merkmal. Aber auch hier besteht für CAFM die Aufgabe, diese Planungsdaten zweckmäßig auf wenige Attribute zu reduzieren. Ansonsten entsteht eine nicht pflegbare Datenmenge. Wiederholend sei gesagt: Bewirtschaftungsdaten sind teilweise anders als Planungsdaten strukturiert.

Eigentlich müsste die VDI-Richtlinie 3805 in die IFC-Standardisierung überführt werden. Auch hat die IFC-Schnittstelle den Anspruch, eine CAFM-Schnittstelle zu sein. Das setzt aber ein einheitliches Datenmodell aller Facilities voraus. Gleichzeitig sind auch entsprechend standardisierte FM-Prozesse erforderlich. Das ist ein unrealistischer Anspruch. Der Autor hat an vielen Stellen auf den Zusammenhang von Unternehmenszielen, Prozess- und Rahmenbedingungen und deren definierenden Einfluss auf die IT-Modellierung hingewiesen.

Auf einer Metaebene (formalisierte Fachsprache über FM-Prozesse) wäre diese Standardisierung durchaus denkbar und könnte damit die Objektebenen (Prozesse und Datenmodelle) generieren. Doch dazu fehlt aus bisheriger Erkenntnis sowohl der theoretische Hintergrund (Fachsprachen) als auch der Wille.

Weitere Daten-Normschnittstellen sind in der Softwaredatenbank aufgelistet, kurz definiert und über einfache Views erkennbar, in welchen CAFM-Produkten diese

Schnittstellen enthalten sind. Nachfolgende Ansicht (s. Abb. 4-39) wird durch Auswahl der Klasse „SW-Daten-Normschnittstelle" erzeugt.

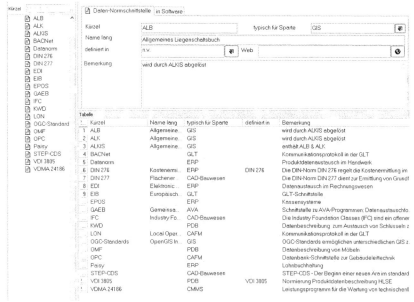

Abb. 4-39: Übersicht möglicher Daten-Normschnittstellen im CAFM

Weitere Normschnittstellen beschreiben nicht nur die Datenstrukturen, sondern liefern entsprechende Kommunikationsprotokolle für die Online-Kopplung mit. Diese Normschnittstellen werden in der Softwaredatenbank als „SW-Prozess-Norm-Schnittstellen" bezeichnet und umfassen aktuell nachfolgenden Stand (s. Abb.4-33).

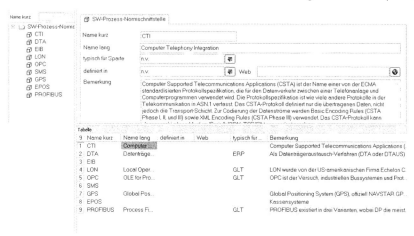

Abb. 4-40: Übersicht möglicher Prozess-Normschnittstellen

4.4.1.3.2 Software-Produkt-Schnittstellen

4.4.1.3.2.1 DBMS-Schnittstelle

Jegliche Applikationssoftware bedient sich heute einer Datenbank, meist eines DBMS. Entsprechend GEFMA 400 ist eine Datenbank ein Wesensmerkmal von CAFM [GEFMA 400, 2006].

Die Anzahl von Datenbanksoftware ist überschaubarer als. Sie kann in der Softwaredatenbank in der Klasse „Software" unter dem Attribut „Produktsparte (SP)" mit „DBMS" sofort herausgefiltert werden (s. Abb. 4-41).

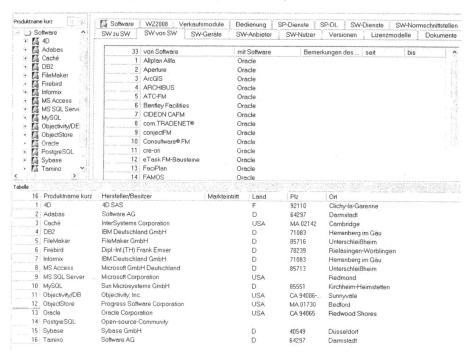

Abb. 4-41: Übersicht der Datenbanksysteme, die im Zusammenhang mit CAFM-Software genannt wurden

Die Integration der Datenbanken in die CAFM-Software kann über verschiedene Techniken realisiert werden. Jede Art der Datenintegration hat Vor- und Nachteile, die sich teilweise gegenseitig ausschließen, wie z.B. Datenbankunabhängigkeit (z.B. über ODBC) und höchste Performance. Eine Schnittstelle wird wie in Abb. 4-42 abgebildet.

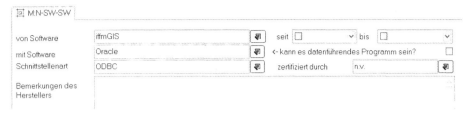

Abb. 4-42: Abbildung einer Datenbankschnittstelle eines SoftwareProdukts

Je nach Stand der eingepflegten Daten kann man über Filterkriterien dann die CAFM-Software heraussuchen, die bei großen Datenmengen (mehrere Millionen Datensätze) über die Art der Schnittstelle die höchste Performance liefern wird. Braucht man hingegen beim CAFM-Produkt Unabhängigkeit von einem konkreten DBMS-Produkt, setzt man andere Filterkriterien.

4.4.1.3.2.2   CAD-Schnittstelle

Weil diese Schnittstelle für CAFM wesentlich ist, gibt es auch alle Arten der technischen Realisierung, die oben (s. Kap. 4.4.1.2) beschrieben wurden.

Offline-Kopplung CAD zu CAFM

Totgesagte leben länger, diese Aussage trifft besonders für die Hersteller-Schnittstelle dxf zu, die von der Firma Autodesk stammt (bekanntestes Produkt ist AutoCAD). Mittlerweile bieten alle CAD-Produkte den Ex- und Import des dxf-Formats an. Allerdings sind hinsichtlich eines problemlosen Datenaustausches zwischen den verschiedenen CAD-Systemen nachfolgende Aspekte zu berücksichtigen:

- dxf wird von der Firma Autodesk[38] in unregelmäßigen Abständen weiterentwickelt. Diese Entwicklung wird von einigen wenigen CAD-Entwicklern sehr kurzfristig nachvollzogen; die meisten haben zwei bis vier Versionen Rückstand. Deshalb ist die Klärung des austauschbaren dxf-Versionsstands unerlässlich (in der Praxis aber oft versäumt).
- dxf ist für den Austausch von 2D-Flächendaten gut geeignet. Allerdings ist darauf zu achten, dass geschlossene Polygonzüge im dxf in einzelne Linien zerlegt werden und man im Ziel-CAD die Einzellinien wieder zu geschlossenen Polygonen (als Raum- und Ebenen-Polygon) zusammensetzen muss[39].

Die Qualität dieser allgemein nutzbaren CAD-Schnittstelle wird wesentlich dadurch bestimmt, ob das CAFM-Produkt über einen eigenen CAD-Kern verfügt oder CAD prinzipiell über Fremdprodukte realisiert wird. Beide Varianten haben Vor- und Nachteile:

eigener CAD-Kern

- *Vorteile:*   preisgünstig, nur auf die minimalen Funktionen im FM ausgerichtet
- *Nachteile:*   dxf-Entwicklung nicht aktuell, IFC-Umsetzung unwahrscheinlich

---

[38] S. www.autodesk.com

[39] Es gibt schrittweise Datenerfassungsprodukte, die intelligent solche Raumpolygone selbständig bilden. Die Erkennungsrate ist aber nicht 100%, so dass nur Sachverstand nachbessern kann.

fremdes CAD-System

- *Vorteile:* sehr flexibel, in der Nutzung erweiterbar (z.B. nicht nur Raumpolygone, sondern auch Anlagen, Geräte)
- *Nachteile:* kostenintensiver; Updates vom CAD-Hersteller abhängig.

Der entscheidende Punkt für eine CAD-Schnittstelle ist die Klärung der Technologie der Datenpflege im Dauerbetrieb. Eine bidirektionale Kopplung von CAD mit den alphanumerischen Daten der CAFM-Datenbank führt zwangsläufig dazu, alle konstruktiven Änderungen an der bewirtschafteten Liegenschaft (oder Gebäude) zuerst im CAD einzupflegen. Wer das dazu befähigte Personal hat, muss fragen, ob dafür die Zeit vorhanden ist. Wer dafür kein Personal hat, muss die Kosten der externen Pflege kalkulieren und Aufwand und Nutzen vergleichen. Einige Lösungen werden im Kap. 6 dargestellt.

Ob man CAFM-Produkte nach der Art der CAD-Integration auswählt, richtet sich nach den Zielstellungen im CAFM-Lastenheft, wie die Vor- und Nachteile gewichtet und bewertet werden. Aus Sicht des Autors haben Schnittstellen zu fremden CAD-Systemen eine höhere Investitionssicherheit, da der Entwicklungsaufwand wesentlich geringer ist. Dies trifft umso mehr zu, je mehr sich auch 3D-Daten effektiv erzeugen und damit verwenden lassen.

Ein Unterpunkt zur CAD-Schnittstelle ist eine Schnittstelle zu einem CAD-Viewer. Im Unterschied zu einem allgemeinen Dokumenten-Viewer[40] liest ein CAD-Viewer strukturiert CAD-Daten aus und kann damit z.B. Layer (Darstellungsebenen) ein- und ausschalten; man kann Abstände messen und andere sinnvolle CAD-Funktionalitäten nutzen. Es gibt produktabhängige Viewer, die kostenfrei zu nutzen sind, jedoch in das CAFM-Produkt integriert sein müssen. Produktneutrale CAD-Viewer kosten 3-15% eines CAD-Vollprodukts und können auch auf Knopfdruck im CAFM den aktuellen Lageplan oder Ebenenplan anzeigen.

In einem Projekt aus Kap. 6 kommt ein erweiterter Viewer zum Einsatz, der es ermöglicht, das Ergebnis von Datenfilterungen auf der angezeigten Gebäudeebene farblich darzustellen (z.B. alle Kostenstellen in unterscheidbaren Farben).

In der Softwaredatenbank wurden CAD-Programme erfasst, die im Zusammenhang mit CAFM-Produkten genannt worden sind. Wählt man alle CAD-Programme aus (Filter auf Produktsparte „CAD"), dann werden in der Klasse „Software" auf der Karteikarte „SW von SW" alle CAFM-Programme gelistet, die z.B. mit AutoCAD gekoppelt sind (s. Abb. 4-43).

---

[40] Beispiele kann man in der Softwaredatenbank in der Klasse „Software" durch filtern nach „Viewer" im Attribut „Produktsparte (SP)" erhalten

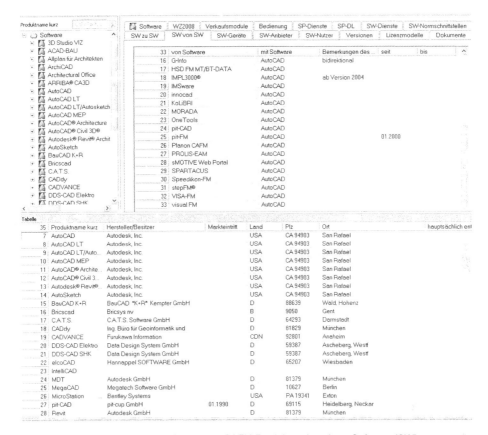

	Produktname kurz			Software	WZ2008	Verkaufsmodule	Bedienung	SP-Dienste	SP-DL	SW-Dienste	SW-Normschnittstellen

Produktname kurz

Software
- 3D Studio VIZ
- ACAD-BAU
- Allplan für Architekten
- ArchiCAD
- Architectural Office
- ARRIBA® CA3D
- AutoCAD
- AutoCAD LT
- AutoCAD LT/Autosketch
- AutoCAD MEP
- AutoCAD® Architecture
- AutoCAD® Civil 3D®
- Autodesk® Revit® Archit
- AutoSketch
- BauCAD K+R
- Bricscad
- C.A.T.S.
- CADdy
- CADVANCE
- DDS-CAD Elektro
- DDS-CAD SHK

	Software	WZ2008	Verkaufsmodule	Bedienung	SP-Dienste	SP-DL	SW-Dienste	SW-Normschnittstellen
	SW zu SW	SW von SW	SW-Geräte	SW-Anbieter	SW-Nutzer	Versionen	Lizenzmodelle	Dokumente

33	von Software	mit Software	Bemerkungen des ...	seit	bis
16	G-Info	AutoCAD	bidirektional		
17	HSD FM MT/BT-DATA	AutoCAD			
18	IMPL3000®	AutoCAD	ab Version 2004		
19	IMSware	AutoCAD			
20	innocad	AutoCAD			
21	KoLiBRI	AutoCAD			
22	MORADA	AutoCAD			
23	OneTools	AutoCAD			
24	pit-CAD	AutoCAD			
25	pit-FM	AutoCAD		01.2000	
26	Planon CAFM	AutoCAD			
27	PROLIS-EAM	AutoCAD			
28	sMOTIVE Web Portal	AutoCAD			
29	SPARTACUS	AutoCAD			
30	Speedikon-FM	AutoCAD			
31	stepFM®	AutoCAD			
32	VISA-CAD	AutoCAD			
33	visual FM	AutoCAD			

Tabelle

35	Produktname kurz	Hersteller/Besitzer	Markteintritt	Land	Plz	Ort	hauptsächlich ent
7	AutoCAD	Autodesk, Inc.		USA	CA 94903	San Rafael	
8	AutoCAD LT	Autodesk, Inc.		USA	CA 94903	San Rafael	
9	AutoCAD LT/Auto..	Autodesk, Inc.		USA	CA 94903	San Rafael	
10	AutoCAD MEP	Autodesk, Inc.		USA	CA 94903	San Rafael	
11	AutoCAD® Archite..	Autodesk, Inc.		USA	CA 94903	San Rafael	
12	AutoCAD® Civil 3..	Autodesk, Inc.		USA	CA 94903	San Rafael	
13	Autodesk® Revit®..	Autodesk, Inc.		USA	CA 94903	San Rafael	
14	AutoSketch	Autodesk, Inc.		USA	CA 94903	San Rafael	
15	BauCAD K+R	BauCAD "K+R" Kempter GmbH		D	88639	Wald, Hohenz	
16	Bricscad	Bricsys nv		B	9050	Gent	
17	C.A.T.S.	C.A.T.S. Software GmbH		D	64293	Darmstadt	
18	CADdy	Ing. Büro für Geoinformatik und		D	81829	München	
19	CADVANCE	Furukawa Information		CDN	92801	Anaheim	
20	DDS-CAD Elektro	Data Design System GmbH		D	59387	Ascheberg, Westf	
21	DDS-CAD SHK	Data Design System GmbH		D	59387	Ascheberg, Westf	
22	elcoCAD	Hannappel SOFTWARE GmbH		D	65207	Wiesbaden	
23	IntelliCAD						
24	MDT	Autodesk GmbH		D	81379	München	
25	MegaCAD	Megatech Software GmbH		D	10627	Berlin	
26	MicroStation	Bentley Systems		USA	PA 19341	Exton	
27	pit-CAD	pit-cup GmbH	01.1990	D	69115	Heidelberg, Neckar	
28	Revit	Autodesk GmbH		D	81379	München	

Abb. 4-43: Darstellung der Kopplung eines CAFM-Produkts mit anderer Software (SW)

Wird dann aus dieser Ansicht ein Datensatz bearbeitet (s. Softwaredatenbank Button „Verkn. Bearbeiten"), dann werden die Eigenschaften der Schnittstelle mit nachfolgenden Attributen beschrieben (Abb. 4-45).

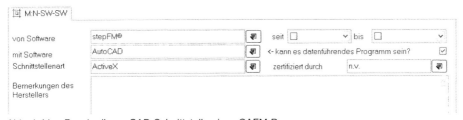

M:N-SW-SW

von Software	stepFM®	seit ☐ bis ☐
mit Software	AutoCAD	<- kann es datenführendes Programm sein? ☑
Schnittstellenart	ActiveX	zertifiziert durch n.v.
Bemerkungen des Herstellers		

Abb. 4-44: Beschreibung CAD-Schnittstelle eines CAFM-Programms

Die Softwaredatenbank möchte zukünftig besonders den Anspruch unterstützen, dass eine CAFM-Software sich sofort in eine bestehende IT-Landschaft integriert. Dazu muss der CAD-Verantwortliche mit dem IT-Verantwortlichen und den FM-Mitarbeitern gemeinsam Filter in der Softwaredatenbank setzen, um diesen Anspruch in der Vorauswahl schon gezielt umsetzen zu können. Das Thema Integration ist allumfassend: Integration von Produkten als auch von Methoden und Methodik bei der Einführung.

4.4.1.3.2.3 ERP-Schnittstelle

Diese Schnittstelle wird wesentlich durch die vorhandene ERP-Lösung und den darin abgebildeten Stand zum Auftragswesen und zur Anlagenbuchhaltung definiert. Nach Erfahrung des Autors sind hauptsächlich SAP-Systeme im Einsatz, deren Schnittstellen bisher in jedem Projekt verschieden gestaltet wurden.

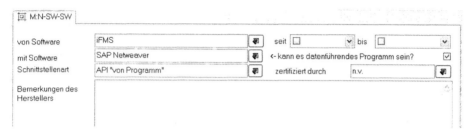

Abb. 4-45:   Beschreibung einer Programm-Schnittstelle in der Softwaredatenbank

Die einfachste, aber oft ausreichende, Variante ist eine Batch-Datei, die täglich, wöchentlich oder auch nur monatlich für konsistente Daten sorgt. Entscheidend ist zu klären, welches das datenführende System ist. Wenn z.B. in der FM-Abteilung zuerst die Raumnutzung verändert wird, dann führt das CAFM die Raumliste und nicht SAP.

Weitere Methoden sind BAPI und Webservices nach dem SOA-Prinzip. Webservices ist eine elegante Lösung zur Kopplung von Anwendungsprogrammen, nicht nur im Zusammenhang mit SAP (s. [NÄVY, 2006] S.99-102).

Allerdings sind die Aussagen der CAFM-Hersteller über Kopplung zu SAP, auch abgebildet in der GEFMA 940 oder der Softwaredatenbank, wenig aussagekräftig. Individuelle Anpassungen sind in diesem Zusammenhang die Regel, da SAP-Systeme immer auch angepasste Lösungen für den Kunden darstellen. In der Softwaredatenbank besteht die Möglichkeit, an Verkaufsmodule von CAFM-Produkten Verkaufsmodule von ERP-Produkten zu koppeln. Dadurch ist es möglich, genauer zu definieren, mit welchem Verkaufsmodul von SAP die CAFM-Software gekoppelt wurde und mit welcher Art von Schnittstelle die Datenintegration erfolgt.

Es gibt CAFM-Produkte, die auch das ERP eines Unternehmens mit abbilden. Hier bewegt man sich oftmals an der Grenze zu einem Hausverwaltungsprogramm. Auch in einem Property Management-Programm wird die Mieter- und Wohneigentümerverwaltung im Sinne eines ERP betrieben.

Die Entscheidung über Erweiterung des CAFM um kaufmännische Dienste kann nur aus dem Gesamtzusammenhang im konkreten Projekt entschieden werden. Langfristig gesehen ist eine Schnittstelle CAFM-ERP der preiswertere Weg. ERP ist schnelllebiger an eine gesetzeskonforme Umsetzung gebunden, und damit sind häufiger Anpassungen als für CAFM erforderlich.

Im Zusammenhang mit CAFM-Software wurden nachfolgende Produkte genannt, die in der Softwaredatenbank durch Filterung in der Klasse „Software" im Attribut „Produktsparte (SP)" aufgelistet werden (s. Abb. 4-46).

Abb. 4-46: ERP-Software, die Schnittstellen zu CAFM-Produkten haben

4.4.1.3.2.4 AVA-Schnittstelle

Der CAFM-Dienst *Ausschreibung von Dienstleistungen* wird von einigen CAFM-Produkten durch Eigenentwicklung einer rudimentären AVA abgedeckt. Allerdings wird ausschließlich das erste A von AVA umgesetzt: die Ausschreibung. V wie Vergabe und A wie Abrechnung bleiben unberücksichtigt.

AVA-Programme haben in Deutschland eine große Tradition und einen ständig wachsenden Markt. Sie schreiben Bauhaupt- und Baunebenleistungen nach den Regeln der HOAI aus und realisieren ein anspruchvolles Informationsmanagement und integrieren Standardleistungstexte entsprechend DIN (s. www.dbd.de). Es wird auch beabsichtigt, CAFM-Leistungen in diesen Standardtexten abzubilden. Wenn dieses Vorhaben gelingt, dann ist es wenig sinnvoll, eine interne AVA im CAFM abzubilden. Standardleistungstexte werden halbjährlich gepflegt, wozu die GAEB-Schnittstelle notwendig ist.

Einige CAFM-Produkte haben die GAEB-Schnittstelle (s. Softwaredatenbank) umgesetzt. Da auch diese Schnittstelle ständig weiterentwickelt und zertifiziert wird, ist es für den CAFM-Entwickler nicht selbstverständlich, immer die aktuelle GAEB-Version umzusetzen. Allerdings werden auch gar nicht alle Datenformate benötigt. DA83 - Angebotsaufforderung ist notwendiger Weise umzusetzen.

Der CAFM-Dienst „Ausschreibung" ist nur mit nach außen zu vergebenden Dienstleistungen (Outsourcing) erforderlich. An der Detaillierung dieses Dienstes durch die Softwareprodukte kann man erkennen, in welcher Tiefe der FM-Dienst oder die FM-Dienstleistung „Reinigung" umgesetzt worden ist. Im Bereich „Instandhaltung" sind Ausschreibungen eher unüblich.

Wenn im Unternehmen ein AVA-Programm schon im Einsatz ist, dann ist diese Schnittstelle, in Abhängigkeit von den geplanten Aufgaben des CAFM, ein Muss und sollte mit einigen Testdaten geprüft werden.

In der Softwaredatenbank sind gegenwärtig nachfolgende AVA-Produkte enthalten (s. Abb. 4-47).

Abb. 4-47:   AVA-Produkte, die im Zusammenhang mit CAFM genannt worden sind

Die Integration von CAFM mit AVA bedeutet auch Klärung der Adressverwaltung. Nach Beobachtung des Autors ist redundante Adressverwaltung[41] gegenwärtig die Norm statt die Ausnahme. AVA und CAFM haben analoge Anforderungen an eine Adressverwaltung, so dass alle Arten von Datenintegration sinnvoll sind. Diese Integration ist allerdings nicht zum Nulltarif zu erwerben.

4.4.1.3.2.5   DMS-Schnittstelle

Die Schnittstelle zu einem externen Dokumentenmanagement (DMS) wird bisher nur von wenigen CAFM-Produkten angeboten. Viele Produkte haben im Zusammenhang mit Vertrags- und Zeichnungsverwaltung eigene Entwicklungen betrieben,

---

[41] Interessanterweise ist „Adressverwaltung" kein Merkmal in der GEFMA 940

die als „querschnittsorientierte Spartendienste" klassifiziert und mit „Dokumenten-verwaltung"[42] bezeichnet wurde.

Diese Art der Umsetzung im CAFM-Programm ist eine sinnvolle Lösung, da DMS weitaus mehr liefert und damit auch kostenintensiver ist, als es für FM in der Regel erforderlich ist.

Ist allerdings im Unternehmen schon ein DMS im Einsatz, sollte eine Kopplung in Erwägung gezogen werden. Es wird nicht empfohlen, diese Forderung zu einem K.o.-Kriterium für die CAFM-Systemauswahl zu machen. Gute DMS-Systeme integrieren mit relativ wenig Aufwand Fremdsysteme, da sie genau auf diese Aufgabenstellung orientiert sind.

Manche CAFM-Systeme sind in der Lage, CAD-Dateien exklusiv, z.B. bis auf Block-Ebene und in Versionen, zu verwalten. Das können DMS eher weniger (Ausnahmen bestätigen auch hier die Regel). Wenn das CAD-System der primäre Datenlieferant nicht nur für Flächen ist, sondern auch, z.B. über die Integration der VDI-Richtlinie 3805, Produktdaten liefert, dann ist diese Funktionalität sehr nützlich.

Die in der Softwaredatenbank erfassten DMS- und ECM-Produkte sind in Abb. 4-48 dargestellt.

	Produktname kurz	Hersteller/Besitzer	Markt...	-austritt	Plz	Ort	Produkt
1	Alfresco DMS	Alfresco Software Ltd			SL6 1AF	Maidenhead	DMS
2	Autodesk® Buzzs...	Autodesk GmbH			81379	München	DMS
3	Barracuda Messa...	Barracuda Networks DACH (...			85435	Erding	DMS
4	d.3	d.velop AG			48712	Gescher	DMS
5	DocFlow	Qualysoft Informatikai Zrt. Bud...	01.2008		1124	Budapest	DMS
6	Documentum	EMC Deutschland GmbH			65824	Schwalbach am Taunus	DMS
7	Docuvita	docuvita GmbH & Co. KG			65812	Bad Soden am Taunus	DMS
8	DocuWare	DocuWare AG			82110	Germering, Oberbay	DMS
9	DOMEA/openText	B.K.L.-isos GmbH Dresden			01159	Dresden	DMS
10	Easy Archiv	ACD Datensysteme GmbH			52068	Aachen	DMS
11	EASY DOC	EMEDIA OFFICE		11.2005	74076	Heilbronn, Neckar	DMS
12	ELOoffice	ELO Digital Office GmbH			70191	Stuttgart	DMS
13	IBM Kontenmana...	IBM Deutschland GmbH			71083	Herrenberg im Gäu	DMS
14	IXOS	Open Text			N2L 0A1	Waterloo, ON	DMS
15	LiveLink	Open Text			N2L 0A1	Waterloo, ON	DMS
16	MS InfoPath	Microsoft GmbH Deutschland			85713	Unterschleißheim	DMS
17	MS Sharepoint S...	Microsoft GmbH Deutschland			85713	Unterschleißheim	DMS
18	nscale	Ceyoniq Technology GmbH			33613	Bielefeld	DMS
19	Opentext	Open Text			N2L 0A1	Waterloo, ON	DMS
20	OS|ECM	Optimal Systems GmbH			10709	Berlin	DMS
21	ProjectWise	Bentley Systems Germany G...			85737	Ismaning	DMS
22	Saperion	SAPERION AG			10623	Berlin	DMS
23	TriCSS	Fujitsu Technology Solutions ...			80807	München	DMS
24	windream	windream GmbH			44799	Bochum	DMS

Abb. 4-48: DMS-Produkte im Zusammenhang mit CAFM

---

[42] In der GEFMA 940 [GEFMA 940, 2010] wird das Merkmal mit „Dokumentenmanagement" bezeichnet. Nur 10% der CAFM-Hersteller benutzen diese Bezeichnung. Vermutlich ist den Herstellern der fundamentale Unterschied zwischen Dokumentenverwaltung (einige sprechen von Dokumentendienst) und Dokumentenmanagement bewusst.

Auf eine Unterscheidung von DMS und ECM (Enterprise Content Management) wird an dieser Stelle verzichtet. Zukünftig soll dazu die Softwaredatenbank durch die Anzahl und die Beziehungen von Spartendiensten Klassifizierungskriterien liefern.

4.4.1.3.2.6   CRM-Schnittstelle

Diese Schnittstelle zum Kundenmanagement (Costumer Relationship Management) hat nach bisherigen Erfahrungen wider erwarten die geringste Anwendung. Eigentlich vermutet man bei einer Dienstleistungsdisziplin wie FM auch das Thema „Kundenzufriedenheit" im CAFM vorzufinden. Dass dabei nur ein Bruchteil eines CRM-Systems für CAFM benötigt wird, steht außer Zweifel. Deshalb ist es angebracht, diesen Dienst in ein CAFM-System ohne Schnittstelle zu integrieren. Der CAFM-Dienst „Kontaktverwaltung", der von fast von jedem CAFM-Produkt angeboten wird, liefert eigentlich die Datenbasis für analytisch ermittelbare Kundenzufriedenheit. Diese Funktionalität wird bisher konsequent gemieden. Obwohl das CAFM-Programm die Möglichkeit liefert, jegliche Kunden- und Lieferantenkontakte zuerst in der Datenbank zu erfassen und über Schnittstellen an das Mail-System zu übergeben, sind eingeschliffene Kommunikationswege sehr schwer neu zu gestalten.

In nur einem meiner Projekte hat ein Kunde für seine externen Lieferanten eine „Ampelfunktion" entwickeln lassen, deren rote, grüne und gelbe Farben an der Kundenadresse sich algorithmisch aus einer internen Bewertung von Auftragserfüllungen ergeben.

In der Softwaredatenbank sind nachfolgende CRM-Produkte enthalten (s. Abb. Abb. 4-49).

Abb. 4-49:   CRM-Produkte der Softwaredatenbank

Kundenbeziehungsmanagement könnte im Rahmen einer Dienstleistungsdefinition durch nachfolgende Spartendienste definiert sein (s. Abb. 4-50).

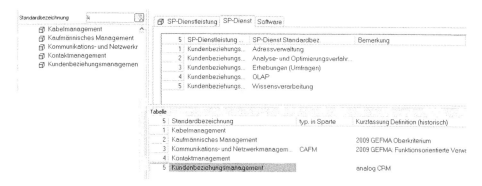

Abb. 4-50: Abbildung der Spartendienstleistung „Kundenbeziehungsmanagement"

Die insgesamt geringe Berücksichtigung dieser Aspekte in den CAFM-Produkten ist Ausdruck des oben genannten Desinteresses der CAFM-Kunden an diesem Thema.

4.4.1.3.2.7 PMS-Schnittstelle

Mit der Schnittstelle zu Projektmanagementsoftware (PMS) verhält es sich ähnlich wie mit der CRM-Schnittstelle. Sollte es zu einer Definition von PMS-Diensten[43] kommen, wird sicher deutlich, dass im CAFM nur einige wenige Spartendienste erforderlich sind. Nachfolgende Spartendienste könnten die zentrale PMS-Dienstleistung, das „Projektmanagement", definieren (s. Abb. 4-51).

Abb. 4-51: Mögliche Dienste, die die Dienstleistung „Projektmanagement" definieren

Einige CAFM-Produkte bezeichnen ihre Eigenentwicklung mit „Projektmanagement" (angeboten als Funktionsmodul bzw. Verkaufsmodul), die aber bei genauer Analyse nur die Merkmale einer Projektverwaltung hat. Da dies in der Regel, z.B. für Umbauprojekte der FM-Struktureinheit eines Unternehmens, aber völlig ausreichend ist, wird zu einem PMS keine Schnittstelle benötigt.

Im Sinne einer ganzheitlichen Betrachtung von Software wäre Bescheidenheit in der Bezeichnung des CAFM-Dienstes angebracht, und der Endkunde erkennt schneller die Unterschiede in der Funktionalität der Produkte.

---

[43] Definitionen sollten im Rahmen von Vereinen, Interessenvertretungen der Sparten, erfolgen und in Wikipedia veröffentlicht werden. Die Softwaredatenbank bietet sich zur Abbildung und Verwaltung dieser Definitionen an.

In der Softwaredatenbank sind gegenwärtig die aus Abb. 4-52 ersichtlichen PMS-Produkte enthalten.

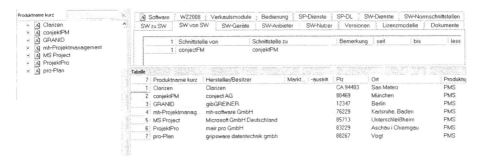

Abb. 4-52:   PMS-Produkte in der Softwaredatenbank

4.4.1.3.2.8   GIS-Schnittstelle

Mit der Schnittstelle zu Geoinformationssystemen (GIS) verhält es sich ähnlich wie mit der ERP-Schnittstelle. Für bestimmte Branchen (Kommunen, Flughäfen, Liegenschaftsverwaltungen, Energieversorger u.a.) ist diese Schnittstelle unerlässlich. Nachfolgende CAFM-Dienste sind in GIS als GIS-Dienste abgebildet und zur Kopplung für weiterführende GIS-Dienste geeignet (Flächenverschneidung, Pufferzonen, Abstandsflächen u.a., s. Abb. 4-53).

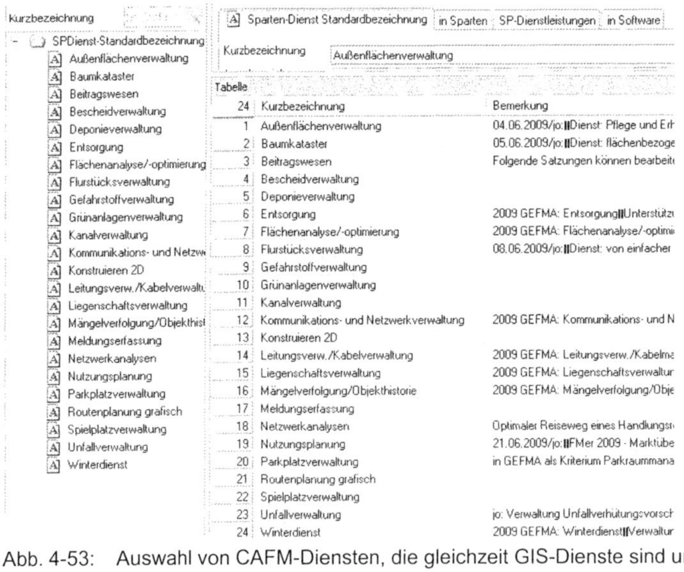

Abb. 4-53:   Auswahl von CAFM-Diensten, die gleichzeit GIS-Dienste sind und über Schnittstellen zu GIS professionell bearbeitet werden können

In Abhängigkeit vom Lastenheft ist diese Schnittstelle in der konkreten CAFM-Software bei einem Referenzkunden zu prüfen, um daraus auch Vorstellungen über den eventuellen Anpassungsaufwand im Rahmen des Pflichtenheftes zu erhalten.

Bei den GIS-Produkten hat sich deutlicher als im CAFM-Markt eine Marktführerschaft von etwa 5 Produkten herausgebildet.

Nachfolgende GIS-Produkte werden von den CAFM-Produkten erwähnt und deshalb in der Softwaredatenbank gelistet (s. Abb. 4-54).

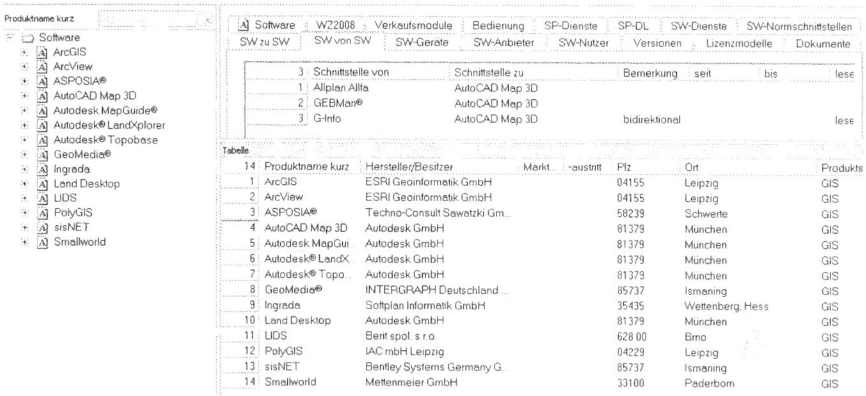

Abb. 4-54:   GIS-Produkte, die von CAFM-Produkten genannt werden

Im Kap. 6.2.3 wird die Kopplung zwischen einem CAFM-Produkt und einem GIS-Produkt anhand eines Projektberichtes kurz dargestellt.

Interessant ist, dass sich GIS-Produkte auch mit CAFM-Diensten erweitern, um stärker Geschäftsprozesse ganzheitlich abbilden zu können. Die Softwaredatenbank wird nach einem bestimmten Entwicklungsstand in 1-2 Jahren die Zuordnung einer Software zu einer Sparte weglassen. Diese Zuordnung ist nicht mehr erforderlich, weil durch die Spartendienste die Schwerpunkte einer Software direkt erkennbar sind. Das Metadatum „Zuordnung einer Software zu einer Sparte" wird durch die Objektdaten „Menge an Spartendiensten" überflüssig werden. Etiketten werden durch Inhalte ersetzt.

Weitere mögliche Schnittstellen sollen hier nur aufgezählt werden. Im Rahmen einer CAFM-Einführung müssen dazu im Lasten- und Pflichtenheft Anforderungen definiert werden.

- IPS-Schnittstelle (bei Vorhandensein eines separaten Instandhaltungsmanagements)
- Mailsystem-Schnittstelle (Kopplungen zu MS Outlook oder Lotus Notes werden von vielen Systemen zum Standard gehörend angeboten)
- MS Office-Schnittstelle (alle CAFM-Systeme können mit MS Office Standard kommunizieren; welche Systeme dazu welche Leistungen, z.B. Drag&Drop, anbieten, kann in der Softwaredatenbank analysiert werden)
- KI-Schnittstelle (Methoden der Künstlichen Intelligenz werden bisher kaum genutzt. Denkbar wäre, z.B. Expertenerfahrungen flexibel bei Störungsbeseitigungen zu integrieren und aus Rückmeldungen das System lernfähig zu gestalten. Diese Richtung wird sich sicherlich in einigen Jahren etablieren.)

4.4.1.3.3 Gerätesysteme-Schnittstellen

GLT-Schnittstelle

In der Softwaredatenbank wird diese Schnittstelle wie folgt abgebildet (s. Abb. 4-55):

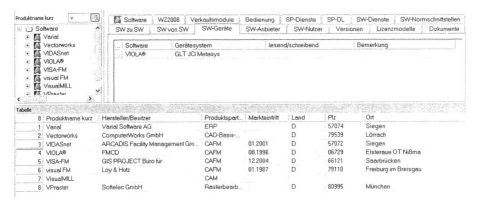

Abb. 4-55: Abbildung der Geräteschnittstellen als Entity-Listen

In diesem Beispiel hat die Software „VIOLA®" zur GLT des Herstellers JCI eine Schnittstelle. Theoretisch könnten hier alle weiteren Gerätesysteme, die in der Datenbank enthalten sind, aufgeführt werden. Die Gestaltung der Schnittstelle wird momentan durch einige wenige Attribute beschrieben (s. Abb. 4-56).

Abb. 4-56: Abbildung der Schnittstellenstruktur

Diese wenigen Merkmale beschreiben zwar nicht umfassend das Thema, aber konkreter als nur die sonst übliche Aussage „Schnittstelle ist vorhanden".

In diesem Zusammenhang spielen genormte Gerätesystemschnittstellen eine ganz wesentliche Rolle. Diese Art von Schnittstellen sind in der Softwaredatenbank, wie folgt, abgebildet (s. Abb. 4-57). Es kann selektiv nach den Schnittstellenden und deren Vorhandensein in den CAFM-Produkten gefiltert werden.

normierte Datenstrukturschnittstellen

normierte Daten- Prozessschnittstellen

	Software	hat Daten-Norms...	Nutzungslizenz zu...
..	pit-FM	ALB	
..	pit-FM	DIN 276	
..	pit-FM	DIN 277	
..	pit-FM	DIN 6779	
..	pit-FM	GAEB	
..	pit-FM	KWD	
..	pit-FM	OMF	
..	pit-FM	VDI 3805	

4	hat Prozess-Norm...	Name lang	lesend/s
1	CTI	Computer Telephony Integ...	
2	DTA	Datenträgeraustausch-Verf...	
3	EIB	Europäische Installationsb...	
4	OPC	OLE for Process Control	

Abb. 4-57:   Normierte Daten-Prozessschnittstellen im Zusammenhang mit GLT

In der Softwaredatenbank sind momentan nachfolgende GLT-Schnittstellen aufgeführt (s. Abb. 4-58).

13	Name kurz	typisch für ...	Name lang	definier...	Bemerkung
1	SMS	UCC	Short Message Service		Short Message Service (engl. für IKurznachrichtendienstl...
2	BACnet	GLT	Building Automation and Control ...		BACNet wurde und wird unter der Schirmherrschaft der A...
3	PROFIBUS	GLT	Process Field Bus		PROFIBUS existiert in drei Varianten, wobei DP die meist...
4	OPC	GLT	OLE for Process Control		OPC ist der Versuch, industriellen Bussystemen und Prot...
5	LON	GLT	Local Operating Network		LON wurde von der US-amerikanischen Firma Echelon C...
6	EIB	GLT	Europäische Installationsbus		Der Europäische Installationsbus (EIB) ist ein Standard n...
7	WCS	GIS	Web Coverage Service		Der Web Coverage Service (WCS) ist ein vom Open Geo...
8	WFS	GIS	Web Feature Service		Unter einem Web Feature Service (WFS) versteht man d...
9	WMS	GIS	Web Map Service		Ein Web Map Service (WMS) ist eine Schnittstelle zum A...
10	GPS	GIS	Global Positioning System		Global Positioning System (GPS), offiziell NAVSTAR GP...
11	EPOS	ERP			Kassensysteme
12	DTA	ERP	Datenträgeraustausch-Verfahren		Als Datenträgeraustausch-Verfahren (DTA oder DTAUS) ...
13	CTI	CRM	Computer Telephony Integration		Computer Supported Telecommunications Applications (...

Abb. 4-58:   Normierte Prozess-Schnittstellen (Auswahl)

CTI-Schnittstelle

Diese Schnittstelle hat natürlich nur Bedeutung, wenn in der CAFM-Lösung mehrere Hundert Ansprechpartner von Fremdfirmen verwaltet werden. Dann ist es zweckmäßig beim Anruf sofort den Ansprechpartner und dessen Firma am Bildschirm parat zu haben. Ungekehrt ist es sinnvoll, per Mausklick anrufen zu können. Die gleiche Funktionalität wird im Zusammenhang mit Internet-Telefonie realisiert, nur über eine andere Schnittstellenart (s. Softwaredatenbank unter Produktsparte UCC).

Weitere Schnittstellen zu Gerätesystemen kommen aus Branchensicht hinzu (Medizingeräte, Kassensystem usw.) und sind projektabhängig zu berücksichtigen.

4.4.1.3.4   Schnittstellen von CAFM-Produkten zu allen Softwareprodukten

Einer der Grundgedanken von FM, sich in andere Prozesse zu integrieren oder andere Prozesse zu integrieren, kann man eindrucksvoll bei der Analyse aller CAFM-Produkte in der Softwaredatenbank nachvollziehen. Die nachfolgende Übersicht (s. Abb. 4-59) kann aus der Softwaredatenbank gewonnen werden. Jede CAFM-Software hat mit anderen Softwareprodukten, die ihren Schwerpunkt in einer Sparte haben, Daten- oder Prozessintegration realisiert. Wie tief diese Integration geht, wird zukünftig im Internetportal www.diesoftwaredatenbank.de mit der Rolle „IT-Verantwortlicher" recherchierbar sein.

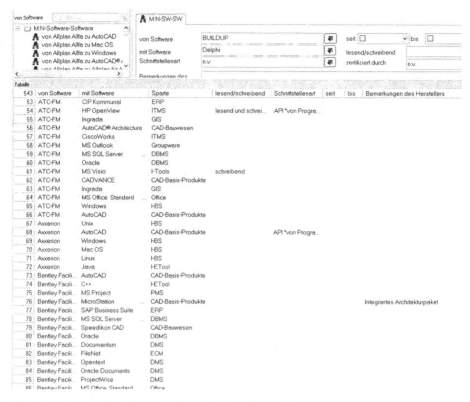

Abb. 4-59: Ausschnitt Softwareschnittstellen in CAFM-Produkten

Diese Tabelle der Softwaredatenbank (Klasse m:n SW-SW) umfasst zur Zeit des Schnappschusses 543 Datensätze, die unter keinem Gesichtspunkt gefiltert wurden. Eine weitere m:n-Tabelle „Verkaufsmodul mit Verkaufsmodul" kann z.B. durch einen Filter „zeige alle CAFM-Programme an, die eine Schnittstelle zu SAP FI haben" für differenzierte Recherchen einer Softwareauswahl genutzt werden.

Die Klasse „SW-SW" wird in der Klasse „Software" in zwei Entitylisten abgebildet: „SW zu SW" „SW von SW". Weil ERP-Software nur probeweise detailliert in der Softwaredatenbank abgebildet worden ist, hat z.B. das Produkt „CIP-Kommunal" in der Entityliste „SW zu SW" kein Produkt stehen (s. Abb. 4-60):

Abb. 4-60: CIP-Kommunal hat keine Schnittstelle zu einem anderen Programm (weil CIP nicht analysiert)

120

Bei der Analyse der CAFM-Produkte haben aber nachfolgende Hersteller angegeben, zu CIP-Kommunal eine Schnittstelle zu besitzen (s. Abb. 4-61):

Abb. 4-61: Zu CIP-Kommunal haben 4 CAFM-Produkte eine Schnittstelle

Damit wird deutlich, dass durch Erfassung eines Sachverhaltes in einer m:n-Beziehung immer zwei Aussagen gewonnen werden können, also eine Verdopplung des Informationsgehaltes erfolgt. Dieser Umstand kann für die Auswahl von CAFM-Produkten effektiv genutzt werden und soll an dieser Stelle auch Anregung sein, selbst im CAFM bei der Abbildung von Beziehungen m:n-Datenmodelle zu entwickeln.

4.4.2 Datenimport

4.4.2.1 Datenübernahmen aus MS Excel

MS Excel-Tabellen sind die häufigsten Datenquellen, denen man in der Praxis begegnet[44]. Die Übernahme dieser Daten in eine CAFM-Datenbank ist dann problemlos, wenn alle Spalten der 1. Normalform (1NF) entsprechen. Das ist in ca. 50% der Fälle der Fall. Die 1NF wird durch folgende Arten der Excel-Nutzung zerstört:

1. In einer Spalte werden mindestens 2 Gesichtspunkte, meist durch ein Komma oder Leerzeichen getrennt, untergebracht (z.B. Gerätetyp und Hersteller). Wenn man diese Zeichenkette importiert, muss man per Drag&Drop händisch die Daten auf die betreffenden Attribute der CAFM-Datenbank separieren.
2. Durch Makros werden Daten zusammengefasst (Konsequenz wie 1.).
3. Durch Gruppierungen entstehen unterschiedliche Zeilenarten, so dass die Spalten keine einheitlichen Inhalte enthalten.

Zwei Beispiele von MS Excel-Tabellen aus einem Projekt demonstrieren das (Abb. 4-62 und Abb. 4-54).

---

[44] Das ist der Grund, warum Spötter behaupten, dass der Marktführer im CAFM die Fa. Microsoft sei.

Wasser 2007/08		September	Oktober	November	Dezember	J
Geb	abgeles.am	01.10.07	01.11.07	03.12.07	02.01.07	
1 **Hauptmessung Siemensallee 1 und 3** Zählerschacht		36,4	193,8	1.182,4	1.984,0	
Kd.-Nr. 3887 Hauptzähler	2033151		**157**	**989**	**802**	
1 Geb.01 R121 Warmwasser	Zähler-Nr.	11609	11648	11697	11728	
Siemens	HY 9270562		39	49	31	
7 Geb.07 R107 **Gesamtmessung**	Zähler-Nr.	2252	2310	2372	2413	
Siemens	0336955		58	62	41	
7 Geb.07 SBK (Toilette)		seit 01.03.08				
(Unterzähler)	07066383					
7 Geb.07 Teeküche		seit 01.03.08				
(Unterzähler)	07051298					
7 Geb.07/108 LTA Hauptmessung Küche		seit 01.03.08				
(Unterzähler)						
45 Geb.45 R105 Gesamtmes.	Zähler-Nr.	20505,2	20588,2	20685,2	20745,1	
Siemens/ ml&s 80%			83	97	60	
72 Geb.72 R140 **Solon**	Zähler-Nr.	2106	2227	2358	2434	
Glaswäsche	Hy29582230		121	131	76	

Abb. 4-62: Beispiel einer nicht normalisierten Tabelle

In dieser Tabelle muss aus den horizontalen Zeilengruppen jeweils eine Spalte gemacht werden, um der 1NF zu genügen. Erst dann wäre es möglich, diese Daten automatisiert in eine CAFM-Datenbank einzulesen. Das nachfolgende Beispiel (s. Abb. 4-63) genügt vollständig den Anforderungen, um per Druck auf einen Button alle Daten zu übernehmen (vorausgesetzt der Datenfeldname und der Datentyp stimmen mit dem Spaltennamen und dem Datentyp der MS Excel-Tabelle überein).

Gebäude	Geschoss	Raum	Flächenart	Flächenart (Text)	Nettofläche	Mieterkostenstelle	Mieter	Bemerkungen	Nutzung seit
10	1	1.01		Produktion	3547,72		SOLON		01.12.07
10	1	1.02		Verkehrsfläche	17,69		SOLON		01.12.07
10	1	1.03		Produktion	86,24		SOLON		01.12.07
10	1	1.04		Produktion	69,81		SOLON		01.12.07
10	1	1.05		Verkehrsfläche	17,69		SOLON		01.12.07
10	1	1.06		Nutzfläche	4,90		nicht vermietet	Putzraum	
10	1	1.07		Sanitär	4,75		SOLON		01.12.07
10	1	1.08		Sanitär	12,03		SOLON		01.12.07
10	1	1.09		Sanitär	15,86		SOLON		01.12.07
10	1	1.10		Sanitär	47,64		SOLON		01.12.07
10	1	1.11		Verkehrsfläche	13,32		SOLON		01.12.07
10	1	1.12		Sanitär	33,4		SOLON		01.12.07
10	1	1.13		Sanitär	15,87		SOLON		01.12.07
10	1	1.14		Sanitär	4,75		SOLON		01.12.07
10	1	1.15		Pausenraum	39,92		SOLON		01.12.07
10	1	1.16		Sanitär	12,41		SOLON		01.12.07
10	1	1.17		Funktionsfläche	48,05		nicht vermietet	Pumpenraum	
10	1	1.18		Büro	28,39		SOLON		10.12.07
10	1	1.19		Funktionsfläche	34,8		nicht vermietet	HA-Raum	
10	1	1.20		Funktionsfläche	63,66		nicht vermietet	Lüftung	
10	1	1.21		Verkehrsfläche	17,4		SOLON		01.12.07
10	1	1.22		Funktionsfläche	41,18		nicht vermietet	Druckluft	

Abb. 4-63: Tabelle genügt vollständig der 1NF

4.4.2.2 Datenübernahmen aus CAD

4.4.2.3 Arten der Nutzung von CAD-Daten

Wie schon erwähnt, spielen CAD-Dateien in der Phase der Projektakquise bei vielen Kunden eine herausragende Rolle. Neben analogen Plänen haben sich in den letzten Jahren in den Unternehmen viele CAD-Daten über die Liegenschaft, die Gebäude und die technischen Anlagen angesammelt. Diese Daten zu nutzen, ist ein verständlicher Wunsch, dessen Umsetzung aber mit vielen Hürden gespickt ist.

Es gibt mehrere Varianten, diese Daten in CAFM zu integrieren und zu visualisieren:

1. CAD-Pläne als ganze Datei nur an Objekte (Gebäude, Anlagen usw.) referenzieren (Link auf Adresse im Filesystem oder Link auf ein Objekt der Datenbank). Diese Kopplung wird in den Fällen genutzt, wo die Gesamtsituation visuell veranschaulicht werden soll. CAD-Datenpflege einmal jährlich ist in der Regel ausreichend. Oftmals werden auch vorhandene analoge Pläne gescannt, um sie im CAFM auf diese Art griffbereit zu haben.
2. Aus den CAD-Plänen werden die Facilities (im GIS Feature) in alphanumerischen Daten einer Datenbank transferiert. Die CAD-Kopplung ist in der Regel Basisforderung von CAFM-Ausschreibungen. Nach der Ausschreibung wird sie aber selten realisiert, weil eine zeitnahe Datenhaltung durch CAD nicht gewährleistet werden kann oder die Datenaufbereitung unstrukturierter CAD-Pläne zu teuer ist.
3. Eine 3. Variante stellt einen Kompromiss zur 2. Variante dar. In den CAD-Plänen sind konstante Sachverhalte zu erkennen. Sie werden als CAD-Objekte im CAFM mit Sachdaten abgebildet und mit dem Plan referenziert (s. Kap. 6.2.1)

Eine weitere Variante wurde schon mit dem Erstdatenimport aus einem Revisionsplan vorgestellt.

Im Falle der Betriebsführung ist die CAD-Schnittstelle prinzipiell zu hinterfragen. Das CAD-System muss das führende System sein. Jede Änderung an den Gebäudeflächen muss zuerst im CAD ausgeführt werden. Dagegen ist die Änderung zweier Raumflächen in der alphanumerischen Datenbank mit wenigen Mausklicks erledigt. Die Verschiebung einer Trennwand zwischen den Räumen erfordert

- ein CAD-System[45],
- eine Fachkraft zur Bedienung und
- wesentlich mehr Handgriffe als bei der rein numerischen Pflege.

Auch zukünftig werden alphanumerische Daten einer Datenbank nicht automatisch in CAD-Daten rückübersetzt werden können. Diese Beziehung würde nur dann funktionieren, wenn im CAD-Plan alle Koordinaten georeferenziert sind. CAFM-Gebäudedaten hat der Autor bisher immer nur als Daten-Nullpunkt mit einer Gebäudeecke erlebt.

---

[45] Selbst wenn nur 2D-Flächen geändert werden, kann dies nicht z.B. mit AutoCAD LT gemacht werden, da dieses CAD-Produkt keine Programmierschnittstelle besitzt. Die Programmierschnittstelle ist aber Voraussetzung für eine bidirektionale CAD-Schnittstelle des CAFM-Programms.

In kleineren Unternehmen sind meist schon die ersten beiden Kriterien zur Daten-pflege nicht erfüllt. In größeren Unternehmen scheut man häufig den Aufwand oder man hat nicht die Kapazität, die CAD-Daten zeitaktuell zu halten.

In jedem CAFM-Projekt muss man stets das Verhältnis von Aufwand und Nutzen berücksichtigen. Sind ständig CAD-Layouts der Gebäudeebenen bei einer Büroim-mobilie mit eingefärbten Raumnutzungen erforderlich, dann ist die CAD-Schnitt-stelle ein Muss. Hat man dagegen in einer Industrieimmobilie die Kostenstellen-nutzung abzubilden, dann können über einen Erstimport von CAD-Rasterflächen der Gebäudeebenen die Änderungen der Kostenstellenzuordnungen alphanume-risch erfolgen. Zwangsläufig damit verbundene Ungenauigkeiten bei der Färbung (wenn sich eine Rasterfläche auf mehr als eine Kostenstelle verteilt) werden in Kauf genommen. Der Zeit- und Qualitätsgewinn gegenüber der vorherigen Arbeitsweise mit CAD (häufig auch mit MS VISIO) war erheblich (s. Kap. 6.2.1)

5 Informationsmöglichkeiten über CAFM-Produkte auf dem deutschen Markt

5.1 Warum ist der Anbietermarkt diffus?

5.1.1 Allgemeine Marktsituation zum CAFM

Im Anbietermarkt CAFM gibt es noch keinen Marktführer. Von den Herstellern der ca. sechs am deutschen Markt am meisten verbreiteten Systeme[46] wird das sicher anders gesehen. Das liegt jedoch weniger an der Unternehmensgröße der Hersteller, sondern viel mehr am Gegenstand, dem FM-Prozess. Im Gegensatz zum ERP-Markt ist der zu formalisierende Geschäftsbereich kaum standardisiert, die Abweichung ist die Norm.

Beim Management besteht keine Klarheit darüber, dass die werterhaltenden Prozesse weitaus strukturierter und damit individueller als die wertschöpfenden Prozesse sind. Werterhaltende Prozesse werden zudem als ungeliebte Kostenverursacher angesehen.

Da die Software immer nur ein Abbild der Realität sein kann, erklärt sich somit auch die Unstrukturiertheit des CAFM-Marktes. Jährlich kommen neue Anbieter hinzu, wie auch jährlich Anbieter verschwinden oder CAFM-Produkte in andere Produkte übernommen werden.

Die Quellen des Zugangs zu Übersichten vom CAFM-Anbietermarkt sind vielfältig und verschieden:

- Printmedien
- Internet
- Messen, Kongresse und Tagungen
- FM/CAFM-Berater
- Qualifizierungen (Weiterbildung)[47]
- Vereine

In der Vorauswahl der CAFM-Anbieter sollte man sich durch einen Mix der Informationsquellen orientieren. Jede dieser Quellen hat unterschiedliche Qualitäten, Stärken und Schwächen, die aus Sicht des Autors diskutiert werden.

Die nachfolgenden Übersichten erheben keinen Anspruch auf Vollständigkeit.

---

[46] conject FM, Speedikon-FM, visual FM, Aperture, pit-FM, ARCHIBUS (Reihenfolge keine Rangfolge)
[47] Die Erstausbildung wird hier bewusst ausgeblendet

5.1.2 Informationen über CAFM mittels Printmedien

Auch im Zeitalter des Internet halten die Printmedien bisher erfolgreich ihre Stellung. In nachfolgender Übersicht sollen die Medien hinsichtlich der möglichen Nutzerorientierung zur CAFM-Systemauswahl kurz bewertet werden.

Art	Beispiele	Inhaltliche Bewertung
Bücher	[MAY, 2003], [TGM, 2008]	Bücher stellen relativ neutral CAFM-Software vor, wobei die Erfahrungen des oder der Autoren zwangsweise einfließen und damit keine Vollständigkeit gegeben ist. Die CAFM-Marktführer der Branche sind aber meist namentlich vertreten.
	[NÄVY, 2006]	Wird oft als Standardwerk des FM bezeichnet. In der 4. Auflage 2006 liegt der Schwerpunkt auf CAFM. Der Anhang des Buches ist eine systematische Darstellung von 44 Anbietern mit Stand im Jahr 2005.
Studienbriefe von Hochschulen	[RIE, 2009]	Diese Medien sind in der Regel neutral und technologisch orientiert. Auswahlkriterien für CAFM sind kaum enthalten, wohl aber nützliche Hinweise zu einer strukturierten Projekteinführung.
Richtlinien	GEFMA	Die GEFMA-Richtlinien repräsentieren kollektiven Erkenntnisstand, geprägt von den Erfahrungen einzelner. Die methodische Fundierung ist zu schwach ausgeprägt, wodurch die Richtlinie den praktischen Veränderungen immer hinterher hinkt.
	RealFM	Die Richtlinienarbeit der RealFM (vormals IFMA Deutschland) ist methodisch und international orientiert. Der Definitionsansatz bewegt sich auf einer höheren Abstraktionsebene als bei der GEFMA. Eine konkrete, reproduzierbare Klassifikation ist aber damit nicht erreichbar.
Zeitschriften	Der Facility-Manager	Strategische Informationen auf mittlerem fachlichen Niveau, gute CAFM-Erfahrungsberichte, gute Markt-Übersichten; nicht immer klar, was bei Spezialberichten eigentlich der Facility Management-Anteil ist
	Facility Management	Fachliche Informationen auf praxisrelevantem Niveau, CAFM-Artikel geringer Anteil
	Immobilienwirtschaft	Sehr gute Kombination von Management- und Rechtsthemen, Hausverwaltung- und Maklersoftware; CAFM gering

Art	Beispiele	Inhaltliche Bewertung
Marktüber-sichten	Marktübersicht CAFM-Software: GEFMA 940, „Who is Who" im Facility Management	Anbieter und Produktübersichten erscheinen jähr-lich und werden durch die annoncierenden Her-steller finanziert. In „Who is Who" findet sich CAFM unter Software wieder, wobei teilweise nicht erkennbar ist, was CAFM und was andere SW, wie AVA, PMS, CAD u.a., ist. Entwickler und Anbieter sind auch nicht unterscheidbar. Interessante fachlich begleitende Artikel.

Nach Beobachtung des Autors haben Annoncen der CAFM-Hersteller in den Fach-zeitschriften fördernde Wirkung auf fachliche Artikel mit Referenz auf die Produkte.

5.1.3 Informationen über CAFM mittels Internet

Das Internet bietet die größte Informationsvielfalt an, wodurch es sicher auch für den Informationssuchenden schnell zum „Informationsgrab" werden kann.

Art	Beispiele	Inhaltliche Bewertung
Suchma-schinen	Google.de, Softguide.de	Suchmaschinen sind das meistgenutzte Medium. Es ist entscheidend, welche Suchanfragen gestellt werden. Dabei ist es kein Geheimnis, dass die vordersten Plätze beim Finden nichts mit der Quali-tät des CAFM-Produkts oder des Anbie-ters zu tun haben, sondern von der Cle-verness und dem Budget der Marketing-Experten der Hersteller bestimmt wer-den.
Webseiten von CAFM-Entwicklern	www.acadgraph.de www.aperture.de www.archibus.com (alle weiteren Adressen im Anhang Softwareda-tenbank)	sehr informativ und professionell Die Internetseiten der Anbieter sind hin-sichtlich der internationalen Aktivitäten des jeweiligen Unternehmens sehr aus-sagefähig. Internationalität ist ein stabili-sierendes Element für den Software-entwickler und außerdem eine gute Mög-lichkeit, deutsches Know-how zu expor-tieren. Etwa ein Viertel der Anbieter ist inter-

Art	Beispiele	Inhaltliche Bewertung
		national tätig.
BLOGS, Diskussionsplatt formen	www.xing.com	Hat Interessengruppe zum CAFM, die aber wenig aktiv ist; echte Diskussionen finden bisher nicht statt
Wissensvermittlung	www.wikipedia.de	Gute Erstinformationen; Qualität sehr unterschiedlich, aber kontinuierlich besser werdend
CAFM-Analysen	www.cafm-check.de	Analysen kostenpflichtig; erfasste und analysierbare Daten auf Basis des Datenmodell entsprechend GEFMA 940
	www.diesoftwaredatenbank.de	Einfache Analysen kostenfrei, komplexe Analysen kostenpflichtig auf Basis eines neuartigen Datenmodells über Anwendungssoftware; CAFM im Zusammenhang mit anderen Anwendungsprogrammen zum ERP, DMS, AVA, CRM, GIS, CAD usw.

Neben hervorragenden Informationsmöglichkeiten sollte man sich natürlich auch vor manchen „Internetberatern" hüten. Unter der Überschrift, die CAFM-Systemauswahl zu beschleunigen, werden nur wenige inhaltliche Daten abgefragt, dafür aber die vollständigen Firmendaten. Dass sich danach CAFM-Anbieter melden, die für diese Information an den „Internetberater" bezahlt haben, liegt auf der Hand.

5.1.4 Informationen über CAFM auf Messen und Kongressen

Es hat sich eine jährlich stattfindende Spezialmesse zum FM und CAFM in Frankfurt etabliert: Facility Management. Diese Ausstellungs- und Kongressmesse wird von der Messegesellschaft - Mesago Messe Frankfurt GmbH - (www.fm-messe.de) sehr gut organisiert. Ansonsten ist das Thema CAFM auf die gesamte Messelandschaft in Deutschland verstreut.

Art	Beispiele	Inhaltliche Bewertung
Fachmessen	Facility Management, Frankfurt	FM 2009 erstmalig sehr übersichtlich nach Darstellungsschwerpunkten sortiert. Auch als Kongressmesse sehr erfolgreich. Nur ein Teil aller Hersteller anwesend; Marktführer ständig.

Art	Beispiele	Inhaltliche Bewertung
	EXPO REAL, München	CAFM-Anbieter teilweise vertreten
	MEDICA, Düsseldorf	Weltforum der Medizingeräteanbieter; CAFM-Anbieter mit Medizingeräte-Management vertreten
	KOMKOM NORD/ OST	Kommunales CAFM neben anderen IT-Applikationen im behördlichen Umfeld
	Maintain, München	Schwerpunkt Instandhaltung, wird auch von CAFM-Anbietern genutzt
Kongresse	Facility Management, Frankfurt	Kongress ist mit Messe gekoppelt; CAFM-Vorträge werden durch eine Kommission ausgewählt und haben meist ein gutes Niveau mit interessanten praktischen Erfahrungen [FM-KONGR, 2009]
	ILM-Konferenz	Hier sind einige Anbieter, u.a. conject, sehr aktiv und erfolgreich tätig. Dass die Sponsoren solcher Kongresse das als eine verkaufsfördernde Maßnahme nutzen, liegt auf der Hand.
	www.facility-forum.de	Interessanter Branchentreff für FM-Entscheider aus Wirtschaft und Verwaltung
Tagungen	IHK Chemnitz	Jährlich eine eintägige FM-Veranstaltung unter jeweils einer aktuellen Themenstellung; zwischen 100 und 200 Besucher und eine begleitenden Fachausstellung von FM-Dienstleistern und CAFM-Anbietern
	www.fm-kolloquium.de	Studentische Aktivitäten der Beuth Hochschule für Technik Berlin; Organisation von interessanten Kolloquien
Hausmessen der Hersteller	realisieren alle namhaften Anbieter jährlich	Hausmessen und Anwendertreffen sind ein ausgezeichnetes Instrument, um CAFM-Hersteller und Endkunden an einen Tisch zu bringen. Sie sind meist sehr gut besucht. Hier erhält man die solidesten Informationen über die Software-

Art	Beispiele	Inhaltliche Bewertung
		nutzung durch die Kunden selbst.
		Diese Form ist dann besonders attraktiv, wenn der potenzielle Kunde sich de facto entschieden hat und letzte Unsicherheiten ausräumen möchte.

5.1.5 FM-/CAFM-Berater

Der Unternehmensberatermarkt für FM und CAFM ist ähnlich diffus wie der Markt zur CAFM-Software. Die Palette reicht von Einzelunternehmen bis zu großen Consulting-Büros. Aber auch hier entscheiden nicht notwendig die Größe und das Marketing der Anbieter von Beratungsleistungen, sondern die Erfahrung, die soziale Kompetenz und das Abstraktionsvermögen der Person. Eine jährliche Marktübersicht in „Der Facility Manager" [FM-BÜS, 2010] ist Ausdruck der Bereitschaft der Beratungsunternehmen, in diese Marketingaktion zu investieren.

Nach Beobachtung des Autors gibt es hervorragende Berater im Facility Management, deren Affinität zur IT gering ist. Umgekehrt gibt es auch sehr gute CAFM-Berater, die weniger Erfahrung im Facility Management haben. Dass unter IT-Affinität nicht Programmierung oder Programm-Bedienung gemeint ist, wurde versucht an der ausführlichen Diskussion zur IT-Modellierung deutlich zu machen. Softwarearchitektur- und Datenbankwissen sind im Umfeld von CAFM-Beratung Kernkompetenzen des Beraters. Zwischen dem Management von FM und CAFM in der Beratung eine Ausgewogenheit zu erhalten, ist keineswegs selbstverständlich. Eine genaue Analyse der Referenzen des oder der Berater ist auch hier in der Auswahlphase gut angelegte Zeit.

5.1.6 Qualifizierungen zum FM/CAFM

Art	Beispiele	Inhaltliche Bewertung
FM-Lehrgänge	www.fm-connect.de	Interessante Übersichts- und Spezialseminare von 1-3 Tagen
	www.stichem.de	Seminare
	www.umweltinstitut.de	Kompaktseminar über 3 Tage
	www.i2fm.de	Vielfältiges Seminar-Angebot zum FM und angrenzenden Disziplinen; 5-tägige Sommer- und Winterakademien, interessantes Ideenforum; organisiert Kongresse zum Thema

Art	Beispiele	Inhaltliche Bewertung
	www.managementcircle.de	Interessante FM-Seminare mit Spezialthemen
	www.cad-systemhaus.de	Übersichtsseminar von 3 Tagen
CAFM-Lehrgänge	www.fm-connect.de	Übersichtsseminar 1 Tag
	www.cad-systemhaus.de	Intensivkurs 2 Tage
	www.umweltinstitut.de	Übersichtsseminar 1 Tag

5.1.7 Informationen über FM/CAFM durch Vereine und Verbände

Web	Verein
www.gefma.de	GEFMA e.V.
www.realfm.de	RealFM e.V.
www.itsmf.de	itSMF e.V.
www.bme.de	BME e.V.
www.vdma.de	VDMA e.V. im Besonderen die Arbeitsgemeinschaft Instandhaltung Gebäudetechnik

Mitte der 1990er Jahre hat sich das Thema FM aus dem VDI heraus verselbständigt. Momentan sind zwei Vereine am Deutschen Markt mit unterschiedlichen Ansprüchen und Mitgliederzahlen präsent:

- GEFMA – **Ge**rman **F**acility **M**anagement **A**ssociation – Deutscher Verband für Facility Management e.V. (Bonn)
- RealFM – RealFM e.V. Association for Real Estate and Facility Managers (Berlin)

Nach Erfahrungen des Autors aus mehreren Veranstaltungen beider Vereine sind viele FM-Dienstleister (Planer, ausführende Firmen, CAFM-Anbieter) in der GEFMA vertreten, in der RealFM mehr die eigentlichen Betreiber von Immobilien. Dem Thema IT wird in der GEFMA mehr Aufmerksamkeit gezollt als in der RealFM, was man an der Anzahl der Richtlinien zum CAFM leicht nachprüfen kann.

Über CAFM kann man aber auch nur dann fundiert mitreden, wenn man mit Hilfe eines CAFM-Systems mehrere Projekte realisiert hat. In diesem Sinne kann es auch hier keine absolute Objektivität geben.

In beiden Vereinen wird die Richtlinienarbeit wesentlich durch Hochschullehrer gefördert. Sie sind am besten in der Lage, ihre praktischen Erfahrungen (meist mit 1-3 CAFM-Systeme) zu verallgemeinern. Man verhält sich relativ objektiv zu den Produkten. Aber schon nach wenigen Jahren, fern von der Praxis, verliert sich diese Objektivität, weil der praktische Einsatz von CAFM immer Neues hervorbringt und das zuerst vom CAFM-Anbieter zum Wettbewerbsvorsprung genutzt wird.

Diesen Wettbewerbsvorsprung erhofft sich sicher auch der in 2008 gegründete CAFM-Ring (conject AG; Loy & Hutz AG, Aperture Software GmbH, speedikon Facility Management AG) [CAFM-Ring, 2009]. Obwohl beteuert wird, dass dieser Ring allen CAFM-Anbietern offen steht, ist die Zielrichtung klar – Marktführerschaft. Zitate, wie: „Umso wichtiger, dass wir uns mit dem Ring für mehr Offenheit und Ehrlichkeit bei Ausschreibungen gegenüber Kunden und Interessenten einsetzen"(s. [CAFM-RING, 2009] S. 2), erzeugen eine gewisse Skepsis. Offenheit und Ehrlichkeit am Markt zu propagieren, ohne dazu Mittel und Methoden zu präsentieren, trägt die Potenz in sich, allen, die sich nicht beteiligen, diese moralischen Attribute abzuerkennen.

Es steht die Frage im Raum, warum diese Firmen nicht im Rahmen der GEFMA die dringend notwendige methodische Arbeit leisten.

Gute Informationsquellen sind Anwenderforen (Usergroups) zur Software. Als Beispiele für CAD können die Firma Autodesk mit der AUG, die Firma Bentley mit der MicroStation Usergroup und für GIS die Firma Berit mit der LIDS Usergroup genannt werden. Diese Foren dienen dem Erfahrungsaustausch und in einigen Fällen fördern sie auch die Produktentwicklung. Anwenderforen zu CAFM-Produkten sind dem Autor momentan nicht bekannt.

Aus Kundensicht könnte man meinen, dass eine Bereinigung des Marktes von ca. 50 Anbietern auf ca. 10 Anbieter besser wäre. Die Investitionssicherheit würde größer sein, da 10 Anbieter marktstabiler wären.

Dem steht das Wesen von Facility Management entgegen. Der CAFM-Markt ist in erster Linie so diffus, weil das FM selbst so diffus und individuell ist. Branchen bestimmen wesentlich die Struktur einer CAFM-Lösung. Deshalb haben Nischen-Anbieter auch immer wieder Erfolg. Die seit über 10 Jahren angekündigte Marktbereinigung findet nicht statt. Nach dem Studium der GEFMA 444 [GEFMA 444, 2010] hatte der Autor den Eindruck, dass nicht fachliche, sondern kommerzielle Kriterien der Zertifizierung zur Seite standen, um die Marktbereinigung doch noch herbei zu führen.

5.2   Eine Produktmatrix (Auszug)

In der nachfolgenden Tabelle werden 56 aktuell in Deutschland genutzte CAFM-Programme gelistet, die der Autor aus verschiedenen Quellen zusammengetragen hat:

Produktname	Hersteller_Be	Markteintritt	Land	Plz	Ort	hauptsächlich	Beschreibung
Allplan Allfa	Nemetschek A	01.01.1993	D	81829	München		
Aperture	Aperture Tech	01.01.1987	USA	CT 06907	Stamford		
ARCHIBUS	ARCHIBUS, I	01.01.1982	USA	MA 02108	St.Boston		
Archikart	ARCHIKART	01.01.2006	D	1979	Lauchhammer		
ATC-FM	AT+C EDV G	01.01.1992	D	61440	Oberursel, Taunus		05.03.2010
Axxerion	Axxerion Faci	01.01.2004	NL	6666	MR Heteren	Java	20.02.2010
Bentley Facili	Bentley Syste	01.01.1996	USA	PA 19341	Exton	C++	03.03.2010
Byron/BIS	BYRON Infor	01.01.1995	CH	4057	Basel	ObjectPascal	07.01.2010
CIDEON CAF	CIDEON AG		D	2625	Bautzen, Sachs		
com.TRADEN	Com In GmbH	01.01.2004	D	19053	Schwerin, Meckl		05.01.2010
conjectFM	conject AG	01.01.1995	D	80469	München	PowerBuilder	12.01.2010
Consultware®	PIETSCHCON	01.01.1990	D	23562	Lübeck	Delphi	02.03.2010
cre-on	EUBAG Oper	01.01.2002	D	85551	Kirchheim	Aperture	22.12.2009
CyCoT-FM	CyCoT-FM G	01.01.2007	D	86165	Augsburg, Ba	C#	13.01.2010
eTask FM-Ba	eTASK Servic	01.01.2002	D	51147	Köln		
FaciPlan	FaciWare Gm	01.01.2005	D	83022	Rosenheim, C	MS Visio	07.03.2010
FACIS	ZIP Industrieplanung		D	81479	München		
F'acts	dg Digital-Graphics GmbH		D	80538	München	MS Visio	
FaMe	Facilities Man	01.01.1990	D	28876	Oyten		
FAMOS	Keßler Real E	01.01.1998	D	4249	Leipzig-Knaut	.NET	22.02.2010
FASTDESIGN	Projecteam		D	45527	Hattingen, Ruhr		
fmINIT	init online Gm	01.01.2000	D	44801	Bochum		
FMplus	AOD Unternehmensberatun	D	65232	Taunusstein			
FM-Suite	Ing.-Büro Kurt Knippschild		D	64646	Heppenheim,	Java	
FM-Tools®	infas enermet	01.01.1994	D	48282	Emsdetten		
GEBMan®	KMS Comput	01.01.2004	D	1277	Dresden		
G-Info	acadGraph C	01.01.1998	D	80805	München		
HSD FM MT/E	HSD Händsch	01.01.1986	D	28199	Bremen		05.01.2010
IC Information	IC information company		CH	4133	Pratteln		
ICFM|CAMPO	ICFM AG		CH	8902	Urdorf		
iffmGIS	iffm Institut fü	01.01.1994	D	12489	Berlin	Delphi	19.02.2010
iFMS	syskoplan AG	01.01.2004	D	33334	Gütersloh		25.01.2010
IMPL3000®	MBL GbR	01.01.1993	D	85290	Geisenfeld		
IMSware	IMS Gesellsch	01.01.1998	D	46539	Dinslaken	PowerBuilder	20.02.2010
InfoCABLE	GFai Gesellsc	01.01.1995	D	12489	Berlin	Java	15.03.2010
innocad	FMK Gesellsc	01.01.1995	D	12555	Berlin		
KeyLogic	BFM Building	01.01.2001	D	65760	Eschborn, Ta	.NET	04.02.2010
KoLiBRI	Kolibri softwa	01.01.1996	D	82205	Gilching		
MORADA	SMB AG	01.01.1999	D	80809	München	Java	21.01.2010
newsystem®	INFOMA® So	01.05.2004	D	89081	Ulm, Donau	MS Dynamics	20.01.2010
OneTools	OneTools Gm	01.01.2000	D	55120	Mainz a Rhein		
pit-FM	pit-cup GmbH	01.01.2000	D	69115	Heidelberg, N	C++	20.02.2010
Planon CAFM	Planon BV - N	01.01.1992	NL	6537 TL	Nijmegen	Java	15.02.2010
PROLIS-FM	Voigtmann Gr	01.01.2008	D	90429	Nürnberg, Mittelfr		
remuss®	2COM Immobilien Competer	D	60596	Frankfurt am Main			
sMOTIVE We	sLAB Gesells	01.01.1999	D	71034	Böblingen	Java	25.01.2010
SPARTACUS	N+P Informati	01.01.1999	D	8393	Meerane	Java	26.01.2010
Speedikon-FN	speedikon Fa	01.01.1990	D	64625	Bensheim		
stepFM®	WeltWeitBau GmbH		D	14165	Berlin	Java	11.02.2010
TOMS	Berit spol. s.r.o.		SK	628 00	Brno		
UNIDOKU	DCS Ingenieurgesellschft m	D	63801	Kleinostheim			
VIDASnet	ARCADIS Fac	01.01.2001	D	57072	Siegen		
VIOLA®	FMCD	01.01.1996	D	6724	Elseraue OT Nißma		
VISA-FM	GIS PROJEC	01.12.2004	D	66121	Saarbrücken		
visual FM	Loy & Hutz	01.01.1987	D	79110	Freiburg im Breisgau		
X-WORLD	X-WORLD Ge	01.01.1995	D	81829	München		

Hinweise zu dieser Tabelle:

- Diese Übersicht kann sich der Leser mittels beigefügter Softwaredatenbank selbst erstellen. Datenquellen sind die GEFMA 940 [GEFMA 940, 2009], die Internetseiten der Anbieter und Daten aus Befragungen der Hersteller.
- Produkte, die seit 2009 nicht mehr auf dem Markt sind, werden hier nicht aufgeführt (können aber in der Softwaredatenbank leicht gefiltert werden).
- Der Hersteller ist hier nur mit dem 1. Adressattribut bezeichnet (vollständige Firmierung s. Softwaredatenbank).
- Das Erscheinungsdatum ist in der Regel das Jahr. Bedingt durch ein fehlendes Datumsformat „Jahr" ist obige Darstellung gewählt.
- Der Hersteller wird vom Anbieter unterschieden. Internationale Entwickler werden in der Regel durch Niederlassungen oder Drittanbieter in Deutschland vertreten.
- Die Entwicklungsumgebung (hauptsächlich entwickelt mit) kann detaillierter über Schnittstellen von Software zu Software ermittelt werden.
- In der Spalte „Beschreibung" ist der mit dem Hersteller letzte Aktualisierungstermin in der Softwaredatenbank enthalten. Die CD zur Softwaredatenbank wurde ca. 6 Wochen nach Abschluss des Buches gebrannt und enthält damit zu dieser Tabelle abweichende Inhalte.

6.1 Einschätzung zum aktuellen Stand

Aus Berichten und persönlichen Erfahrungen sind fast alle erfolgreichen CAFM-Lösungen, selbst nach vielen Jahren der intensiven Nutzung, nur in Teilbereichen des FM im Einsatz. Einen Grundgedanken von FM, den Lebenszyklus vollständig abzubilden, hat vollständig noch niemand praktisch realisiert[48].

Ausschreibungen von Bauvorhaben, schon FM-gerecht zu planen, gab und gibt es etliche. Die Umsetzung ist im baulichen Erstellungsstress bisher weitestgehend auf der Strecke geblieben. Das hat verschiedene Ursachen, subjektive und objektive.

Aus einer Vielzahl subjektiver Faktoren, die dem ganzheitlichen Vorgehen entgegenstehen, soll nur einiges beispielhaft genannt werden:

- Ein ganzheitlicher IT-Ansatz wird nicht realisiert. Nach Kauf von IT-Produkten wird keine Technologie etabliert, die bei CAD beginnt, DMS integriert und bei der CAFM-Lösung endet. Das, was technisch möglich wäre, wird organisatorisch und technologisch nicht umgesetzt.
- Die IT hat als strategisches Instrument auf Managementebene zu wenig Akzeptanz. IT ist ein notwendiges Übel statt ein zentrales Werkzeug des Informationsmanagements. Natürlich gibt es Ausnahmen, die aber nur die Regel bestätigen.

Liegen die subjektiven Faktoren für den gegenwärtigen Nutzungsgrad von CAFM oft auf Kundenseite, so sind die objektiven Ursachen in der IT selbst zu suchen.

- Die Komplexität der Mittel und Methoden wächst täglich. Dabei werden die Vorteile (Nutzen) und die Nachteile (Grenzen) nicht auf Anwendersprachniveau durch die IT vermittelt.
- Die Software wird häufig zu schnell programmiert, statt zuerst den Entwurf schrittweise mit dem Kunden reifen zu lassen. ITIL ist Anspruch aber längst noch nicht Wirklichkeit. Der Kunde bekommt keine Entwürfe (Strukturen), sondern meist einen Wust von Funktionalitäten präsentiert.

Dieser negativen Sicht können natürlich viele positive Projekterfahrungen entgegengesetzt werden. Die nachfolgenden Projekte sind Beispiele für Projekte, die im bisherigen praktischen Einsatz wesentliche positive Effekte gebracht haben. In keinem Fall wurde Personal eingespart. Jedoch das gleiche Personal erledigt, besonders zum Ende eines Geschäftsjahres, das Berichtswesen in wesentlich kürzerer Zeit, das Auftragswesen läuft fehlerarm ab, externe Dienstleister werden effektiver gesteuert u.a..

---

[48] Dieser Satz wurde vor der Zuarbeit aller nachfolgenden Autoren geschrieben. Er musste nicht geändert werden. Er ist auch keine Wertung der Artikel, sondern nur einen Einordnung, eine Zustandsbeschreibung.

Aus den verschiedensten Projekten des Autors und von Fachkollegen werden in diesem Kapital die interessantesten Teillösungen ausgewählt und die wichtigsten Effekte kurz beschrieben. Die Beschreibung erfolgt nach einem einheitlichen Schema, das der Buchautor vorgegeben hatte. Alle Projektberichte ohne Nennung eines Autors sind Berichte des Buchautors, die durch die Kunden autorisiert wurden.

6.2   CAFM-Projekte aus Branchensicht

6.2.1 CAFM in der Industrie

6.2.1.1 Ausgewählte Problemstellung – Flächenanalyse/-optimierung

In diesem Projekt geht es um Flächennutzung einer Industrieimmobilie mit Produktions-, Lager- und Verwaltungsgebäuden in der Branche Elektroindustrie mit Einzel- und Serienfertigung.

Ganzheitliche begriffliche Klärungen zu Projektbeginn spielten (wie auch in anderen Industrieprojekten) eine herausragende Rolle. Synonyme von Ebene, Etage, Geschoss und Flur eines Gebäudes waren schnell geklärt. Was aber eine Raumfläche ist, war am Ende der Diskussion nur dadurch zu klären, dass neue Begriffe geschaffen werden mussten. Ein Beispiel ist die „Rasterteilfläche". Die Anpassung wurde schrittweise in gemeinsamer Diskussion zwischen AG und AN aus den Projektzielen und möglichen Arbeitsweisen der Mitarbeiter entwickelt. Es waren nachfolgende Hauptziele zu erreichen:

- zentrale und nachvollziehbare Dokumentation der Flächenzuteilungen (Vergangenheit, Gegenwart, Zukunft),
- einheitliche Datengrundlage für die interne Verrechnung von Flächennutzungskosten auf die jeweiligen Kostenträger (Kostenstellen),
- Grundlage zur Steigerung der Flächennutzungseffizienz (Anteil „unproduktive" vs. „produktive" Flächen über Auswertung der Nutzungsarten).

Die Mitarbeiter des „Manager Site Planning" haben ca. 54.000 m² Fläche zu verwalten. Flächenbilanzen wurden mit hohem Aufwand einmal jährlich realisiert, und die Visualisierung war selbst innerhalb eines Jahres nicht auf dem aktuellen Stand. Die Visualisierung wurde je nach Fähigkeit der Mitarbeiter mit AutoCAD oder MS Visio realisiert.

6.2.1.2 Darstellung der Lösung

Ziel war es, quartalsweise dem mittleren Management eine aktuelle Kostenstellenbilanz tabellarisch als auch graphisch je Ebene zur Verfügung zu stellen. Dabei wurde die Variante verworfen, alle FM-Mitarbeiter auf ein einheitliches CAD-Niveau zu führen und AutoCAD als führendes System zu etablieren und es bidirektional mit der CAFM-Software zu koppeln. Selbst für die beste CAD-Fachkraft wurde der Datenpflegeaufwand mit CAD als zu hoch eingeschätzt.

Das Hallenlayout mit symmetrischer Anordnung von Stützen führte zur Idee, das Stützenraster in symmetrische Teilflächen zu zerlegen. Diese Flächen wurden als „Rasterflächen" bezeichnet (zwischen 6 m² und 15 m²). Eine exakte Kostenstellenzuordnung erforderte eine weitere Zerlegung, so dass „Rasterteilflächen" entstanden. Diese Rasterteilflächen können einerseits exakt an eine manchmal feste Raumstruktur angepasst werden oder auch an Kostenstellen mit kleinen Flächen. Die Rasterfläche wurde systematisch, unabhängig von den bestehenden Raumbezeichnungen, durchnummeriert. An jeder Rasterfläche ist die Historie der Rasterteilflächen (mit Kostenstelle und Zuordungszeitraum) als Entitätenliste abgebildet (3NF). Damit konnte eine weitere wesentliche Forderung des Kunden, Abbildung der Historie der Kostenstellenzuordnung, erfüllt werden.

Gleichzeitig wurde jede Rasterfläche entsprechend der DIN 277 zugeordnet. Die historisch gewachsene, vorhandene Zuordnung von Nutzungsarten entsprach nicht der DIN und wurde vollständig verworfen.

Alle vorhandenen Ebenenpläne (CAD, VISIO) wurden dann in einem Kraftakt von ca. drei Monaten durch einen CAD-Dienstleister in Rasterflächen aufgeteilt. Nur die Rasterflächen wurden mit der CAFM-Lösung gekoppelt. Vereinbarungsgemäß werden die CAD-Zeichnungen nur aktualisiert, wenn das Ebenenpolygon sich verändert. Damit wird die Zuordnung der Kostenstellen ausschließlich alphanumerisch über die Datenbank realisiert.

Die Intelligenz der CAD-Zeichnung kann nun über einen preiswerten CAD-Viewer visualisiert werden. Kostenstellen werden Farben zugeordnet. Über 85% der Rasterflächen sind genau einer Rasterteilfläche (damit einer Kostenstelle) zugeordnet. Sind einer Rasterfläche mehrere Rasterteilflächen zugeordnet, wird die Fläche entsprechend dem größten Anteil eingefärbt. Die dadurch entstehende Ungenauigkeit der Visualisierung wird bewusst in Kauf genommen (wieder ein Beispiel für die Pareto-Regel, allerdings bei einer graphischen Abbildungsgenauigkeit von ca. 95%; alphanumerisch bei 100%).

Die folgenden Abbildungen (Programmoberfläche, Berichte und Grafiken) stellen punktuell den Stand der Nutzung dar, der in ca. einem Jahr nach Projektbeginn erreicht worden ist. Die Einführungsmethodik wurde entsprechend Kap. 3.2.3, FM-Abteilungen mit weniger als 10 Mitarbeitern, gleitend realisiert.

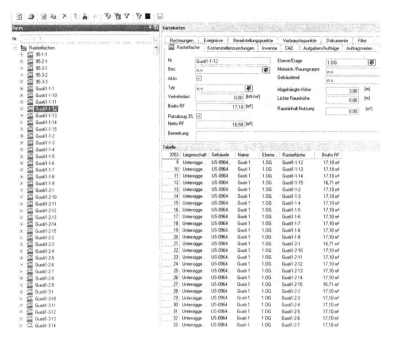

Abb. 6-1:   Darstellung Rasterflächen als konstante Stammdaten des Projekts

Die insgesamt 3703 Rasterflächen wurden in dieser Ansicht nach Gebäude, Ebene und Rasterflächenbezeichnung sortiert. Es kann problemlos je Gebäude oder Ebene die Flächensumme ermittelt werden. Über einen Button können etagenweise alle Kostenstellen visualisiert werden.

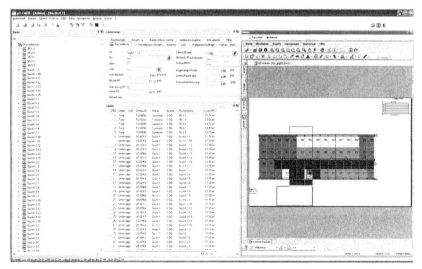

Abb. 6-2:   Ansicht einer ausgewählten Etage und deren Kostenstellen im Viewer

138

Diese Ansicht wird den Kostenstellenverantwortlichen in einem Report als PDF-Datei wöchentlich per Mail bereitgestellt.

Eine Rasterteilfläche wird folgendermaßen abgebildet (s. Abb. 6-3).

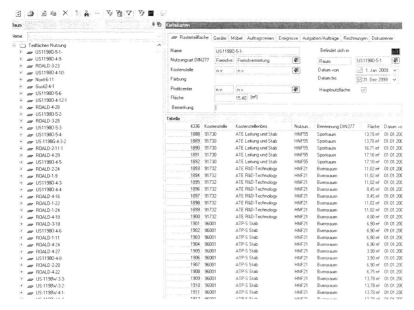

Abb. 6-3: Rasterteilfläche mit Kostenstellen und Nutzungsart sowei Zeitraum gekoppelt

Die Rasterteilfläche ist der Hauptgesichtpunkt für die Mitarbeiter des „Manager Site Planning“. Der Mitarbeiter erstellt nachfolgenden Standard-Report über die Auswahl im Hauptmenü des Programms:

Nutzungs Teilflächen 09.10.2009

Liegenschaft	Gebaeudename	Ebene	Benennung DIN277	Teilfläche	Fläche	Datum von	Datum bi
Untersiggenthal	Metobau	EG	Fremdvermietung	Metobau-1-29-2	7,12 m²	01.01.2009	31.12.2999
Untersiggenthal	Metobau	EG	Fremdvermietung	Metobau-1-30-	9,57 m²	01.01.2009	31.12.2999
Untersiggenthal	Metobau	EG	Fremdvermietung	Metobau-2-29-2	10,10 m²	01.01.2009	31.12.2999
Untersiggenthal	Metobau	EG	Fremdvermietung	Metobau-2-30-	13,47 m²	01.01.2009	31.12.2999
Untersiggenthal	Metobau	EG	Fremdvermietung	Metobau-3-29-2	10,00 m²	01.01.2009	31.12.2999
Untersiggenthal	Metobau	EG	Fremdvermietung	Metobau-3-30-	13,47 m²	01.01.2009	31.12.2999
Untersiggenthal	Metobau	EG	Fremdvermietung	Metobau-4-29-2	10,10 m²	01.01.2009	31.12.2999
Untersiggenthal	Metobau	EG	Fremdvermietung	Metobau-4-30-	13,47 m²	01.01.2009	31.12.2999
Untersiggenthal	Metobau	EG	Fremdvermietung	Metobau-5-29-2	10,10 m²	01.01.2009	31.12.2999
Untersiggenthal	Metobau	EG	Fremdvermietung	Metobau-5-30-	13,47 m²	01.01.2009	31.12.2999
Untersiggenthal	Metobau	EG	Fremdvermietung	Metobau-6-29-	13,47 m²	01.01.2009	31.12.2999
Untersiggenthal	Metobau	EG	Fremdvermietung	Metobau-6-30-	13,47 m²	01.01.2009	31.12.2999
Nutzungsart DIN277 Fremdvermietung (12)					**137,81 m²**		
Untersiggenthal	Metobau	EG	Produktion	Metobau-10-10-	12,51 m²	01.01.2009	31.12.2999
Untersiggenthal	Metobau	EG	Produktion	Metobau-10-11-	12,51 m²	01.01.2009	31.12.2999
Untersiggenthal	Metobau	EG	Produktion	Metobau-10-12-	12,51 m²	01.01.2009	31.12.2999
Untersiggenthal	Metobau	EG	Produktion	Metobau-10-13-	12,51 m²	01.01.2009	31.12.2999
Untersiggenthal	Metobau	EG	Produktion	Metobau-10-14-	12,51 m²	01.01.2009	31.12.2999
Untersiggenthal	Metobau	EG	Produktion	Metobau-10-15-	12,51 m²	01.01.2009	31.12.2999
Untersiggenthal	Metobau	EG	Produktion	Metobau-10-16-	12,51 m²	01.01.2009	31.12.2999
Untersiggenthal	Metobau	EG	Produktion	Metobau-10-17-	12,51 m²	01.01.2009	31.12.2999
Untersiggenthal	Metobau	EG	Produktion	Metobau-10-18-	12,51 m²	01.01.2009	31.12.2999
Untersiggenthal	Metobau	EG	Produktion	Metobau-10-19-	12,51 m²	01.01.2009	31.12.2999
Untersiggenthal	Metobau	EG	Produktion	Metobau-10-2-	13,52 m²	01.01.2009	31.12.2999
Untersiggenthal	Metobau	EG	Produktion	Metobau-10-20-	12,51 m²	01.01.2009	31.12.2999
Untersiggenthal	Metobau	EG	Produktion	Metobau-10-21-	12,51 m²	01.01.2009	31.12.2999
Untersiggenthal	Metobau	EG	Produktion	Metobau-10-22-	12,51 m²	01.01.2009	31.12.2999
Untersiggenthal	Metobau	EG	Produktion	Metobau-10-23-	12,51 m²	01.01.2009	31.12.2999
Untersiggenthal	Metobau	EG	Produktion	Metobau-10-24-	12,51 m²	01.01.2009	31.12.2999
Untersiggenthal	Metobau	EG	Produktion	Metobau-10-25-	12,51 m²	01.01.2009	31.12.2999
Untersiggenthal	Metobau	EG	Produktion	Metobau-10-26-	12,51 m²	01.01.2009	31.12.2999

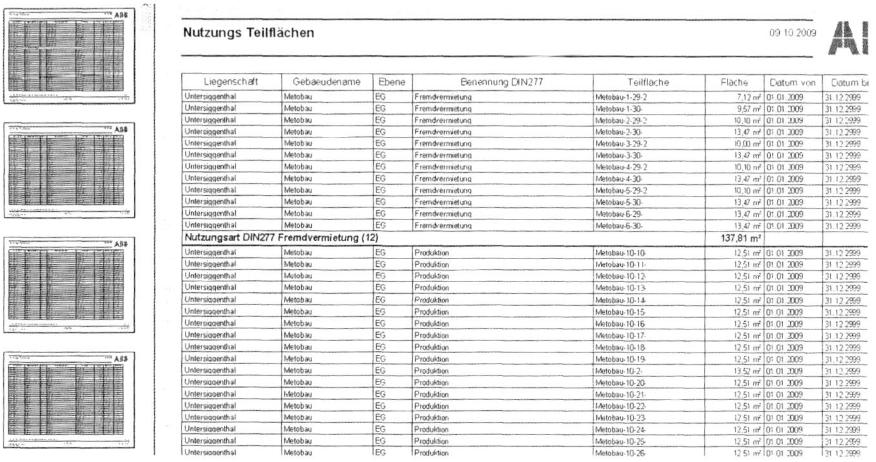

Abb. 6-4: Nutzungsartenbericht (Auszug)

Der Nutzungsarten-Report (Abb. 6-4) kann je nach Filterung über die gesamte Liegenschaft, Flurstücke, Gebäude oder Ebenen angefertigt werden. Für den Quartalsbericht über die Flächenbilanz der Kostenstellen wird nachfolgender Bericht über einen Button erzeugt (Abb. 6-5).

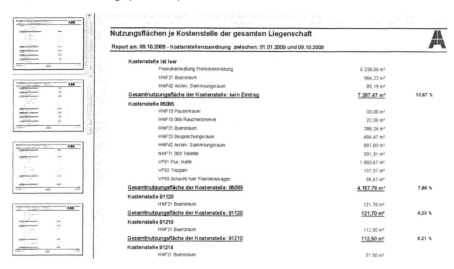

Abb. 6-5:   Quartalsbericht über die Flächenbilanz

6.2.1.3 Ermittelte Zeit- und Kostenverteilung

Die Consultingleistungen konnten innerhalb von drei Monaten abgeschlossen werden, und gleichzeitig wurde die Datenübernahme der Stammdaten aus SAP abgeschlossen. Das schrittweise Erfassen der CAD-Daten und die alphanumerische Einpflege der Rasterteilflächen benötigte sechs Monate, wobei der meiste Zeitaufwand beim externen Dienstleister entstand.

Kostenart	Wert	% zu Gesamt
Basislizenz	6.000,00 €	12%
Kosten für Mehrfachlizenz	4.500,00 €	9%
Kosten CAD-Viewer mit Färbungslogik zur Datenbank	1.800,00 €	3%
Kosten Consultingleistungen mit Prozessbeschreibung und Datenmodellanpassungen	9.500,00 €	18%
Kosten Schnittstelle SAP	4.500,00 €	9%
Kosten CAD-Datenaufbereitung und Kopplung mit CAFM	19.500,00 €	38%
Kosten Schulungen	1.500,00 €	3%

Kostenart	Wert	% zu Gesamt
Supportleistungen per Remote	1.500,00 €	3%
Wartungskosten Software/Support	3.000,00 €	6%
Gesamt innerhalb eines Jahres	51.800,00 €	100%

6.2.1.4 Projektergebnisse

Der ROI ist nach einem Jahr noch nicht erreicht. Welche Ergebnisse hat jedoch dieser Stand schon aus Kundensicht gebracht?

- Erstmals konnten auf „Knopfdruck" zum jeweiligen Quartalsende verlässliche Flächenbilanzen ausgewiesen werden. Diese Bilanzen gehen differenzierter als bisher in die Produktkostenermittlung ein.
- Die Visualisierung der Kostenstellen hat wesentlich zum konstruktiven Dialog zwischen den Kostenstellenverantwortlichen beigetragen. Die Unsicherheit über die Aktualität der Daten konnte beseitigt werden.
- Man hat aktuelle Daten für die Umwandlung „unproduktiver" in „produktive „ Flächen entsprechend den Flächennutzungsarten zur Verfügung.
- Die monatlichen Flächen-Berichte können auch bei kurzfristigem Personalausfall pünktlich geliefert werden.

6.2.2 Verwaltung von Investitionsobjekten/Immobilienportfolios aus Eigentümersicht
Dipl.-Ing. (FH) Sabrina Raffelsberger

6.2.2.1.1 Ausgewählte Problemstellung

Ziel des Projektes war die Einführung einer Softwarelösung, welche die vorhandenen Prozesse zum Immobilienmanagement unterstützt und gegebenenfalls optimiert. Eines der geforderten Module dient zu Verwaltung von sogenannten Investitionsimmobilien, also Wohn- und Geschäftshäuser in entsprechender Lage. Der Auftraggeber betreut seine Investitionsobjekte nicht selbst, sondern hat die Betreuung an mehrere externe Hausverwaltungen ausgegliedert.

Die Entscheidung über den Zukauf von neuen Objekten inklusive der Hausverwaltung obliegt der Geschäftsführung. Die Verwaltung und Vermarktung erfolgt durch die beauftrage externe Hausverwaltung. In besonderen Fällen wird die externe Hausverwaltung durch die interne Rechtsabteilung unterstützt. Internes Reporting erfolgt über die Controlling Abteilung. Von der Hausverwaltung erstellte Abrechnungen werden von der Buchhaltung überprüft. Dreh- und Angelpunkt für die Informationen ist die Facility Management-Abteilung.

Aufgrund der oben geschilderten Ausgangsituation benötigte der Auftraggeber eine zentrale Informationsplattform, welche eine Zusammenfassung über alle Investitionsobjekte liefert, die auf einer höheren Aggregationsebene liegt als bei den Hausverwaltungen selbst.

Die Hausverwaltungen lieferten die Daten in unterschiedlichen Formaten und zu unterschiedlichen Zeiten. Die Facility Management-Abteilung sammelte diese Daten und bereitete sie jeden Monat für interne Berichte auf. Damit dieser Aufwand in Zukunft reduziert wird und teilweise vollständig weg fällt, sollten die Daten der Hausverwaltungen in einer einheitlichen Struktur vorliegen. Um dies zu ermöglichen, wurden die beteiligten Hausverwaltungen an einen Tisch gebeten. Gemeinsam wurde eine vordefinierte Struktur der Daten festgelegt. Die Ergebnisse der Gespräche flossen in die Anpassung des CAFM-Systems pit-FM ein.

Folgende Ziele sollten vom System erreicht werden:

- Zentrale Ablage und abrufbereit von liegenschaftsbezogenen, mieterbezogenen und investitionsbezogenen Informationen (z.B. Leerstand, Betriebskosten, Rendite etc.)
- Aufgliederung der einzelnen Hauptpositionen der Betriebskostenabrechnung
- Dokumentation der technischen Ausstattung der Investitionsobjekte und Investitionsvorschau

Die Daten der Hausverwaltungen sollten automatisiert in das CAFM-System eingelesen werden. Durch die einheitliche Struktur und die Zusammenführung der Daten der einzelnen Hausverwaltungen soll die Möglichkeit geschaffen werden, gebäudeübergreifend Auswertungen vorzunehmen und Trends abzulesen.

6.2.2.1.2 Darstellung der Lösung

Nach den ersten Gesprächen mit den Hausverwaltungen stellte sich sehr schnell heraus, dass die automatisierte Schnittstelle zwischen CAFM-System pit-FM und dem Hausverwaltungssystem IGEL nur mit einem Teil der beteiligten Hausverwaltungen umgesetzt werden kann. Es wurden folglich nur jene angesprochen, die mehrere Objekte des Auftraggebers verwalten und auch über das Software-System IGEL verfügen.

Als erstes wurden die Stammdaten, abhängig von den bekannten Anforderungen, von der Facility Management Abteilung definiert. Dazu gehörten alle gebäudespezifischen Stammdaten wie Adresse, Lage, Bauträger, Hausverwaltung, Objektmanager, Eigentümer. Die einzelnen Mieteinheiten – Wohnungen, Geschäftsräumlichkeiten, Stellplätze – wurden als eigene Datensätze zu den Objekten erfasst.

Anschließend wurde die Schnittstelle zu IGEL in Angriff genommen. Die unterschiedliche Datenhaltung der einzelnen Hausverwaltungen erforderte eine eindeutige Definition von Gebäudenummer und Mieteinheitsnummern. Dieser eindeutige Schlüssel ist sowohl in der CAFM-Lösung des Auftraggebers vorhanden als auch in dem System der Hausverwaltungen. Definiert wurde die eindeutige Gebäudenummer nach folgendem Schlüssel:

- Kürzel Gebäudeeigentümer – Kostenstellennummer Gebäude
  (Beispiel: ABC-12345)

Die Einführung der Gebäudenummer zog keine Probleme bei den Hausverwaltungen nach sich.

Für die Mieteinheiten wurde ein Schlüssel eingeführt, der sowohl die Gebäudenummer beinhaltet als auch die Nummer der Mieteinheit. Die Nummerierung erfolgte anhand des Weges durch das Gebäude. Das erste Mietobjekt im Erdgeschoss erhält folglich die Nummer 01, das letzte Mietobjekt im Dachgeschoss erhält die höchste Nummer. Mietobjekte, die nicht als Wohnung vermarktet werden, bekommen ein zusätzliches Kürzel zur Nummer (G für Geschäftslokale, L für Lagerräume, S für Abstellplätze).

- Kürzel Gebäudeeigentümer – Kostenstellennummer Gebäude – Topnummer
  (Beispiel: ABC-12345-18 oder ABC-12345-G01)

Die Nummerierung bei den Mieteinheiten konnte nicht wie geplant umgesetzt werden. Es wäre von Seiten der Hausverwaltung mit Komplikationen und großem Aufwand verbunden gewesen, die bereits vorhandenen Mieteinheiten in ihrem System mit neuen Topnummern zu versehen, da ja bereits Mietverträge, Abrechnungen und ähnliches vorhanden sind. Daher ging der Auftraggeber einen Kompromiss ein und übernahm in diesen Fällen die Topnummer der Hausverwaltung.

Nach den Stammdaten wurde als erstes Ziel eine Leerstandsauswertung in das CAFM-System implementiert. Bislang wurde dafür beim AG eine eigens erstellte Access Datenbank verwendet. Um die Funktionalität umsetzen zu können, wurden für das CAFM-System neu strukturierte Datensätze entwickelt. Diese Datensätze – genannt Mieteinheitsdaten – werden einmal pro Monat je Mieteinheit vom System der Hausverwaltung zu Verfügung gestellt.

Es stellte sich recht schnell heraus, dass sich dieser monatliche Datensatz noch für weitere Informationen (neben den vermietet/leerstehend Status) anbot. Daher wurde die Datensatzstruktur schrittweise um weitere Informationen erweitert. Dies sind Daten zum Mietvertrag wie Laufzeit, Kündigungsverzicht, aktueller Mieter. Auch sind Daten zum Mietobjekt selbst enthalten, wie die Nutzungsart, die vermietbare Fläche und die Bezeichnung der Mieteinheit durch die Hausverwaltung. Letztere Informationen sind notwendig, um sicherzustellen, dass Hausverwaltung und Auftraggeber auch wirklich vom gleichen Objekt sprechen.

Im letzten Schritt wurden die Mieteinheitsdaten um die Mietbeträge erweitert. Dies hatte zur Folge, dass anstelle des geplanten Datensatzes „Leerstand pro Monat und Mietobjekt" nun x Datensätze übertragen werden. Neben dem Hauptmietzins werden auch die Betriebskosten je Mietobjekt übermittelt. Eine spezielle Funktion im Hintergrund grenzt die Datensätze für die Leerstandsauswertung ein, während eine andere Funktion die aktuelle Netto- und Bruttomiete für die Mieteinheit ausgibt.

Da nun auf Knopfdruck ermittelt werden kann, welchen Mietzins ein Objekt im Augenblick erzielt und wie lange dieses Objekt noch vermietet ist, bot sich an, dem „Ist" auch ein „Soll" gegenüber zu stellen. Für ausgewählte Objekte werden daher auch sogenannte Zielpreise hinterlegt, die vom Auftraggeber definiert werden. In diese Zielpreise fließen Faktoren wie Lage, Ausstattung, Inflation und andere Werte ein, die sich alle auf Knopfdruck aus der angepassten CAFM-Lösung abfragen lassen. Steht nun eine Wohnung leer, so wird beim Reporting auf diesen Zielpreis zugegriffen.

Im Beratungsgespräch (Consulting) mit den Hausverwaltungen trat nun eine Hausverwaltung ihrerseits mit einen Wunsch an den Auftraggeber heran. Jeden Monat wird für den Gebäudeeigentümer ein Abrechnungsreport erstellt, in dem Aufwand und Ertrag gegenüber gestellt werden und der Saldo ermittelt wird. Da dieser Report bereits Vorgaben des Auftraggebers folgt und manuell erstellt wird, wäre es von Vorteil, wenn der Report auch hausintern vom Auftraggeber erzeugt werden könnte. Es wurde daher eine neue Schnittstelle zum CAFM-System definiert, die sich auf die Gebäudedaten bezieht. Jeden Monat werden nun die Summen- und Saldenlisten je Hausverwaltung importiert. Über entsprechende Filter und Abfragen lässt sich die Abrechnung auf Knopfdruck für den aktuellen Monat und die Vormonate erstellen.

Bei der Erstellung der neuen Funktion wurde bewusst eine gewisse Redundanz zugelassen. Teile der Summen und Saldenliste befinden sich bereits als Mieteinheitsdaten im System, die aber für den neuen Report nicht berücksichtig werden.

Die neue Schnittstelle ließ sich recht schnell implementieren, da sie die gleiche Technik wie die Mieteinheiten-Schnittstelle verwendet. Problematischer war die Erstellung des automatisierten Berichtes. In der Erstellungsphase wurden nur die Daten einer Hausverwaltung berücksichtigt. In dieser Zeit wurde der Abrechnungsreport parallel vom CAFM-System und der jeweiligen Hausverwaltung erzeugt. Eine entsprechend lange Testphase mit Jahresabschluss war nötig, um alle eventuell auftretenden Sonderfälle im Bericht abbilden zu können. Gerade am Anfang war der Report sehr fehleranfällig, da eventuell eine Buchung im Filter noch nicht berücksichtigt wurde und ähnliches. Nach Ende der Testphase wurde der Report auch für die anderen Hausverwaltungen mit Anbindung an die Schnittstellen erzeugt.

Die folgenden Abbildungen der Programmoberfläche und der Berichte stellen den Stand der Nutzung dar, der nun circa 2 Jahre nach Projektbeginn erreicht worden ist.

Zurzeit werden 40 Investitionsobjekte verwaltet, davon 25 über die oben beschriebene Schnittstelle. Jeden Monat werden durchschnittlich 4000 Buchungssätze und 1500 Mieteinheitsinformationen je Hausverwaltung über die Schnittstellen zur Verfügung gestellt.

Die Stammdaten je Gebäude werden über folgende Maske erfasst (s. Abb. 6-6). Im Bericht werden nur Gebäude berücksichtigt, die bereits fertig gestellt sind.

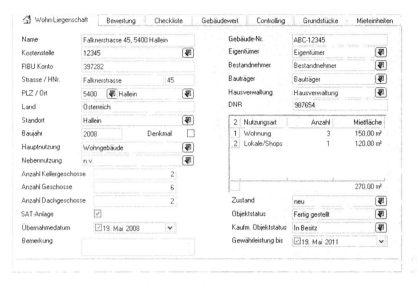

Abb. 6-6:   Stammdaten des Investitionsobjekts

Mieteinheiten werden mit folgender Maske erfasst. Die rechte Seite zeigt immer die aktuell gemeldeten Daten der Hausverwaltung, die linke Seite die bekannten Daten des Auftraggebers.

Auftragsserien | Projekte/Projektteile | Rechnungen | Dokumente | Filter
Wohnmieteinheit | Mieteinheitsdaten | Mietpreis Festlegung | Ereignisse | Aufgaben/Aufträge

Name: Falknerstrasse 45, 01
Mieteinheits-Nummer: ABC-12345-01
Top: 1
Eigentümer: n.v.
Standort: Hallein
Objekt/-teile: Falknerstrasse 45, 5400 Hallein
Ebene: EG
Nutzungsart: Wohnung
Klimatisiert: ☐
(Wohn-) Nutzfläche: 50,00 [m²]
Balkon/Terrasse: 20,00 [m²]
Loggia: [m²]
Garten-Fläche: [m²]
Anzahl Zimmer: 1
Anzahl Bäder: 1
Anzahl WCs:
Bemerkung: |

Von Hausverwaltung
Hausverwaltung: Hausverwaltung
Daten von: Mrz 2010
Topnummer: 1
Vermietet: ☑
Makler: Franz Makler
Mietfläche: 50,00 [m²]
Nettomietpreis / m²: 10,00 [€/m²] Indiziert
Bruttomietpreis inkl. BK: 550,00 [€/Monat]
Nettozielpreis / m²: 10,25 [€/m²]
Bruttozielpreis inkl. BK: 633,00 [€/Monat]
Aktueller Mieter: Max Mustermann
Saldo: 0,00 [€]
Vertragsbeginn: 1. Jan ...
Vertragsende: Dez 2018 Unbefristet
Kündigungsverzicht: ...

Abb. 6-7:   Stammdaten einer Mieteinheit

Die Mieteinheitsdaten werden zusammen mit dem Zielpreis in einem gewichteten Leerstandsbericht verdichtet: Der prozentuale Anteil der Mieteinheit am Gesamtertrag des Gebäudes wird berechnet. Bei möglichem Ausfall (= Leerstand) wird der Zielpreis herangezogen.

	A	B	C	D	E	F	G	H	I	J	K
1	**Mietstand gewichtet nach Ertrag**										
3	Monat:	Februar 2010									
5	Wohnimmobilie	(Alle)									
6	Kostenstelle	12345	Falknerstrasse 45, 5400 Hallein								
8						Daten					
9	ME-Nummer	ME-Name	Nutzungsart	Vermietet	Zielpreis Monat	Mietpreis Monat	Prozent €				
10	ABC-12345-10	Falknerstrasse 45, 04	Wohnung	JA	412,01	412,00	6,68				
11	ABC-12345-100	Falknerstrasse 45, 15	Wohnung	NEIN	382,81		6,20				
12	ABC-12345-110	Falknerstrasse 45, 16	Wohnung	JA	401,26	358,65	6,51				
13	ABC-12345-120	Falknerstrasse 45, 17	Wohnung	JA	537,64	482,11	7,81				
14	ABC-12345-130	Falknerstrasse 45, 18	Wohnung	JA	617,99	537,40	8,71				
15	ABC-12345-140	Falknerstrasse 45, 19	Wohnung	JA	421,30	421,44	6,83				
16	ABC-12345-20	Falknerstrasse 45, 07	Wohnung	JA	375,31	334,48	6,42				
17	ABC-12345-30	Falknerstrasse 45, 08	Wohnung	JA	372,19	372,19	6,03				
18	ABC-12345-40	Falknerstrasse 45, 09	Wohnung	NEIN	547,43		8,87				
19	ABC-12345-50	Falknerstrasse 45, 10	Wohnung	NEIN	568,01		9,20				
20	ABC-12345-60	Falknerstrasse 45, 11	Wohnung	JA	399,60	357,13	5,79				
21	ABC-12345-70	Falknerstrasse 45, 12	Wohnung	JA	423,02	372,68	6,04				
22	ABC-12345-80	Falknerstrasse 45, 13	Wohnung	JA	632,22	558,99	9,06				
23	ABC-12345-90	Falknerstrasse 45, 14	Wohnung	JA	521,62	466,32	7,56				
24	Gesamtergebnis				6 612,40	4.673,36	100,00				

gewichtet nach Ertrag | Diagramm nach Ertrag | gewichtet nach Fläche | Diagramm nach Fläche | gewichtet nach Fläche & Ertrag

Abb. 6-8:   Leerstandsauswertung eines Objektes

Die Eigentümerabrechnung zeigt detailliert die monatliche Gegenüberstellung von Erträgen und Aufwendungen.

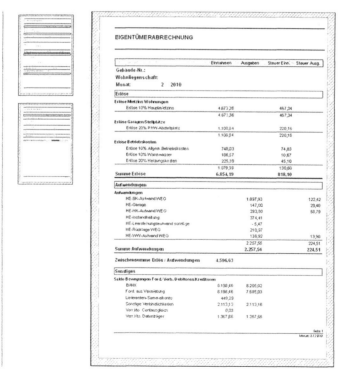

Abb. 6-9:   Eigentümerabrechnung

146

6.2.2.1.3 Ermittelte Zeit- und Kostenverteilung

Zwischen der Eingabe der ersten Stammdaten eines Investitionsobjektes und dem ersten Leerstandsreport vergingen 2 Monate. Bis zum ersten Abrechnungsmonat vergingen weitere 4 Monate. Dieser verhältnismäßig lange Zeitraum ist auf die gleichzeitige Bearbeitung von mehreren CAFM-Diensten zurückzuführen. Auch die schrittweise Erweiterung und Weiterentwicklung des besprochenen Moduls noch während der Implementierungsphase hat dazu beigetragen.

Ebenso wurde die Verwaltung der Investitionsobjekte seit dem Produktivstart immer wieder weiterentwickelt. Neue Anfragen von anderen Abteilungen bedingten neue Eingabefelder und neue Berichte.

Die nachfolgende Kostenaufstellung bezieht sich auf das gesamte Implementierungsprojekt. Die beschriebene Lösung für die Verwaltung der Investitionsobjekte nimmt circa 30% des Gesamtprojektes mit ein.

Kostenart	% zu Gesamt
Softwarebasis 5 Volllizenzen 7 Leselizenzen	62 %
Kosten Consultingleistungen mit Prozessbeschreibung und Datenmodellanpassung	21 %
Kosten Schnittstellen	7 %
Kosten Schulungen	4 %
Wartungskosten Software / Support	6 %
Gesamt innerhalb des Implementierungsjahres	100 %

6.2.2.1.4 Projektergebnisse

Das Ziel, mit dem CAFM-System eine zentrale Informationsplattform zu generieren, wurde erreicht. Die wesentlichen Informationen sind nun in einer zentralen Datenbank gespeichert. Die Berichtserstellung konnte von einem mehrtägigen Aufwand in eine Dienstleistung per Knopfdruck umgewandelt werden.

6.2.3 Einführung von CAFM bei einem FM-Dienstleister
Rainer Siewert

6.2.3.1 Ausgewählte Problemstellung –
Ersatz eines Bauhofes eines kommunalen Eigenbetriebes

Das Unternehmen FM Nord hat als FM-Dienstleister (AN) den Auftrag erhalten, einen Kur- und Tourismusbetrieb (AG) komplett zu bewirtschaften. Ausgangspunkt war die Abschaffung des Bauhofs innerhalb des kommunalen Kur- und Tourismusbetriebs (AG).

Zur Bewirtschaftung gehören Liegenschaften, Gebäude, Rettungstürme und der Strand. Weitere Ausrüstungsgegenstände, wie zum Beispiel Bänke, Papierkörbe, Werbung, Strandübergänge und die Beschilderung, sind zu verwalten.

Im Rahmen einer Produktanalyse hat sich FM Nord für das CAFM-Produkt pit-FM entschieden und auf Basis der Standardlösung schrittweise die Einführung beim AG realisiert.

6.2.3.2 Darstellung der Lösung

Neben dem kommunalen Eigenbetrieb hat die Gemeinde in einer frühen Projektphase Interesse an der Nutzung des CAFM-Systems gezeigt. Deshalb hat der AN mehrere Mandanten angelegt, die alle analoge Prozess- und Datenstrukturen nutzen, aber auf vollständig getrennten Datenbeständen arbeiten.

Die Einführung von pit-FM hat mit der Bestandserfassung der Liegenschaften begonnen. Anschließend wurden alle Inventare erfasst und eine Inventur durchgeführt.

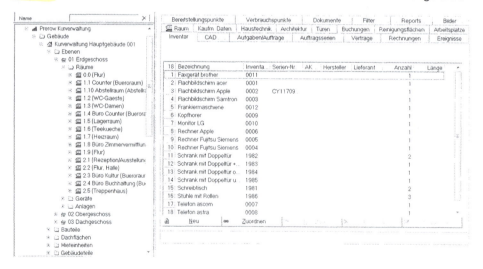

Abb. 6-10:   Abbildung der Inventare ortsbezogen

Der standardmäßig im pit-FM enthaltene Workflow zu Ereignismeldungen wurde genutzt. Damit erhielt erstmalig der AG transparent eine Auftragshistorie, die für strategische Entscheidungen genutzt wird.

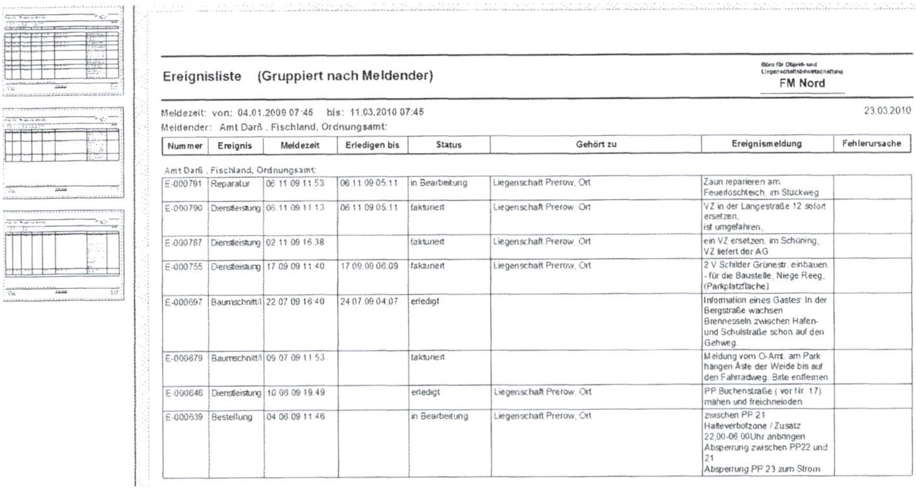

Ereignisliste (Gruppiert nach Meldender)

Büro für Objekt- und Liegenschaftsbewirtschaftung
FM Nord

Meldezeit: von: 04.01.2009 07:46 bis: 11.03.2010 07:45 — 23.03.2010

Meldender: Amt Darß . Fischland, Ordnungsamt:

Nummer	Ereignis	Meldezeit	Erledigen bis	Status	Gehört zu	Ereignismeldung	Fehlerursache
Amt Darß . Fischland, Ordnungsamt:							
E-000791	Reparatur	06 11 09 11.53	06.11.09 05:11	in Bearbeitung	Liegenschaft Prerow, Ort	Zaun reparieren am Feuerlöschteich, im Stückweg	
E-000790	Dienstleistung	06.11.09 11:13	06 11 09 05.11	fakturiert	Liegenschaft Prerow Ort	VZ in der Langestraße 12 sofort ersetzen, ist umgefahren,	
E-000787	Dienstleistung	02 11 09 16.38		fakturiert	Liegenschaft Prerow Ort	ein VZ ersetzen, im Schüning, VZ liefert der AG	
E-000755	Dienstleistung	17 09 09 11 40	17 09 09 06:09	fakturiert	Liegenschaft Prerow, Ort	2 V Schilder Grünestr. einbauen. - für die Baustelle, Niege Reeg, (Parkplatzfläche)	
E-000697	Baumschnitt/l	22 07 09 16:40	24 07 09 04:07	erledigt		Information eines Gastes: In der Bergstraße wachsen Brennesseln zwischen Hafen- und Schulstraße schon auf den Gehweg.	
E-000679	Baumschnitt/l	09 07 09 11 53		fakturiert		Meldung vom O-Amt. am Park hängen Äste der Weide bis auf den Fahrradweg. Bitte entfernen.	
E-000646	Dienstleistung	10 06 09 19.49		erledigt	Liegenschaft Prerow, Ort	PP Buchenstraße (vor Nr 17) mähen und freichneioden	
E-000639	Bestellung	04 06 09 11 46		in Bearbeitung	Liegenschaft Prerow, Ort	zwischen PP 21 Halteverbotzone / Zusatz 22,00-06 00Uhr anbringen Absperrung zwischen PP22 und 21 Absperrung PP 23 zum Strom	

Abb. 6-11: Ereignisreport nach Mandant, Liegenschaft und Zeitraum

Durch die Verflechtung aller Stammdaten von der Auftragserteilung bis hin zur Abrechnung sind alle Leistungen projektbezogen nachvollziehbar. Im ersten Schritt sind 5 Arbeitsplätze eingerichtet worden, um Ereignismeldungen zeitnah an verschiedenen Standorten eingeben zu können. Nach kurzer Zeit ist beim zuständigen Ordnungsamt ein weiterer Arbeitsplatz eingerichtet worden (z.B. Ereignisse zur Verkehrsbeschilderung).

Alle Leistungen, die dann als Auftrag erfasst sind, werden zeitnah durch ortsansässige Firmen abgearbeitet. Durch zwangsweise Rückmeldung der Aufträge ist für alle beteiligten Personen der Abarbeitungsstand ersichtlich. Jeder kostenrelevante Vorgang hat einen Lagebezug: innerhalb der Ortslage, in den Liegenschaften und vor allem am Strand. Meldungen kommen von Bürgern und Gästen in fast allen Fällen bei der Kur- und Tourismuszentrale an. Mitarbeiter des zuständigen Ordnungsamtes erhalten damit kurzfristig Informationen, die vorher nur mit großem Aufwand erhältlich waren.

Die CAFM-Software wird als ASP-Lösung bei einem Provider gehostet, der auch den Zugriff auf die CAD-Daten der Gebäude des AG ermöglicht.

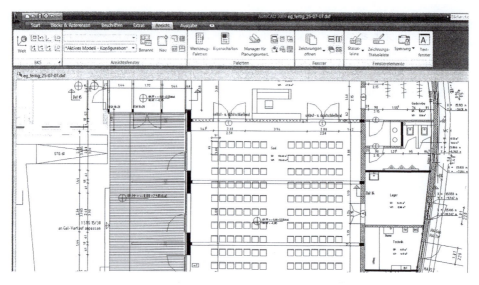

Abb. 6-12:   Kopplung von Gebäudegrundrissen mit CAFM

6.2.3.3 Ermittelte Kostenverteilung

Innerhalb des ersten Jahres ergab sich nachfolgende Kostenverteilung:

Kostenart	% zu Gesamt
Softwarebasis als SaaS	60 %
Kosten Consultingleistungen mit Prozessbeschreibung und Datenmodellanpassung	30 %
Kosten Schulungen	5 %
Kosten Wartung	5 %
Gesamt innerhalb des Implementierungsjahres	100 %

6.2.3.4 Projektergebnisse

Durch die extern vergebene Bewirtschaftung der Facilities des AG an FM Nord haben die ortsansässigen Firmen so viele Aufträge erhalten wie nie zuvor. Durch die CAFM-Software wurde schnell ein Vorteil deutlich: alle Aufträge und deren Abarbeitung sind für alle Berechtigten transparent. Als weiterer Vorteil ergab sich, dass alle Aufträge durch Fachfirmen abgearbeitet werden.

Dienstleistungen, wie Rasen mähen, Rabatten pflegen, Winterdienst, Papierkorbentleerung, Gebäudereinigung und so weiter, werden als Lose vergeben. Diese Leistungen erbringen Firmen, die auch die erforderliche Ausstattung vorhalten. So kann zum Beispiel durch Zukauf von Dienstleistern eine Leistungsspitze sehr schnell abgearbeitet werden. Das wird durch den FM-Dienstleister koordiniert.

Auch die Gemeinde selbst wird, durch den Erfolg der Bewirtschaftung über einen FM-Dienstleister, alle Leistungen des Kurbetriebes schrittweise auslagern.

6.2.4 Einführung von CAFM in einem Landkreis
Dipl.-Inf. Olaf Th. Buck

6.2.4.1 Ausgewählte Problemstellung – Liegenschaftsverwaltung

In einem Landkreis in Niedersachsen (AG) wurden Informationen über Liegenschaften und Gebäude in verstreut liegenden Dateien gehalten. Datenintransparenz war die logische Folge. In einer heterogenen Landschaft von digitalen CAD-Daten, Office-Dateien und anderen Informationsquellen waren wertvolle Sachinformationen enthalten, deren Gewinnung und Nutzung sehr aufwändig war.

Die Aktualität der Daten und der erhebliche Arbeitsaufwand zur Gewinnung von Managementinformationen waren der Ausgangspunkt zur Beschaffung einer CAFM-Software. Gleichzeitig stellte man im Landkreis auf die doppische Buchführung um, so dass die parallele Einführung eines CAFM-Systems zweckmäßig erschien.

Weitere Zielstellungen für die Einführung des CAFM-Systems waren ein definierter Zeit- und Kostenrahmen sowie die Schaffung einer hohen Akzeptanz gegenüber dem System innerhalb des Unternehmens.

Die grundlegende Entscheidung für die Einführung eines CAFM-Systems wurde 2009 getroffen und die Software consultware® FM im Dezember 2009 beschafft.

6.2.4.2 Darstellung der Lösung

Es wurde zuerst ein Projektteam gegründet und mit einer Einführungsberatung gestartet. Das Vorgehen wurde mit agilen Methoden gestaltet, anstatt zunächst klassisch ein Pflichtenheft zu erarbeiten und dann Themengebiete hierarchisch abzuarbeiten. Das Ziel war also, mit der Software und im direkten Kontakt systematisch einen Lösungsweg zu beschreiten, der zeitnah die Systemeinführung erlaubte, denn nur eine zügige Produktivschaltung versprach in der Situation den gewünschten Erfolg.

Eine entscheidende Grundlage für den Erfolg der Einführung stellten die vorhandenen CAD-Zeichnungen dar. Die strukturierte Aufbereitung von grafischen Informationen ist eine der wesentlichen Eigenschaften der gewählten Software consultware® FM. Der AG hatte durch eine CAD-Zeichenvorschrift bereits geklärt, dass Layerstrukturen einheitlich definiert waren. Dadurch wurden Zeichnungselemente, wie Türen und Fenster, von Grundrissinformationen, wie Wände, getrennt (s. Abb. 6-14).

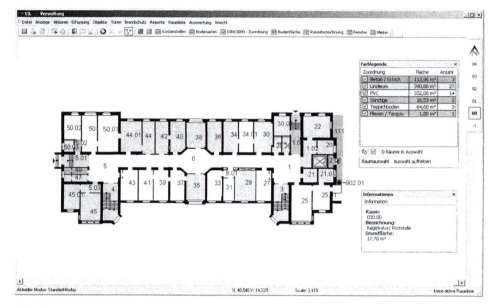

Abb. 6-13: Aufbereiteter CAD-Plan mit Kopplung zum CAFM

Der Schlüssel für den Projekterfolg waren die Einführungsberatung und die Projektorganisation in agiler Vorgehensweise. Für eine effiziente Entscheidungsfindung und Umsetzung wurde eine Trennung zwischen den Bereichen der Fachverantwortung und der Zuständigkeit für die Umsetzung realisiert.

Die Zielstellungen für die Projektorganisation waren:

*   kurze Einarbeitungszeit der Projektbeteiligten,
*   Aufbau von funktionierenden Kommunikationsbeziehungen von Beginn an,
*   Einbindung der Mitarbeiter des „Tagesgeschäftes",
*   Einbindung wichtiger Entscheidungsträger,
*   kurze Informationswege,
*   schnelle Entscheidungszeiträume,
*   umfassende Weitergabe von Know-how,
*   schnelle Nutzung von Kenntnissen über einrichtungsspezifische Gegebenheiten.

Mit den betroffenen Abteilungen wurden alle zentralen Themen in einem Kick-Off-Meeting beleuchtet, eine Prioritätenliste und ein Fahrplan bis zum Systemstart festgelegt. Zwei zentrale Ansprechpartner des AG wurden benannt, die den Einführungsprozess sowohl von Seiten der Bauverwaltung als auch von Seiten der Gebäudeinstandhaltung kontinuierlich begleiten.

Es wurde beim Projektstart entschieden, die Basisdaten des Funktionsmoduls „Fläche" zu erfassen sowie deren grundlegende Funktionen zu nutzen. Essentiell für die Kommune war auch die Abbildung von Kleinaufträgen, wie das sogenannte „kleine Bauinstand", da diese gemeinsam die Grundlage für alle weiteren Module bilden.

152

Es war daher zweckmäßig, zunächst alle Ressourcen und Aktivitäten auf dieses Ziel zu konzentrieren und erst später mit der Umsetzung spezifischer Module, wie Reinigung, Technik oder Schlüssel, zu beginnen.

Die Einführung und der Betrieb eines CAFM-Systems können nur dann erfolgreich sein, wenn der Aufwand zur Datenpflege und der Nutzen aus den Daten in einem guten Verhältnis stehen. Bei realistischer Betrachtung muss nicht jede Information jederzeit verfügbar sein, denn die durch CAFM erzielbaren Verbesserungen resultieren in der Regel aus einigen zentralen Informationen. Hierbei handelt es sich im Wesentlichen beispielsweise um die Identität von Räumen (Raumnummer), die Nutzung, den Nutzer und die Flächen. Diesen Fakten wurde bei der Einführung Rechnung getragen, um einen möglichst zeitnahen Produktivstart zu erreichen. Grundlegendes Credo war immer die Konzentration auf das Wesentliche und kurze Entscheidungswege mit zielgerichtetem Vorgehen.

Die Installation einer Software allein führt erfahrungsgemäß selten zu Verbesserungen. Es wurde schnell klar, nur wenn es gelingt, zügig einen hohen Erfassungsgrad zu erreichen, wird das CAFM-System in der Praxis bestehen können, da es erst dann effizient arbeiten und seine volle Wirkung zur Einsparung von Ressourcen entfalten kann. Das Anlegen der Stammdaten ist dabei grundsätzlich der erste Schritt. Das CAFM-System arbeitet an vielen Stellen mit Stammdaten, die den einzelnen Räumen, Objekten und Anlagen dann als Listenauswahl zugeordnet werden. Zusätzlich können diverse Beziehungen und Regeln in Form von Stammdaten erzeugt werden, welche den Aufwand bei der Erfassung erheblich verringern.

Theoretisch lassen sich Schnittstellen und Prozesse beliebig generieren und anpassen. Nicht erkannte Prozess- und Datenprobleme lassen sich dagegen in der Praxis selten einfach beheben. Als schwierig hatte sich vor allem die Anbindung an das bestehende SAP-Derivat herausgestellt. Hieraus wurden Kostenstellen und Kreditoreninformationen für die Stammdaten benötigt, welche zu den unabdingbaren zentralen Informationen für den Systembetrieb gehören. Da die ERP-Software erst kurz vorher eingeführt wurde, konnten zunächst noch nicht sämtliche Schnittstellen implementiert und zur Verfügung gestellt werden. Statt der Realisierung einer permanenten Lösung zum Import von Kostenstellen und Kreditorendaten „ins Blaue hinein" wurde zunächst auf einen einmaligen Export zurückgegriffen. Die Fluktuation dieser Daten wurde als gering betrachtet, so dass die eigentliche Realisierung einer Schnittstelle, welche nun später erfolgen wird, den Start nicht verhindert hat.

Enterprise
Resource
Planing

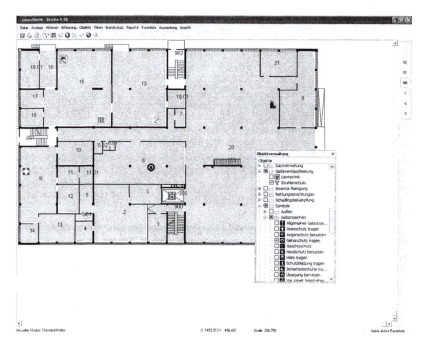

Abb. 6-14:   Aufbereitete Stammdaten im CAFM mit CAD-Kopplung

Mit dem entsprechenden Personal ausgestattet und unter der Reduktion auf wesentliche Dinge konnte innerhalb eines Monats beispielsweise das zentrale Gebäude des Landkreises mit allen notwendigen Daten erfasst werden.

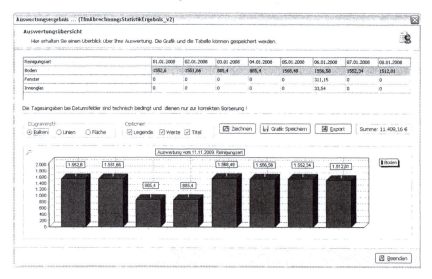

Abb. 6-15:   Reinigungskostenauswertung

Consultware® FM unterstützt die Verwaltungsprozesse des Landkreises nun nachhaltig. Kontinuierliche Schulungen, auch unter der Nutzung einer Webkonferenzsoftware, und eine kontinuierliche Begleitung mit festen Ansprechpartnern während des Prozesses unterstützten das Vorankommen erheblich. Die Kommunikation über das Internet hat sich als unerlässliche Ergänzung zu klassischen Treffen und Projektmeetings herausgestellt.

6.2.4.3 Ermittelte Kostenverteilung

Die Datenaufbereitung wurde vom Landkreis durch eigene Kräfte realisiert. Die Kosten für Beratung und Software teilten sich etwa 1/3 zu 2/3 des Gesamtvolumens.

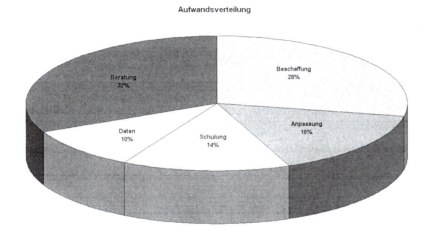

Abb. 6-16:   Aufwendungen für Beratung im Projektverlauf

6.2.4.4 Projektergebnisse

In nur drei Monaten wurde das CAFM-System im Landkreis vom ersten Startmeeting bis zur aktiven Nutzung produktiv eingeführt. Die Beschränkung auf zunächst wenige Informationen in Kombination mit einer gezielten Betrachtung der Prozesse und der Datenstrukturen vor Ort sowie einer kontinuierlichen Projektbegleitung waren der Schlüssel für die erfolgreiche Verwaltungsprozessunterstützung und die hohe Nutzerakzeptanz.

Für das Jahr 2010 ist die Einführung des ersten Zusatzmoduls „Reinigung" geplant, der dann zusätzliche Einsparungen für den Landkreis realisieren wird.

6.2.5 Einführung von CAFM in einer Stadtverwaltung
Dipl.-Geogr. Andreas Malec

6.2.5.1 Ausgewählte Problemstellung

Durch die Zentralisierung aller liegenschafts- und gebäudebezogenen Aufgaben in einem Regiebetrieb wurde in einer mittelgroßen Stadt in Schleswig-Holstein nach einem zentralen CAFM-System gesucht. Gleichzeitig wurde das doppische Finanzwesen eingeführt, wodurch der Bedarf nach einer zentralen Datenhaltung und -nutzung noch vergrößert wurde.

Das betraf ca. 140 Liegenschaften mit ca. 270 Gebäuden und in etwa 30.000 bebaute wie unbebaute Flurstücke.

Das CAFM-System musste einige zentrale Anforderungen abbilden:

- Anbindung der doppischen Finanzbuchhaltung,
- Abbildung aller Inhalte eines technischen, kaufmännischen und infrastrukturellen Facility Management,
- Integration der ALB-Daten (Daten des Amtlichen Liegenschaftsbuches) direkt in das CAFM,
- GIS-Anbindung an ESRI-Produkte, hier vor allem an den ArcGIS Server (ehemals ArcIMS),
- CAD-Anbindung an AutoCAD und Visualisierung über einen CAD-Viewer,
- Verbindung des CAFM mit mobilen Geräten (Tablet-PC´s) für die Erstdatenerfassung und mittelfristig für die Datenfortführung und Auftragsbearbeitung,
- Inventarverwaltung auf Basis der DIN 276,
- Einführung eines zentralen Berichtswesens.

Eine wesentliche Zieldefinition für die Nutzung eines CAFM-Systems war die in allen Bereichen notwendige flexible Strukturierung, Erfassung und Auswertung des kompletten Datenbestandes. Der Regiebetrieb versprach sich hierüber vor allem eine Optimierung der Arbeitsabläufe und eine verbesserte Arbeitsproduktivität. Vor allem die in großem Umfang vorhandenen dezentralen Datenquellen verursachten enorme Zeitverluste in der Abarbeitung täglicher Aufgaben.

Nach langer und intensiver Auseinandersetzung mit CAFM-Systemen für das Liegenschafts- und Gebäudemanagement hat sich die Stadt letztlich für die Branchenlösung pit-Kommunal entschieden.

pit-Kommunal wird seitdem als zentrales Informationssystem für alle Belange innerhalb des Regiebetriebes eingesetzt. Der Einsatz erstreckt sich dabei vom klassischen Grundstücksverkehr (inkl. ALB-Auskunft) über die Nebenkostenabrechnung, das Rechnungswesen, die Logistik und das Flächenmanagement bis hin zur Auftragsbearbeitung und Fuhrparkverwaltung – um nur einige Bereiche zu nennen.

6.2.5.2 Darstellung der Lösung

Das Einführungsprojekt wurde in mehrere Projektphasen gegliedert, die wiederum viele einzelne Projektschritte beinhalteten. Ziel war es, die komplexen Sachverhalte mit ihren typischen, komplizierten kommunalen Rahmenbedingungen in kleine über-schaubare Einführungsschritte zu gliedern, um schnelle Fortschritte aufzeigen zu können. Diese Vorgehensweise hat sich vor allem in kommunalen Projekten als Er-folgsgarant herauskristallisiert. So kann doch der kommunale Auftraggeber vor allem gegenüber der Politik kurzfristig Erfolge aufzeigen.

In Zusammenarbeit mit einem festen Projektteam und einem festen Ansprechpartner seitens der Kommunalverwaltung wurde ein umfangreicher Zeit- und Ablaufplan er-stellt. Die noch zu realisierenden Anpassungsarbeiten an der Software sind in einem Pflichtenheft detailliert dokumentiert und in den Zeitplan integriert worden.

Als Grundlage für den produktiven Start wurden diverse bestehende Datenquellen in pit-Kommunal importiert. Neben Flächeninformationen und den ALB-Daten waren dies hauptsächlich bestehende Adressen und die Kostenstruktur, um im ersten Schritt vorrangig die Belange des kaufmännischen Facility Management abzubilden. Dies betraf unter anderem die Belegverwaltung, Auftragsbearbeitung und eine Bud-get- und Kostenüberwachung sowie die Nebenkostenabrechnung.

Die Anbindung an die doppische Finanzbuchhaltung stand im Vordergrund, um einer doppelten Buchungserfassung entgegen zu wirken.

Anschließend wurden die umfangreichen Sachdaten aus pit-Kommunal an die haus-weite GIS-Auskunft (ESRI-Produkte) gekoppelt.

In einer weiteren Projektphase erfolgte eine umfangreiche Ersterfassung aller Inven-tare mit einer gleichzeitigen Datenfortführung aller Flächeninformationen inkl. Aufbe-reitung von CAD-Plänen. Die dafür notwendige Ausschreibung wurde in verschie-dene Lose gegliedert. Den Auftragnehmern wird seitdem seitens der Kommunal-verwaltung eine mobile Variante des pit-Kommunal zur Verfügung gestellt. Mittels Replikation werden dabei von der Stadt vorbereitete Eingabemasken aus pit-Kommunal auf den Tablet-PC´s zur Verfügung gestellt. Die vor-Ort erfassten Daten werden zeitnah in das zentrale CAFM-System integriert und von der Stadt geprüft. Zukünftig sollen die Tablet-PC´s mit der mobilen Variante von pit-Kommunal für die Bereiche Wartung/Instandhaltung und die Auftragsbearbeitung genutzt werden.

Die vorhandenen CAD-Pläne werden im Laufe der Datenerfassung ebenfalls nach und nach aufbereitet und mit den Daten aus pit-Kommunal verknüpft. Die Zeichnun-gen werden zukünftig in AutoCAD gepflegt und über einen CAD-Viewer für alle Anwender nutzbar gemacht.

In Abb. 6-17 bis Abb. 6-21 sind noch einige Ausschnitte aus der CAFM-Lösung der Kommunalverwaltung dargestellt.

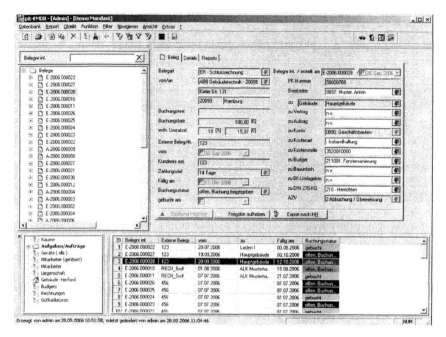

Abb. 6-17   Buchungsmaske des CAFM-Systems

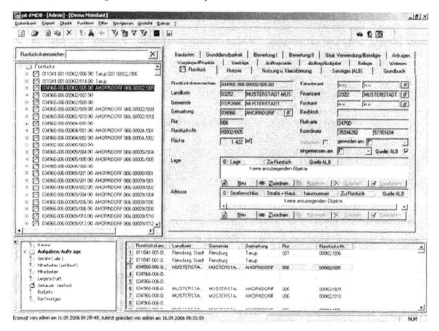

Abb. 6-18   Einbindung der ALB-Daten direkt in das CAFM-System

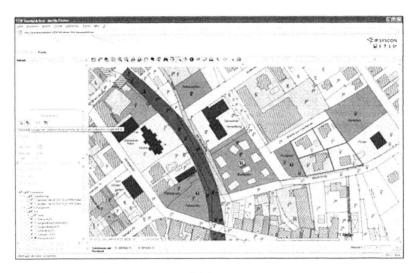

Abb. 6-19: WebGIS-Komponente ArcGIS Server

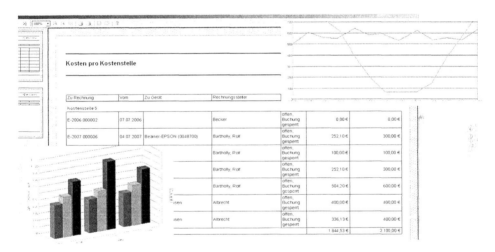

Abb. 6-20: Zentrales Berichtswesen über das CAFM

Abb. 6-21:   Mobile Variante pit-Kommunal für einen Tablet-PC

6.2.5.3 Ermittelte Kostenverteilung

Die im Folgenden angegebene Kostenverteilung bezieht sich auf die Aufwendungen hinsichtlich Einführung und Implementierung des CAFM-Systems innerhalb des ersten Jahres. Die Datenerfassung ist nicht berücksichtigt.

Kostenart	[%] zu Gesamt
pit-Kommunal	48,8
Schnittstelle Finanzbuchhaltung	2,7
Graphik (CAD, GIS, Viewer)	9,7
Wartung Software	6,2
Datenmigration Altdaten	14,7
Projektmanagement, Schulungen	10,2
Customizing	7,7

6.2.5.4 Projektergebnisse

Die CAFM-Lösung wird mittlerweile seit ca. 2 Jahren produktiv genutzt. Das Einführungsprojekt ist beendet. Dabei ist zu beachten, dass die Datenersterfassung der Inventare und die Aktualisierung der Flächeninformationen noch nicht abgeschlossen sind.

Die meisten angestrebten Projektziele wurden erreicht:

- verbesserte Arbeitsproduktivität,
- Reduzierung des bestehenden Aufwands bei bestimmten Arbeitsabläufen,
- Kostentransparenz,
- Zuordnung Kosten zu Flächen/Kostenträgern und
- zentrales Berichtswesen und einfache Auswertung der Daten unter verschiedenen Gesichtspunkten.

Insgesamt wurde vor allem die Präsenz eines Anwendungsbetreuers seitens der Kommunalverwaltung für das CAFM-System von allen Beteiligten als Grundstein für den Erfolg des Projektes gesehen. Ein weiterer wichtiger Baustein war die Definition von kleinen, schnell erreichbaren Meilensteinen. So konnte pit-Kommunal zeitnah eingeführt und die Motivation für die Nutzung der IT-Anwendung konserviert werden.

6.2.6 CAFM für Bankimmobilien
Dipl.-Ing. Odette Müller

6.2.6.1 Ausgewählte Problemstellung – Umzugsmanagement

Die Prozesse des Umzugsmanagements sind selbst in einem einzelnen Unternehmen oft sehr mannigfaltig mit anderen Prozessen verbunden. In diesem Projekt, CAFM in einer Bank, mussten verschiedene organisatorische Ansätze und FM-Prozesse umgesetzt werden. Eine Nutzung von CAD-Komponenten war dabei hilfreich, aber nicht zwingend erforderlich.

Der Umzug erfolgte in mehreren Phasen:

- Anforderung (s. auch Auftragsbearbeitung)
- Planung in Varianten
- Entscheidung für eine Variante
- Vorbereitung des Umzugs
- Durchführung des Umzugs
- Revision und Rückmeldung des Abschlusses des geplanten Umzugs
- Dokumentation des Umzugs im CAD und mit Inventarveränderungsmeldung in der Datenbank

Das Prozedere für einen Umzug musste mit der Nutzung der Auftragsverwaltung und der Projektverwaltung verbunden werden.

6.2.6.2 Darstellung der Lösung

Die Planung von Umzügen im CAD erfolgt durch Erzeugung von x Variantenzeichnungen (Grundriss). Dabei wird pro Variante vom Bestandplan (Bestandsplänen, wenn mehrere Gebäudeebenen betroffen sind) eine Zeichnungskopie entsprechend Definition in der Unternehmens-Zeichnungsvorschrift erzeugt.

In diesen Varianten-Plänen werden die Objekte, wie Mobiliar, Pflanzen und Mitarbeiter, mit CAD-Standardfunktionen innerhalb eines CAD-Ebenen-Planes von einem Raum in den anderen verschoben.

Umzüge zwischen verschiedenen Zeichnungen werden mit den pit-CAD-Funktionen *Umzug: ausschneiden* und *Umzug: einfügen* durchgeführt. Dabei bleiben bestehende Verknüpfungen zur Datenbank erhalten.

Mit CAD ist es möglich, eine anschauliche grafische Basis über die Entscheidung mehrerer Varianten durch die Mitarbeiter bereitzustellen. In dieser Planungsphase erfolgt *kein* Abgleich mit der Datenbank *pit-FM*. Erfolgt die Entscheidung für eine Planungsvariante, werden die abgelehnten Variantenzeichnungen vom Bearbeiter gelöscht.

Vorbereitung des Umzuges grafisch:

Die bestätigte/n Planungsvariantenzeichnung/en wird/werden als grafische Umzugs-basis für das Umzugsteam ausgedruckt.

Vorbereitung des Umzuges mit Umzugslisten für Personen:

In der *pit-FM*-Datenbank wird für die vom Umzug betroffenen Mitarbeiter/Ansprechpartner in den Feldern definiert: • *Soll Arbeitsort:* die Referenz auf den geplanten Raum und • *geplant ab:* das Datum, ab wann der *Soll Arbeitsort* zum *Arbeitsort* werden soll	
Im Kontext der Mitarbeiter, der Ansprechpartner oder der Person kann dann durch geeignete Vorbereitung im Tabellenbereich von *pit-FM* der Listenausdruck für den Umzug der Personen erfolgen.	

Die Listen können als Layout gespeichert und bei Bedarf wieder geladen werden.	

Vorbereitung des Umzuges mit Umzugslisten Raumausstattungen:

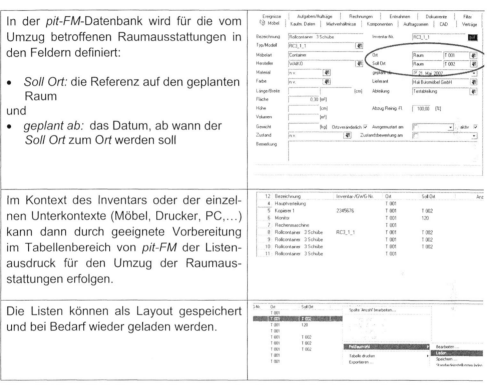

In der *pit-FM*-Datenbank wird für die vom Umzug betroffenen Raumausstattungen in den Feldern definiert: • *Soll Ort:* die Referenz auf den geplanten Raum und • *geplant ab:* das Datum, ab wann der *Soll Ort* zum *Ort* werden soll	
Im Kontext des Inventars oder der einzelnen Unterkontexte (Möbel, Drucker, PC,…) kann dann durch geeignete Vorbereitung im Tabellenbereich von *pit-FM* der Listenausdruck für den Umzug der Raumausstattungen erfolgen.	
Die Listen können als Layout gespeichert und bei Bedarf wieder geladen werden.	

Zur effektiven Definition und Erzeugung der Umzugslisten können die Filtertechnik (z.B. nur SAP-Inventar) und die Multifunktion von *pit-FM* genutzt werden.

Dokumentation des Umzuges

Ausgangsbasis sind die durch das Umzugsteam von Hand bestätigten

• Ausdrucke der Ebenenpläne und
• Umzugslisten.

Dokumentation des Umzuges im CAD-Plan:

Das Ziel ist die Aktualisierung der Bestandspläne der jeweiligen Gebäude-Ebene im Ergebnis des abgeschlossenen Umzuges. Je nach Komplexität des Umzuges sind dabei folgende Änderungen zu dokumentieren:

- Änderung des Grundrisses (z.B. Stählewände, Türen verschieben, löschen und /oder neu zeichnen),
- Änderung der Raumpolygone,
- Änderung der Raumausstattungen (z.B. Möbel und Pflanzen verschieben, löschen und /oder neu zeichnen),
- Änderung der Personen (Mitarbeiter oder/und Ansprechpartner).

Dabei sind die Festlegungen der Zeichnungsvorschrift stringent einzuhalten.

Wurden die oben genannten Grundriss-Änderungen schon komplett in der bestätigten Variantenzeichnung ausgeführt, kann der „alte" Grundriss-Bestandsplan des Geschosses gegen die bestätigte Variantenzeichnung ersetzt (historisiert) werden.

Dokumentation des Umzuges in der Datenbank pit-FM

Wurden alle CAD-Pläne bezüglich des zu bearbeitenden Umzuges aktualisiert, kann der automatisierte Abgleich zwischen dem jeweiligen aktuellen Bestandsplan und der Datenbank erfolgen. Der Abgleich erfolgt entsprechend definierter Regeln, die im Consulting aufgestellt worden sind. Mit Hilfe der Funktionen *Umzug Mitarbeiter* und *Umzug Raumausstattung* kann das Ergebnis des Datenabgleichs im Vergleich zum geplanten Umzug (Bezug *geplant ab*) kontrolliert werden. Steht die gleiche Raum-Nr. im „Ist" und im „Soll", dann sind CAD und Datenbank konsistent und aktuell. Besteht keine Übereinstimmung, sind entweder die Pläne noch nicht aktualisiert, und/oder die Datenbank ist noch nicht abgeglichen.

Funktion *Umzug Mitarbeiter*	
Start der Funktion im Kontext der *Personen/Mitarbeiter/Ansprechpartner* Menü -> *Funktion* -> *Umzug Personen*	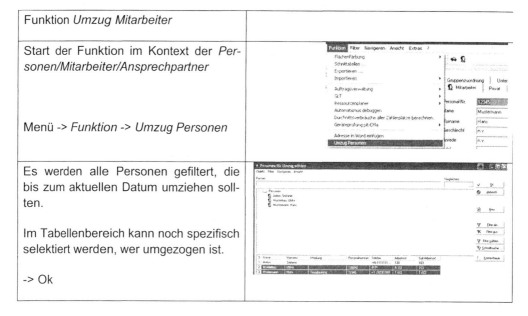
Es werden alle Personen gefiltert, die bis zum aktuellen Datum umziehen sollten. Im Tabellenbereich kann noch spezifisch selektiert werden, wer umgezogen ist. -> Ok	

Ergebnisse: Das Feld *Arbeitsort* erhält die Referenz auf den „geplanten" Raum. Die Felder *Soll Arbeitsort* und *geplant ab* der selektierten Personen werden auf „leer" gesetzt.	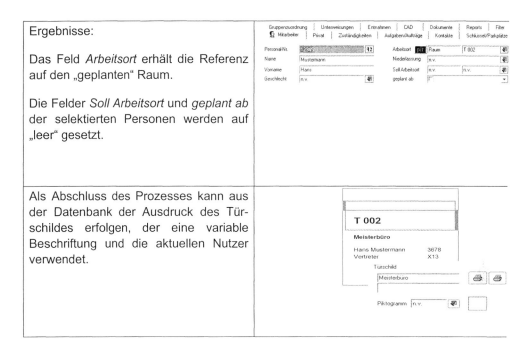
Als Abschluss des Prozesses kann aus der Datenbank der Ausdruck des Türschildes erfolgen, der eine variable Beschriftung und die aktuellen Nutzer verwendet.	

Umzug von Inventar nach Planung und Ausführung

Umzug von Inventar in der CAFM-Datenbank:

Funktion *Umzug Raumausstattung*	
Start der Funktion in einem Kontext der Inventarobjekte: Menü -> *Funktion* -> *Umzug Inventar*	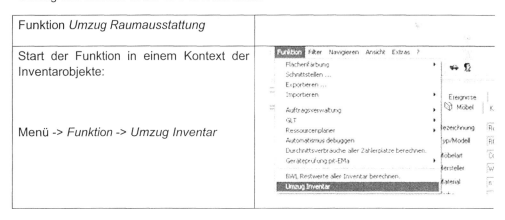

Es werden alle Inventare gefiltert, die bis zum aktuellen Datum umziehen sollten. Im Tabellenbereich kann noch spezifisch selektiert werden, was umgezogen ist. -> Ok	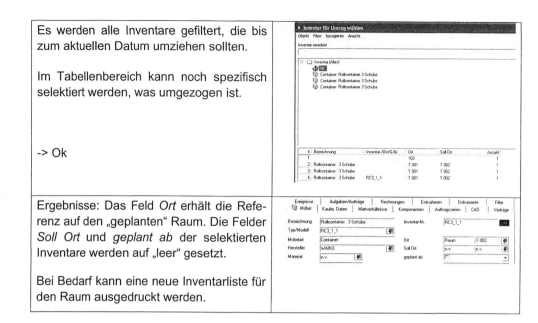
Ergebnisse: Das Feld *Ort* erhält die Referenz auf den „geplanten" Raum. Die Felder *Soll Ort* und *geplant ab* der selektierten Inventare werden auf „leer" gesetzt. Bei Bedarf kann eine neue Inventarliste für den Raum ausgedruckt werden.	

„Umzug" von Inventar durch mobile barcodegestützte Inventur

Neben geplanten Umzügen ist auch die Inventur ein wichtiger Bestandteil. Ein effektives Werkzeug ist dabei die mobile barcodegestützte Inventur.

Im Rahmen des Consulting wurde deutlich, dass der Inventarbegriff in Bezug zur Inventur ein ganz anderer ist, als im Sinne des Inventars im CAFM-System. Inventar aus Sicht der Anlagenbuchhaltung sind „abschreibungsrelevante" Objekte, die neben den üblichen Büroausstattungen auch Flächen, ganze Gebäude und Softwarelizenzen sein können. Das Inventar definiert sich aus dem Wert/Kaufpreis und der Abschreibung des Objektes.

Aus CAFM-Sicht sind Inventare wartungs- und prüfungsrelevante Objekte der Technischen Gebäudeausrüstung sowie Einrichtungen, wie Möbel, PC, Kopierer, Pflanzen, Kunstwerke usw., die vor allem umzugsrelevant sind. Aus dieser Mehrdeutigkeit ergeben sich aber nicht nur Probleme. Bei einem ganzheitlichen Ansatz entsteht ein komplexes Datenbankmodell, das auch eine Menge Chancen zur durchgängigen Informationsnutzung für den Facility Manager bietet.

Die Inventur kann zusätzlich sein:

- eine Datenerstaufnahme der Inventarobjekte für das CAFM-System,
- eine Datenqualifizierung (zusätzliche Informationen zu Typ, Zustand, Seriennummer…) oder
- der Abschluss eines Umzuges (Teilinventur) mit einer Aktualisierung / Kontrolle der Raumausstattungen.

166

Die Inventur wird zunächst geplant. Dazu gehören die Festlegung der Inventurräume, die Definition der durchführenden Personen (Mitarbeiter, Ansprechpartner) und deren Passwörter für die PDA-Nutzung. Ggf. werden noch sogenannte Klärungslabel für Inventar ohne Barcode (abgefallen, unlesbar …) auf Vorrat gedruckt.

Die (SAP-)Anlagenbuchhaltung liefert unmittelbar vor Beginn der Inventur in einem geschützten Datenbereich die Datensätze zum Soll-Inventar in einer strukturierten ASCII-Datei. Die Datei wird im CAFM-System als Soll-Inventar eingelesen, und die Datensätze werden schreibgeschützt.

Nun kann die Inventur mit Übertragung der Inventur-Daten an den PDA mit Barcode-Scanner beginnen. Im konkreten Fall wurde die erste so durchgeführte Inventur gekoppelt mit der „Barcode-Labelung" der Räume und des umzugsrelevanten Inventars, das kein inventurrelevantes (SAP-)Inventar ist bzw. war (GWG - Geringwertiges Wirtschaftsgut).

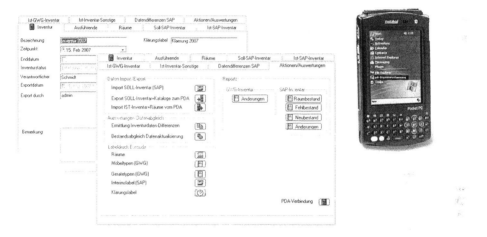

Diese Daten werden an den PDA übertragen. Am PDA loggt sich eine der ausführenden Personen ein.

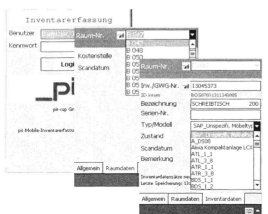

Der Raum, der betreten wird, wird mit dem Scan des Raum-Labels erkannt oder manuell aus der Liste gewählt.

Die Inventarobjekte werden mit dem Scan des Objekt-Labels erkannt oder werden aus der Inventarliste gewählt.

Jetzt können die importierten Daten zum Inventar, wie Zustand, Typ/ Modell, Serien-nummer und Bemerkungen, geändert werden. Das wiederholt sich für das nächste Inventar und die folgenden Räume.

Nach dem Rundgang wird der PDA wieder in die Ladeschale gesteckt und die defi-nierten Daten können in pit-FM als *Ist-Inventar* importiert werden. Der Erfas-sungszeitpunkt und die erfassende Person werden dabei mitgeführt.

Sind alle Räume „betreten" worden, ist die Erfassung abgeschlossen und die Inven-turdifferenzen können ermittelt werden.

Die Erzeugung von Reports „Inventar pro Raum", „Fehlbestand", „Neubestand", ... bereitet die Nacharbeit der Inventur vor. Die Ist-Inventur-Daten können zur Weiter-verarbeitung auch digital an das Anlagenbuchhaltungssystem (z.B. SAP) zurückge-geben werden.

„Umzug" von Personal durch Datenimport

Umzug von Personal durch Datenimport in der CAFM-Datenbank

Eine alternative Möglichkeit, den „Umzug" von Personen im CAFM-System abzubil-den, ist der Import von Daten aus einem anderen Softwaresystem, wie z.B. einer Software mit Benutzerverwaltung (ITSM) oder einer Personal-Verwaltungssoftware (HR). So kann durch täglichen Datenimport in das CAFM-Programm sehr schnell auf Personalveränderungen reagiert werden. Das ist je nach Workflow und den vorhan-denen Ressourcen eine sinnvolle Arbeitsweise mit der CAFM-Datenbank, besonders wenn neben dem Umzug auch eine Änderung von Personalstammdaten und damit verbundene strukturelle Änderungen (Kostenstelle, Personalkennzeichen,...) zu pfle-gen sind.

Umzug von Personal im CAD-Plan durch Datenabgleich

Als Folgeprozess kann sich durch den CAD-FM-Datenabgleich für Personal die Ab-bildung der aktuellen Raumbelegung durch automatische Aktualisierung der Beschriftungen im CAD-Plan anschließen. So lässt sich auch die Raumbelegung mit Personen aufwandsarm im CAD-Plan aktualisieren.

6.2.6.3 Ermittelte Kostenverteilung

Gesamtinvestition 2006-4/2010	Ca. 200.000,00€
Anzahl pit-FM-Lizenzen	6
Anzahl pit-CAD-Lizenzen	2
Anzahl pit-FM-Viewer	6
Nutzer	14
Anteil Erweiterung/Anpassung Umzugsmanagement (BOS-System, SAP/ SABK-Schnittstellen, Türschilddruck, CAD-Abgleiche + Beschriftungen)	20%

6.2.6.4 Projektergebnisse

- Die aktuelle Bestandsführung von Raumnutzungen und Raumausstattungen in der CAFM-Lösung ist eine Voraussetzung für effektivere Arbeitsweisen in weiteren FM- (wie Auftragsverwaltung) und Kommunikationsprozessen.
- Die CAD-Komponenten bieten für den „optisch orientierten" Nutzer und das Management eine visuelle Unterstützung für die Planung von Umzügen und die Bestandsdokumentation. Eine CAD-Nutzung ist aber nicht zwingend erforderlich.
- Die mit der CAFM-Lösung unterstütze Inventur am Hauptstandort und drei Außenstellen hat bei einem Projektpartner zu folgenden Ergebnissen geführt:

Art der Inventur	letzte konventionelle Inventur (A3-Endlos-Papierlisten)	Barcodegestützte Inventur mit CAFM-System
Durchführung	• 1 Team mit 2 Personen • ca. 5400 Stk. SAP-Inventurgüter	• 1 Team mit 2 Personen • ca. 6100 Stk. SAP-Inventurgüter
Reserveteam	• 2 Reserveteams mit je 2 Personen	• 1 Reserveteam mit 2 Personen – nicht benötigt
Dauer der Inventur	• 22 Arbeitstage	• 15 halbe Arbeitstage
Zwischenauswertung/ Controlling	• auf Papierbasis, sehr aufwändig, abends nach Rundgang	• täglich nachmittags nach Rundgang digital in verschiedenen Formen möglich
Auswertung	• erst nach manueller Datenerfassung im Anlagenbuchhaltungssystem auf Basis der unterschriebenen Inventurlisten zusammenfassend möglich	• Vorauswertung der Inventur im CAFM-System mit Erstellung von Reports zu fehlendem, neuem und geändertem (SAP-)Inventar. Das kann auch zur laufenden Unterstützung während der Inventurdurchführung genutzt werden. • Übergabe digitaler Listen zum optionalen Datenimport im Anlagenbuchhaltungssystem
Weitere Ergebnisse	• kein zusätzlicher Nutzen für den Facility Manager, da nicht alle für seine Prozesse relevanten Inventare betrachtet und für ihn verwertbar dokumentiert werden	• Bestandsaktualisierung im CAFM-System unabhängig davon, ob das Inventar inventurrelevant und/oder „nur" umzugsrelevant ist • aktuelle (Gesamt-)Inventarliste für Räume • dokumentierte Zustandsbewertung als Basis für Investitionsentscheidungen. • „Barcode-Labelung" der Räume und des Gesamtinventars für nachfolgende Inventuren und weitere FM-Prozesse wie Umzug, Auftragsverwaltung, …

Auf Basis dieser sehr positiven Erfahrungen bei der barcodegestützten Inventur sind vor der Durchführung der nächsten Gesamtinventur weitere Optimierungen im gesamtbetrieblichen Workflow und in den Funktionalitäten und Reports des CAFM-Programms geplant.

6.2.7 Projektbericht aus dem Gesundheitswesen
Dipl.-Ing. Michael Heinrichs

6.2.7.1 Ausgewählte Problemstellung – Kostenmanagement

In diesem Projekt geht es um die Flächenverwaltung und das Kostenmanagement eines Universitätsklinikums im Ruhrgebiet mit einer Grundstücksfläche von 218.000 m², 1.291 Planbetten und 5.500 Mitarbeitern.

Trotz vieler Vorteile eines CAFM-Systems schrecken immer noch viele Krankhäuser vor der Einführung einer datenbankgestützten Software zurück. Fragen, die zu klären sind, lauten:

- Sind IT und Verwaltung für das Einführen eines umfangreichen Neusystems hinsichtlich Ausstattung, Struktur der Verwaltungsprozesse und Kompetenz der Mitarbeiter ausreichend aufgestellt?
- In welcher Form soll das System zum Unternehmensergebnis beitragen?
- Sind die mit dem Projekt erforderlichen Veränderungen auch tatsächlich erwünscht?

Nur wer diese Fragenfolge eindeutig beantworten kann, ist in der Lage, ein komplexes CAFM-Projekt durchzuführen. Folgendes wird oft bei der Einführung einer CAFM-Lösung unterschätzt: ein Klinikum, das sich für Facility Management entscheidet, muss sich seiner eigenen Strukturen bewusst sein. Denn die Fragen, die der Anbieter bei den notwendigen Projekt-Workshops stellt, können sehr in die Tiefe gehen. Dadurch wird nicht selten ersichtlich, dass für die Gebäudebewirtschaftung wichtige Daten bisher möglicherweise falsch dokumentiert wurden.

Den Verantwortlichen im Uniklinikum war bewusst, dass eine moderne und effiziente Bewirtschaftung der Gebäude einen ganzheitlichen Lösungsansatz erfordert, welcher nur mit Einführung einer CAFM-Lösung zu gewährleisten war. Die Gebäude und Flächen sowie die Systeme und Inhalte sollten optimal auf die betrieblichen Bedürfnisse eingestellt werden, um die höchstmögliche Wertschöpfung sämtlicher Ressourcen der Uniklinik zu erreichen. Ressourcen sind hierbei neben den Liegenschaften, die Flächen und Räume, technische Anlagen und das Inventar.

Ursprünglich sollte die CAFM-Software im Klinikum als Infrastruktur- und Kabelverwaltungssystem eingesetzt werden. Schritt für Schritt wurde jedoch ein umfassendes Facility Management Framework ausgebaut.

Am Uniklinikum galt es nachfolgende wichtige Ziele zu erreichen:

- Übersicht und Planbarkeit aller Gebäude und Liegenschaften des Uniklinikums,
- Einheitliche, interne Verrechnung von Flächennutzungskosten,
- daraus resultierende allgemeine Senkung von Betriebs- und Investitionskosten.

Das Universitätsklinikum ist ein selbstständiges Unternehmen und damit auch öko-nomisch für die Bewirtschaftung seiner Flächen verantwortlich. Was früher nur über Umwege und mit hohem Aufwand zu erreichen war, übernimmt heute das CAFM-System: die gesamte technische Dokumentation, die Liegenschafts-, Flächen- und Kostenstellenverwaltung sowie die Instandhaltung.

6.2.7.2 Darstellung der Lösung

Der Hauptnutzen des Uniklinikums lag in der Übersicht und Planbarkeit der Liegen-schaften. Klare Grenzen zwischen den einzelnen Abteilungen sollten sichtbar und gemeinsam genutzte Bereiche besser erkannt und geplant werden. Deutlich wird dies am Beispiel der Einrichtung eines neuen medizinischen Zentrums. Die Software liefert präzise Angaben dazu, wie viel Platz bereits für den geplanten Bereich existiert und ob die vorhandene Fläche für die neue Nutzung ausreicht oder ob ein Erweite-rungsbau notwendig wird. Schließlich zeigt das System, wo Platz für An- oder Um-bauten zur Verfügung steht. Diese Informationen stehen gesichert zur Verfügung.

Die Mitarbeiter der Verwaltung können auf ein Gebäude, eine Etage oder einen Raum klicken und die entsprechenden Einrichtungen inklusive aller relevanten Infor-mationen sehen. So ist es beispielsweise möglich, Wartungsaufgaben zu planen, zu kontrollieren und revisionssicher zu dokumentieren. Der Anwender bewegt sich auf seinem Bildschirm zu den zu prüfenden Bereichen, etwa zum wiederkehrenden In-standhaltungspool. Hier ist festgelegt, welche Anlage (Aufzug, Brandmeldeanlage etc.) wann gepflegt oder gewartet werden muss. Im CAFM-System des Klinikums ist jede Datendose enthalten. Das sind etwa 8.000 passive Datenpunkte, also reine Do-sen ohne Aktivschaltung, aber inklusive Grundrissen und Verlaufsplänen. Derzeit arbeiten rund 100 Mitarbeiter mit IMSware.

Für die Instandsetzung wurde ein komplettes Arbeitsauftrag-Verwaltungssystem ent-wickelt. Das bringt den Vorteil, dass mehrere Gewerke in Echtzeit daran partizipieren. Ein Reparaturauftrag, der früher auf Papier deutlich länger unterwegs war, wandert im CAFM-System von Postkorb zu Postkorb weiter, so dass der Auftrag seinen Adressaten schnell erreicht. Die Arbeitsaufträge sind in einem geschlossenen System rundum dokumentiert: wann und von wem aufgegeben, warum hat die Bear-beitung so lange gedauert? Welche Materialen wurden verbraucht und wie viel Zeit hat der Techniker für die Durchführung benötigt? Gleichzeitig erhält man einen Nachweis seiner Tätigkeiten inklusive Auswertungen.

Ein wichtiges Anwendungsgebiet der Software ist die gesamte CAD-Verwaltung der Grundrisspläne. Jedes Gewerk hat immer direkten Zugriff auf die gewünschten CAD-Unterlagen. So können die Mitarbeiter etwa im Fall einer Neu- und Umbauplanung sehen, wo sich welche Facilities befinden und welche Maßnahmen für die Planung relevant sind. Des Weiteren kann die CAFM-Software die Effizienz von Wartungsar-beiten bei technischen Einrichtungen nachverfolgen. Diese wiederkehrenden Prü-fungen laufen in der Regel über Rahmenverträge ab. Treten trotz erfolgter War-tungen regelmäßig Mängel an den Anlagen auf, ist die Qualität der Wartung entweder unzureichend oder gar überflüssig. Hier kann das integrierte Reporting Op-timierungspotenziale aufdecken und bei der Senkung von Kosten unterstützen.

Die folgenden Beispieloberflächen zeigen Auszüge aus der aktuellen Systemkonfiguration. Für die Veranschaulichung wurden die meistverwendeten Funktionen ausgewählt. Insgesamt verfügt das Universitätsklinikum über 8 Module im Kabel- und Netzwerkmanagement sowie im Facility Management.

Die Ansicht des Systems ist an die bekannten Windows-Oberflächen angelehnt. Die Navigation erfolgt über einen so genannten Navigationsbaum, der dem Windows-Explorer in seinem Aufbau ähnelt. Über die rechte Maustaste können weitere Funktionalitäten, wie z. B. ein Detailfenster zum ausgewählten Objekt, aufgerufen werden. Im dem Detailfenster befinden sich weiterführende Attribute, Verlinkungen des Objekts zu weiteren Funktionalitäten oder Dateianhänge wie Grafiken oder Verträge.

Im linken Bildschirmbereich befinden sich die Fachschalen mit den jeweiligen Modulen und Funktionalitäten. Die Auslieferung im Standard kann in diesem Bereich durch selbsterstellte Reports oder meistgenutzte Funktionalitäten ergänzt und somit anwenderspezifisch angepasst werden. Der Grafikkern arbeitet bidirektional. Das heißt, Veränderungen in der Alphanumerik werden in die Zeichnungen entsprechend übernommen, und auch Veränderungen im Plan, wie z. B. das Anlegen eines neuen Objektes, werden in die Objektdatenbank übertragen. Der Grafikkern unterstützt die Formate DXF, DWG, DGN und IFC.

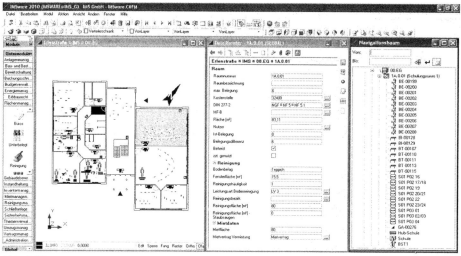

Abb. 6-22:

Darstellung einer Funktionalität im Flächenmanagement

Alle Pläne der Liegenschaft wurden in das CAFM-System übernommen. Die Datenintegration erfolgte bis auf Raum- und Objektebene ausgewählter Einrichtungsgegenstände.

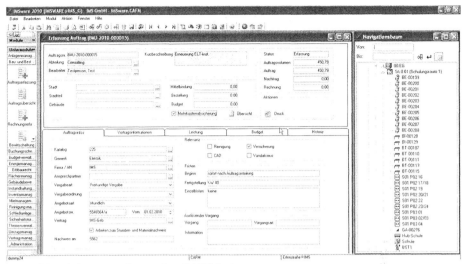

Abb. 6-23: Auftragsvergabe aus dem CAFM System

Die Instandhaltungsaufträge werden direkt aus dem System generiert. Die Abrechnung und budgetgerechte Zuordnung erfolgen ebenfalls in IMSware in Verbindung mit der eingesetzten Finanzbuchhaltungssoftware, für die eine entsprechende Schnittstelle erstellt wurde.

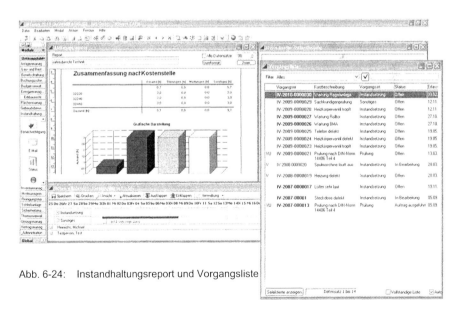

Abb. 6-24: Instandhaltungsreport und Vorgangsliste

Die Instandhaltungsvorgänge werden in eine Vorgangsliste übernommen und nach Priorität kenntlich gemacht. Über ein Postkorbverfahren können die Vorgänge direkt den zuständigen Personen zugestellt werden. Der Report gibt beliebige Informationen zu den Instandhaltungsvorgängen aus. Dazu zählen z. B. Auswertungen nach Kostenstelle, Gewerk oder Bearbeitungszustand.

6.2.7.3 Ermittelte Zeit- und Kostenverteilung

Der größte Aufwand war nach der Implementierung der Grundkonstellation des Systems das Customizing und die CAD-Datenaufbereitung in der gewünschten Detailtiefe. Diese Anpassungen haben mehrere Monate in Anspruch genommen, sind aber für das erfolgreiche Gelingen eines Projekts unerlässlich. Die Anpassung an die örtlichen Verhältnisse und Kundenbedürfnisse sind sehr wichtig und von Haus zu Haus verschieden.

Für die Nennung von konkreten Projektzahlen haben wir keine Freigabe erhalten. Wir bitten um Verständnis.

6.2.7.4 Projektergebnisse

Der ROI wurde nach ca. 18 Monaten erreicht, was bei dem großen Aufwand im Bereich Customizing und CAD-Datenaufbereitung beachtlich ist.

- Die gewünschte Transparenz aller Liegenschaften und die damit verbundene Steigerung der Flächeneffizienz wurden geschaffen.
- Das System wurde schnell von den Mitarbeitern akzeptiert und konnte somit schnell in den Produktivbetrieb übergehen.
- Das Reporting wird wie gewünscht umgesetzt und aufgrund des integrierten Workflowgenerators bedarfsorientiert angepasst.

Diese Punkte haben bereits intensiv zum Gesamtziel, die allgemeine Senkung der Bewirtschaftungskosten, beigetragen. Im Produktivbetrieb werden stetig weitere Senkungspotentiale identifiziert und sukzessive umgesetzt.

6.3 CAFM-Projekte aus Sicht von FM-Dienstleistungen

6.3.1 Vertikale FM-Dienstleistungen

6.3.1.1 Instandhaltungsmanagement
Dipl.-Ing. Roland Bartmann, Dr. Michael Dahr

6.3.1.1.1 Ausgewählte Problemstellung –
Instandhaltung in einem Industrieunternehmen

Die Iveco Magirus AG produziert im Werk Donautal Nutzfahrzeuge vom Typ Stralis mit Motoren von 310 PS bis 450 PS. Die Fahrzeuge werden mit drei Fahrerhaustypen je nach Einsatzbereich konfiguriert: Active Space, dem Großraum-Fahrerhaus, Active Time für den nationalen Einsatz und Active Day für den Einsatz im schweren Verteilerverkehr.

Quelle: Iveco

Zur Produktion gehören zwei Bänder zur Montage sowie die Fahrerhausfertigung. 2008 wurden ca. 26.000 Nutzfahrzeuge im Werk Donautal produziert. Bereits seit einigen Jahren hat Iveco ein World Class Manufacturing-Projekt (WCM) initiiert, dessen Ziel es ist, einen kontinuierlichen Verbesserungsprozess im Instandhaltungsmanagement zu implementieren.

2009 entschied sich Iveco, die zur Umsetzung der WCM-Maßnahmen eingesetzten IT-Systeme durch ein zentrales, webbasiertes System zu ersetzen. Die Entscheidung fiel auf PMS Service | FM. Im Gegensatz zu den abzulösenden Systemen unterstützt PMS Service | FM nicht nur die Fehleranalyse, sondern auch den gesamten Instandhaltungsprozess. Hierzu zählen folgende Kernfunktionen:

- Abbildung der Organisationsstruktur Instandhaltung und deren Arbeitsabläufe
- Abbildung der Produktionsanlagen mit mehreren tausend Komponenten einschließlich der Zuordnung von Dokumenten (z.B. Bedienungsanleitungen, Sicherheitsdokumentation, Pläne, Bilder etc.)
- Erstellung der Arbeitsvorlagen zur Durchführung wiederkehrender Instandhaltungsaufgaben, die als Basis zur Serviceauftragserstellung dienen.

- Zuordnung der Wartungs-, Instandhaltungs- und UVV-Termine zu Anlagen mit automatischer Serviceauftragsgenerierung zu anstehenden Terminen
- Störungsaufnahme und -bearbeitung mit nachgeschalteter Emergency-Work-Order-Analyse (EWO). Ziel der EWO ist es, Fehlerursachen zu erkennen und Maßnahmen zur zukünftigen Fehlervermeidung zu definieren. Die Umsetzung der Maßnahmen soll durch das neue System geplant, durchgeführt und analysiert werden.
- Aufbau des gesamten Lebenszyklus wichtiger Produktionskomponenten (insbesondere AA-, A- und B-Anlagen), der Auskunft über Störungen, Instandhaltungs- und Wartungsmaßnahmen, Maßnahmen zur Unfallverhütung (UVV) sowie Aussagen über Betriebskosten liefert.

Mit der Einführung von PMS Service | FM waren folgende Ziele Verbunden:

- Effiziente Planung, Durchführung und Analyse aller Wartungs- und Instandhaltungsaufgaben mit konsequenter Terminverfolgung unter Berücksichtigung der Einsatzplanung und Vertretungsregelung;
- Standardisierte Auftragsdurchführung auf Grund der Verwendung einheitlicher Arbeitsanweisungen;
- Effiziente Planung der Aufgaben durch die Meister. Die Meister sollen in der Lage sein, Aufgaben einer permanenten Überwachung und Endkontrolle zu unterziehen. Die Nachvollziehbarkeit aller durchgeführten Aufgaben war ein weiteres Ziel, so dass die Schritte Aufgabenplanung, Durchführung und Endkontrolle inhärente Bestandteile eines kontinuierlichen Verbesserungsprozesses sind;
- Systematische Abarbeitung anstehender Aufgaben durch die Arbeitsgruppen Mechanik, Elektrik und Organisation sowie abschließende Kontrolle der Fertigmeldungen durch die jeweiligen Meister. Verbesserung der Kommunikation und Abstimmung zwischen unterschiedlichen Wartungsteams, die gemeinsame Wartungsaufgaben durchführen;
- Bessere Ausnutzung des Restabnutzungsvorrats der Produktionsanlagen, womit sowohl Wartungskosten reduziert als auch Störungen vermieden werden.
- Systematische Unterstützung der WCM-Projekte unter Berücksichtigung des Störungs- und EWO-Prozesses;
- Quantitative und qualitative Analyse des Instandhaltungsprozesses durch Auswertung der erfassten Serviceaufträge (Ticket), Realisierung eines nachhaltigen Qualitätsprozesses.

In das Gesamtprojekt sind ca. 50 Mitarbeiter der Iveco-Instandhaltung und zusätzliche Mitarbeiter der Iveco-IT involviert. Iveco hat sich dabei für eine stufenweise Einführung entschieden, damit die Kernprozesse (Instandhaltungs-, Störungs- und EWO-Prozess) parallel zum laufenden Betrieb auf das neue System umgestellt werden können.

Die Fahrzeugmontage erfolgt im Werk Ulm auf zwei Bändern. PMS Service | FM umfasst einen Gruppenterminkalender, in dem sowohl Verfügbarkeits- wie auch Nichtverfügbarkeitstermine eingetragen werden können, wodurch die Zuordnung von Mitarbeitern über den Kalender erfolgen kann.

6.3.1.1.2 Darstellung der Lösung

Das Projekt wurde im Zeitraum Mai bis Oktober 2009 realisiert. Die Projektschritte können grob wie folgt dargestellt werden:

- Aufnahme der Anforderungen des AG durch den AN. Hierzu fanden zwei Workshops statt, an denen der Leiter Instandhaltung, die Meister sowie IT-Mitarbeiter teilnahmen.
- PMS Service | FM bietet ein leistungsfähiges Customizing-Konzept, mit dem die Webformulare sowie die Arbeitsabläufe flexibel und ohne Programmierung ange-passt werden können. Dieses Konzept wurde im Rahmen einer Administrations-schulung vorgestellt.
- Erarbeitung eines Konzeptes zur Strukturierung und Übernahme der Anlagenda-ten.
- Konzepterstellung zur Abbildung der Organisationsstruktur und den damit ver-bundenen Arbeitsprozessen
- Konzept zur Erstellung und Anwendung von Vorlagen zur Durchführung wieder-kehrender Serviceaufträge. Damit verbunden ist auch die Zuteilung der einzelnen Aufgaben durch die Meister an die ausführenden Mitarbeiter mit der Möglichkeit der Durchführung abschließender Endkontrollen zur Qualitätssicherung.
- Konzept zur Darstellung des Störungsprozesses einschließlich des nachgeschal-teten EWO-Prozesses.

Im ersten Projektabschnitt ging es um die Abbildung der Produktionsanlagen in PMS Service | FM. Da die Anlagen bereits in bestehenden Datenbanken gespeichert wa-ren, konnten diese in die PMS-Datenbank über Datenmodellabgleich importiert wer-den. Übernommen wurden ca. 3000 Komponenten. Die Nomenklatur zur Bezeich-nung der Bauteile in Abhängigkeit des Einbauortes konnte in die PMS-Datenbank übernommen werden.

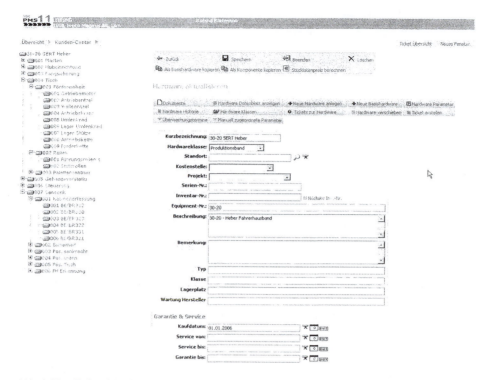

Abb. 6-25:   Teilansicht einer Komponente einer Produktionsanlage in PMS Service | FM mit
Unterkomponenten (baumartige Darstellung als Stückliste links)

PMS Service | FM erlaubt die Darstellung von Anlagen in einer Explorer-ähnlichen
Baumstruktur. Auf Grund der großen Anzahl von instandhaltungs-relevanten Komponenten wurden die Anlagen zur Steigerung der Übersichtlichkeit in einzelne
Basisanlagen zerlegt, deren Komponenten wiederum als Baumstruktur abgebildet
wurden. PMS Service | FM verfügt über eine leistungsfähige Suche nach Bauteilen
und Anlagen. Hierdurch können Anlagen und Komponenten schnell gefunden werden. Die Darstellung des gesuchten Bauteils als Baumstruktur ermöglicht eine
schnelle Navigation. PMS Service | FM bietet viele Funktionen, mit denen Ersatzteile
Anlagen zugeordnet und defekte Teile aus Anlagen entfernt werden können. Jeder
Konfigurationsschritt wird dabei automatisch in einer Historie zur Anlage festgehal-
ten. Da die Bezeichnung eines Bauteils abhängig vom Einbauort der Gesamtanlage
ist, war die Zuordnung einer zusätzlichen Ident-Nr. (ID) zu Anlagen notwendig, damit
der Lebenszyklus der Anlagen und Bauteile vollständig in der Realität abgebildet
werden kann. Innerhalb von PMS Service | FM sind Anlagen und Komponenten au-
tomatisch durch eine eindeutige ID identifiziert.

Aus diesen Gründen fand nach der automatischen Datenübernahme eine manuelle
Nachbearbeitung der Daten durch Mitarbeiter der Instandhaltung statt.

178

Die Organisationsstruktur konnte schnell mit PMS Service | FM abgebildet werden.

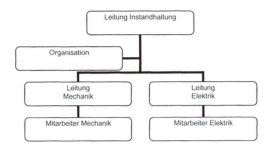

Abb. 6-26:   Vereinfachte Darstellung der Organisationsstruktur „Instandhaltung"

Für die einzelnen Instandhaltungsbereiche wurden „Gruppen" in PMS Service | FM angelegt und konfiguriert. Entsprechend der oben dargestellten Hierarchie wurden Berechtigungen angelegt, so dass Arbeitsaufträge zwischen den Gruppen weitergeleitet werden können.

Arbeitsaufträge (z.B. Serviceauftrag, Störung etc.) bestehen in PMS Service | FM aus einem Vorgang (Ticket), dem ein zuständiger Bereich (Gruppe) und ggf. ein verantwortlicher Mitarbeiter (Vorgangsverantwortlicher) zugeordnet sind. Tickets sind weiter strukturiert und können mit Elementen der Inventardatenbank verknüpft werden. Hierdurch können alle mit einer Anlage oder Komponente verbundenen Vorgänge schnell und lückenlos abgerufen werden. Die Vorgänge lassen sich nach Vorgangsarten unterscheiden. Hierzu zählen beispielsweise „Wartungsauftrag", „UVV-Maßnahme", „Störung" und „EWO".

Im Allgemeinen sind an der Durchführung einer Maßnahme mehrere Mitarbeiter unterschiedlicher Gruppen (z.B. Mechanik und Elektrik) beteiligt. Zur Dokumentation der einzelnen Arbeitsschritte sowie zur Zuteilung der Verantwortlichkeiten für die Durchführung werden einzelne Aktivitäten (Teilaufgaben) zu Tickets erstellt. Diese können zusätzlich Arbeitsanleitungen, Dokumente und Checklisten zur Steigerung der Qualität der Auftragsdurchführung umfassen. Weiterhin können Arbeitszeiten sowie das eingesetzte Material (z.B. Ersatzteile, Verbrauchsmaterial etc.) zu Aktivitäten erfasst werden. Damit lassen sich Vorgänge auch gemäß Arbeitszeit und Kosten bewerten. Die Verknüpfung mit Anlagen ermöglicht die Einbeziehung dieser Kosten in die Betriebskosten der Anlage. Fremdleistungen können ebenso geplant, dokumentiert und bewertet werden.

Zur Abbildung von Störungen wurde eine spezielle Ticketart konfiguriert, mit der Störungen aufgenommen, bearbeitet und dokumentiert werden. Zeitabschnitte einer Störung – z.B. Meldedatum und Uhrzeit, Diagnosedauer, Dauer der Bereitstellung von Ersatzteilen, Reparaturdauer, Dauer bis zur Inbetriebnahme – können erfasst und ausgewertet werden (siehe Abb.). Damit kann eine Kostenanalyse zu einer Störung erfolgen, die auch die ausgefallenen Arbeitszeiten (Anzahl der durch die Störung betroffenen Arbeitsplätze) berücksichtigt.

Der Störung nachfolgend ist der Emergency-Work-Order-Prozess zur weiteren Ursachenanalyse und zur zukünftigen Vermeidung ähnlicher Störungen geschaltet. In PMS Service | FM ist der EWO-Prozess als Vorlage definiert. Auf Basis dieser Vorlage kann per Klick ein EWO-Ticket als Folgeticket eines Störungs-Tickets erstellt werden. Die Bearbeitung dieser Tickets ist standardisiert und kann so in das WCM-Projekt nahtlos integriert werden. ==Mit Hilfe einer Entscheidungsmatrix werden automatisch weitere Folgetickets zum EWO-Ticket generiert, die zur Durchführung weiterer Maßnahmen zur zukünftigen Störungsvermeidung dienen.==

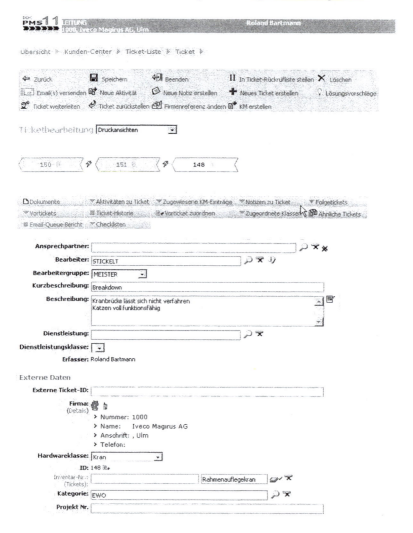

Abb. 6-27:   Störungsticket mit Folgetickets zur Ursachenanalyse und zur Durchführung von
             Gegenmaßnahmen

Zurück zur Aktivität

Zeiterfassung   Aktivität: 360 - Analyse der Störungsbehebung

Zeiterfassungstyp	Von	Bis	Zeitraum	Fakturierbar	Aktionen
					⊟
EWO 5 Reperatur - Produktionsbeginn	12.11.2009 08:15	12.11.2009 08:20	00:00:05		✎ ✖
EWO 4 Reparatur - Tausch	12.11.2009 08:05	12.11.2009 08:15	00:00:10		✎ ✖
EWO 3 Diagnose - Demontage	12.11.2009 07:55	12.11.2009 08:05	00:00:10		✎ ✖
EWO 2 Telefonanruf - Diagnoseende	12.11.2009 06:33	12.11.2009 07:55	00:01:22		✎ ✖
EWO 1 Störbeginn - Telefonanruf	12.11.2009 06:30	12.11.2009 06:33	00:00:03		✎ ✖

Dauer in Tagen:
Dauer in Stunden:
Dauer in Minuten:

Abb. 6-28:   Zeiterfassung zu einer Störung

◀ Zurück ⊟ Speichern ▣ Beenden ✖ Löschen ⊡ Neue Checkliste anlegen

Checkliste 🖨 Drucken

Aktivität: 361, SW+1H Analyse
Kurzbezeichnung: EWO SW+1H
Abgeschlossen: Ja ▾
Beschreibung: SW + 1H Analyse für EWO

Reihenfolge	Kategorie	Wert	Abgeschlossen	
▸	10 SW+1H / Was:	Kranbrücke ohne Funktion		⊟
▸	20 SW+1H / Wann:	Produktionsbeginn		⊟
▸	30 SW+1H / Wo:	Anlage		⊟
	40 SW+1H / Wer:	Bediener		⊟
	50 SW+1H / Welche:	Antrieb ohne Funktion		⊟
	60 SW+1H / Wie:	sicht kontakt		⊟

Abb. 6-29:   Systematische EWO-Analyse

PMS Service | FM besitzt einen integrierten Berichtsgenerator, mit dem individuelle Berichte und Analysen erstellt werden können. Zusätzlich können Berichte und Analysen mit Standard-Tools erstellt und abgerufen werden, die den Zugang zu Oracle-Datenbanken erlauben.

Zur Durchführung wiederkehrender Wartungs- und Instandhaltungsaufgaben wurden Vorlagen erstellt, mit denen automatisiert Tickets zum anstehenden Wartungstermin erzeugt werden. Hierzu ermöglicht PMS Service | FM die Definition einer beliebigen Anzahl von Terminen zu einer Anlage. Unterschieden werden periodische Termine und Termine in Abhängigkeit von Leistungskennzahlen – z.B. Betriebsstunden der Anlage, Hübe etc.

Auf Grund der exakten Berechnung von Serviceterminen können Serviceintervalle ausgeschöpft werden, wodurch die Betriebskosten für Anlagen unter Berücksichtigung des Ausfallrisikos minimiert werden.

6.3.1.1.3 Ermittelte Kostenverteilung

Statt der Einführung von PMS Service | FM im Rahmen eines zeitintensiven und umfangreichen Projektes über alle Bereiche hinweg, wurde eine schrittweise Einführung bevorzugt. Durch dieses Vorgehen wurde eine schnelle Nutzung unter minimalem Aufwand erreicht.

In das Gesamtprojekt flossen Erfahrungen

- aus dem WCM-Projekt und
- den selbstentwickelten Tools von Iveco ein.

Auf dieser Basis konnte die Einführung wesentlich beschleunigt werden. Das Customizing-Konzept der Software PMS Service | FM ermöglichte eine qualitativ hochwertige Einführung innerhalb kürzester Zeit.

Die Dauer bis zur produktiven Nutzung von PMS Service | FM in dem hier beschriebenen Kontext dauerte ca. 6 Monate. Der Einführungsaufwand betrug ca. 40 Mann-Tage. Der größte Teil der Leistungen – wie Anpassung der automatisch übernommenen Daten, Datenneuerfassung, Anlage der Servicevorlagen und der Wartungstermine etc. - wurde von dem IT-Team und dem Team der Instandhaltung in Eigenleistung mit konzeptioneller Unterstützung durch den AN durchgeführt. Die Facility-Management-Lösung „Instandhaltungsmanagement" bei Iveco ist mit vergleichsweise geringem Aufwand auf hohem Qualitätsniveau deshalb realisiert worden, weil drei wesentliche Faktoren zusammenspielten:

- langjährige Erfahrungen des Iveco-Teams im Facility- und Projektmanagement,
- die flexible und vorkonfigurierte Systemarchitektur von PMS Service | FM, in die über 15 Jahre Praxiswissen des Herstellers eingeflossen sind und
- das webbasierte Frontend von PMS Service | FM, das auch ohne aufwendige Schulung intuitiv und sicher bedienbar ist.

Der geringe Einführungsaufwand spiegelt sich auch in der Kostenverteilung wider. Im Gegensatz zu vielen IT-Projekten liegt der Beratungsaufwand deutlich unterhalb der Lizenzgebühren, wie nachfolgende Tabelle veranschaulicht.

Kostenverteilung	Prozentualer Anteil
Lizenzen (60 Named User)	68%
Projektberatung	11%
Maintenance (Support inkl. Updates)	21%

6.3.1.1.4 Projektergebnisse

Nach einem Probebetrieb in 2009 ist PMS Service | FM seit Januar 2010 im produktiven Einsatz. Bisher wurden folgende Ziele umgesetzt:

- Realisierung eines zentralen Systems für die Instandhaltung, mit dem Arbeitsprozesse bereichsübergreifend geplant, durchgeführt und dokumentiert werden. Die Effizienz der Arbeitsabläufe durch die Meister ist durch Verwendung von Arbeitsvorlagen, der Arbeitsdisposition und Möglichkeiten der Endkontrolle wesentlich gesteigert worden.
- Eine zentrale Inventardatenbank liefert alle Informationen zu Anlagen und deren Konfigurationsänderungen. Automatisiert werden anstehende Wartungs-, Inspektions- und UVV-Termine überwacht.
- Die Prozesskette Störungs-Management → EWO → QS-Maßnahmen ist vollständig realisiert und teilweise automatisiert (Entscheidungsmatrix zur Generierung von QS-Maßnahmen). Damit ist ein wesentliches Ziel der PMS Service | FM Einführung zur Unterstützung des WCM-Projektes erreicht.
- Mit zunehmender Nutzung stehen Informationen zur weiteren Analyse zur Verfügung, mit denen Kosten im Facility Management reduziert und die Qualität des Services kontinuierlich gesteigert werden können.
- PMS Service | FM ist die Integrationsplattform für einen kontinuierlichen Verbesserungsprozess.

In Kürze steht die Migration des Ersatzteil- und Verbrauchmateriallagers aus vorhandenen Iveco-Tools nach PMS Service | FM an. Die flexible Systemarchitektur von PMS Service | FM ermöglicht es Iveco, den sich ändernden Anforderungen an das Facility Management selbstständig, effizient und wirtschaftlich gerecht zu werden.

6.3.1.2 Reinigungsmanagement
Dipl.-Ing. Odette Müller

6.3.1.2.1 Ausgewählte Problemstellung –
Reinigungsmanagement in einer Bankimmobilie

Innerhalb eines CAFM-Projekts für eine Bank war die Verbesserung des Reinigungsmanagements eine wesentliche Aufgabenstellung. Mit der CAFM-Lösung sollten für diese Teilaufgabe der FM-Abteilung folgende Ziele erreicht werden:

- sowohl die Reinigung von Flächen als auch von Objekten muss abgebildet werden,
- die Datenerhebung und -pflege soll einfach und schnell erfolgen,
- für die Kontrolle der Reinigung müssen alle dafür nötigen Daten, z. B. vereinbarte Reinigungsleistungen und Verträge, direkt zur Verfügung stehen;
- die Unterhaltsreinigung muss in der CAFM-Software mit wenigen Handgriffen unterbrochen werden können;
- neben der Unterhaltsreinigung sind auch Sonderreinigungen zu erfassen und zu verwalten;
- für die Ausschreibung der Reinigungsleistungen müssen umfangreiche Reports zur Verfügung stehen:
- Ausgabe der Räume,
- Übersicht der Glasflächen des Gebäudes (innen und außen),
- Anzahl der Sicht- und Sonnenschutzanlagen,
- Anzahl der Strähle-Wände.

Übergreifende Zielstellungen waren Kosteneinsparung, Leistungstransparenz und Reduzierung des Verwaltungsaufwandes für die Reinigung des Gebäudekomplexes.

6.3.1.2.2 Darstellung der Lösung

Die Reinigung wurde unterschieden in

- Sonderreinigung (Glasreinigung, Shampoonieren, Möbelreinigung, Grundreinigung) und
- Unterhaltsreinigung (UHR).

Die Sonderreinigung ist eine Reinigung innerhalb eines Zeitraumes, welche sich nicht wiederholt. Die Unterhaltsreinigung wiederholt sich monatlich solange, bis sie beendet wird.

Für die Unterhaltsreinigung werden vertraglich festgeschriebene Reinigungsvorschriften definiert, welche konkrete Handlungsanweisungen für die Reinigung enthalten. Diese Vorschriften werden zu Reinigungsgruppen gebündelt, die dem jeweiligen Raum zugeordnet sind.

Für die Berechnung der Kosten im Rahmen der Unterhaltsreinigung ist folgendes Konzept vorgesehen:

- Vor der Ausschreibung werden Reinigungsgruppen (z. B. Reinigungsgruppe Büro) definiert, welche konkrete Reinigungsvorschriften enthalten.

- Preise werden für eine Reinigungsgruppe pro Quadratmeter Reinigungsfläche und Turnus abgefragt.
- Die Kosten der UHR eines Raumes setzen sich dann aus den Quadratmetern Reinigungsfläche eines Raumes und dem Preis der Reinigungsgruppe zusammen.

Am Raum werden die raumspezifischen Daten zur *Reinigung* definiert.

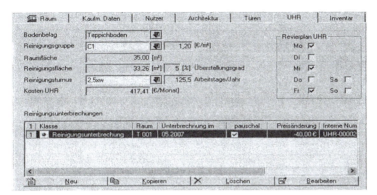

Es wird davon ausgegangen, dass der Boden eines Raumes mit (überwiegend) einer Art von Bodenbelag ausgestattet ist, dessen Fläche gleich der Raumfläche ist.

Der Überstellungsgrad des Raumes in Prozent wird bestimmt durch

- Kopierer im Raum und
- die Möbelart mit Reinigungsabzugsfläche = „Ja" (z.B.: Schränke, Regale, Sideboards, Podeste…)

Fenster/Tür

Entsprechend der vertraglichen Situation im Projekt erfolgte bei der zu reinigenden Fläche der Fenster keine Unterscheidung zwischen Glas und Glas mit Rahmen. *Breite* und *Höhe* (cm) werden manuell definiert. Daraus berechnet sich automatisch der Inhalt in Feld *Fläche* in m². Das Produkt aus dem *Faktor* der Glasart x Feld *Fläche* ergibt die zu reinigende Fläche in m².

Mit Unterstützung der Filtertechnik auf den Datenmasken kann die Anzahl der Sicht- und Sonnenschutzanlagen (Felder *Anzahl, Sonnenschutz in./auß.*) ermittelt werden.

Soll eine Tür mit Glaseinsatz gereinigt werden, wird manuell die Glasfläche der Tür im Feld *Glas* in m² definiert. Die Beauftragung erfolgt als Sonderreinigung.

Inventar

Die Festlegung des Reinigungstyps erfolgt durch Zusammenfassung von Objekten in einer Reinigungsgruppe. Dies ist für Sonderreinigungen der Kopierer, Schränke, Regale usw. erforderlich.

Entnahmen	Komponenten	Zähler	Dokumente	Aufgaben/Aufträge	Prüfberichte
Rechnungen	Bereitstellungspunkte		Verbrauchspunkte	Reports	Filter

Kopierer | BGV A3 | Kaufm. Daten | Techn. Daten | Verträge | Kostenverteilung | CAD | Ereignisse | Auftragsserien

Bezeichnung	Kopierer 3		Inventar-Nr.	pit
Typ/Modell	n.v.		Anlagenkennz AKS	
Geräteart	n.v.		GLT Adresse	
Serien-Nr.			Ort	Besonderer Bereic / Vorstand
Kennung			Sollort	n.v. / n.v.
Hersteller	n.v.		geplant ab	
Lieferant	n.v.		Komponente von	n.v.
Kundendienst	n.v.		Gewerk	n.v.
Verantwortlicher	n.v.		Länge / Breite	100,0 [cm] / 100,0 [cm]
Zuständiger	n.v.		Fläche	1,0000 [m²]
	aktiv ☑		Höhe/Volumen	[cm] / [m²]
Priorität	n.v. Anzahl 1		Gewicht	[kg]
Zustand	n.v.		Inbetriebnahme am	
Bemerkung			Stilllegung am	
			Reinigungstyp	Inventarreinigung xy

Reinigungsunterbrechung

Die Reinigungsunterbrechung dient aktuell nur der Dokumentation.

Momentan wird noch nicht mit der Verwaltung einer Reinigungsunterbrechung im Sinne der daraus möglichen Senkung der Reinigungskosten gearbeitet. Zur perspektivischen Nutzung werden entsprechende Strukturen bereitgestellt.

Reinigungsvorschriften

Im Sinne der effektiven Datenpflege wurde festgelegt, dass bei verschiedenen Bodenbelagsarten in einem Raum keine verschiedenen Reinigungsvorschriften bzw. Reinigungsturnusse definiert werden. Die Abbildung erfolgt nur über Reinigungsgruppen.

Bezüglich der Sonderreinigung von Wand, Decke, Tür und Inventar können diese Reinigungsvorschriften zur Konkretisierung der Beauftragung genutzt werden.

Für die Glasreinigung wird zur Ermittlung der zu reinigenden Fläche die Definition Glasart (z.B. Isolierglas einseitig, Isolierglas zweiseitig, …) zur Flächenermittlung verwendet.

Innerhalb der Reinigungsvorschrift werden konkrete Handlungsanweisungen für die Reinigung definiert. Von dieser Basisklasse werden die Unterklassen für die unterschiedlichen Reinigungsvorschriften bei den Bauteilen und beim Inventar abgeleitet. Dies bedeutet, dass in der Basisklasse gleiche Datenfelder zur Verfügung gestellt werden. Über die Auswahl einer Unterklasse werden diese durch weitere Attribute erweitert.

Der Benutzer erhält bei dieser Konstellation die Möglichkeit, nicht nur einzelne Reinigungsvorschriften, sondern alle auszuwerten.

Beim Anlegen einer neuen Reinigungsvorschrift erscheint eine Dialogbox, über welche die jeweilige Unterklasse der Reinigungsvorschrift ausgewählt werden kann.

Reinigungsturnus

Der Reinigungsturnus definiert die zeitliche Wiederholung der Reinigung in einem Zeitraum. Hier wird auch die Zahl der Leistungstage fest hinterlegt.

Reports zum Reinigungsmanagement

Für die Prozesse der Planung, Ausschreibung und Kontrolle der Reinigung stehen eine Reihe vordefinierter Reports zur Verfügung.

Report Revierplan

Im Rahmen der Unterhaltsreinigung werden einige Räume nur an bestimmten Tagen gereinigt. Um eine Reinigung der Schreibtische zu ermöglichen, müssen die Schreibtische zu diesem Zeitpunkt beräumt sein. Der Revierplan liefert für eine Liegenschaft die dazu nötige Übersicht.

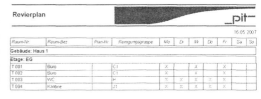

Report Reinigungsobjekte im Raum

Der Report Reinigungsobjekte im Raum zeigt das zu reinigende Inventar bzw. die zu reinigenden Bauteile des Raumes entsprechend ihrer Art mit der Fläche aufsummiert an.

Raum: T 001
Reinigungsfläche = 33,26 m²

Türen/Fenster		
zu reinigendes Material		Fläche m²
Tür / Tor		
gestrichen		1,89
gestrichen		1,99
Fenster		
Isoliergläser, Wärmeschutzgläser		4,32
Drahtglas		4,86
Isoliergläser, Wärmeschutzgläser		4,32
Summe Bauteilflächen:		**7,53**
Inventar mit Abzugsflächen:		
Bezeichnung	Inv.-Nr.	Fläche m²
Kopierer 1 (Inv.-Nr.:2345676)	2345676	0,54
Container: Rollcontainer 3 Schübe		0,30
Container: Rollcontainer 3 Schübe		0,30
Container: Rollcontainer 3 Schübe		0,30
Container: Rollcontainer 3 Schübe		0,30
Summe Inventarflächen:		**1,74**

Report Reinigungsmassen

Um dem Bieter einen Überblick über die Massen zu gewähren, kann auf der Bildschirmmaske *Reinigungsgruppe* ein Report *Reinigungsmassen* über die Flächen, welche der jeweiligen Reinigungsgruppe zugeordnet sind, ausgegeben werden.

Zusätzlich werden folgende Übersichten ermöglicht:

• alle Reinigungsvorschriften, die der Reinigungsgruppe zugeordnet wurden und
• alle Räume mit ihrer Nutzung, die der Reinigungsgruppe zugeordnet wurden mit Reinigungsfläche, Anzahl der Reinigungstage und Kosten in €/Monat.

Kalkulation der UHR

Für die Kalkulation und Kostenkontrolle der Reinigungskosten stehen umfangreiche Reports zur Verfügung.

Kalkulation der UHR

pit

16.05.2007

Etagenbez	Raum-Nr	Raum-Bez	Reinigungsfläche	Überdeck	Bemerkung	Bodenbelag	Reinig-gruppe	Reinigungsturnus	Arbeitstage/Jahr	Kosten/m²	Kosten/Jahr
Gebäude Haus 1											
OG 1	152		21.13 m²	0 %					00	1,00 €/m²	1,00 €/a
⋮											
OG 1	D.126	Besprechungsraum	41,61 m²	0 %					1,00	3,00 €/m²	1,00 €/a
EG	T 001	Büro	33,26 m²	5 %		Teppichboden	C1	2,5xw	125,50	0 €/m²	8,92 €/a
EG	T 002	Büro	50,00 m²	0 %		Teppichboden	C1	2,5xw	125,50	0 €/m²	30,00 €/a
EG	T 003	WC	12,00 m²	0 %		Fliesenfußboden	H	5xw	250,00	0 €/m²	100,00 €/a
EG	T 004	Kantine	130,00 m²	0 %		Fliesenfußboden	J1	5xw	250,00	0 €/m²	39,96 €/a
Summe:			**1.191,22 m²**	**5 %**							

Endsummen			
			1.191,22 m²

Report Übersicht zur UHR

Übersicht zur UHR

pit

16.05.2007

Raum	Bez	Berechn. Grundfläche netto	Abzugs- fläche	Über siedlungs- grad	Reinigungs fläche netto	Boden belag	Belag art	Boden farbe	Reinig -gruppe	Reinigungsturnus	Arbeits- tage	Kosten UHR
		m²	m²	%	m²					€/m²	d/a	€/Mo.
T 001	Büro	35,00	1,74	5,00	33,26	Teppichboden	T	Gelborange	C1	20	2,5xw	126	17,41
T 002	Büro	50,00	0,00	0,00	50,00	Teppichboden	T	Gelborange	C1	20	2,5xw	126	27,50
T 003	WC	12,00	0,00	0,00	12,00	Fliesenfußboden	F	beige	H	10	5xw	250	30,00
T 004	Kantine	130,00	0,00	0,00	130,00	Fliesenfußboden	F	beige	J1	0	5xw	250	38,33
Endsummen												
Gesamt (4)		**227,00**			**225,26**							**53,24**

Kalkulation der Glasreinigung

mit Gruppierung:

- pro Ebene
- pro Raum Fensterflächen in m² mit Sortierung nach *Nutzungsart*
- pro Raum Tür- und Glasflächen in m²

Kalkulation der Glasreinigung

Raum-Nr.	Raum-Bez.	Türglasflächen	Fensterglasflächen
Ebene/Etage EG			
Nutzungsart HNF15.007			
T 004	Kantine	0,00 m²	0,28 m²
Summe Nutzungsart (1 Raum)		0,00 m²	0,28 m²
Nutzungsart HNF21.001			
T 001	Büro	2,00 m²	13,50 m²
T 002	Büro	0,00 m²	3,60 m²
Summe Nutzungsart (2 Räume)		2,00 m²	17,10 m²
Nutzungsart NNF71.23			
T 003	WC	0,00 m²	0,00 m²
Summe Nutzungsart (1 Raum)		0,00 m²	0,00 m²
Summe Ebene/Etage (4 Räume)		2,00 m²	17,38 m²
Endsummen			
Gesamt (4 Räume)		**2,00 m²**	**17,38 m²**

6.3.1.2.3 Ermittelte Kostenverteilung des CAFM-Gesamtprojekts

Gesamtinvestition 2006-4/2010	Ca. 200.000,00€
Anzahl pit-FM-Lizenzen	6
Anzahl pit-CAD-Lizenzen	2
Anzahl pit-FM-Viewer	6
Nutzer	14
Anteil Anpassung Reinigungsmanagement (Reports)	3%

189

6.3.1.2.4 Projektergebnisse

Die gesteckten Ziele wurden durch nachfolgende wesentliche Ergebnisse erreicht:

- Ausschreibungen erfolgen schneller und
- das zugehörige Vertragswesen ist für die Facility Manager der Bank wesentlich transparenter.

6.3.1.3 Schließverwaltung

6.3.1.3.1 Ausgewählte Problemstellung – Schließverwaltung in der Industrie

Bei einem Industriekunden wurde im Rahmen der ISO 9000 Zertifizierung die Schlüsselverwaltung als Schwachstelle definiert. Das war einer der Gründe, sich neben dem Thema Instandhaltung überhaupt mit CAFM zu beschäftigen. Dazu wurde ein Mitarbeiter der FM-Abteilung auf einen mehrwöchigen IHK-Qualifizierungslehrgang (mit GEFMA-anerkanntem IHK-FM-Zertifikat) geschickt. Nicht unerwähnt sei, dass der Lehrgang immer an Wochenenden stattfand. Der Dozent zum CAFM hat das Thema konkret anhand eines CAFM-Systems erläutert. Mit Hilfe einer Internetrecherche hat sich dann der Kunde einen Anbieter (ein IT-Systemhaus, nicht den Entwickler) ausgewählt und relativ kurzfristig beauftragt. Das Projekt-Budget war im Jahr davor bereitgestellt worden.

Die CAFM-Einführung erfolgte analog der Methodik von Kap. 3.2.3 FM-Abteilungen mit weniger als 10 Mitarbeitern.

Eine Teilaufgabe dieses CAFM-Projekts war die transparente Verwaltung der Schlüssel, da sich das gesamte Wissen zur Schlüsselverwaltung auf eine Person konzentrierte. Einige Bereiche des Unternehmens sind sicherheitsrelevant. Es existieren zwei mechanische Schließsysteme, deren über 1400 Schlüssel auf sieben Schlüsselschränke verteilt sind. Die sicherheitsrelevanten Schlüssel wurden in MS Excel geführt. Das bestehende Schlüsselbuch mit Schlüsselvergaben und -rücknahmen war lückenhaft geführt. Eine Transparenz über alle Schlüsselbesitzer war kaum herzustellen.

6.3.1.3.2 Darstellung der Lösung

Im Sinne der bisherigen Definitionen ist dieser Teilbereich eine Verwaltung und kein Management.

Das Standard-Datenmodell des CAFM-Systems brauchte nur geringfügig an den Kunden angepasst zu werden. Es wurden neben Türen (immer zwischen den Räumen) auch Toranlagen (die besonderen Prüfungen unterliegen) mit Schließzylindern versehen.

Die wesentlichsten Aufgaben bestanden im Import der Räume aus SAP, der halbautomatischen Erzeugung aller Daten über Türen (ca. 800) und Schließzylinder. Des Weiteren wurden alle MS Excel-Daten importiert. Aus MS Excel konnten ca. 300 Schlüssel importiert und zugeordnet werden.

Die Schlüsselverwaltung wurde innerhalb eines eintägigen Workshops definiert, und am darauf folgenden Tag wurden alle relevanten Stammdaten importiert. Die über 1000 weiteren Schlüssel mussten händisch angelegt und zugeordnet werden. Der „wissende" FM-Mitarbeiter hat dann im Verlauf von ca. 8 Monaten nebenher sein Wissen über Schließzylinder, Schlüssel und Türen in die Datenbank übertragen.

Die nachfolgenden Bildschirmabbilder der Programmoberfläche werden entsprechend dem Projektverlauf dargestellt.

Zuerst war das Schließsystem zu definieren.

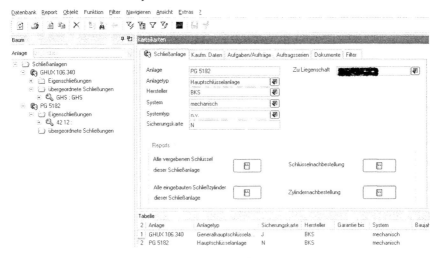

Abb. 6-30: Definition Schließsystem

Über eine Kreuztabelle (Schließmatrix) konnten die Schlüssel den Zylindern sehr einfach zugeordnet werden:

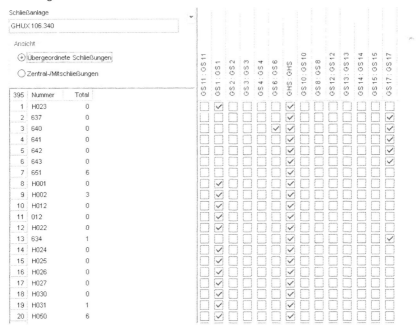

Abb. 6-31: Zuordnung Schlüssel zu Schließzylider

Danach mussten die Schließzylinder den Türen zugeordnet werden. Alle Türen und Tore konnten aus den SAP-Raumdaten importiert werden und sehen wie folgt aus:

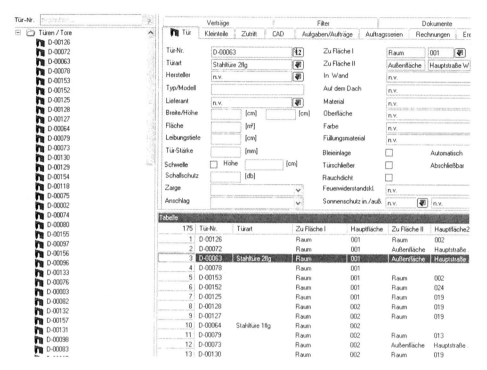

Abb. 6-32: Tür/Tor-Definition als Basis für Schließzylinder

Damit waren alle wesentlichen Basisdaten (Mitarbeiter werden über SAP-Schnitt-stelle importiert) erfasst, und es konnten nun transparent, auch von anderen FM-Mitarbeitern, Schlüsselausgaben und -rücknahmen realisiert werden.

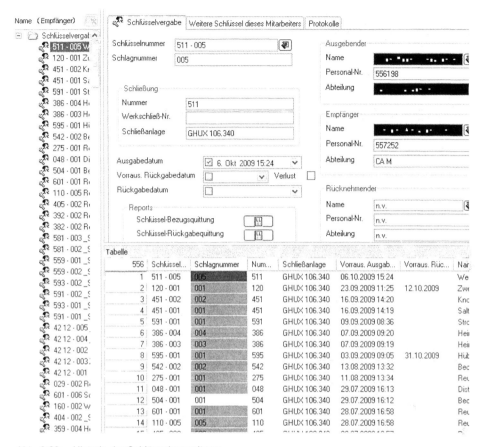

Abb. 6-33:   Historie der Schlüsselverwaltung

Die entsprechenden Ausgabe- und Rücknahmeprotokolle werden als pdf-Dateien verwaltet (möglich in Karteikarte Protokolle).

193

12.10.2009

Wichtig: Schlüssel bitte nur direkt an FM zurückgeben! Abteilungswechsel sind zu melden!

Schlüssel:

Ausgabedatum:	Schlüsselnummer:	Schließanlage:
06.10.2009	511 - 005	

Ausgebender:

Name:	Vorname:	Abteilung:		Unterschrift
Wilde	Robert	Facility Management		

Empfänger:

Name:	Vorname:	Abteilung:		Unterschrift
Wendler	Alexander	CAM		

Unterschrift Abteilungsleiter:

Abb. 6-34:   Protokoll Schlüsselausgabe (Rücknahme analog gestaltet)

Nach der Unterzeichnung durch die betreffenden Personen werden die ausgedruckten Exemplare im A4-Ordner abgeheftet. Rückfragen können sofort über die Datenbank und den A4-Ordner beantwortet werden.

6.3.1.3.3   Ermittelte Zeit- und Kostenverteilung

Art	EK 2008	EK 2009	Gesamt	%
Software	12.800,00 €	0,00 €	12.800,00 €	46,55%
Wartung	1.400,00 €	1.800,00 €	3.200,00 €	11,64%
Dienstleistung	8.300,00 €	3.200,00 €	11.500,00 €	41,82%
Summe	22.500,00 €	5.000,00 €	27.500,00 €	100,00%

Die Kosten für die Schlüsselverwaltung sind in diesem Gesamtpaket ohne die Kosten des internen Aufwandes des AGs enthalten. Weil das Datenmodell des Standardprodukts fast 1:1 genutzt werden konnte, lag der Kostenanteil für das Projekt-Datenmodell bei nur ca. 5% der bisherigen Projektsumme.

6.3.1.3.4   Projektergebnisse

Die nach einem Jahr erreichten Ergebnisse zur Schlüsselverwaltung lassen sich nicht quantifizieren, wohl aber qualifizieren:

- immer aktuelle und transparente Information und damit den Anforderungen der ISO 9000/1 voll entsprechend,
- kontinuierliche Datenpflege durch mehrere Mitarbeiter; erstmals Übersicht über alle Schlüssel,
- wesentliche Zeitersparnis bei Schlüsselsuche, -ausgabe und -rücknahme.

Aus vielen anderen Projekten ist bekannt, dass die Schlüsselverwaltung nicht selbstverständlich und ohne Probleme läuft. Die problemlose Nutzung wurde wesentlich durch das positive Engagement des „wissenden" Mitarbeiters geprägt. Er hat sich im Interesse des Unternehmens ersetzbar gemacht.

6.3.1.4 Help Desk
Dipl.-Oec.troph (FH) Peter Schmidt

6.3.1.4.1   Problemstellung – Help Desk in einer Versicherung

In großen Organisationen gibt es oftmals Schwierigkeiten bei der Abarbeitung von Störungsmeldungen. Viele etablierte Lösungen einer Servicedesk/Helpdesk-Anlaufstelle bearbeiten die eingehenden Meldungen telefonisch oder via E-Mail inhaltlich bezüglich der technischen Instandsetzung korrekt ab. Der oder die Meldenden haben aber keinerlei Einsicht in den Status der abgesetzten Meldung. Es gibt aber gute Gründe für den Wunsch wissen zu wollen, welchen Status der Sachstand hat. Das führt immer wieder zu Nachfragen bzw. auch zu redundanten Störmeldungen.

Es gibt wissenschaftliche Untersuchungen über diesen Sachverhalt. Bis zu 30% aller Störungsmeldungen werden mehrfach nachgefragt. Aufgrund dieser Ergebnisse hat sich der Kunde „Menzis" (Versicherung), mit über 3000 Mitarbeiterinnen und Mitarbeitern, für eine effizientere Lösung dieser Problematik entschieden.

6.3.1.4.2   Darstellung der Lösung

In einer Projektgruppe von Menzis und Axxerion hat man organisatorische und technische Festlegungen zur Störungsmeldung mit allen beteiligten Personen und Abteilungen getroffen. Im Anschluss wurden die Prozesse mittels des Workflow-Instruments in Axxerion grafisch erstellt und im System angelegt. Es wurde beschlossen, eine Integration der Störungsmeldung im unternehmenseigenen Intranet zu realisieren. Schwerpunkt war die einfache Handhabung und schnelle Realisierung, ohne den Störungsmeldenden schulen zu müssen.

Nachfolgende Bildschirmabbilder verdeutlichen den Stand der Nutzung.

Abb. 6-35:   Einstiegsmaske Help Desk im Intranet

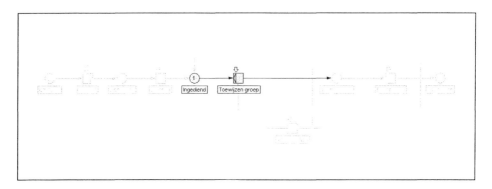

Abb. 6-36:   Stand einer Meldung im Bearbeitungsworkflow

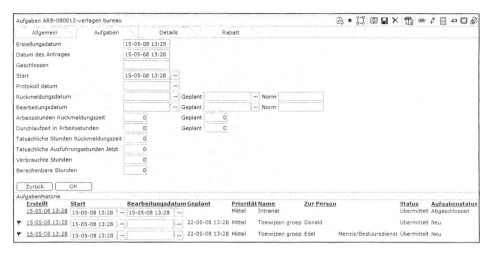

Abb. 6-37: Status einer Meldung alphanumerisch

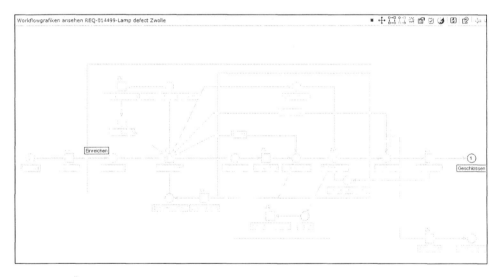

Abb. 6-38: Übersicht aller zu einem Ereignis (Störmeldung) gehörender Aufgaben

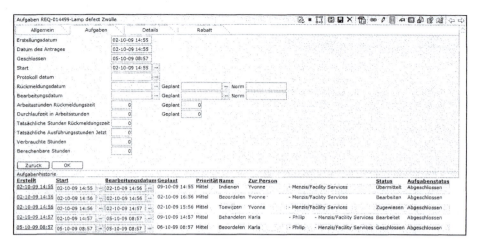

Abb. 6-39: Alphanumerische Darstellung des obigen Workflows

6.3.1.4.3 Ermittelte Zeit- und Kostenverteilung

Innerhalb von 12 Wochen konnten über 3000 Nutzer über Integration in das Intranet an das System angebunden und die Realisierung erfolgreich abgeschlossen werden. Die Gesamtkosten lagen dabei im unteren fünfstelligen Bereich.

6.3.1.4.4 Projektergebnisse

Mehr als 3000 Nutzer setzen das Instrument täglich für Störungsmeldungen, Reservieren von Konferenzräumen, Catering und weitere Dienstleistungen über das Intranet ein. Darüber hinaus werden das Inventar und die Vergabe von Parkplätzen mittels Axxerion verwaltet.

Die Nutzung weiterer Funktionalitäten ist in Planung.

6.3.2 FM-Querschnittsdienstleistungen

6.3.2.1 Vertragsmanagement [49]

6.3.2.1.1 Ausgewählte Problemstellung – Vertragsmanagement in einer öffentlichen Verwaltung

Im Rahmen der Einführung eines CAFM-Systems mit dem Schwerpunkt Instandhaltung war die Vertragsverwaltung (beim Kunden als Vertragsmanagement bezeichnet) ein zu lösendes Problem. An unterschiedlichen Stellen und mit unterschiedlichen Werkzeugen wurden die Aufgaben im Zusammenhang mit Wartungsarbeiten und der Verwaltung von Veranstaltungen gelöst. Es existierte eine Vielzahl von Verträgen unterschiedlicher Art und Inhalte, verteilt in einem Filesystem (mit Festlegungen zur Ordner- und Dateibezeichnung).

Die wesentlichsten Informationen umfassten:

- unterschiedliche Vertragsarten (Gewährleistungen, Versicherungen, Leistungsverträge u.a.),
- verschiedene Vertragsobjekte,
- Kostengruppen und Budgets.

Weitere wichtige inhaltliche Merkmale waren:

- Laufzeit,
- Kündigungsfristen,
- Gewährleistungszeiträume,
- Leistungsbeschreibungen,
- zugehörige Plan- und Ausführungsunterlagen und
- Versicherungen.

Diese Beschreibungsdaten (Metadaten) und die komplexen vertraglichen Inhalte konnten nur mit viel Arbeitsaufwand aktuell und nicht immer konsistent gehalten werden.

6.3.2.1.2 Darstellung der Lösung

Auf der Grundlage von Zielvorgaben (Zentralisierung, Transparenz, Workflow und Mahnfunktionen) wurden die vorhandenen Verträge gesichtet, geordnet und systematisiert.

Im Prozess des Aufbaus des Vertragsmanagements erfolgte

- erstens eine strikte Trennung nach Wartungs- und Dienstleistungsverträgen,
- zweitens waren organisatorische und technische Standardisierungen vorzunehmen, wie z. B. bei
    - Leistungsbeschreibungen,
    - Planunterlagen und
    - Standards der Durchführung.

---

[49]Dieser Beitrag basiert auf einer Zuarbeit von Herrn Manfred Rausch, Leipzig

Nach Überprüfung auf inhaltliche Richtigkeit und Vollständigkeit sowie Aktualität erfolgte dann die Einarbeitung in das CAFM-Programm.

Nachfolgende Bildschirmmaske kennzeichnet den aktuellen Stand der Abbildung eines Vertrages:

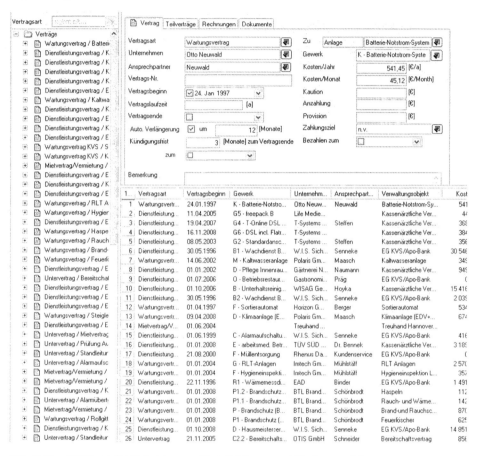

Abb. 6-40:   Abbildung der Metadaten von Dienstleistungs- und Wartungsverträgen

Analog dazu waren Verträge zur Raumvermietung im Rahmen eines Veranstaltungsmanagements zu verwalten. Auch hier konnte das Filesystem (Mischung aus MS Excel und Worddateien) vollständig ersetzt werden.

Auf der Basis von Raumbuchungen wurden alle relevanten Vorgänge auf einer einzigen Bildschirmmaske zusammengefasst:

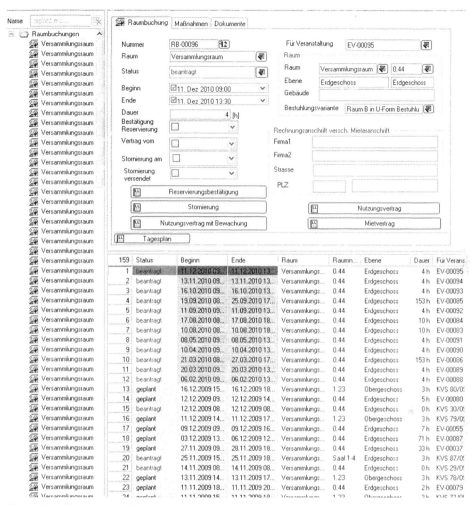

Abb. 6-41: Vertragsverwaltung im Zusammenhang mit Veranstaltungsmanagement

Je nach Vertragsart werden die Verträge auf Knopfdruck erzeugt und aus dem System per Mail an die betreffende Person versendet.

6.3.2.1.3 Ermittelte Kostenverteilung

Kostenart	Wert	% zu Gesamt
Basislizenz	6.000,00 €	29%
Kosten für Mehrfachlizenz	4.500,00 €	22%
Kosten Consultingleistungen mit Prozessbeschreibung und Datenmodellanpassungen	4.500,00 €	22%
Internen Kosten Datenbereinigung	0,00 €	0%
Kosten Schulungen	1.500,00 €	7%
Supportleistungen per Remote	1.500,00 €	7%
Wartungskosten Software/Support	2.700,00 €	13%
Gesamt innerhalb von 2 Jahren	**20.700,00 €**	100%

6.3.2.1.4 Projektergebnisse

- Alle vorhandenen Verträge sind in das System eingepflegt, alle wichtigen und not-wendigen Fakten – von Art und Inhalt über Kosten und Laufzeit bis zum Ansprechpartner – sind jederzeit aktuell und zentral abrufbar. Damit wird Zeit ge-spart und Missverständnisse werden reduziert.
- Durch Verlinkung aller Anlagen (Dokumente) mit den Verträgen werden alle Zu-sammenhänge auf einen Blick erfasst, und die Reaktionszeit konnte im Zusam-menhang mit Nachfragen drastisch reduziert werden.
- Mit dem erreichten Stand des Vertragsmanagements ist es wesentlich einfacher, die Vertragserfüllung zu überprüfen. Des Weiteren hat sich das Tool bei der Bud-getierung der Verträge sowie bei Veränderungen (Kündigung, Neuabschlüsse) von Verträgen sehr bewährt. Auch hier konnte Arbeitszeit gespart und die Qualität der Abschlüsse durch effektive Analysen erhöht werden.

Bei der weiteren Ausgestaltung des Vertragsmanagements wird es darum gehen, die vorhandenen Programmmöglichkeiten weiter mit Daten – wo es sinnvoll ist – zu unterlegen, z. B. Teilverträge, Rechnungen und die erarbeiteten Ergänzungsdoku-mente.

Eine Verknüpfung des erreichten Standes zum Vertragsmanagement mit der Finanz-buchhaltung und der Rechnungslegung ist jedoch vorerst nicht vorgesehen.

6.4 CAFM-Projekte aus Sicht des Lebenszyklus

6.4.1 Kennzeichnungssystematik

6.4.1.1 Ausgewählte Problemstellung

In einem Bauvorhaben mit einem Investitionsvolumen über mehrere Milliarden Euro war das Thema „Kennzeichnungssystematik" in den Kontext der FM-gerechten Planung gestellt worden. Eine anfänglich geplante 55-stellige Bezeichnung in Anlehnung an den AKS erfüllte nicht die Anforderung der automatischen Generierung.

Kennzeichnungssysteme dienen der eindeutigen oder auch eineindeutigen Bezeichnung von Facilities durch eine möglichst kurze Zeichenkette, um Verwaltungsobjekte einfach zu identifizieren. Angewendet werden solche Systeme in großen Unternehmen und solchen mit hohen Sicherheitsanforderungen (Kraftwerken, Flughäfen usw.).

Gebräuchliche Anlagen-Kennzeichnungssysteme in Konzernen benutzen Nummernblöcke, die z.B. in der Syntax *xxx.yyy.z...z.aaa.bbb* wie folgt interpretiert werden:

xxx bedeutet Nummer/Akronym eines Unternehmens im Konzern

. bedeutet Trennzeichen (wird häufig auch weggelassen, wenn Zeichenanzahl fest definiert ist)

yyy bedeutet Nummer der Liegenschaft

z...z bedeutet Gebäudebezeichnung

aaa bedeutet Kürzel Ebenenbezeichnung

bbb bedeutet Raumnummer

In diesem Kennzeichnungssystem ist die Metainformation (Anordnung, Zeichenanzahl als syntaktische Information) von der Objektinformation (Kennzeichnung der Objekte selbst) getrennt. Wenn man die Zeichenkette (z.B. als Label eines Raumes) verstehen muss, ist das nicht ohne eine explizite Beschreibung der Syntax (s. oben) möglich. Beim digitalen Datenaustausch müssten in diesem Fall zwei Dateien transportiert werden, die Erklärung der Zeichenkettenstruktur und die Kennzeichen selbst.

In der Regel sind die Daten im AKS leicht verständlich strukturiert. Allerdings werden damit nicht alle Arten von Facilities beschrieben.

Die DIN 6779 ist mit dem Anspruch erstellt, alle Arten von Objekten (Facilities) vollständig abzubilden. Sie benutzt erstmalig die Verbindung von Objekt- und Metakennzeichnung und ist deshalb zur automatischen Generierung der Kennzeichen gut geeignet.

Leider existiert zum Thema Bezeichnungssystematik im FM noch keine allgemein anerkannte DIN. Die DIN 6779 hat zwar den wesentlichen Vorteil, algorithmisch generierbar und damit wegen der Metainformation auch transportierbar zu sein, doch die einfache Lesbarkeit durch den FMer(in) ist damit nicht erreicht. Das dürfte der Grund dafür sein, dass sie bisher sehr selten benutzt wird.

Nach intensiven Diskussionen bis in die Phase der Ausführungsplanung bei diesem Großvorhaben entschied man sich für die Anwendung der DIN 6779.

6.4.1.2 Darstellung der Lösung

Ein Ventilator könnte auf der Grundlage dieser DIN durch nachfolgende Zeichenkette bezeichnet werden:

=TL.GQR001.GRQU001-GQV001++3001.U2.2105[50]

Die Zeichen **=**, **-** und **++** sind Metazeichen und bedeuten:

=   Funktionskennzeichnung (Anlagen)

-   Produktkennzeichen (im Sinne „Teil einer Anlage") und

++   Ortskennzeichen

Aus dieser Systematik folgt, dass die Anzahl der Zeichen flexibel sein kann und auch die Struktur nicht zwangsweise jedes Metazeichen enthalten muss (wenn z.B. aus Gründen der Instandhaltung nicht auf die Ebene Produkt herunter gebrochen zu werden braucht). Da mit dieser Systematik die Facilities auch über Graphen systematisch abbildbar sind, ist dieses Kennzeichnungssystem für die Generierung eines „Labels" (Kennzeichnung mittels Barcode) oder eines „Tags" (Kennzeichnung mittels RFID) und für CAD gut geeignet.

Am Beispiel des Gewerkes Trinkwasser (allerdings aus der Sicht eines Geoinformationssystems – GIS) lassen sich auf einem einzigen Blatt A4 alle Objekte klassifizieren und einheitlich kennzeichnen:

---

[50] Diese Kennzeichnung stammt aus dem baulichen Großvorhaben und kann deshalb hier nicht näher erläutert werden.

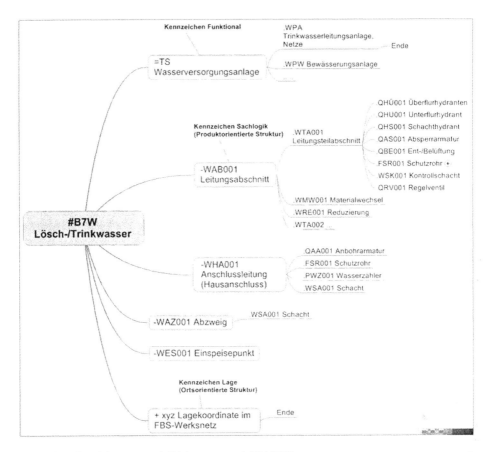

Abb. 6-42: Bezeichnungsgraph Trinkwasser nach DIN 6779

Durch die gemeinsame Verwaltung von Objekt- und Metazeichen ist es damit auch möglich, auf CAD-Dokumenten, je nach Zeichnungsart (Lagepläne, Schnitte, Schemapläne usw.), die Bezeichnungen automatisiert an die CAD-Objekte zu generieren (z.B. Schemapläne nur mit der, der Funktionsbezeichnung „=" folgenden Zeichenkette u.a.). Dies setzt aber voraus, dass die Zeichnung mit einer Datenbank gekoppelt ist.

Allerdings bereiten diese flexible Struktur und die damit verbundene variable Kennzeichenanzahl vielen bestehenden Systemen (GLT, ISYBAU, SAP u.a.) erhebliche Probleme, die zukünftig zu lösen sind.

Damit sich diese anspruchsvolle Kennzeichnungssystematik durchsetzen kann, sollten drei Bedingungen erfüllt sein:

• CAFM-Systeme müssen in der Lage sein, die Zeichenkette zur Kennzeichnung automatisiert zu erzeugen oder prüfender Weise aus CAD-Systemen zu übernehmen;

- CAD-Systeme müssen, z.B. im Rahmen von IFC-Klassen, eine einheitliche Abbildung (Block-Syntax und -Semantik) generieren;
- IT-Prüfprogramme beim Bauherren müssen eine vollständige syntaktische und, in beschränktem Umfang, semantische Prüfung der CAD- oder CAFM-Daten durchführen.

Erst wenn die DIN 6779[51] in ein technologisches Konzept eingebunden ist, wird sie breitere praktische Akzeptanz finden und der Nachteil „Lesbarkeit" wird zurückgedrängt.

6.4.1.3 Ergebnisse

Leider ist in diesem Projekt das Thema „algorithmisch erzeugbares Kennzeichnungssystem" mit hohem Anspruch gestartet, ohne dass die Gesamttechnologie im oben beschriebenen Sinne kalkuliert worden ist. Dadurch wird der Fall eintreten, dass nach Betriebsübernahme des Objektes aus den revidierten CAD-Daten die Kennzeichnung der Facilities nicht automatisiert in die Datenbank des CAFM übernommen werden kann.

6.4.2 Von der Planung bis zur Nutzung am Beispiel des Caterings
Dipl.-Ing. Robert Umshaus

6.4.2.1 Ausgewählte Problemstellung

Der Kunde berücksichtigte die Einführung eines IT-Systems zur Unterstützung der FM-Prozesse in einer neuen Unternehmenszentrale schon in der Planungsphase. Der Bedarf wurde im Zuge einer vorausgegangenen Analyse spezifiziert und bewertet. Ziel war es, bei der Übersiedelung der gesamten Organisation in das neue Headquarter (Zentrale) sofort eine CAFM-Lösung nutzen zu können.

Die neue Zentrale verfügt über eine Gesamtfläche von rund 73.000 m² BGF, davon 50.000 m² überirdisch verteilt auf zwei Gebäude. Die Geschäftsbereiche, die noch zum Projektstart auf mehrere Standorte aufgeteilt waren, wurden zusammengefasst. Das bedeutete einen Umzug von circa 2000 Mitarbeitern und deren Equipment.

In Vorbereitung auf den Bezug des neuen Standortes wurde in einem der alten Bürogebäude das CAFM-System in einem Pilotprojekt implementiert, um später im neuen Headquarter optimiert zu werden. Soweit es im Zuge des Pilotprojektes sinnvoll erschien, sollten bereits Leistungen mit der CAFM-Lösung für die Kunden des Auftraggebers erbracht werden (z.B. Konferenzraumreservierung). Damit sollte erreicht werden, dass die CAFM-Software am neuen Standort die FM-Prozesse ohne Unterbrechung unterstützt.

Wesentlich war, dass die bei der Implementierung des Pilotprojektes festgelegten Bezeichnungen von Facilities erhalten blieben, um einen Bezug zu der realen Situation beizubehalten. Für das neue Headquarter musste das System ausreichende Flexibilität bieten.

---

[51] DIN 6779 entspricht DIN EN 61346

Da die neue Zentrale unter anderem über ein großes Konferenzzentrum verfügt, sollten folgende Prozesse auch über das CAFM-System abgebildet werden:

- Konferenzraumreservierung
- Umbuchung von Reservierungen
- Automatische Weiterleitung von benötigtem technischem Equipment, von Bestuhlungsinformationen und dem Catering an die zuständigen Stellen.
- Basis für Verrechnung

Auf der Basis des pit-FM-Standards wurde durch den Anbieter (Fa. Grüner) eine CAFM-Kundenlösung u.a. als Reservierungssystem entwickelt. Wesentliche Daten, wie die entsprechenden Flächendaten, konnten aus den revidierten Etagenplänen gewonnen werden. Im Kontext eines Flächenmanagements konnten Insellösungen vermieden werden. Um die geforderten Ziele im Rahmen des Caterings in einem angemessenen Umfang abbilden zu können, mussten Schnittstellen zu dem System des Caterers sowie zu den digitalen Türschildbeschriftungen (Programm Grassfish) geschaffen werden.

6.4.2.2 Darstellung der Lösung

Die Räumlichkeiten im Konferenzzentrum werden über das Reservierungssystem gebucht, ebenso die Boardrooms der Vorstände. Einige Räume müssen einzeln oder zusammengelegt als großer Konferenzraum genutzt werden können. Die Konferenzräume sind unterschiedlich ausgestattet. Das Raumbuchungssystem hat auf verschiedene Raumkonstellationen entsprechend zu reagieren (zweiter Raum nicht mehr buchbar bzw. großer Raum nicht mehr verfügbar). Mit der Reservierung eines Konferenzraumes muss gleichzeitig der gesamte Reservierungsprozess gestartet und unterstützt werden.

Der Reservierungsprozess besteht aus folgenden Teilbereichen:

- automatische Weiterleitung eines Cateringauftrags an den Dienstleister,
- automatische Weiterleitung eines Auftrags an die Hausmeister, z.B. für eine Änderung der Bestuhlung oder Raumteilung,
- automatische Weiterleitung eines Auftrags an intern/extern für die Unterstützung bei der Medientechnik (Beamer etc.),
- Generierung von Verrechnungsunterlagen.

Als erstes wurden die Raumstammdaten des Flächenmanagements um buchungsrelevante Daten ergänzt. Die Buchungsstammdaten beinhalten die Buchbarkeit des Raumes (ja / nein), die maximale Anzahl an Personen, die verfügbaren Medien (Telefon, Beamer etc.), die Möglichkeit des Caterings und eine Raumbezeichnung für das digitale Türschild.

Die Buchungsstammdaten zu einem Einzelraum werden über folgende Eingabemaske erfasst (s. Abb. 6-43).

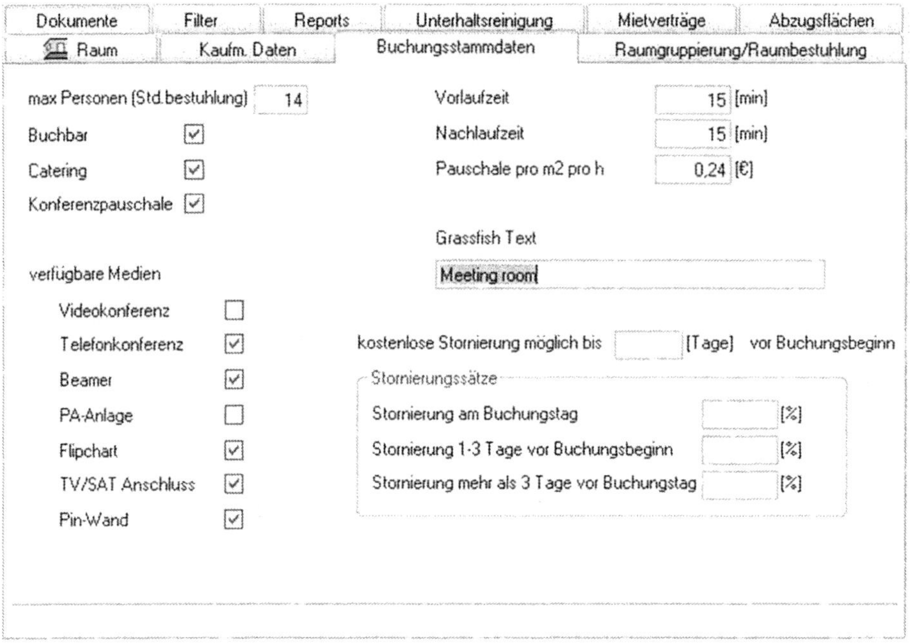

🏛 Raum	Kaufm. Daten	Buchungsstammdaten	Raumgruppierung/Raumbestuhlung

max Personen (Std.bestuhlung) `14`

Buchbar ☑

Catering ☑

Konferenzpauschale ☑

Vorlaufzeit `15` [min]

Nachlaufzeit `15` [min]

Pauschale pro m2 pro h `0,24` [€]

Grassfish Text

`Meeting room`

verfügbare Medien

Videokonferenz ☐

Telefonkonferenz ☑

Beamer ☑

PA-Anlage ☐

Flipchart ☑

TV/SAT Anschluss ☑

Pin-Wand ☑

kostenlose Stornierung möglich bis [____] [Tage] vor Buchungsbeginn

Stornierungssätze

Stornierung am Buchungstag [____] [%]

Stornierung 1-3 Tage vor Buchungsbeginn [____] [%]

Stornierung mehr als 3 Tage vor Buchungstag [____] [%]

Abb. 6-43: Buchungsstammdaten

Zu jedem Raum kann zusätzlich eine Vorlaufzeit und eine Nachlaufzeit erfasst werden. Die Zeiten dienen einerseits für den Aufbau bzw. Abbau von zusätzlich bestellten Medien und die Anlieferung des Caterings, andererseits für die Zeitspanne, in der die Veranstaltungsteilnehmer eintreffen.

Da es aufgrund der Möglichkeit der Zusammenlegung bzw. Teilbuchung von Räumen zu unterschiedlichen Raumkonstellationen kommt, werden einzelne Räume übergeordneten Räumen zugewiesen. Das bedeutet, dass gewisse Raumdaten doppelt in der Datenbank vorhanden sind. Beispiel: Der übergeordnete Raum 122/123 mit 33 m² besteht aus den zwei Einzelräumen 122 mit 16,60 m2 und 123 mit 16 m²

Die Suche nach verfügbaren Räumen sowie die Buchung kann der Mitarbeiter selbst über ein Tool im Intranet durchführen. Durch den Einsatz von Single Sign-on müssen sich die Mitarbeiter nicht authentifizieren, und es ist trotzdem eine eindeutige Identifikation des Buchenden gewährleistet. Bei Bedarf steht auch ein Service-Desk zur Verfügung, der Sonderbuchungen durchführt. Sonderbuchungen sind Veranstaltungen, die zum Beispiel mehr Equipment benötigen, als über die Webmaske angegeben werden kann. In beiden Fällen wird direkt auf die Daten des CAFM-Systems zugegriffen.

Damit die Mitarbeiter nicht immer denselben Raum buchen und bestimmte Räume überlastet sind, während andere leer stehen, können die Mitarbeiter bei der Raumbuchung im ersten Schritt keinen Raum angeben. Stattdessen werden gewisse Parameter bei der Raumbuchung abgefragt. Die darauf zutreffenden Räume werden anschließend in einer Liste angezeigt, und der Mitarbeiter kann sich einen, den Parametern entsprechenden Raum auswählen.

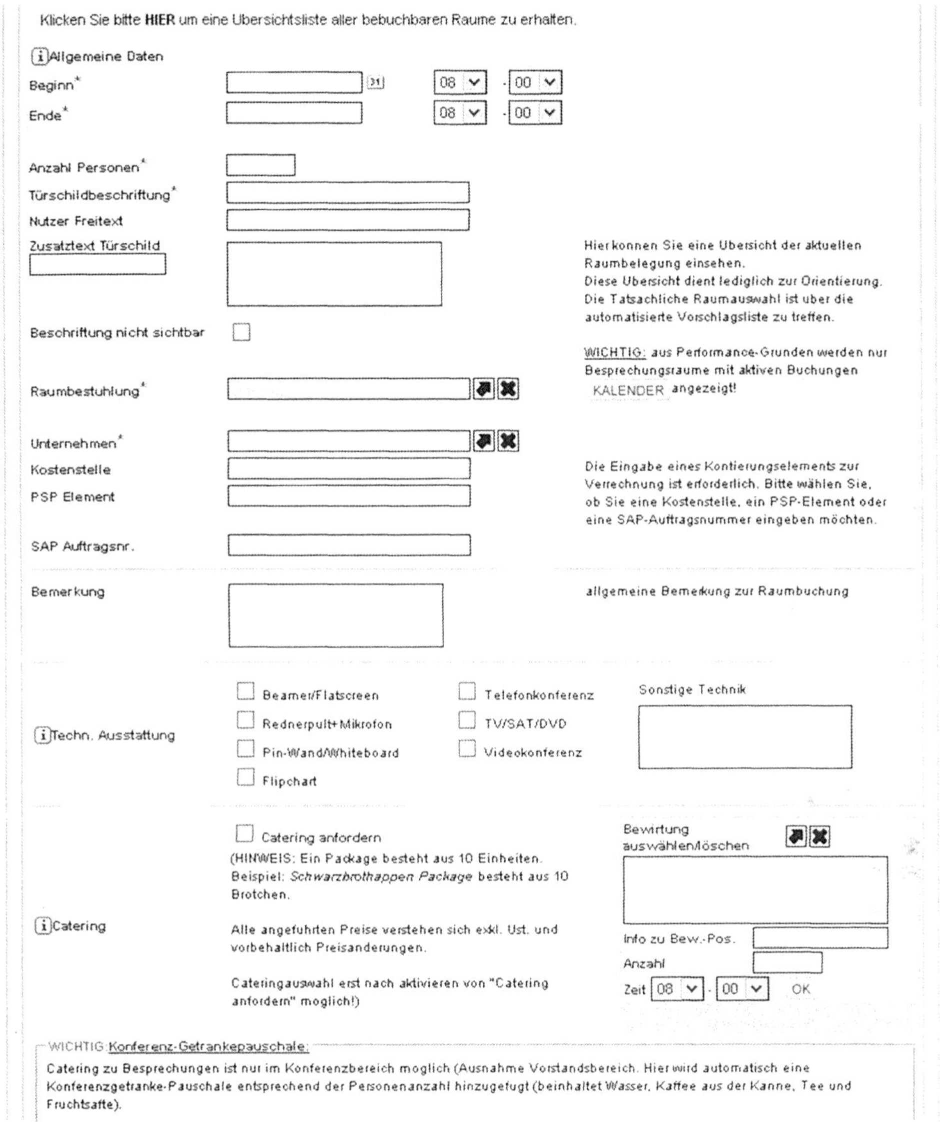

Klicken Sie bitte **HIER** um eine Übersichtsliste aller bebuchbaren Räume zu erhalten.

ⓘAllgemeine Daten

Beginn* ▭ [31] | 08 ▾ | · | 00 ▾ |

Ende* ▭ | 08 ▾ | · | 00 ▾ |

Anzahl Personen* ▭

Türschildbeschriftung* ▭

Nutzer Freitext ▭

Zusätztext Türschild ▭

Hier können Sie eine Übersicht der aktuellen Raumbelegung einsehen.
Diese Übersicht dient lediglich zur Orientierung.
Die Tatsächliche Raumauswahl ist über die automatisierte Vorschlagsliste zu treffen.

WICHTIG: aus Performance-Gründen werden nur Besprechungsräume mit aktiven Buchungen
  KALENDER angezeigt!

Beschriftung nicht sichtbar ☐

Raumbestuhlung* ▭ 🔁✖

Unternehmen* ▭ 🔁✖

Kostenstelle ▭

PSP Element ▭

Die Eingabe eines Kontierungselements zur Verrechnung ist erforderlich. Bitte wählen Sie, ob Sie eine Kostenstelle, ein PSP-Element oder eine SAP-Auftragsnummer eingeben möchten.

SAP Auftragsnr. ▭

Bemerkung ▭

allgemeine Bemerkung zur Raumbuchung

ⓘTechn. Ausstattung

☐ Beamer/Flatscreen   ☐ Telefonkonferenz

☐ Rednerpult+Mikrofon   ☐ TV/SAT/DVD

☐ Pin-Wand/Whiteboard   ☐ Videokonferenz

☐ Flipchart

Sonstige Technik ▭

ⓘCatering

☐ Catering anfordern
(HINWEIS: Ein Package besteht aus 10 Einheiten.
Beispiel: *Schwarzbrothappen Package* besteht aus 10 Brötchen.

Alle angeführten Preise verstehen sich exkl. Ust. und vorbehaltlich Preisänderungen.

Cateringauswahl erst nach aktivieren von "Catering anfordern" möglich!)

Bewirtung auswählen/löschen 🔁✖
▭

Info zu Bew.-Pos. ▭

Anzahl ▭

Zeit | 08 ▾ | · | 00 ▾ | OK

WICHTIG: Konferenz-Getränkepauschale:
Catering zu Besprechungen ist nur im Konferenzbereich möglich (Ausnahme Vorstandsbereich. Hier wird automatisch eine Konferenzgetränke-Pauschale entsprechend der Personenanzahl hinzugefügt (beinhaltet Wasser, Kaffee aus der Kanne, Tee und Fruchtsäfte).

Abb. 6-44:   Intranet-Maske für die Raumbuchung

Zu jeder Raumbuchung können auch sogenannte Cateringpositionen erfasst werden. Eine Cateringposition – wie zum Beispiel ein Obstkorb für 10 Personen – beinhaltet immer einen Preis pro Position sowie eine Vorlaufzeit. Die Vorlaufzeit wird benötigt, um dem Caterer eine Vorbereitungszeit zu geben. Die Vorlaufzeit hat auch Einfluss auf eine eventuelle Stornierungsgebühr der Position.

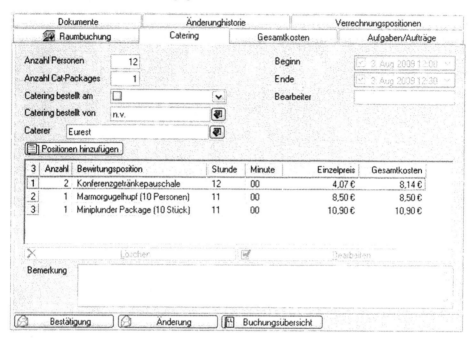

Abb. 6-45: Buchung des Caterings

Nach Abschluss der Buchung erhält diese den Status gebucht. Die Datenbank erzeugt zwei XML-Files, die an die angebundenen Systeme übermittelt werden. Das erste File geht an das digitale Leit- bzw. Raumbeschriftungssystem. Das zweite File wird an das Kassensystem des Caterers übergeben. In diesem wird anhand der eindeutigen Nummer der Raumbuchung ein Auftrag mit den vorbestellten Positionen im Kassensystem erzeugt.

Am Tage der Veranstaltung können noch weitere Cateringpositionen nachbestellt werden. Solche Nachbestellungen können zusätzliche Getränke oder ein spontanes Mittagessen in der Kantine beinhalten. Nachbestellungen werden dem vorhandenen Buchungsauftrag zugeordnet.

Einmal täglich werden alle verbrauchten Positionen zu einer Veranstaltung als Verrechnungspositionen zurück in die CAFM-Datenbank geschrieben. Die Verrechnungspositionen werden anschließend den betroffenen Kostenstellen zugeordnet. Da nach dem Import alle Soll- und Ist-Daten verfügbar sind, können entsprechende Auswertungen von den Kostenstellenverantwortlichen per Knopfdruck angestoßen werden. Der Standardvorgang ist, dass die Verrechnungspositionen je Kostenstelle summiert und monatlich über SAP abgerechnet werden.

6.4.2.3 Ermittelte Zeit- und Kostenverteilung

Das Funktions-Modul „Catering" für die Verwaltung des Veranstaltungszentrums ist nur ein Teilbereich des gesamten Implementierungsprojektes.

Die nachfolgende Kostenaufstellung bezieht sich auf das gesamte Implementierungsprojekt. Die beschriebene Lösung für das Veranstaltungszentrum nimmt circa 25% des Gesamtprojektes ein.

Kostenart	% zu Gesamt
Softwarebasis 11 Volllizenzen	48,0 %
Kosten Consultingleistungen mit Prozessbeschreibung und Datenmodellanpassung	25,0 %
Kosten Webtool	6,0 %
Kosten Schnittstellen	11,0 %
Kosten Schulungen	6,0 %
Wartungskosten Software / Support	4,0 %
Gesamt innerhalb des Implementierungsjahres	100 %

6.4.2.4 Projektergebnisse

Dieses Implementierungsprojekt war aus zwei wesentlichen Gründen sehr erfolgreich:

1. Integration von CAFM schon im Planungsprozess und

2. Integration von CAFM in eine bestehende IT-Landschaft.

Das Raumbuchungssystem ist inzwischen von den Mitarbeitern voll angenommen worden und wird intensiv genutzt. Sogar Mitarbeiter aus Niederlassungen im Ausland verwenden das Tool, um in der Zentrale Veranstaltungen zu buchen. Auffällig ist auch, dass die Mitarbeiter ein Kostenbewusstsein im Bereich des Caterings entwickelt haben. Die Mitarbeiter sehen nun genau, was sie verbrauchen und welche Kosten dies verursacht. Es hat sich ein kostenbewusstes Verhalten - lieber nachbestellen als zu viel bestellen - eingebürgert.

7 Entscheidungs- und Bewertungskriterien zu CAFM-Software, CAFM-Anbietern und CAFM-Projekten

7.1 Bewertungen aus verschiedenen Sichten

Am Beginn des Buches wurde mit dem Kap. 2 der Schnellleser angesprochen. Die fachliche Vertiefung in den nachfolgenden Kapiteln wurde vom Abbildungsprozess der Realität in die IT bestimmt. Die nachfolgende Zusammenfassung dient nun dazu, den intuitiven Auswahlprozess von CAFM-Systemen weiter zu qualifizieren. Dabei sollen die verschiedenen Sichten der unterschiedlichen Entscheidungsebenen besonders berücksichtigt werden.

In der Regel interessiert sich das Top-Management wenig für die Funktionalität einer Software, dafür umso mehr für die Firma, die hinter der Software steht. Man geht von der weder wahren noch falschen Aussage aus: irgendwie sind die CAFM-Produkte alle gleich und leisten das, was man fordert.

Die nächsten beiden Entscheidungsebenen bereiten meist eine Entscheidung vor. Aus Sicht des Facility Managers muss die Funktionalität der Software möglichst über 90% der gewünschten Unterstützung leisten. Der IT-Verantwortliche achtet darauf, dass die CAFM-Software in die IT-Landschaft des Unternehmens passt und evtl. zukunftsorientiert erweitert (z.B. um die Verwaltung der IT selbst - ITSM) werden kann.

Die Softwaredatenbank liefert nicht auf alle Fragen Antworten, aber auf einige in sehr differenzierbarer Weise. In der Phase der Vorauswahl von 2-3 Anbietern sind Fragen sowohl vom FM- als auch IT-Verantwortlichen zustellen, die eine hohe Trennschärfe haben.

7.2 Auswahl aus Sicht der Top-Entscheider

Betrachtet man die CAFM-Software aus Sicht einer längeren Nutzung, dann werden durch die Nutzer nachfolgende wesentlichen Leistungen der Software bzw. des Anbieters genannt:

- Immer einen kompetenten Ansprechpartner zu haben,
- *Update* der *Software* reibungslos zu überstehen.

Diese Forderungen sind Ausdruck des Wunsches nach Investitionssicherheit bezüglich Hersteller und Produkt. An welchen Kriterien kann man von außen Investitionssicherheit festmachen?

- **Stabilität der Firma**

Die Stabilität einer Firma wird in Ausschreibungen mit Firmengröße, Bilanzen der letzten Geschäftsjahre usw. abgefragt. Das sind nur bedingte Indikatoren für die Solvenz einer Firma. Faktoren, wie „geringer Mitarbeiterwechsel", sind wesentlich, aber in der Regel nicht erkennbar und hinterfragt.

Eine höhere Investitionssicherheit für den Endkunden ergibt sich aus der Vertriebsstruktur des CAFM-Anbieters: direkter oder indirekter Vertrieb. Indirekter Vertrieb wird immer über Vertriebspartner des Herstellers abgewickelt. In der Regel sollte man bei der Systemauswahl nur solche indirekten Vertriebspartner auswählen, die auch in der Lage sind, die CAFM-Software an den Kunden anzupassen. Fällt dieser Vertriebspartner aus, dann steht immer noch der Entwickler zur Verfügung.

Dieses Kriterium kann leicht aus der Softwaredatenbank gefiltert und durch das Gründungsjahr eines Herstellers ergänzt werden. Eine absolute Sicherheit kann zu diesem wesentlichen Kriterium leider nicht erreicht werden, wohl aber „doppelter Boden".

- **Stabilität des CAFM-Produkts**

Die Stabilität eines Softwareprodukts ist in der Regel dann besonders hoch, wenn sich der Hersteller ausschließlich mit der Entwicklung und dem Vertrieb beschäftigt und nicht mehrere Standbeine hat. Aber auch dieses Kriterium bietet nur bedingte Investitionssicherheit.

Eine ähnliche Bedeutung hat die Softwaretechnologie, mit der das Produkt programmiert wird. Objektorientierte Programmierung ist Standard; weniger Standard ist das Framework, mit dem die Software konsistent vom Entwurf bis zum Quellcode erzeugt wird. Auskunft darüber gibt die Entwicklungsumgebung.

Was weniger informativ ist, sind Behauptungen über die Modernität der Tools oder auch Glaubensfragen zu Java, .NET oder C++. Entscheidend ist die Frage, entwickelt man ein Produkt mit hoher, aber relativ festgefügter Struktur (Java geeignet), oder einem Tool, das effektiv anpassbar ist (.NET oder C++). CAFM-Produkte werden häufig mit Java entwickelt, wobei .NET deutlich zulegt.

Dieser IT-technische Hintergrund hat Top-Entscheidungsqualität, wozu sich ein Top-Manager Unterstützung vom IT-Verantwortlichen holen muss.

- **Investitionssichere Daten**

Dieser Aspekt ist essentiell, da der Wert der CAFM-Lösung durch die Qualifizierung der Daten exponentiell gegenüber der Erstinvestition in das CAFM-System steigt. Schon nach ein bis zwei Jahren sind die Daten 2-3-mal wertvoller als das Programm und damit besonders schützenswert. Der Schutz ist mit zwei technischen Aspekten auf Top-Entscheidungsniveau verbunden:

1. Ein Datenbankbetriebssystem (DBMS – Oracle, DB/2, MS SQL Server u.a.) ist wesentlich sicherer als eine Datenbankprogramm (Access, PostgreSQL, Firefox[52] u.a.)

2. Mehr als 95% aller CAFM-Systeme basieren auf relationalen Danbankmodellen. Damit ist theoretisch die Unabhängigkeit der Datenbank von der Applikation und dem DBMS gegeben. Praktisch ist das aber nicht der Fall, weshalb die Offenlegung des Datenbankmodells durch den CAFM-Anbieter nicht vergessen werden sollte. Je übersichtlicher und gleichzeitig zusammenhängender die Tabellen strukturiert sind, umso sicherer ist die Nutzbarkeit durch andere Applikationen. Umgekehrt, je mehr einzelne, nicht verknüpfte Tabellen vorhanden sind, um so mehr Logik steckt in der Applikation, um so weniger kann man dann die Anwendung ohne erhebliche Datenverluste wechseln. Die Komplexität eines Datenmodells wird durch die Softwaredatenbank bisher durch kein Attribut abgebildet.

- **Update der Software** reibungslos überstehen

    Hier haben schon viele CAFM-Nutzer leidvolle Erfahrungen gesammelt, und das war nicht selten ein Grund, das System zu wechseln. Dieses Phänomen hängt im Wesentlichen mit dem Datenbankmodell zusammen. Wird die Datenlogik teilweise in der Anwendung abgebildet, bereiten Updates zwangsweise mehr oder weniger große Probleme.

    Hier den Anbieter zu befragen, bringt wenig Erfolg(weil in der Regel die Datenbankmodelle nur den Spezialisten verständlich sind). Hier muss man die Referenzliste des Anbieters systematisch abarbeiten, um die Update-Situation zu klären.

    Die Softwaredatenbank gibt indirekt über die Update-Politik der Hersteller Auskunft. Auch hier muss der IT-Verantwortliche dem Top-Management zuarbeiten.

Die Entscheidung über ein CAFM-System und dessen Anbieter ist sehr komplex. Je mehr Kriterien man einbezieht, umso schwieriger wird die Entscheidung. Man sollte sich weniger von Äußerlichkeiten und Beziehungsgeflechten leiten lassen, sondern mit einigen wenigen der hier genannten Kriterien die Entscheidung begründen.

Trotzdem wird bei einer Entscheidung stets das „Bauchgefühl"[53] eine bedeutsame Rolle behalten. Rationale Entscheidungen werden von Emotionen getragen.

7.3   Entscheidungen aus der Sicht des Facility Managers

Der Facility Manager ist der typische „Macher" mit vielen praktischen Fähigkeiten. Das Thema IT spielt in der Regel eine untergeordnete Rolle und bereitet oft ungeliebten Aufwand. Dieser Aufwand bleibt, wie alles Negative, oft mehr im Gedächtnis haften, als der Nutzen für gezielte Entscheidungsunterstützung.

---

[52] Alle Programmnamen sind eingetragene Warenzeichen der jeweiligen Hersteller

[53] „Bauchgefühle" werden in nonverbalen Begriffen unbewusst abgebildet (s. Kap. 8.1).

Die Reduzierung des Aufwandes im Umgang mit einem CAFM-Programm hat deshalb hohe Priorität. Dazu ist es für den Facility Manager erforderlich, Vorstellungen über seine eigenen Prozesse zu dokumentieren. Die Softwaredatenbank bietet dazu Unterstützung, weil die CAFM-Dienste standardisiert beschrieben sind und jeder Hersteller entsprechend seinem Know-how diese Dienste modifiziert anbietet. Hierzu muss man in Abhängigkeit von den IT-mäßig zu unterstützenden FM-Prozessen schrittweise Datenfilter kreieren, um zu den 2-3 passenden Anbietern zu gelangen.

7.4 Entscheidungen aus der Sicht des IT-Verantwortlichen

Der IT-Verantwortliche hat aus der Sicht der Investitionssicherheit und der Integrationsfähigkeit der CAFM-Software wesentliche Zuarbeiten für Top-Entscheidungen zu liefern (s. Kap. 7.2). Über die dort genannten Kriterien hinaus bietet die Softwaredatenbank ein sehr umfangreiches Datenmaterial, das er für seinen Informationsbedarf gezielt aufbereiten kann. Ein zentrales Thema sind die Schnittstellen, da sich CAFM in der Regel in eine bestehende IT-Landschaft integrieren muss.

Zukünftig wird über das Internetportal www.diesoftwaredatenbank.de für das Nutzerprofil „IT-Verantwortlicher" ein breites Spektrum von Reports aus der Softwaredatenbank abrufbar sein. Ein Schwerpunkt wird dabei die Vernetzung der Spartendienste sein, weil damit die Integrationsmöglichkeiten von CAFM in die gesamte IT besonders deutlich gemacht werden. Der IT-Verantwortliche wird auf diesem Wege mehr zum Informationsdienste-Anbieter, zum Koordinator zwischen den heute isoliert arbeitenden Anwendern.

7.5 Entscheidungen aus der Sicht eines CAFM-Anbieters

Der Autor erlaubt sich nun, aus der Sicht des Anbieters CAFM-Projekte zu beurteilen.

In einem Segment des CAFM-Marktes geht es aus Sicht der Anbieter eng zu; bei den Großkunden (Unternehmen > 10.000 Mitarbeiter). Die Mehrzahl ist mit CAFM-Software ausgestattet, wobei die Nutzung sich in der Regel auf Teilbereiche beschränkt. Je nach Ausbau der Lösungen sind Systemwechsel nicht ausgeschlossen und manchmal durch das Lebensende von CAFM-Produkten sogar gezwungener Maßen erforderlich. Ausschreibungen von Großkunden sind anspruchvoll und trennscharf. Billiganbieter und kleine Entwicklerfirmen kommen selten zum Zug. Vor allem dieser Kundenkreis hat aus vergangenen Jahren viel gelernt.

Im Marktsegment mittlerer Unternehmen ist dagegen viel Platz für ca. 50 aktive CAFM-Hersteller. MS Excel ist das Management-Tool, das potenziell abzulösen ist. Die Ausschreibungen, sofern vorhanden, haben selten gute Qualität. Daraus resultiert auch die relativ hohe Abbruch-Quote oder einfach das Versanden des CAFM-Projektes. Ein Indiz für problematische Projekte ist immer dann zu beobachten, wenn der Kunde selbst keine Klarheit über seine, in IT abzubildenden, Aufgaben hat, aber Klarheit über die Kosten fordert, mit dem Daumen nach unten. An dieser Stelle den Mut aufzubringen und den potenziellen Auftrag gar nicht anzunehmen, erfordert Courage, die auch der Autor nicht immer hatte. Das Ergebnis stellt sich dann meist innerhalb weniger Monate mit frustrierten Mitarbeitern und als negativer Deckungsbeitrag des Projektes dar.

Über die positiven Voraussetzungen wurde im Kap. 3.2.3 diskutiert.

7.6 Systematik der Entscheidungskriterien

Die nachfolgende Übersicht (s. Abb. 7-1) kann nur rationale Kriterien für eine CAFM-System-Entscheidung liefern:

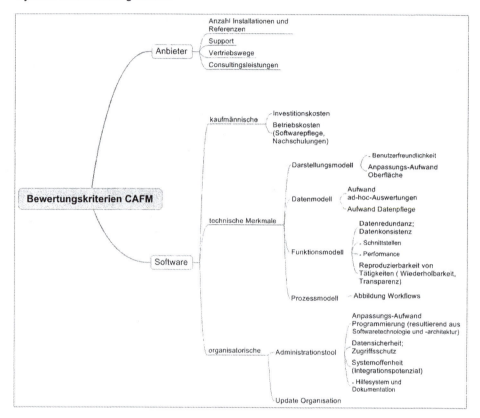

Abb. 7-1:   Bewertungskriterien CAFM

Diese Kriterien sollten in Abhängigkeit vom Kenntnisstand und den Erfahrungen in der CAFM-Projektgruppe gewichtet und reduziert werden. Der externe Berater ist für diesen Prozess eine Schlüsselfigur.

Alle Kriterien sollten in den verschiedenen Phasen der CAFM-Einführung transparent gehalten und gepflegt werden. Im Sinne der Reproduzierbarkeit einer Entscheidung ist dieser mit viel Zeit verbundene Prozess unvermeidbar.

Einige Kriterien können im Prozess der Vorauswahl in Fragestellungen an die Softwaredatenbank umgewandelt werden. Das ist natürlich keine Garantie für das passende System, sondern nur ein Hilfsmittel in der Vorauswahl. In der Softwaredatenbank sind einige Standard-Filter enthalten, die durch entsprechende Parametrisierung an die Fragestellungen des Nutzers angepasst werden können. Ad-hoc-Fragestellungen liefern mit Sicherheit weitere Hilfestellungen zur Vorauswahl.

Dem Autor ist bewusst, dass die Datenbank nur so gut ist, wie vollständig und aktuell die Daten sind. Der Softwaredatenbank geht es nicht anders als einem Buch mit Produktübersichten (s. [Nävy, 2006] ab S. 403ff): sie ist schon am Tage der Veröffentlichung überholt.

Die Aktualität wird zukünftig kostenfrei durch die Hersteller selbst per Internet unter www.diesoftwaredatenbank.de gepflegt werden. Der IT-Verantwortliche, Unternehmensberater, Facility Manager usw. werden mit unterschiedlichen Nutzerprofilen über einfache kostenfreie Reports bis zu anspruchsvollen kostenpflichtigen Reports die Internetplattform nutzen können.

Die Softwaredatenbank auf der Programm-CD hat diese Nutzerprofile noch nicht abgebildet. Deshalb kann sicher momentan nur ein versierter Datenbanknutzer Auswertungen machen, die über einfache Listen bis hin zu komplexen Abfragen über mehrere Klassen möglich sind. Der Im- und Export von Daten ist gesperrt.

Im Gesamtprozess der Einführung von CAFM spielen Intelligenz und Intuition der Beteiligten sowie organisatorische Rahmenbedingungen eine herausragende Rolle. Das Hilfsmittel Software ist nur so gut, wie es die Projektakteure verstehen, schrittweise die unendliche Welt der IT kostengünstig und wirkungsvoll in das Unternehmen einzubinden. Dazu hofft das Buch mit seinem breiten Erfahrungsschatz einen methodischen und zugleich praktischen Beitrag geliefert zu haben.

8.1   Verbale und nonverbale Begriffe

Im Unterschied zu verbalen Begriffen, um die es ausschließlich in diesem Buch geht, kann man nonverbale Begriffe wie folgt darstellen:

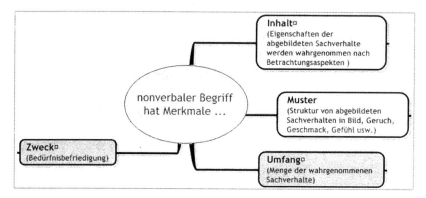

Abb. 8-1:   Definition nonverbaler Begriffe

Diese nicht verbalisierten Begriffe spiegeln Bauchgefühle wieder und spielen für rasche Entscheidungen eine herausragende Rolle. Damit haben solche Begriffe im FM eine bedeutsame Rolle, werden aber nirgends beschrieben und im CAFM natürlich auch nicht abgebildet. Über ihre Rolle bei der Einführung von CAFM wurde diskutiert (s. Kap. 3).

8.2   Begriffsbestimmungen – zur Frage der Festlegung von Bezeichnungen
Prof. Dr. Harald Löhr

Im Kapitel 1.1 wird am Beispiel des Fachterminus/Fachbegriffs *Facility Management* dargestellt, wie man mit einem Begriff und seinem Namen, dort auch 'Worthülse' genannt, umzugehen hat. Im vorliegenden Kapitel wollen wir uns aus einer anderen Sicht den Begriffen (oder Sachverhalten) nähern, um so die Basis für eine allgemeingültige Arbeit mit Begriffen und Bezeichnungen zu geben.

Von diesem Standpunkt sollte man mindestens immer dann ausgehen, wenn scheinbar unlösbare Probleme auftreten, die meist im Detail liegen. Dabei ist zu beachten, dass es sich bei Unstimmigkeiten der Art „Wir brauchen unbedingt diesen Begriff!" fast ausschließlich um eine Bezeichnung handelt, also einen terminus technicus, einen Fachbegriff, aber selten um einen Sachverhalt als Streitobjekt.

Wir gehen von der Abfolge der Wörter

aus und schlagen die folgenden Arbeitsdefinitionen vor, dargestellt in der nachfolgenden Grafik:

Begriff, Benennung und Bezeichnung

Begriff   **gedankliche Abbildung eines Objekts (Ding, Eigenschaft, Beziehung)**
z. B. Folge von Anweisungen, die auf einem Rechner abgearbeitet werden sollen

↓

wirksam wird ein   **Begriffs - Laut - Code**

↓

Benennung   **Sprachliche Formulierung eines Begriffs (verschiedene Sprachen, Kulturkreise)**
z. B. das Programm, the program, le programme

↓

wirksam wird ein   **Laut - Zeichen - Code**

↓

Bezeichnung   **Schriftliche Darstellung gesprochener Wörter**
z. B. Programm, *Progamm, Programm,* Programm

Im Kontext der Informationsverarbeitung sind die Bezeichnungen meist Schlüsselwörter für Informationen.

Probleme treten auf bei
- gleichlautenden, sinnverschiedenen Wörtern (Homonyme) :

    Leiter, Leiter, Leiter   und hier nur z. T. Unterschiede
    Seite, Seite, Saite   in der Bezeichnung
    Applikation, Applikation

- ähnlich lautenden Wörtern in verschiedenen Sprachen :

Benennung	Sprache	Bedeutung
kalt	dt.	kalt
cold	engl.	. . .
caldo	. . .	. . .

219

Im Zusammenhang des Buches (s. Kap. 1) geht es grundsätzlich nur um Bezeichnungen, also um Namen (Worthülsen) für Begriffe. Die hier formulierten Zusammenhänge betonen weitere Aspekte.

8.3 Beziehungen zwischen Informationen und Daten (ausgehend von Signalen) – Diskussionsergebnis zwischen Autor und Prof. Dr. Harald Löhr

Die Beziehung zwischen Daten und Information können wir mathematisch als eine Abbildungsvorschrift definieren. Bevor wir das an Beispielen diskutieren, möchten wir die formalen Grundlagen für die mathematische Beschreibung kurz darstellen.

Mathematische Abbildungen

Gegeben sind zwei nichtleere Mengen A mit den Elementen a_i , ($0 \leq i \leq x$), die Ursprungsmenge, und B mit den Elementen b_k ($0 \leq k \leq y$) , die Bildmenge.

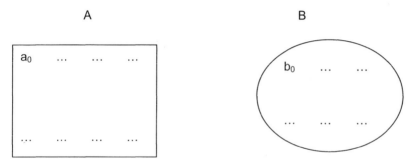

Eine Menge von (nichtleeren) Zuordnungen $a_i \to b_k$ (wir schreiben verkürzt $a \to b$) aus A nach B nennt man **eine Abbildung aus A nach B**.

'aus' und 'nach' bedeuten, dass nicht alle Elemente der jeweiligen Menge durch die Abbildung erfasst werden.

Eindeutige Abbildungen

Je nach dem Grad der Erfassung der Elemente jeder der beiden Mengen spricht man von unterschiedlichen Abbildungstypen. Von besonderer Bedeutung sind die eindeutigen Abbildungen.

Unter einer **eindeutigen Abbildung aus A nach B** verstehen wir eine Abbildung aus A nach B , bei der jedem Element a_i **höchstens ein** Element b_k zugeordnet ist.

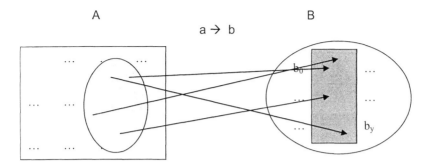

Bei dieser Abbildung müssen nicht alle Elemente aus A erfasst werden, und auch nicht alle Elemente aus B müssen das Abbild eines Elements aus A sein.

Unter einer **eindeutigen Abbildung von A nach B** (auch: **von A in B**) verstehen wir eine Abbildung aus A nach B, bei der jedem Element a_i ein, also genau ein Bild b_k zugeordnet ist.

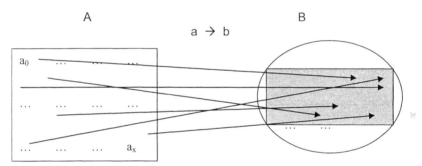

Die Ursprungsmenge A wird bei dieser Abbildung vollständig nach B abgebildet, aber nicht alle Elemente aus B müssen das Abbild eines Elements aus A sein. 'von' hat die Bedeutung, dass alle Elemente der Menge erfasst werden.

Unter einer **eindeutigen Abbildung aus A auf B** verstehen wir eine Abbildung von A nach B, bei der jedes Element von B das Abbild eines Elements aus A ist, aber nicht jedes Element aus A nach B abgebildet wird.

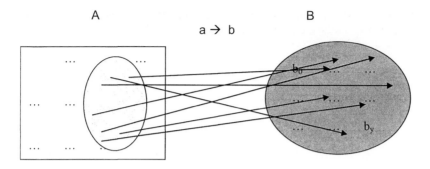

Von weiteren Abbildungsarten sei zum Schluss nur noch erwähnt: bei den bisher genannten eindeutigen Abbildungen zugelassen ist, dass mehrere Urbilder a_i auf das gleiche Abbild b_k führen. Diese 'Unschärfe' wird erst durch die umkehrbar eindeutige Abbildung beseitigt.

Diese Aussagen sollen nun auf reale Sachverhalte angewendet werden.

Objekte der Realität senden Signale aus, die allein ohne Bedeutung sind. Das können zum Beispiel folgende Lichtimpulse sein:

    ... --- ...

Ohne Kenntnis eines Codes bleiben es einfache Folgen von Lichtimpulsen. Kennt eine Person (oder eine empfangende technische Einrichtung) das Morse-Alphabet, wir wollen es als Code1 bezeichnen, dann kann den empfangenen Signalfolgen jeweils eine Bedeutung (hier ein Zeichen) zugeordnet werden:

    ...   s

    ---   o ,

so dass die empfangene Folge von Signalen als s, o und s gedeutet wird.

Diese drei Zeichen können nun bei Kenntnis eines anderen Codes, den wir Code2 nennen wollen, zur Bedeutung Wort 'sos' zusammen gefasst werden. Mit dem Code2 vollziehen wir den Übergang vom Einzelzeichen zur Zeichenfolge, zum Wort. Damit ist aus den Signalfolgen '...--- ...' bzw. aus den gemäß Code1 entstandenen Einzelzeichen die neue Bedeutung 'sos' entstanden. Im Tastfunkverkehr wurden für häufig verwendete Bedeutungen Kurzwörter vereinbart, und damit kommen wir zu einem neuen Code, den wir als Code3 bezeichnen. Darin wird dem Kurzwort sos (entstanden aus „save our souls", engl. für „rettet unsere Seelen") die Bedeutung eines Hilferufs zugeordnet, der international verstanden wird. Damit erhält der Empfänger eines solchen Hilferufs den Hinweis, dass der Sender (der Lichtsignale) dringend Hilfe benötigt.

            Code1   Code2   Code3

Signalfolge s → Einzel- → Zeichenfolge d → Hilferuf l
             Zeichen z   (Datenwert)

Die beteiligten Codes (Abbildungsvorschriften) sind dabei qualitativ unterschiedlich: Code1 ist ein Signal-Zeichen-Code, Code2 ist ein Zeichen-Wort-Code, Code3 ist ein Wort-Handlungs-Code. Ein Code ist eine Abbildungsvorschrift, eine Funktion. Wir können nun formal schreiben

$$z = f_1(s) \qquad d = f_2(z) \qquad i = f_3(d)$$

Jegliche Urmenge wird interpretiert und ergibt eine Bildmenge. Die Interpretation gibt der Bildmenge eine bestimmte Bedeutung. Diese Bedeutungszuordnung bezeichnen wir als Information, die Urmenge als Daten. Weil diese Bedeutungszuordnung sich völlig analog zur Begriffsbildung verhält, d.h. die gleiche Dimensionalitäten hat (Inhalt, Umfang, Zweck, Bezeichnung usw.), sind bei uns Information und Begriff Synonyme. Damit stehen Daten und Information immer in einer relativen Beziehung. Angewendet auf unser Beispiel:

Code1: Daten (hier als Signal bezeichnet) abgebildet auf Zeichen (Information ist hier Beziehung von Signal und Zeichenvorrat)

Code2: Daten (Beziehung von Signal und Zeichenvorrat) abgebildet auf Worte (Information ist hier Beziehung zwischen Wort und Daten)

Code 3: Daten (Worte) abgebildet auf Handlungsanweisungen (Information als Beziehung zwischen Wort und Maßnahme; hier konkret der Hilferuf).

In dieser Staffelung wird die Information immer komplexer. In dem Moment, wenn in der Abfolge der Bedeutungszuordnung (Codierung) eine Interpretation nicht möglich ist, bleiben die Daten ohne Interpretation und die Hilfe muss zwangsläufig ausbleiben.

Genauso verhält es sich mit einem IT-Programm, das Daten zu Informationen verarbeitet. In einer Programmkette „A liefert B, B liefert C" passiert nachfolgendes:

- A wandelt Daten s in Information I_A
- B erhält I_A als Daten und wandelt dies in Information I_B
- C erhält I_B als Daten und wandelt dies in Information I_C.

Ist der Mensch in dieser Kette das letzte Glied, erhält er zwar von der Maschine Informationen I_C, die für ihn aber nur Daten sind. Erst wenn er diese Daten codieren/interpretieren kann, werden sie zur (nutzbaren) Information. Ist andererseits der Mensch Lieferant an ein Programm, so liefert er Informationen (unter der Annahme, der Mensch versteht das, was er eingibt), die für die Maschine aber Daten sind. Das stimmt zwar mit der umgangssprachlichen Sprechweise überein (Mensch als Datenlieferant), ist aber nur in diesem Beziehungsgefüge korrekt.

Nur interpretierte Daten (Information/Begriff) können Ausgang für rationales menschliches Handeln sein. Der Begriff „Datenfriedhof" bezeichnet treffend folgenden Sachverhalt: aus der Menge an gelieferten oder lieferbaren Daten wird nur ein Bruchteil interpretiert und damit genutzt; nicht genutzte Daten in der Mensch-Maschine-Kommunikation bleiben sinnbildlich in der Maschine vergraben.

8.4 Objekt- und Metainformation

Informationen über die eigentliche Information werden als Metainformationen (Hintergrundinformation, Begleit- oder Kontextinformation usw.) bezeichnet.

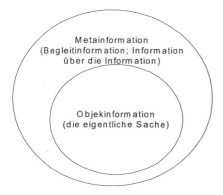

Abb. 8-2:   Beziehung Objekt- und Metainformation

Bekannte Arten von Metainformationen sind z.B. der Thesaurus einer Bibliothek oder die Indexierung (Verschlagwortung) eines Dokumentes bei der Nutzung eines DMS.

In einem Softwareprogramm treten Metainformationen in mehreren Zusammenhängen auf:

a) Information über das Programm,

b) Information über die Strukturierung der Begriffe (Basis-Objekte) und

c) Information zu den Daten.

Im Fall a) wird die prinzipielle Ziel- und Aufgabenstellung eines Programms kommuniziert. Für den potenziellen Erwerber eines Programms wäre es oftmals hilfreich, nicht nur gesagt zu bekommen, wofür das Programm gut geeignet ist, sondern auch wofür es weniger geeignet ist. Oftmals beinhaltet die Negation einer Aussage mehr Information als eine positiv formulierte Aussage.

Zu Fall b): Nachdem der Softwareprojektant den Begriff (die Objektinformation) in einem Arbeits- und Erkenntnisprozess definiert hat, werden in der Regel diese Prozesse nicht dokumentiert. Erst bei der zeitlich meist viel späteren Diskussion des Für und Wider, z.B. der Merkmale eines Facility und dessen Nutzung, beginnt das Rätselraten. „Der Programmierer wird sich schon etwas dabei gedacht haben", ist eine nicht selten gehörte Redeweise manch eines verzweifelten Programmnutzers.

Der Fall c) besagt, dass der Nutzer beim Datenerfassen die Möglichkeit geboten bekommen kann, zur erfassten Information eine Anmerkung, einen Verweis oder einen Hyperlink zu formulieren. Die meisten Informationssysteme haben in der Regel keine definierte Stelle, wo der Nutzer nachvollziehbar eine Metainformationen zu den Daten ablegen kann. Dieser Umstand kann bei brisanten Daten in komplexen Informationssystemen manchmal tragisch sein. Fragen wie – Warum wurde der Wert x von y geändert? – bleiben unbeantwortet[54].

Metainformationen[55] zu explizieren bedeutet letztendlich doppelten Aufwand, woraus in der Regel auch im Alltag der Verzicht auf diese Information resultiert. Der Wert von Metainformationen wird uns meist erst dann bewusst, wenn wir gezwungen sind, Informationen zu recherchieren, zurück zu verfolgen usw.

In der Produktsparte GIS sind, im Gegensatz zum CAFM, Objekt- und Metadatenmanagement etablierte Begriffe mit erheblichen technischen, organisatorischen und kommerziellen Konsequenzen.

Am Beispiel der Softwaredatenbank kann man den Unterschied zwischen Meta- und Objektinformation erläutern, ohne dass diese Unterschiede mit diesen Begrifflichkeiten Meta- und Objektinformation bezeichnet werden. Ein Beispiel im Zusammenhang mit dem WZ 2008, dessen Zuordnung je nach Zusammenhang Objekt- und Metainformation sein kann, haben wir schon diskutiert (s. Abb. 9-2). Ein weiters Beispiel ist die Zuordnung der Software zu einer Produktsparte (CAFM, ERP, AVA, DMS,...) auf der ersten Bildschirmmaske (s. Abb. 1-19), die Metainformation ist. In einer späteren Ausbaustufe kann diese Zuordnung automatisiert über die Anzahl der Spartendienste erfolgen oder auch vollständig darauf verzichtet werden, weil der Nutzer der Softwaredatenbank weniger nach einer Sparten- sondern nach einer Problemlösung sucht. Problemlösungen werden mit Spartendiensten so beschrieben, dass der Facility Manager seine zu unterstützenden Tätigkeiten wiedererkennt (Schließverwaltung mit allen synonymen Bezeichnungen, Instandhaltung, Gewährleistung usw.). Damit ist die Zuordnung der Software zu einer Produktsparte nicht mehr Meta-, sondern Objektinformation. Völlig analog verhält es sich mit der Zuordnung von Software zu Managementdisziplinen. Anzahl und Struktur der Spartendienste werden zur automatisierten Zuordnung zu einer Managementdisziplin (Spartendienstleistung) genutzt.

---

[54] Aus diesem Grund wurden in der Softwaredatenbank sehr häufig Bemerkungsfelder hinzugefügt, die in einigen Fällen sogar historisierbare Anmerkungen erlauben.

[55] Metainformationen können z.B. in einem Word-Dokument unter „Datei" „Eigenschaften" gepflegt werden. Der Leser möge sich selbst fragen, wie er mit dieser nützlichen Information umgeht.

Der komplexeste Begriff der Softwaredatenbank ist die Klasse „Software" (eingegrenzt auf Applikationssoftware und deren Entwicklungswerkzeuge). Jedes Softwareprodukt ist ein Objekt der Klasse „Software". Auf der *Bildschirmmaske „Software"* ist
sofort erkennbar, welchen Pflegestand die Daten über das Produkt oder die Produkt-
Suite des Softwareherstellers haben.

Beginnend im Dezember 2009 bis April 2010 hat der Autor mit mehr als 30 CAFM-
Herstellern über das Internet (remote) das jeweilige Produkt in der Softwaredatenbank erfasst. In der Regel konnten innerhalb von 60 Minuten die zu erfassenden
Daten besprochen und mittels eines Protokolls danach auch korrigiert und freigege-
ben werden. Nur ein Hersteller hat nach dem Protokoll die Abbildung seiner Software
storniert, da er kein typischer CAFM-Anbieter sei. Alle anderen Hersteller begrüßten
die neuartige Klassifizierung und möchten im zukünftigen Internetportal
www.diesoftwaredatenbank.de ihr Produkt weiter pflegen.

Welche Hersteller an dieser Ersterfassung beteiligt waren, ist aus dem Attribut „Beschreibung aktualisiert am" (s. Abb. 9-1) sofort erkennbar.

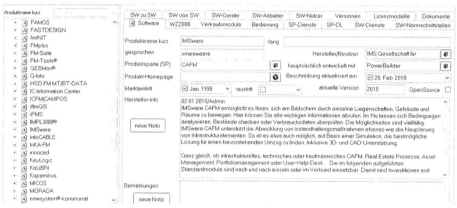

Abb. 9-1:   Abbildung eines SoftwareProdukts auf der 1. Bildschirmmaske

Merkmale, die weitestgehend selbsterklärend sind, werden aus Platzgründen nicht
weiter erläutert. Einzelne Attribute, die mehrfach interpretierbar sind, werden kurz
erläutert. Beispiel ist „Produkt-Homepage". Hier soll nur die spezielle Webadresse
des Produkts stehen. Die Webadresse des Herstellers ist Merkmal der Klasse „Unternehmen". Das Attribut „aktuelle Version" ist das Element mit dem aktuellsten
Datum aus der Liste „Versionen".

Wichtige Informationen sind „Markteintritt" (analog GEFMA 940) und „hauptsächlich entwickelt mit" (in GEFMA 940 nicht enthalten).

In der *Bildschirmmaske „WZ2008"* erfolgt die Zuordnung einer Software zu Branchen oder Wirtschaftszweigen (s. Kap. 4.2.1.3). Entsprechend der Definition von „Facility" (im GIS „Feature", im DMS „Dokument" usw.) hat das eine herausragende Bedeutung. Im Zusammenhang von Meta- und Objektinformationen (s. Kap. 8.4) wurden drei verschiedene Arten der Zuordnung von Software zum WZ 2008 (s. Kap. 4.2.1.3) vorgenommen:

* Zuordnung als Branche aus der Sicht der Softwareprodukthersteller (ist damit Metainformation zum Produkt und subjektiv),
* Zuordnung als WZ-Code entsprechend Referenzkunden (ist damit Objektinformation und damit objektiv),
* Zuordnung eines Verkaufsmoduls zu einer Branche durch den Hersteller (ist damit Metainformation, aber objektiviert).

Diese Zuordnung wird in nachfolgender Oberfläche dargestellt (s. Abb. 9-2).

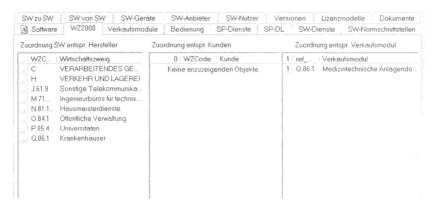

Abb. 9-2:   Zuordnung des WZ 2008 zu Software allgemein und CAFM im Besonderen

Damit ist es dem Softwareinteressenten (Nutzer der Datenbank, z.B. für die Vorauswahl passender CAFM-Software) möglich, entweder genau nach seinem Wirtschaftszweig[56] oder in einer beliebigen Klassifizierungstiefe (5 Ebenen sind möglich) nach Branchen zu suchen.

Auf der *Bildschirmmaske „Verkaufsmodul"* wird ein sehr komplexer Sachverhalt dargestellt. In der GEFMA 940 wird von „Modul und Funktionen" geschrieben, womit nicht klar ist, was denn ein Modul ist. Hier ist ein Modul ein Verkaufsprodukt, das einen Preis und einen vom Hersteller definierten Leistungsumfang hat. Ein Beispiel der Liste von Verkaufsmodulen eines CAFM-Produkts zeigt nachfolgende Abbildung (s. Abb. 9-3).

---

[56] Das Merkmal Wirtschaftszweig/Branche fehlt sowohl in der GEFMA 100 als auch in der DIN EN 15222 und spielt in der GEFMA 444 leider keine Rolle.

Abb. 9-3:   Liste der Verkaufsmodule einer Software

Der Sachverhalt „Verkaufsmodul" (s. Abb. 9-4) wird wie folgt abgebildet (alle weiteren hiermit verknüpften Klassen werden später erläutert):

hat Daten- Normschnittstelle		hat Prozess-Normschnittstelle		hat Schnittstelle Gerätsystem
SW-Verkaufsmodul	hat SP-Dienste	nutzt SP-Dienste	hat SP-Dienstleistungen	hat SW-Dienste

Verkaufsmodul	Bentley Facilities Planner	zu Verkaufsmodul	n.v.
von Software	Bentley Facilities		
Name lang			
speziell für Sparte	n.v.	Basispreis bei Erwerb	[€]
speziell für Gerätetyp	n.v.	Rabatt auf Folgelizenz	[%]
speziell für WZ	n.v. n.v.	Basispreis bei Miete	[€/Jahr]

Hersteller-Info

27.12.2009/JO:
Bentley Facilities Planner erlaubt einen schnellen und einfachen Zugriff auf Informationen über Lage und Status Ihrer Flächen und Anlagen (sogenannter Assets). Die Anzeige wird aus dem aktuellen Stand visualisiert - in 2D oder 3D - mit Beschriftung und thematischer Resymbolisierung - oder auch als alphanumerischer Report. Bentley Facilities Planner vereinigt die grafischen Stärken von MicroStation mit der robusten Dokumentenverwaltung ProjectWise und stellt damit eine nahtlose, vereinheitlichte Kollektion von zeichnungsbasierter, dokumentbasierter und datenbankbasierter Information. Verschiedene Anwendergruppen von Gebäudeeigenern/Ibetreibern oder FM-Dienstleistern können mit Bentley Facilities Planner vorhandene Bestandsdaten importieren oder neue erfassen und in der

neue Notiz

Bemerkung

neue Notiz

Abb. 9-4:   Abbildung Verkaufsmodul in der Softwaredatenbank

Verkaufsmodule können hierarchisch angeordnet sein. Das wird in der Regel in sogenannten „Produkt-Suiten" realisiert. Ebenso können bestimmte Verkaufsmodule eines Softwareherstellers für spezielle Wirtschaftszweige (z. B. CAFM für Flughäfen), für bestimmte Gerätetypen (z.B. Medizingeräte) oder gar für bestimmte Sparten (z.B. innerhalb einer Produkt-Suite für ERP) entwickelt worden sein.

Alle weiteren Merkmalslisten des Verkaufsmoduls werden weiter unten erläutert.

Zukünftig soll der Nutzer die Möglichkeit haben, bei nicht angezeigten Preisen exakte Preisanfragen an den Hersteller generieren zu lassen, da der Leistungsumfang zukünftig exakt definierbar ist. Leistungen, die nicht zum Portfolio des Softwareprodukts/
Verkaufsmoduls gehören, die standardisiert in der Softwaredatenbank beschrieben sind, können dann, extra ausgewiesen, die Preisanfrage ergänzen. Auf der CD sind nur Verkaufsmodule ohne inhaltliche Spezifikation in der Softwaredatenbank enthalten.

Die *Bildschirmmaske „Bedienung"* ist von „Software" die 3. Merkmals-Gruppe, obwohl die intuitive Programmbedienung beim Nutzer die höchste Priorität hat (Begründung s. Kap. 2.2, S. 1).

SW zu SW	SW von SW	SW-Geräte	SW-Anbieter	SW-Nutzer	Versionen	Lizenzmodelle	Dokumente
A] Software	WZ2008	Verkaufsmodule	Bedienung	SP-Dienste	SP-DL	SW-Dienste	SW-Normschnittstellen

17	Software	Bedienung-Standardbezeichnung	Bemerkung
1	Byron/BIS	Bedienmasken mehrsprachig	
2	Byron/BIS	Datenintegration in einem Web-Portal	
3	Byron/BIS	Drag&Drop innerhalb der SW	
4	Byron/BIS	Drag&Drop von externer SW in SW	
5	Byron/BIS	Drag&Drop von SW in externe SW	
6	Byron/BIS	Editierung von Objekten mit Mehrfachauswahl	
7	Byron/BIS	Exploreransicht Objekt-Klassen variabel	
8	Byron/BIS	Fenster- und Menüanordnung variabel	
9	Byron/BIS	Nutzerführung sachorientiert	
10	Byron/BIS	Oberfläche Internet-Browser	
11	Byron/BIS	Reports ad hoc möglich und vorgegebene Reports	
12	Byron/BIS	Suchlogik: UND, ODER und NICHT (Aussagenlogik)	
13	Byron/BIS	Suchlogik auf Eingabemaske	
14	Byron/BIS	Suchmöglichkeit in allen Datenfeldern	
15	Byron/BIS	Tabellenansicht ist grafisch visualisierbar	
16	Byron/BIS	Tabellenansicht Spalten berechenbar	
17	Byron/BIS	Tabellenansicht variabel, mit Bearbeitung der Objekte in d...	

Abb. 9-5:   Liste der Bedienungsmerkmale am Beispiel der CAFM-Software Byron/BIS

Die Zuordnung des Softwareprodukts zu den standardisiert beschriebenen Merkmalen des Begriffs „Bedienung" hat der Hersteller selbst vorgenommen. Die Auswahlliste der Merkmale ist eine schnittmengenfreie Klassifizierung der Funktionalität und der Benutzung von Anwendungssoftware des Nutzers auf der Programmoberfläche. Der momentane Stand wird in der Klasse „Software-Bedienung Standarddefinitionen" der Softwaredatenbank wie folgt abgebildet (s. Abb. 9-6):

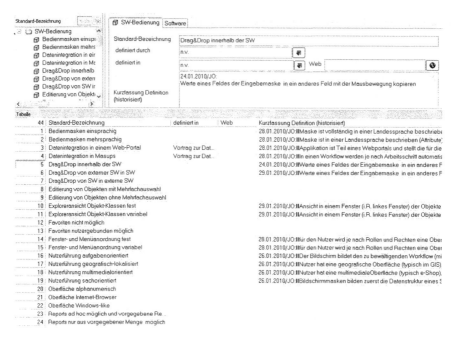

Standard-Bezeichnung		
SW-Bedienung		
Bedienmasken einspr		
Bedienmasken mehrs		
Datenintegration in eir		
Datenintegration in Me		
Drag&Drop innerhalb		
Drag&Drop von extern		
Drag&Drop von SW ir		
Editierung von Objekt		

SW-Bedienung	Software	
Standard-Bezeichnung	Drag&Drop innerhalb der SW	
definiert durch	n.v.	
definiert in	n.v.	Web
Kurzfassung Definition (historisiert)	24.01.2010/JO: Werte eines Feldes der Eingabemaske in ein anderes Feld mit der Mausbewegung kopieren	

Tabelle

	Standard-Bezeichnung	definiert in	Web	Kurzfassung Definition (historisiert)
44	Standard-Bezeichnung	definiert in	Web	Kurzfassung Definition (historisiert)
1	Bedienmasken einsprachig			28.01.2010/JO:IIMaske ist vollständig in einer Landessprache beschriebe
2	Bedienmasken mehrsprachig			28.01.2010/JO:IIMaske ist in einer Landessprache beschrieben (Attribute)
3	Datenintegration in einem Web-Portal	Vortrag zur Dat...		28.01.2010/JO:IIApplikation ist Teil eines Webportals und stellt die für die
4	Datenintegration in Masups	Vortrag zur Dat...		28.01.2010/JO:IIin einen Workflow werden je nach Arbeitsschritt automatis
5	Drag&Drop innerhalb der SW			24.01.2010/JO:IIWerte eines Feldes der Eingabemaske in ein anderes F
6	Drag&Drop von externer SW in SW			29.01.2010/JO:IIWerte eines Feldes der Eingabemaske in ein anderes F
7	Drag&Drop von SW in externe SW			
8	Editierung von Objekten mit Mehrfachauswahl			
9	Editierung von Objekten ohne Mehrfachauswahl			
10	Exploreransicht Objekt-Klassen fest			29.01.2010/JO:IIAnsicht in einem Fenster (i.R. linkes Fenster) der Objekte
11	Exploreransicht Objekt-Klassen variabel			29.01.2010/JO:IIAnsicht in einem Fenster (i.R. linkes Fenster) der Objekte
12	Favoriten nicht möglich			
13	Favoriten nutzergebunden möglich			
14	Fenster- und Menüanordnung fest			28.01.2010/JO:IIfür den Nutzer wird je nach Rollen und Rechten eine Ober
15	Fenster- und Menüanordnung variabel			28.01.2010/JO:IIfür den Nutzer wird je nach Rollen und Rechten eine Ober
16	Nutzerführung aufgabenorientiert			26.01.2010/JO:IIDer Bildschirm bildet den zu bewältigenden Workflow (mi
17	Nutzerführung geografisch-lokalisiert			26.01.2010/JO:IINutzer hat eine geografische Oberfläche (typisch in GIS)
18	Nutzerführung multimediaorientiert			26.01.2010/JO:IINutzer hat eine multimedialeOberfläche (typisch e-Shop).
19	Nutzerführung sachorientiert			26.01.2010/JO:IIBildschirmmasken bilden zuerst die Datenstruktur eines S
20	Oberfläche alphanumerisch			
21	Oberfläche Internet-Browser			
22	Oberfläche Windows-like			
23	Reports ad hoc möglich und vorgegebene Re...			
24	Reports nur aus vorgegebener Menge möglich			

Abb. 9-6: Abbildung der Nutzerfunktionalität auf der Oberfläche einer Software in der Klasse „Softwarebedienung Standarddefinitionen"

Auch über diese gruppierten Instanzen lassen sich Metabegriffe bilden, die den unscharfen Begriff „Usability" – Benutzerfreundlichkeit – nutzerorientiert im Internetportal beschreiben werden.

Ein wesentlicher Begriff zur Abbildung von Anwendungssoftware ist der Spartendienst (abgekürzt „SP-Dienst") in der 4. *Bildschirmmaske „SP-Dienst"*. Darunter sind elementare IT-gestützte Geschäftsprozesse der jeweiligen Sparte zu verstehen, die strukturiert beschrieben werden können. Im CAFM kann man 3 verschiedene Arten von Geschäftsprozessen unterscheiden:

- aus der Sicht des Lebenszyklus der Facilities, beginnend bei der Planung, über die Erstellung, die Bewirtschaftung, die Umnutzung bis zur Entsorgung als strategischer Prozess (ein Wesensmerkmal des Facility Managements),
- aus der Sicht der werterhaltenden FM-Funktionen (Reinigung, Instandhaltung, Sicherung usw.), den FM-Diensten und
- aus der Sicht der übergreifenden, branchenunabhängiger Prozesse (branchenneutrale Dienste). Diese Dienste sind z.B. Rechnungswesen, Finanzbuchhaltung, Dokumentenverwaltung, Qualitätssicherung (vollständige Liste s. Softwaredatenbank). Für diese Dienste gibt es in der Regel Spezialprodukte am Markt. Diese Dienste werden in der Regel auch in den dafür spezialisierten „Produktsparten"[57] wie ERP, DMS, QMS usw. definiert.

---

[57] Für die Akronyme ERP, CRM, CAFM usw. gibt es bisher noch keinen Oberbegriff. Wir definieren hier diesen Begriff mit „Produktsparte" oder nur als „Sparte".

Damit werden die in der GEFMA 940 begonnenen Beschreibungen elementarer Kriterien vervollständigt[58]. Zur Präzisierung der GEFMA-Definitionen wird scharf zwischen einem realen Prozess (hier als FM-Dienst bezeichnet) und dessen informeller Abbildung in Software (hier als CAFM-Dienst[59] bezeichnet) unterschieden. Die nachfolgenden Aussagen beziehen sich alle auf Software und damit immer auf *Abbildungen von realen Sachverhalten und Prozessen.*

Die CAFM-Dienste charakterisieren die Nutzbarkeit einer CAFM-Software aus der Sicht eines Facility Managers. Momentan sind in der Softwaredatenbank weit über 100 FM-Dienste erfasst, die standardisiert zu beschreiben sind. Aus diesen standardisiert beschriebenen Sparten-Diensten (in einem frühen Entwurf des Datenmodells auch als Applikationsdienste bezeichnet) wählt der Hersteller von CAFM-Software die Dienste aus, die seine Software realisiert. Diese Dienste sind notwendig, aber nicht hinreichend für CAFM.

	SW zu SW	SW von SW	SW-Geräte	SW-Anbieter	SW-Nutzer	Versionen	Lizenzmodelle	Dokumente
A] Software	WZ2008	Verkaufsmodule	Bedienung	SP-Dienste	SP-DL	SW-Dienste	SW-Normschnittstellen

43	Software	Spartendienst Standardbez.	Name bei Software	Bemerkung
1	conjectFM	Adressverwaltung		04.06.2009/jo: II1. Verwe
2	conjectFM	Aufgabenverwaltung	Auftragsmanagement	2009 GEFMA: Aufgaber
3	conjectFM	Baumkataster		05.06.2009/jo: IIDienst: fl
4	conjectFM	Belegungsplanung		2009 GEFMA: Belegunç
5	conjectFM	Benchmarking		2009 GEFMA: Benchma
6	conjectFM	Betriebs-/Nebenkostenabrechnung		in GEFMA als Kriterium
7	conjectFM	Betriebsdokumentation		2009 GEFMA: Betriebsc
8	conjectFM	Brandschutzverwaltung		2009 GEFMA: Brandsch
9	conjectFM	Budgetverwaltung	Budgetplanung und -controlling	2009 GEFMA: Budgetve
10	conjectFM	Dokumentation von Gebäude und Anlag...		in GEFMA als Kriterium
11	conjectFM	Dokumentenverwaltung		Basisdienst eines DMS
12	conjectFM	Energiepass Erstellung und Verwaltung		
13	conjectFM	Entsorgung		2009 GEFMA: Entsorgu
14	conjectFM	Flächenanalyse/-optimierung	Flächen- und Raummanagement...	2009 GEFMA: Flächena
15	conjectFM	Flächendokumentation	Flächenmanagement	2009 GEFMA: Flächend
16	conjectFM	Fluchtwegeplan		2009 GEFMA: Fluchtwec
17	conjectFM	Fuhrparkverwaltung		GEFMA 2009: aufgeführ
18	conjectFM	Gefahrstoffverwaltung	Gefahrstoff und Entsorgungsman...	

Abb. 9-7:   Liste der SP-Dienste zugeordnet der Software conjectFM (Ausschnitt)

Standardisierte Spartendienste werden an zwei Beispielen wie folgt dargestellt (s. Abb. 9-8, Abb. 9-9):

---

[58] Dabei sollten Zirkeldefinitionen wie „Vertragsverwaltung = …Vertragsverwaltung…"[GEFMA 949, 2009 S. 17] vermieden werden.

[59] In der Softwaredatenbank ist ein CAFM-Dienst eine Untermenge der Spartendienste und eine CAFM-Dienstleistung eine Spartendienstleistung, die jeweils mit einer Sparte (CAFM, DMS, AVA usw.) referenziert ist.

in Sparten	in SP-Dienstleistungen	in Software
Ⓐ Sparten-Dienst Standardbezeichnung	hat Beziehung zu SP-Diensten	nutzt Schnittstellen

Kurzbezeichung	Brandschutzverwaltung	typ. für Sparte	CAFM	⮐
Synonyme	Brandschutz Dokumentation			
Langbezeichnung				
wichtigstes Verwaltungsobjekt	brandschutztechnischen Einrichtungen ⮐	definiert durch	n.v.	⮐
definiert in	GEFMA 940 2009 ⮐	Web		🌐

Kurzfassung Definition (historisch)

2009 GEFMA: Brandschutzmanagement
Verwaltung von brandschutztechnischen Einrichtungen und deren Prüfung nach gesetzlichen Vorlagen
04.06.2009/jo:
1. Verwaltungsobjekte/Datenmodell:
   brandschutztechnischen Einrichtungen
2. Datenerfassung /Laufendhaltung/Schnittstellen:
   Objekte mit Lagebezug; aus CAD oder GLT übernehmbar
3. Geschäftsprozesse/ Produkte:
   Prüfung nach gesetzlichen Vorlagen; Prüfberichte; Historie des Austausches
4. Prozessverbesserung/Qualitätssicherung/Simulation/Optimierung:
   Dokumentation gesetzlich vorgeschriebener Unterweisungen
5. Rechtsvorschriften, Normen, Richtlinien:
   umfangreich vorhanden
Der Umfang und die Merkmale der Brandschutzverwaltung werden in den Sparten und in jeder Software modifiziert (erweitert oder reduziert).

neue Notiz

Abb. 9-8:   Beschreibung eines CAFM-Dienstes am Beispiel „Brandschutzverwaltung"[60]

Ein weiteres Beispiel ist die Adressverwaltung, die mehr oder weniger ausgeprägt in jeder CAFM-Software abgebildet wird und in der GEFMA 940 kein Merkmal ist:

in Sparten	in SP-Dienstleistungen	in Software
Ⓐ Sparten-Dienst Standardbezeichnung	hat Beziehung zu SP-Diensten	nutzt Schnittstellen

Kurzbezeichung	Adressverwaltung	typ. für Sparte	CRM	⮐
Synonyme	Adressenverwaltung, Adressierung, Kundenstammdaten, Adressmanagement			
Langbezeichnung	Verwaltung von Unternehmen und/oder Privatpersonen			
wichtigstes Verwaltungsobjekt	Unternehmen ⮐	definiert durch	Oelschlegel	⮐
definiert in	n.v. ⮐	Web		🌐

Kurzfassung Definition (historisch)

04.06.2009/jo:
1. Verwaltungsobjekte/Datenmodell:
   wentlichsten Daten von externen Unternehmen; Unterscheidung nach Privatpersonen, Unternehmen und Konzernen; Datenmodell Privatpersonen ist wesentlich verschieden von einem Unternehmensmodell
2. Datenerfassung /Laufendhaltung/Schnittstellen:
   Ersterfassung aus Outlook möglich; Export in Outlook sinnvoll; Kopplung zum amtlichen PLZ-Verzeichnis zweckmäßig
3. Geschäftsprozesse/ Produkte:
   reproduzierbare Kopplung zu allen kaufmännischen Prozessen, Auswertungen nach Branchen, nach Kreditoren und Debitoren
4. Prozessverbesserung/Qualitätssicherung/Simulation/Optimierung:
   Erkennung von Dubletten; kontrollierte Redundanz ist möglich
5. Dokumentation/ Archivierung:
   Physisch sollten Adressen niemals gelöscht, sondern nur inaktiv gesetzt werden
6. Rechtsvorschriften, Normen, Richtlinien:

neue Notiz

Abb. 9-9:   Abbildung eines SP-Dienstes in der Softwaredatenbank, der in mehreren Sparten benutzt wird

Spartendienste haben die Eigenschaft, nicht nur in einer Sparte genutzt zu werden. Die Adressverwaltung z.B. könnte im Zusammenhang von CRM definiert und in an-

---

[60] Brandschutzverwaltung wird in der GEFMA 940 als „Brandschutzmanagement" bezeichnet.

deren Sparten modifiziert genutzt werden. Eine weitere Modifikation des standardisierten Dienstes wird in jedem CAFM-Produkt und erst recht in jeder CAFM-Lösung vorgenommen. Diese Modifikation wird auch im Zusammenhang mit dem Facility beschrieben, das als wesentlichster Sachverhalt oft für die Namensgebung des Dienstes zuständig ist (s. Abb. 9-10):

⚒ Verwaltungsobjekte	
Bezeichnung	Ereignismeldung
Synonyme	Vorkommnis, Alarmmeldung, Alarm, Ereignis
Beschreibung	Die Struktur eines Ereignisse wird durch den Wirtschaftszweig definiert und muss entsprechende Gesetzlichkeiten berücksichtigen; z.B. die Anforderungen in der Pharmaindustrie sehr hoch!

Abb. 9-10:   Facility zum CAFM-Dienst „Alarmverwaltung"

Jeder Spartendienst (CAFM ist eine Sparte) hat Beziehungen zu anderen Spartendiensten. Diese Beziehungen können inhaltlich, logistisch usw. im Sinne von Vorgänger- oder Nachfolgerbeziehungen sein. Diese Beziehungen können ebenfalls durch Zuordnungen erfasst und wie folgt abgebildet werden (s. Abb. 9-11):

in Sparten	in SP-Dienstleistungen	in Software
[A] Sparten-Dienst Standardbezeichnung	hat Beziehung zu SP-Diensten	nutzt Schnittstellen

2 Sparten- Dienst	hat Beziehung zu SP-Dienst	Bemerkung
1 Alarmverwaltung	Help Desk	
2 Alarmverwaltung	Instandhaltung	

Abb. 9-11:   Beziehungen zwischen Spartendiensten[61]

[A] Sparten-Dienst Standardbezeichnung	hat Beziehung zu SP-Diensten	in Sparten	in SP-Dienstleistungen	in Software

5 Sparten- Dienst	hat Beziehung zu SP-Dienst	Bemerkung
1 Adressverwaltung	Kreditoren und Debitorenverwaltung	
2 Adressverwaltung	Gehaltsabrechnung	
3 Adressverwaltung	Post und Logistik	
4 Adressverwaltung	Personalverwaltung	
5 Adressverwaltung	Lohnbuchhaltung	

Abb. 9-12:   Abbildung der Beziehungen zwischen Spartendiensten

Wesentlich für Spartendienste sind auch Normschnittstellen für den Datenaustausch von und zu anderen Spartendiensten. Dieser Zusammenhang wird in der Softwaredatenbank wie folgt abgebildet (s. Abb. 9-13):

---

[61] Die Definitionsarbeit steht erst am Anfang der Entwicklung und wird im Zusammenhang mit der Erstellung des Webportals www.diesoftwaredatenbank.de durch Experten und Expertengremien qualifiziert

in Sparten			in SP-Dienstleistungen			in Software	
A Sparten-Dienst Standardbezeichnung			hat Beziehung zu SP-Diensten			nutzt Schnittstellen	

Normschnittstellen Daten   Normschnittstellen Prozess

0	Kürzel	Name lang	Bemerkung	typisch für...
		Keine anzuzeigenden Objekte.		

4	SPDienst	Name kurz	Name lang
1	Alarmverwa...	BACnet	Building Automation and Control Ne
2	Alarmverwa...	LON	Local Operating Network
3	Alarmverwa...	OPC	OLE for Process Control
4	Alarmverwa...	PROFIBUS	Process Field Bus

Abb. 9-13:   Mögliche Schnittstellen eines Spartendienstes

Die Definitionen zu den Spartendiensten, beginnend bei CAFM-Diensten, sind noch nicht abgeschlossen. Die software-produktneutralen Definitionen sollen spartenweise im Verlauf mehrerer Jahre durch Experten und Gremien geschaffen werden. Ein Auszug möglicher CAFM-Dienste ist leicht aus der Softwaredatenbank zu filtern.

Tab. 9-1:   CAFM-Dienste (spezifische und übergreifende) als Abbildung von CAFM-Elementarfunktionalitäten

Bezeichnung	Spezifik	Sparte
Adressverwaltung	übergreifender Dienst	CRM
AKS	FM-spezifischer Dienst	
Analyse- und Optimierungsverfahren	übergreifender Dienst	SBO
Angebotsverwaltung	übergreifender Dienst	ERP
Anlagenbuchhaltung	übergreifender Dienst	ERP
Arbeits- und Gesundheitsschutz	FM-spezifischer Dienst	
Arbeitsplatzevaluierung	FM-spezifischer Dienst	
Arbeitsplatzverwaltung	FM-spezifischer Dienst	
Arbeitsstoffverwaltung	FM-spezifischer Dienst	
Arbeitszeitverwaltung	übergreifender Dienst	HR
Aufgabenverwaltung	FM-spezifischer Dienst	
Ausschreibung	übergreifender Dienst	AVA
Außenflächenverwaltung	FM-spezifischer Dienst	
Bauaufnahmen/Bestandsdatenerfassung	FM-spezifischer Dienst	
Baugenehmigungsverfahren	FM-spezifischer Dienst	
Baukostencontrolling	übergreifender Dienst	BPM

Bezeichnung	Spezifik	Sparte
Baumkataster	FM-spezifischer Dienst	
Bauunterhaltung	FM-spezifischer Dienst	
Beitragswesen	übergreifender Dienst	ERP
Belegungsplanung	FM-spezifischer Dienst	
Benchmarking	übergreifender Dienst	BPM
...	...	...

CAFM-Dienste sollten schnittmengenfrei sein. Dazu ist noch umfangreiche Definitionsarbeit erforderlich. Dieses Buch inkl. der Softwaredatenbank legt dafür die technischen Grundlagen.

Die CAFM-Spartendienste müssen die Sprache des Facility Managers abbilden, damit er seine Anforderungen formuliert vorfindet, passende Softwareprodukte schnell findet und dazu auch noch Anregungen erhält, was damit in Beziehung steht.

Die 6. *Bildschirmmaske „SP-DL"* steht für „Sparten-Dienstleistung". Mehrere „Spartendienste" werden in einer Spartendienstleistung zusammengefasst. Eine CAFM-Dienstleistung ist z.B. „Reinigungsmanagement" (s. Abb. 9-14) mit dem Kern des CAFM-Dienstes „Reinigung". In der GEFMA 940 sind analog zur „CAFM-Dienstleistung" in der 2. Klasse Elementardienste zusammengefasst (s. Abb. 1-4). Dieser Ansatz wird hier genutzt und weiterentwickelt. In der Realität sind elementare FM-Dienste nicht nur Bestandteil einer einzigen komplexeren Dienstleistung. Diese Eigenschaft wird abgebildet, indem CAFM-Dienste auch in mehreren CAFM-Dienstleistungen auftreten können. Diese Zuordnung lässt sich nicht in 1:n-Graphen (s. Abb. 1-4), sondern nur in m:n-Graphen abbilden. Dabei wird darauf geachtet, die FM-Spezifik durch klare Unterscheidung zu IT-Diensten (s. Abb. 9-19) in den Begriff einfließen zu lassen. CAFM-Dienstleistungen werden in der Regel mit Managementbegriffen bezeichnet.

Abb. 9-14:   Definition einer Spartendienstleistung am Beispiel „Reinigungsmanagement[62]"

---

[62] In der GEFMA 940 wird der Begriff mit „Reinigung" bezeichnet, allerdings wird das Zertifikat in der GEFMA 444 auf „Reinigungsmanagement" vergeben.

Zukünftig wird eine solche Definition auch als Standarddefinition mit den zugehörigen Spartendiensten abgebildet werden. Das Beispiel „Reinigungsmanagement" subsumiert die Definition der GEFMA 940 (s. Listenelement 3,5,6 und 8) und erweitert sie. Damit werden dann sofort Unterschiede zwischen einem Softwareprodukt, das sich ausschließlich dem Reinigungsmanagement widmet, und einem CAFM-Produkt, das Reinigung im Kontext zu anderen Diensten betreibt, deutlich.

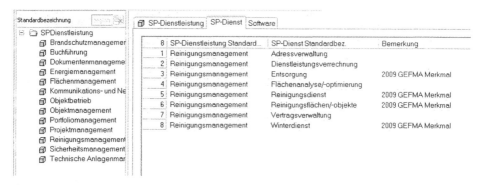

Abb. 9-15:   Zuordnung mehrerer CAFM-Dienste zu einer CAFM-Dienstleistung am Beispiel „Reinigungsmanagement"

Im Beispiel „Energiemanagement" (s. Abb. 9-16) klafft allerdings die hier vorgenommene Begriffsbildung mit der der GEFMA weit auseinander.

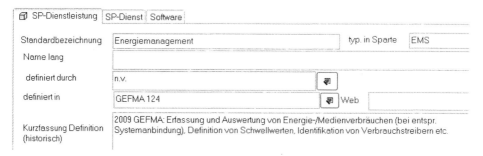

Abb. 9-16:   CAFM-Dienstleistung „Energiemanagement"

Der Begriff „Energiemanagement" in der GEFMA 940 ist in der Klasse 3 definiert. Der Inhalt des Begriffs wird im Spartendienst „Zählerverwaltung und -auswertung" abgebildet. Nach Verständnis des Autors wird das „Energiemanagement" durch einen Komplex mit einander in Beziehung stehender Spartendienste realisiert. Die nachfolgende Zuordnung basiert auf der Auswertung eines Artikels von Prof. Krimmling (s. [KRIM, 2010]).

15	SP-Dienstleistung Standard...	SP-Dienst Standardbez.	Bemerkung
1	Energiemanagement	Adressverwaltung	
2	Energiemanagement	Analyse- und Optimierungsverfa...	Verfahren zur Gradzahlbereinigung u...
3	Energiemanagement	Anlagenbuchhaltung	
4	Energiemanagement	Benchmarking	
5	Energiemanagement	Bestellsystem	
6	Energiemanagement	Datenlogging	
7	Energiemanagement	Dokumentation von Gebäude u...	
8	Energiemanagement	Dokumentenverwaltung	
9	Energiemanagement	Einkauf	
10	Energiemanagement	Flächenanalyse/-optimierung	
11	Energiemanagement	Help Desk	Auswertungen der Störmeldungen
12	Energiemanagement	Personalverwaltung	
13	Energiemanagement	Prozesssimulation	
14	Energiemanagement	Rechnungsprüfung	
15	Energiemanagement	Zählerverwaltung und -auswertu...	enthält ein Controlling der Auswertun...

Abb. 9-17: „Energiemanagement" mit möglichen Spartendiensten

Damit wird deutlich, dass der Begriff „Energiemanagement" in der Softwaredatenbank wesentlich weiter gefasst ist als in der GEFMA 940 mit „Erfassung und Auswertung von Energie-/Medienverbräuchen...".

Auf der Programm-CD (s. Anhang) hat kein Softwareprodukt eine Zuordnung zu einer „Sparten-Dienstleistung". Die Liste in der 6. Bildschirmmaske ist also bei allen
Produkten leer. Wenn die definitorische Arbeit weiter fortgeschritten ist, erfolgt diese
Zuordnung im Internetportal automatisch in Abhängigkeit von der Anzahl der Spartendienste und deren Schnittmenge mit den Definitionen der Sparten-Dienstleistungen.

Durch diese Begriffsbildung kann man

- eine IT-Managementdisziplin beschreiben (durch Sparten- und Software-Dienste)
und
- Spezialprogramme (z.B. EMS – Energiemanagementsysteme) einer Produktsparte zuordnen.

Gleichzeitig kann man Programme beschreiben und filtern, die ihren Mehrwert aus
der komplexen Betrachtungsweise definieren. In diesem Fall könnten die Spartendienstleistungen in der Anzahl der Spartendienste bewusst reduziert werden. Ein
Nebeneffekt dieser Begriffsbildung ist auch, dass nicht per Behauptung eine CAFM-
Software „Energiemanagement" abbildet, sondern sich diese Eigenschaft als View
aus den abgebildeten Spartendiensten ergibt (damit werden Managementbegriffe
zum Metadatum einer Software). Ein weiterer Effekt ist, dass nicht jedes Programm
mit dem Etikett CAFM auch schwerpunktmäßig CAFM enthalten muss. Der Schwerpunkt einer Anwendungssoftware[63] ergibt sich automatisch aus den abgebildeten
Spartendiensten.

---

[63] In mehreren Gesprächen mit Herstellern aus der CAFM-Martübersicht [GEFMA 940, 2010] haben diese betont,
dass man nur aus Marketinggründen dort erscheint, da man eigentlich Asset Management (AGVS) oder Property
Management (PM) usw. betreibe.

Es ist keine Schande, bei einem CAFM-Projekt nur einzelne Dienste zu installieren anstatt kompletter CAFM-Dienstleistungen. Die IT sollte nur das Notwendige und nicht das Machbare abbilden. Eine gut organisierte Verwaltung kann mehr leisten als ein schlecht organisiertes Management, auch entsprechend der Volksweisheit: weniger ist oft mehr.

Die Möglichkeit, CAFM-Dienste in noch kleinere FM-Tätigkeiten (Invarianten von verschiedenen CAFM-Diensten) zu zerlegen, besteht. Sie erscheint aber momentan nicht zweckmäßig[64]. Eher umsetzbar wäre eine Veränderung der Sichtweise dadurch, dass nicht der Prozess beschrieben wird, sondern nur das Prozessergebnis. Damit würde man sich auf das, „was hinten herauskommt", fokussieren. Da dies momentan ebenfalls nicht umsetzbar erscheint, soll die relativ komplexe „Dienstesicht" beibehalten werden. Zukünftig wird im Rahmen einer standardisierten Begriffsbildung über die Detailtiefe der CAFM-Dienste entschieden werden.

Es werden Spartendienste von Software-Diensten unterschieden. In der 7. *Bildschirmmaske „SW-Dienste"* werden alle Software-Dienste, die ein Softwareprodukt bietet, aufgelistet (s. Abb. 9-18). Software-Dienste (z.B. Mobilität, Reporting, Replikation, Viewing) sind in jeder Anwendungssoftware enthalten, unabhängig vom Anwendungsbereich. Die in den Software-Diensten benutzten Begriffe sind in der Regel nur dem IT-Fachmann verständlich und auch an dieser Stelle für ihn als Orientierungshilfe für Präqualifikationen bei der Softwareauswahl gedacht.

SW zu SW	SW von SW	SW-Geräte	SW-Anbieter	SW-Nutzer	Versionen	Lizenzmodelle	Dokumente
[A] Software	WZ2008	Verkaufsmodule	Bedienung	SP-Dienste	SP-DL	SW-Dienste	SW-Normschnittstellen

Software	hat SW-Dienst	Name bei SW	Bemerkung
Consultware® FM	Konfiguration Datenmodell	Softwarebaukasten	IEigene Objekte erst.
Consultware® FM	Konfiguration Nutzerinterface	Customizing	IAdmin-Mode (Alle R
Consultware® FM	Konfiguration Prozessmodell	Scripting	IScripting verwenden
Consultware® FM	Reportgenerierung intern	Auswertungen und Reporte	IRaumauswertungen
Consultware® FM	RRV nicht grafisch gestützt	Nutzer- und Rechteverwaltung	IBenutzer anlegenIII.
Consultware® FM	RV bis auf Attributebene	Nutzer- und Rechteverwaltung	
Consultware® FM	XML Interface (Aus- und Einga...	XML-Schnittstelle	

Abb. 9-18:   Abbildung Softwardienste am Beispiel einer CAFM-Software

Auch diese Software-Dienste bedürfen der standardisierten Beschreibung (s. Abb. 9-19) und werden dann je nach Softwareprodukt durch die Hersteller modifiziert beschrieben (s. Abb. 9-19).

---

[64] was aber im Zusammenhang mit standardisierten Leistungstexten in FM-Ausschreibungen sinnvoll sein könnte

⊛ SW-Dienste	in Software

Name kurz	Konfiguration Datenmodell		typ. in Sparte	DBMS	⬒
Name lang					
definiert durch	n.v.	⬒			
definiert in	n.v.	⬒ Web			◐
Kurzfassung Definition (historisch)	Konfiguration auf Basis eines Data Dictionarys über die DB-Anwendungssoftware				

Abb. 9-19:   Defintion eines Softwaredienstes

⬚ N:M-SW_SWDienste	in Verkaufsmodul

Software	Consultware® FM	⬒
hat SW-Dienst	Konfiguration Datenmodell	⬒
Name bei SW	Softwarebaukasten	
Anmerkungen des Herstellers	Eigene Objekte erstellen und bearbeiten Objekte anderer User bearbeiten	

Abb. 9-20:   Anmerkungen zur Umsetzung des Softwarehestellers eines Softwaredienstes

Man kann in der Softwaredatenbank auf jedem Datenattribut nach beliebigen Stich-worten und deren logische Kombination filtern. Es ist natürlich nützlich, wenn der Hersteller detailliert seine programmierte oder genutzte Funktionalität beschreibt. Damit lassen sich sehr gut Alleinstellungsmerkmale von Softwareprodukten aus IT-Sicht beschreiben.

Einem völlig analogen Zweck dient die 8. *Bildschirmmaske „SW-Normschnittstellen".* Das Thema Datenintegration spielt bei der Softwareauswahl eine wichtige Rolle. Deshalb wird das Thema Schnittstellen sehr ausführlich auf mehreren Ebenen abge-bildet. Die erste und einfachste Schnittstelle wird als Doppelliste in den Normschnittstellen abgebildet (s. Abb. 9-21). Dabei wird zwischen Datenstruktur- und Prozessschnittstellen unterschieden.

SW zu SW	SW von SW	SW-Geräte	SW-Anbieter	SW-Nutzer	Versionen	Lizenzmodelle	Dokumente
Ⓐ Software	WZ2008	Verkaufsmodule	Bedienung	SP-Dienste	SP-DL	SW-Dienste	SW-Normschnittstellen

normierte Datenstrukturschnittstellen			normierte Daten- Prozessschnittstellen		
Software	hat Daten-Norms...	Nutzungslizenz zu...	0 Software	hat Prozess-Norm...	lesend/schreibe
Consultware...	ALB			Keine anzuzeigenden Objekte.	
Consultware...	DIN 276				
Consultware...	DIN 277				
Consultware...	VDMA 24186				

Abb. 9-21:   Abbildung der Normschnittstellen in Software

Die Datenstukturschnittstelle, deren Inhalt in einer Norm oder Richtlinie beschrieben ist, wird mit folgenden Attributen dargestellt (s. Abb. 9-22).

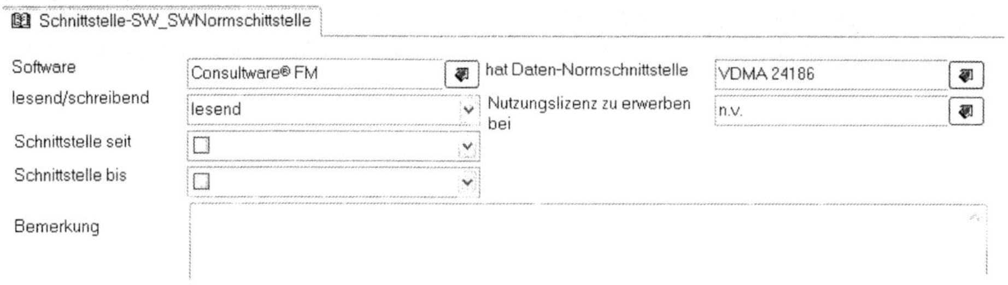

Schnittstelle-SW_SWNormschittstelle					
Software	Consultware® FM	hat Daten-Normschnittstelle	VDMA 24186	
lesend/schreibend	lesend	Nutzungslizenz zu erwerben bei	n.v.	
Schnittstelle seit	☐			
Schnittstelle bis	☐			
Bemerkung				

Abb. 9-22:   Abbildung der Datennorm-Schnittstelle je Softwareprodukt

Die Prozessschnittstelle, deren Inhalt in einem standardisierten Protokoll beschrieben ist, wird mit folgenden Attributen dargestellt (s. Abb. 9-23).

N:M-Software-SWFNormschittstelle			
Software	pit-FM	hat Prozess-Normschnittstelle	CTI
lesend/schreibend		zertifiziert durch	n.v.
Bemerkung			

Abb. 9-23:   Abbildung der Prozessnorm-Schnittstelle je Softwareprodukt

Die 9. *Bildschirmmaske „SW zu SW"* ist die Liste von Schnittstellen eines Software-Produkts zu anderen Softwareprodukten. Am Beispiel des Produkts „IMSware" ist diese Liste wie folgt in der Softwaredatenbank abgebildet (s. Abb. 9-24):

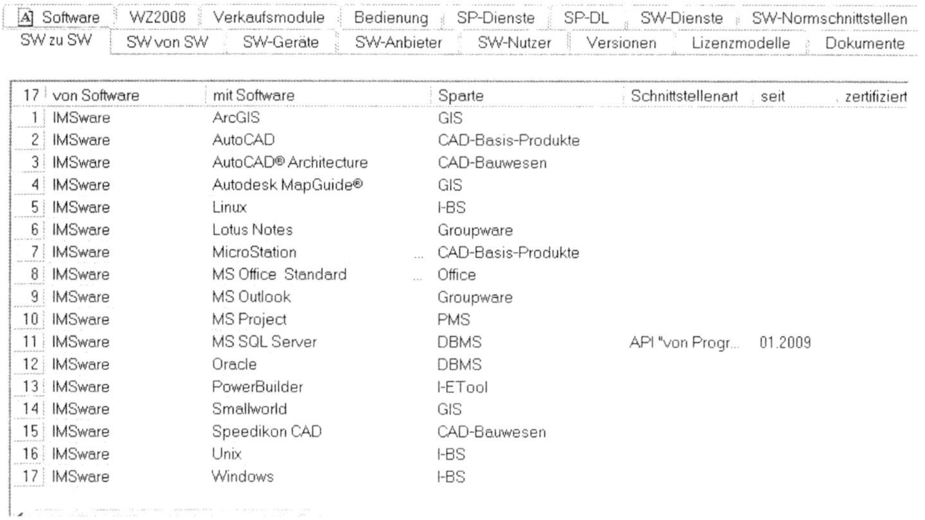

A Software	WZ2008	Verkaufsmodule	Bedienung	SP-Dienste	SP-DL	SW-Dienste	SW-Normschnittstellen
SW zu SW	SW von SW	SW-Geräte	SW-Anbieter	SW-Nutzer	Versionen	Lizenzmodelle	Dokumente

17	von Software	mit Software	Sparte	Schnittstellenart	seit	zertifiziert
1	IMSware	ArcGIS	GIS			
2	IMSware	AutoCAD	CAD-Basis-Produkte			
3	IMSware	AutoCAD® Architecture	CAD-Bauwesen			
4	IMSware	Autodesk MapGuide®	GIS			
5	IMSware	Linux	I-BS			
6	IMSware	Lotus Notes	Groupware			
7	IMSware	MicroStation	CAD-Basis-Produkte	...		
8	IMSware	MS Office Standard	Office	...		
9	IMSware	MS Outlook	Groupware			
10	IMSware	MS Project	PMS			
11	IMSware	MS SQL Server	DBMS	API "von Progr...	01.2009	
12	IMSware	Oracle	DBMS			
13	IMSware	PowerBuilder	I-ETool			
14	IMSware	Smallworld	GIS			
15	IMSware	Speedikon CAD	CAD-Bauwesen			
16	IMSware	Unix	I-BS			
17	IMSware	Windows	I-BS			

Abb. 9-24:   Beispiel der Kopplung eines Softwareprodukts zu anderen Softwareprodukten

Die Tabellenkopf-Attribute[65] der Liste wie „von Software", „mit Software", „Sparte", „Schnittstellenart", „seit" und „zertifiziert" je Softwareprodukt ergeben sich aus der Beschreibung der Schnittstelle zwischen zwei Softwareprodukten (s. Abb. 9-25).

Abb. 9-25: Abbildung der Schnittstelle zwischen zwei Softwareprodukten

Die meisten Tabellen der Softwaredatenbank sind n:m-Tabellen. Die Beziehungen zwischen Softwareprodukten werden z. B. genau nach dieser Art abgebildet. Deshalb wird hier in der Darstellung der Beziehung unterscheiden zwischen „Software_zu_Software" und „Software_von_Software (10. *Bildschirmmaske „SW von SW"*). Wenn der Hersteller von IMSware eine Schnittstelle zu ArcGIS hat (aufgeführt in Maske „SW zu SW"), dann wird automatisch bei ArcGIS in „SW von SW" IMSware aufgeführt. Damit wird das Beziehungsgeflecht zwischen den Softwareprodukten, z.B. über Matrizen (s. Softwaredatenbank unter „Funktionen"), optisch transparent und über Datenfilter differenziert analysierbar.

Die 11. *Bildschirmmaske „SW-Geräte"* listet die Schnittstellen des Softwareprodukts zu Geräten auf. Am Beispiel von pit-FM hat diese Liste, Stand April 2010, vier Elemente (s. Abb. 9-26):

Software	Gerätesystem	lesend/schreibend	Bemerkung
pit-FM	elektronisches Zutrittssyste...	von System lesend	
pit-FM	GLT Siemens	von System lesend	
pit-FM	MedMa	lesend und schreibend	
pit-FM	Prüfsystem EMa	von System lesend	

Abb. 9-26: Abbidung aller Schnittstellen zu Geräten einer Software

Jede einzelne Schnittstelle wird dann mit nachfolgenden Attributen beschrieben (s. Abb. 9-27).

---

[65] Diese Tabellenkopf-Attribute können per Drag&Drop reduziert oder erweitert werden. Die Konfiguration einer Bildschirmmaske ist Teil des Benutzerhandbuches zur Softwaredatenbank (s. Anhang).

Abb. 9-27: Attribute einer Schnittstelle zu einem Gerätesystem

In den beiden nachfolgenden Bildschirmmasken können die Hersteller ihre Vertriebs-partner oder Drittanbieter *(„SW-Anbieter")* und Referenzkunden *(„SW-Nutzer")* auflisten. Für das Produkt CyCoT-FM gibt der Hersteller nachfolgende Firmen be-kannt (s. Abb. 9-28):

	Software	Anbieter	Plz	Ort	Bemerkung
...	CyCoT-FM	CyCoT GmbH	74523	Schwäbisch Hall	
...	CyCoT-FM	Architekt Stephan Appel	97228	Rottendorf, Unterfr	
...	CyCoT-FM	CyCoT GmbH	56566	Neuwied	
...	CyCoT-FM	CyCoT GmbH	18055	Rostock	
...	CyCoT-FM	Wiedenhöfer Consulting	73486	Adelmannsfelden	

Abb. 9-28: Liste der Drittanbieter zu einem Softwareprodukt

Durch Doppelklick auf ein Element der Liste öffnet sich dann die Bildschirmmaske „Unternehmen", dass beim letzten Element der Liste wie folgt abgebildet ist (s. Abb. 9-29):

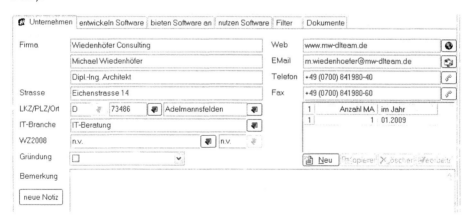

Abb. 9-29: Abbildung eines Unternehmens in der Softwaredatenbank

Aus den Merkmalsgruppen zum Begriff „Unternehmen" ist zu erkennen, dass vorerst auf Ansprechpartner/ Personen verzichtet wurde.

In der 14. *Bildschirmmaske „Versionen"* kann man in der Liste die Historie der Versi-onierung des Softwareprodukts nachvollziehen (s. Abb. 9-30).

| A] Software | WZ2008 | Verkaufsmodule | Bedienung | SP-Dienste | SP-DL | SW-Dienste | SW-Normschnittstellen |
| SW zu SW | SW von SW | SW-Geräte | SW-Anbieter | SW-Nutzer | Versionen | Lizenzmodelle | Dokumente |

..	Software	Versionsbe...	seit	Bemerkung
...	Byron/BIS	4.7	03.2010	
...	Byron/BIS	4.6	12.2009	
...	Byron/BIS	4.3	01.2009	

Abb. 9-30:   Versionen einer Software am Beispiel des Produkts „Byron/BIS"

Eine einzelne Version wird wie folgt abgebildet (s. Abb. 9-31):

🗗 SW-Version	
Versionsbezeichnung	4.7 🔁
Software	Byron/BIS 🔁
seit	☑ Mrz 2010 ⌄
Bemerkung	

Abb. 9-31:   Darstellung der „Softwareversion" eines Softwareprodukts

Der Rhythmus der Versionierung ist für den IT-Manager ein wichtiges Merkmal über die Vitalität der Software.

In der 15. *Bildschirmmaske „Lizenzmodelle"* einer Software werden in einer Liste die Lizenzierungsmethoden des Softwareprodukts durch den Hersteller ausgewiesen. Für das Produkt „sMOTIVE Web Portal" gibt der Hersteller drei Methoden an (s. Abb. 9-32):

| A] Software | WZ2008 | Verkaufsmodule | Bedienung | SP-Dienste | SP-DL | SW-Dienste | SW-Normschnittstellen |
| SW zu SW | SW von SW | SW-Geräte | SW-Anbieter | SW-Nutzer | Versionen | Lizenzmodelle | Dokumente |

..	Software	hat Lizenzm...	Name lang	Definition
...	sMOTIVE Web Portal	CCU	Concurrent Use (Floatinglizenzen)	nicht benutzergebundene
...	sMOTIVE Web Portal	NUL	Named-User-Lizenz (benutzergebundene Lizenz)	
...	sMOTIVE Web Portal	UL	Unternehmenslizenz (Nolimet Lizenz)	

Abb. 9-32:   Lizenzierungsverfahren einer Software am Beispiel von „sMOTIVE Web Portal"

Auf der 16. *Bildschirmmaske „Dokumente"* werden zwei Listen angeboten (s.):

| A] Software | WZ2008 | Verkaufsmodule | Bedienung | SP-Dienste | SP-DL | SW-Dienste | SW-Normschnittstellen |
| SW zu SW | SW von SW | SW-Geräte | SW-Anbieter | SW-Nutzer | Versionen | Lizenzmodelle | Dokumente |

SW ist gelistet in Produktvergleichen   Dokumente des Herstellers zum Produkt

Software	Dokument	Bemerkung		0	Titel kurz	Bemerkung
SPARTACUS	GEFMA 940 2010					Keine anzuzeigenden Objekte.
SPARTACUS	GEFMA 940 2009					
SPARTACUS	GEFMA 940 2008					
SPARTACUS	GEFMA 940 2007					
SPARTACUS	GEFMA 940 2006					

Abb. 9-33:   Liste von Dokumenten zum Softwareprodukt

Die linke Liste „SW ist gelistet in Produktvergleichen" sagt aus, dass die Software „SPARTACUS" in den Jahren 2006[66] bis 2010 in der CAFM-Marktübersicht (GEFMA 940) immer vertreten war. In der rechten Liste „Dokumente des Herstellers zum Produkt" hat der Hersteller die Möglichkeit, Screenshots, Konzeptionen und sonstige für ihn wichtige Dokumente dem Nutzer der Softwaredatenbank per Knopfdruck zur Verfügung zu stellen. Weil man mittels Doppelklick auf das Attribut „Hersteller/Besitzer" auf dessen Homepage gelangt, haben bisher nur wenige Hersteller diese Möglichkeit zur Präsentation genutzt.

Dokumente selbst werden in der Klasse „Dokumente" abgebildet.

Dokumente	Software				
Titel kurz	Famos_Module_2009.pdf				
Titel lang	Modulübersicht				
Veröffentlichung	☑ Dez 2009	∨	Herausgeber/zu Unternehmen	Keßler Real Estate	
Dokumentenart	n.v.		Autor/Person	n.v.	
Pfad	DOCUMENTS://\Famos_Module_2009.pdf		zu Software	FAMOS	
Bemerkung	sehr gut strukturierte Übersicht				

Abb. 9-34: Abbildung eines Dokuments

Das eigentliche Dokument kann über Doppelklick im Attribut „Pfad" geöffnet werden. Es ist der einzige Datentyp der Softwaredatenbank, in dem nicht nach Inhalten, sondern nur nach dessen Metadaten[67] gefiltert werden kann.

Mit der Softwaredatenbank liegt ein komplexes Datenmodell über Software vor, das

- durch den Softwarehersteller komplettiert werden kann und
- durch völlig unterschiedliche Bedarfsprofile von Softwareinteressenten genutzt werden kann.

Die Anzahl der Merkmale je Software liegt zwischen 30 und max. 150 und ist durch die differenzierte Strukturierung einfach zu pflegen. Metadaten werden in der Regel durch die Datenbank erzeugt und nicht durch den Hersteller. Logische Regeln sichern inhaltliche Konsistenz der Herstellerangaben.

Bedarfs-/Nutzerprofile sind in der Softwaredatenbank noch nicht realisiert. Zukünftig könnten nachfolgende Fragestellungen den jeweiligen Profilen zugeordnet werden:

---

[66] Diese Übersicht sagt nichts darüber aus, ob SPARTACUS die Jahre vor 2006 in der CAFM-Marktübersicht vertreten war. Der Autor hat seit 2006 alle CAFM-Marktübersichten analysiert, und der Hersteller hat diese Liste nicht erweitert.

[67] Die Inhalte des Dokuments – die Objektdaten – könnten durch Kopplung der Softwaredatenbank mit einem DMS z.B. über Volltextsuche gefiltert werden

Reports für Topmanager (kaufmännisch-strategische Fragestellungen):

- Welcher Hersteller hat CAFM-Lösungen in meiner Branche (Wirtschaftszweig) im Einsatz?
- Welcher Hersteller ist schon mind. 10 Jahre am Markt und hat mehr als 50 Mitarbeiter?
- Welcher Hersteller hat international Kunden?
- Welcher Hersteller hat neben einer deutschen Version eine Englische?
- Welcher Hersteller erweitert SAP um CAFM?
- ...

All diese und viele weitere Fragen können logisch mit „und", „oder" und „nicht" verknüpft werden, so dass die Anzahl der durch die Filterung übrig bleibenden Hersteller stark variiert werden kann.

Reports für den Facility Manager (operativ-fachliche Fragestellungen):

- Welcher Hersteller bietet Schlüsselverwaltung und Fahrzeugverwaltung an?
- Welcher Hersteller bietet die bidirektionale Kopplung von Flächen und Anlagen mit AutoCAD oder Bricscad an?
- Welcher Hersteller übernimmt aus BGV A3-Prüfungen automatisch alle Daten?
- Welcher Hersteller bietet Flächenmanagement in einer Industrieimmobilie an?
- ...

Reports für den IT-Manager (IT-strategische Fragestellungen):

- Welcher Hersteller hat eine Schnittstelle zu ArcGIS?
- Welcher Hersteller hat eine Schnittstelle zum DMS Saperion?
- Welcher Hersteller bietet SaaS an?
- Welcher Hersteller nutzt nativ Oracle?
- Welcher Hersteller versioniert jährlich?
- ...

Der interessierte Leser kann jede dieser Fragen und viele andere mehr mittels der Softwaredatenbank beantworten.

Das Datenmodell der Softwaredatenbank enthält ca. 10 Klassen (Tabellen), die Software und deren Umfeld charakterisieren. Die meisten Tabellen sind aber m:n-Beziehungen, wodurch sich über jede dieser Tabellen eine Matrix anfertigen lässt (s. Abb. 9-35).

Diese Matrizen sind sehr gut geeignet, sich schnell zu orientieren. Was das „Häkchen" im Einzelfall bedeutet, kann sich aber wesentlich unterscheiden. Dazu ist dann die Definition und deren Merkmalsausprägung direkt zu analysieren oder über detaillierte Filterbedingungen abzufragen.

Software (SW)

.?

Spaltenfilter

Sparten-Dienst nur zu einer Sparte

Zeilenfilter

Software zur Sparte x aktuell

56	Produktname kurz	Hersteller/Besitzer	-lang	Adressverwaltung	Angebotsverwaltung	Arbeitszeitverwaltung	Ausschreibung	Dokumentenverwaltung	Dublettenprüfung	Einkauf	Qualitätsbeschreibung Leistung	Qualitätsbeschreibung Zustand	Standardisierte Leistungstexte	Vergabe
1	Allplan Allfa	Nemetschek AG						✓						
2	Aperture	Aperture Technologies, I...												
3	ARCHIBUS	ARCHIBUS, Inc.												
4	Archikart	ARCHIKART Software AG												
5	ATC-FM	AT+C EDV GmbH	AT+C Facili..	✓				✓						
6	Axxerion	Axxerion Facility Service...		✓				✓	✓					
7	Bentley Facilities	Bentley Systems												
8	Byron/BIS	BYRON Informatik AG		✓				✓						
9	CIDEON CAFM	CIDEON AG	CIDEON C...	✓										
10	com.TRADENET®	Com In GmbH & Co. KG						✓						
11	conjectFM	conject AG		✓				✓						
12	Consultware® FM	PIETSCHCONSULT Gm...		✓	✓		✓	✓						
13	cre-on	EUBAG Operation GmbH		✓										
14	CyCoT-FM	CyCoT-FM GmbH		✓										
15	eTask FM-Bausteine	eTASK Service-												
16	FaciPlan	FaciWare GmbH						✓						
17	FACIS	ZIP Industrieplanung												
18	F'acts	dg Digital-Graphics Gmb...						✓						
19	FaMe	Facilities Management					✓	✓						
20	FAMOS	Keßler Real Estate	Facility Ma...			✓		✓		✓				
21	FASTDESIGN	Projecteam												
22	fmINIT	init online GmbH						✓						
23	FMplus	AOD Unternehmensbera...												
24	FM-Suite	Ing.-Büro Kurt Knippschild												
25	FM-Tools®	infas enermetric												
26	GEBMan®	KMS Computer GmbH			✓			✓						
27	G-Info	acadGraph CADstudio ...						✓						
28	HSD FM MT/BT-D...	HSD Händschke Software						✓						
29	IC Information Center	IC information company												
30	ICFM|CAMPOS	ICFM AG												
31	iffmGIS	iffm Institut für Facility	Gebäudein..					✓					✓	
32	iFMS	syskoplan AG												
33	IMPL3000®	MBL GbR												

Abb. 9-35:   Abbildung ausgewählter Spartendienste in CAFM-Software als Matrix

10 Anhang 3 – Begriffsbestimmungen (Arbeitsdefinitionen) für Fachtermini aus den Gebieten Datenbanken, Programmierung, Softwaretechnologie und XML
Prof. Dr. Harald Löhr

Vorbemerkung

In den Definitionen wird das Stichwort, wenn es wiederholt auftritt, durch seinen Anfangsbuchstaben mit Punkt ersetzt. Als Pluralform wird unabhängig vom grammatischen Geschlecht des Stichworts ein formales Plural-s angehängt:
Bsp.: **Schleife** Zu den S.s gehören →anfangsgeprüfte S., →endgeprüfte S. und →Zählschleife.

Der Verweis auf ein Stichwort aus dem gleichen Kontext erfolgt mit dem Pfeil →, zu anderen fachlich verwandten Stichwörtern mit s.a.

Übersichten über Zusammenhänge zwischen einigen Begriffen findet man in den *Begriffsnestern* (s. Kap. 10.3).

Hinweis: Umlaute werden alphabetisch direkt nach den Vokalen A, O und U eingeordnet, nicht implizit in Ae, Oe und Ue aufgelöst.

10.1 Grundlagen

Der korrekte Sprachgebrauch in einer sachlichen Formulierung wie
>   Das Programmsystem   Lotus Notes   läuft.

hat immer die Struktur
>   artikel gattungs_name   objekt_name verb .

Bei eindeutigem Kontext wird – zumal im täglichen Sprachgebrauch – oft der Gattungsname weggelassen, weil die an der aktuellen Kommunikation Beteiligten genau wissen (sollten), worum es sich handelt. Die sprachlichen Formulierungen werden durch die korrekten Formulierungen umständlich. Deswegen wirkt die korrekte Fachsprache immer 'hölzern', steif, auch unpersönlich.

Leicht schleift sich daraufhin ein Betriebsjargon ein, über dessen Ausmaß man gelegentlich nachdenken sollte. Dazu kommt noch der oft unbedachte Gebrauch von (dann auch noch verunstalteten) Anglismen, wie z.B. 'updaten' und daraus das Partizip Perfekt 'geupdatet'...

In der Ausbildung bemüht sich (fast) jeder Dozent um korrekte Formulierungen, und vor Betriebs- oder Fachjargon sollte man sich bewusst hüten. Besonders kritisch wird es, wenn ein Objektname als Gattungsname verwendet wird, weil dann andere Objekte der gleichen Gattung nicht verständlich zugeordnet werden können. Beispiele dafür sollen das verdeutlichen.

(1) Wenn ein Computernutzer nur mit Microsoft-Produkten arbeitet, kennt er i. Allg. nur ein Betriebssystem aus der Windows-Familie. Wir hören dann durchaus Formulierungen wie

„Die Pfad-Ebenen im Betriebssystem werden durch Backslash getrennt.“

Korrekt müsste es heißen:

„Die Ebenen im Betriebssystem **Windows** werden bei Pfadangaben durch einen fallenden Schrägstrich (Backslash) getrennt.“

Auch noch denkbar wäre:

„Die Pfad-Ebenen in meinem Betriebssystem werden durch einen Backslash getrennt.“

Und genau daran denkt der Nur-Windows-Nutzer kaum oder gar nicht, weil er das von ihm genutzte Betriebssystem unbewusst als DAS Betriebssystem schlechthin betrachtet.

Das Dilemma beginnt auch für ihn sofort dann, wenn er zusätzlich noch Linux installiert, wo eben, wie in der gesamten Unix-Familie, für den oben genannten Trennstrich der normale Schrägstrich verwendet wird.

(2) Verwendung der Formulierung

'for- Anweisung' statt 'Zählschleife' oder 'Laufanweisung'

Das mag auf den ersten Blick vielleicht noch gehen, weil in den meisten Programmiersprachen die Laufanweisung wirklich mit FOR beginnt. Aber bereits bei der vollständigen Formulierung dieser Steuerstruktur gibt es gravierende Unterschiede zwischen verschiedenen Programmiersprachen:

```
for (a=13; a<=1033; a++) ... ;
for a:=13 to 1033 do ... ;
for a=13 until 1033 step1 ... next a
```

(3) Verwendung von

'do-until-Anweisung' statt 'endgeprüfte Schleife mit Abbruchbedingung'

Hier sticht der Fehler direkt ins Auge (des C/C++-Programmierers): In der Programmiersprache C gibt es das Schlüsselwort UNTIL nicht. In C gibt es überhaupt keine Möglichkeit, eine Abbruchbedingung direkt in der Schleifenbedingung zu formulieren: Die Abbruchbedingung muss in eine Ausführungsbedingung umgewandelt (invertiert) werden, z. B. 'so lange wie NICHT (...) '.

Nun stelle man sich bitte den armen Schüler / Studenten vor, der eine 'do-until-Anweisung' in einen C-Quelltext umsetzen soll.

Die Liste der Beispiele, die alle der Fehlergruppe 'Verwendung eines Objektnamens als Gattungsnamen' zuzuordnen sind, lässt sich für sehr viele Schlüsselwörter aus Programmiersprachen erweitern.

Ein anderer häufiger Fehler sind einfache sprachliche Ungenauigkeiten wie z. B. der verschliffene Gebrauch der Wörter 'Ziffer' und 'Zahl'.

Zur Verständigung: Eine Ziffer ist ein Zeichen mit einer Ordnungsnummer in der externen Darstellung der rechnerinternen Kodierung des Zeichens. Eine Zahl dagegen repräsentiert einen Wert, der rechnerintern völlig anders dargestellt wird als ein Zeichen. Außerdem hat im Rechner eine Zahl ganz andere Eigenschaften als eine Ziffer; man darf mit Zahlen zum Beispiel rechnen. Das mit Ziffern zu tun, ist nur in Sonderfällen sinnvoll (wenn in C auch prinzipiell möglich!), und wenn man es genau betrachtet, werden z. B. bei der Prüfziffernberechnung die einzelnen Ziffern in dem zuständigen Algorithmus (vorübergehend) als einstellige Zahlen betrachtet und verwendet.

Zur gleichen Fehlergruppe gehört auch die Gruppe der Wörter Begriff, Benennung und Bezeichnung. *Begriffe* sind verstandesmäßige Konstrukte, für die zum Zweck der Kommunikation, des Darüber-Sprechens, *Benennungen* (gesprochene Wörter) vereinbart worden sind. Mit einem bestimmten Wort meint man vereinbarungsgemäß(!) einen bestimmten Begriff. Hier tritt der Unterschied zwischen Alltagssprache und Fachsprache zu Tage: In der Alltagssprache wird oft ungenau formuliert. Das wird im Normalfall durch die Weitschweifigkeit der Kommunikation ausgeglichen.

In der Fachsprache will man möglichst kompakt und redundanzarm formulieren. Dazu sind genaue Benennungen für die Fachbegriffe erforderlich. Fehlt die zugehörige Begriffsdefinition, dann wird der aus einer anderen Sprachebene (anderes Fachgebiet, Alltagssprache, ...) bekannte Begriff als zutreffend angenommen oder – noch viel schlimmer – irgendeine Bedeutung geraten.

Der abschließende Schritt besteht darin, die gesprochenen Wörter aufzuschreiben, und damit entstehen dann die *Bezeichnungen* für die Begriffe und ihre Benennungen (siehe dazu auch das Begriffsnest *Begriff-Benennung-Bezeichnung.*) Als Bezeichnungen für Fachbegriffe werden häufig einzelne Buchstaben (auch aus anderen Schriften) oder (Bild-)Symbole verwendet.

Wenn wir uns möglicherweise über die vorgelegten Arbeitsdefinitionen streiten, dann ist der Kernpunkt der Diskussion meistens nicht der Sinninhalt, der Begriff, sondern seine Benennung, aufgeschrieben als seine Bezeichnung. Und ob wir es wollen oder nicht, die Wahl eines Wortes für einen Begriff ist eine Vereinbarung, über die unter Fachleuten immer eine Einigung möglich sein sollte. Wichtig ist der Sinn des Begriffs, den man meint! Auch bei Wörtern mit mehreren inhaltlichen Bedeutungen (in unterschiedlichem Zusammenhang), wie z. B. *Nachricht,* muss man eben formulieren, für welches Fachgebiet die jeweilige inhaltliche Bedeutung gilt, und nicht behaupten, dass die Verwendung der Bezeichnung (es ist eben kein Begriff!) in einem Fachgebiet die **richtige** ist und alle anderen falsch sind. Sachlich sollte man zugeben und zulassen, dass woanders ein anderer Begriff mit abweichender inhaltlicher Bedeutung mit diesem Wort gemeint ist.

Um die diskutierten und andere nicht mit Beispielen unterlegte Fehler in der Ausbildung zu minimieren, müssen wir uns zuerst über die Arbeitsdefinition der *Begriffe* verständigen und dann für jeden Fachbegriff eine sinnvolle *Bezeichnung* vereinbaren. Die *Benennung* ist die gesprochene Bezeichnung. Dazu wird gemeinsam mit der Arbeitsdefinition für jeden Begriff ein Bezeichnungsvorschlag mitgeliefert, der sich weitgehend an den normalen Fach-Sprachgebrauch – natürlich in einem bestimmten Teilgebiet – anlehnt (s. dazu voriger Absatz). In den Fachdisziplinen werden oft Begriffsbestimmungen mit eingeschränktem Bedeutungsumfang verwendet, ohne darauf hinzuweisen.

Sind in einer Gattung mehrere – meist aus dem Englischen/Amerikanischen stammende – Objektnamen bekannt, dann darf der Gattungsname durchaus der deutschen Sprache entstammen. Damit wird ausdrücklich darauf hingewiesen, dass es sich (meist) um eine Gattung handelt und nicht um ein spezielles Objekt daraus. Auch Gruppen von Synonymen können auf diese Art zusammengefasst werden. Zuweilen wird engstirnig *ein* Synonym (anderes Wort mit gleicher Bedeutung) als das alleinig Zutreffende angesehen, ohne die anderen zuzulassen.

10.2 Arbeitsdefinitionen von IT-relevanten Begriffen

Abbildung (math.)

Eine A. ist die Zuordnung von Elementen einer Menge M (Urbereich, Originalbereich, Definitionsbereich, Argumentbereich oder Vorbereich) zu Elementen einer Menge N (Bildbereich, Wertebereich, Gegenbereich oder Nachbereich). Für die Informationsverarbeitung besonders wichtig sind die →eindeutigen A.s (von M nach N, aus M nach N, aus M auf N, von M auf N) und die → umkehrbar eindeutigen (eineindeutigen) A.s von M auf N.

Abbruchbedingung eine Bedingung, bei deren Erfüllung die Schleife, zu der die A. gehört, nicht weiter ausgeführt, also abgebrochen wird. Sprachliche Formulierung: ... solange, *bis* ... , engl.: ... (while) until ...

Es gibt Programmiersprachen, z. B. C, in denen die A. nicht erklärt ist. Die Abbruchbedingung wird gern in einer →endgeprüften Schleife verwendet.

Abfrage (Anfrage, engl. query) A. an eine Datenbank. Die A.sprachen waren bis zur Entwicklung und allgemeinen Anerkennung von →SQL streng →proprietär. Die A.s waren sehr schwierig zu formulieren, weil oft Besonderheiten der internen Speicherung in der A. berücksichtigt werden mussten.

Ausgangspunkt einer A. ist eine Auswertungsaufgabe aus dem →Nutzerbereich. Diese ist nach formalen Gesichtspunkten genau auf die Datenstrukturen der jeweiligen Datenbank ausgerichtet zu formulieren.

Abfragesprache (Anfragesprache, engl. query language QL) Sprache zur Formulierung von Auswertungsaufgaben an eine →Datenbank. S. a. Abfrage. In →SQL ist die A. in den Varianten der SELECT-Kommandos zusammengefasst.

abgeschlossene Sprache (Programmier-)Sprache, die die Formulierung aller potentiell darstellbaren Aufgaben gestattet, ohne dass man Elemente anderer (Pr.-) Sprachen einbeziehen muss.

abstrakter Datentyp Klasse von Datenkapseln mit gleichem äußerem Verhalten, die durch ihre Spezifikation beschrieben wird. a.D. ist die Menge der möglichen Realisierungen eines bestimmtem äußerem Verhaltens: Wechselwirkungseigenschaften für die Manipulations- und Zugriffseigenschaften.

Akronym Kunstwort, gebildet aus den Anfangsbuchstaben der Elemente eines Kompositums oder einer Wortfolge, früher zuweilen vor dem Hintergrund der Urheberrechtsschutzes.

Algebra Theorie der Mengen mit Operationen

ALGOL 60 (von algorithmic Language) 1960 vorgestellte Programmiersprache. Wichtige Neuerungen gegenüber FORTRAN: Anweisungsklammern (*begin* und *end*), die Strukturierung des Programmtextes durch Leerzeichen und Tabulatoren, obligatorische Vereinbarung der Datentypen für Variable, Funktionen für Ein- und Ausgabe, handliche Unterprogrammtechnik. Die Sprache ALGOL 68 kam über den Entwurf und Testimplementierungen nicht hinaus. Die neuen Anforderungen wurden von →C 1971 effektiver erfüllt.

algorithmische Sprache ablauforientierte, prozedurale (Programmier-)Sprache

Algorithmus ist eine genau definierte Handlungsvorschrift zur Lösung eines Problems. Ein A. liegt genau dann vor, wenn gegebene Größen (Eingabegrößen, Eingabeinformationen, Aufgaben) aufgrund eines Systems von Regeln (Umformungsregeln) eindeutig in andere Größen (Ausgabegrößen, Ausgabeinformationen, Lösungen) umgeformt oder umgearbeitet werden können. Ein A. dient immer zur Lösung einer Klasse von Aufgaben einheitlichen Typs. Kurz: A. ist eine Transformationsregel zur determinierten Zustandsumwandlung oder: A. ist eine eindeutige Folge von Anweisungen zur Umformung von Startwerten / eines Startzustands in geforderte Zielwerte / in einen Zielzustand. (s. a. Struktogrammtechnik)

alphanumerische Daten sind →Daten mit dem Zeichenvorrat Buchstaben, Ziffern und Teilmenge der Sonderzeichen. Mit ihnen können wie mit Daten allgemein nur Transport- und Vergleichsoperationen ausgeführt werden. Strukturmuster sind möglich (formatierte alphanumerische Daten). S. a. numerische Daten

Alternative (einfache Verzweigung, Auswahl, Selektion) → Verzweigung

Anagramm beliebig angeordnete Folge von Zeichen, die in einem zu verschlüsselnden Satz vorkommen, um z. B. die Urheberschaft an diesem Satz zu sichern.

Beispiele:

ceiiinosssttuv = ut vis sic tensio = Dehnung der Kraft proportional (Hookesches Gesetz)

tttsooiieeccaa = actio est reactio = Kraft gleich Gegenkraft (Newton)

Änderungsdatei (Bewegungsdatei) kurzlebige →Datei, die in Sätzen gleichen Formats wie die →Stammdatei alle Veränderungen der Stammdatei seit der letzten Aktualisierung enthält. Mit Hilfe der Ä. wird die Stammdatei regelmäßig auf den neuesten Stand gebracht.

Anfrage an eine Datenbank →Abfrage

anfangsgeprüfte Schleife, kopfgesteuerte Schleife   Eine →Schleife, in der der →Schleifenkörper so lange wiederholt / ausgeführt wird wie es die →Schleifenbedingung anweist, wobei die Bedingung *vor* jedem Schleifendurchlauf geprüft wird. Damit entsteht die Möglichkeit, dass der Schleifenkörper überhaupt nicht ausgeführt wird.

Weis der Schleifenvariablen einen
Anfangswert zu

Wiederhol, solange *wie* es die Schleifenbedingung anweist

anw1 1

Anfragesprache → Auswerten des Datenbestands

ANSI/X3 SPARC Studiengruppe, die 1974 die Schichtenarchitektur (3 Ebenen-Architektur) von Datenbanksystemen (DBS) als generelles Konzept für die Projektierung von DBS vorlegte.

Anweisung kleinste Einheit eines (Rechner)Programms zur Ausführung einer (komplexen) Operation

Anweisungsbegrenzer   in den meisten Programmiersprachen das Semikolon, in älteren Sprachen das Newline-Zeichen, in COBOL z. T. Begrenzungswörter

Anweisungsfolge (Verbundanweisung) Eine A. ist ein Block in einem →Struktogramm, der eine oder mehrere ausführbare Anweisungen enthält, die *nacheinander* ausgeführt werden sollen.

Anweisung 1

Anweisung 2

Jede dieser Anweisungen darf wieder eine A. sein, aber auch eine →Leeranweisung oder ein →Unterstruktogramm. Auch eine →Steuerstruktur wird in ihrer Gesamtheit wie eine Anweisung betrachtet.

In Programmiersprachen werden A.s durch Anweisungsklammern, z. B. BEGIN ....
END zusammengefasst.

anweisungsorientierte Programmiersprache → prozedurale Sprache

Anwendungsprogramm ist ein Programm(system), das z. B. in einem → Informationssystem mit Hilfe der aus dem angeschlossenen →Datenbanksystem gewonnenen →Daten (→Informationen) die für den →Nutzerbereich erforderlichen Informationen erzeugt und bereitstellt. Meist bietet ein A. eine bestmögliche Anpassung an den Nutzerbereich.

anzuwendende Funktionen Im Anfrageentwurf (→Abfrage) muss klar formuliert werden, welche →Funktionen, die das →Datenbankbetriebssystem bereitstellt, angewendet werden sollen.

arithmetische Daten (Zahlen) sind →numerische Daten, mit denen alle Rechenoperationen ausgeführt werden dürfen.

Alphabet: Ziffern, Vorzeichen, Dezimalpunkt, Sonderzeichen {e, E} für „Zehn hoch"

Strukturmuster (Format): sehr variabel : Ziffernfolgen (ganze Zahlen); zwei Ziffernfolgen, getrennt durch einen Dezimalpunkt (gebrochene Zahlen); gebrochene Zahlen, ergänzt durch eine Zehnerpotenz; alle mit oder ohne Vorzeichen

Operationen: alle Rechenoperationen, die mit allen →formatierten Daten ausführbaren Operationen

Beispiele: -333473, 3.1415926, 1.602 E-19

ASCII American Standard Code for Information Interchange (Amerikanischer Standardcode für den Informationsaustausch) – mit seinen 8 bit langen Wörtern sind 2^7 = 128 verschiedene Zeichen darstellbar.

Attribut Ein A. enthält als Wert ein →relevantes Merkmal eines Objekts der realen Welt. Die Menge der A.werte eines Objekts d. r. Welt bildet den →Datensatz, der das konkrete Objekt programmorientiert beschreibt. Zu jedem →Entitytyp werden alle relevanten A.s definiert. Bei der Umsetzung des →Entity-Relationship-Diagramms in eine →Datenbank werden die A.s zu Spalten (Attributen) der aus dem entsprechenden Entitytyp abgeleiteten →Tabelle (Relation).

Ausführungsbedingung eine Bedingung, die sichert, dass solange sie erfüllt ist, der →Schleifenkörper der → Schleife, zu der die A. gehört, weiter ausgeführt wird.

Sprachliche Formulierung: ... solange, *wie* ... , engl. ... while ...

A.s werden häufig in →anfangsgeprüften Schleifen eingesetzt.

Auswerten des Datenbestands mit einer Anfrage (→Abfrage) In →SQL beginnt jedes Anfragekommando mit dem Schlüsselwort SELECT.

BASIC (von beginners all purpose symbolic instruction code) 1965 für das Heranführen von Anfängern an die Rechnernutzung geschaffene einfache Programmiersprache mit beigefügtem Interpreter, so dass erstmalig(!) kein Übersetzungslauf erforderlich war und auch sofort im Quelltext geändert werden konnte. Anfangs breite Anwendung hauptsächlich auf Personalcomputern.

Baud (nach Jean Maurice Baudot) SI-Einheit, Kzz. Bd oder B   B. ist die Einheit der Schrittgeschwindigkeit und der Kapazität von Nachrichtenkanälen:

1 Bd = 1 B = 1 bit / s = 60 bit / min

Baum Darstellung einer Menge von Knoten, die monohierarchisch miteinander verknüpft sind (→ Hierarchie). Je Baum existiert genau ein Wurzelknoten. Jeder weitere Knoten hat genau einen Vorgänger und bis auf die Blatt- oder Endknoten beliebig viele Nachfolger.

Baumstruktur →Hierarchie

Begriff gedankliche Widerspiegelung einer →Klasse von Individuen oder von Klassen auf der Grundlage ihrer invarianten Merkmale, d. h. ihrer Eigenschaften und Beziehungen.

Unter dem Aspekt der → Information: B. ist die gedankliche Abbildung eines Objekts (Ding, Eigenschaft, Beziehung), z. B. das *Programm*: Folge von Anweisungen, die auf einem Rechner abgearbeitet werden sollen. Beim Übergang von einem B. zu seiner →Benennung wird ein Begriffs-Laut-Code wirksam.

Nach Frege wird ein B. durch 5 Aspekte bestimmt: Name (Bezeichnung), Syntax (Schreibweise), Intension (Inhalt – Definition, Eigenschaften der erfassten Objekte), Extension (Umfang, Menge der erfassten Objekte) und Ziel/Zweck (nicht dokumentierter Kontext).

Benennung Nach einer erfolgten Begriffsbildung (→ Begriff) wird eine Lautfolge, die B., vereinbart, unter der die Kommunikationspartner den gleichen Begriff verstehen. Eine B. ist also die sprachliche Erscheinungsform eines Begriffs (Achtung: verschiedene Sprachen, Kulturkreise!), z. B. das Programm, the program, le programme, programma. Bei der Festlegung einer B. für einen →Begriff wird ein Begriffs-Laut-Code wirksam. →Bezeichnung

Bericht (engl. report) dient zur nutzerangepassten Anzeige von Daten aus (Abfrageergebnis-)Tabellen. Im B. können Berechnungsfunktionen zur Erzeugung neuer Daten und viele Varianten zur Gestaltung des Layouts genutzt werden.

Bestandsdatei →Stammdatei

Bewegungsdatei →Änderungsdatei

Bezeichnung Abbildung einer →Benennung auf (die Schrift) Schriftsymbole, z. B. Programm, *Programm,* Program, Programm, программ. Bei der Festlegung einer B. für eine →Benennung wird ein Laut-Zeichen-Code (→Code) wirksam. In der Informatik ist eine B. meist ein →Schlüsselwort für eine →Information.

binäre Daten (→Datentyp) werden nur durch spezielle Programme verwaltet und verarbeitet.
Alphabet: nur die binären Zeichen 0 und 1
Strukturmuster (Format): durch das jeweilige Programm festgelegt
Operationen: durch das spezielle Programm festgelegt
Beispiele: Bilddaten, Videodaten, akustische Daten

Bit (von binary digit) Einheit der →Information(smenge) im →SI

Teile eines B. lassen sich nicht definieren, seine Vielfachen werden landläufig/ im Slang als Kilobit, Megabit, Gigabit usw. bezeichnet. Dabei wird außer Acht gelassen, dass bereits beim Kilobit (1024 Bit) ein Fehler von 2,4% gegenüber 10^3 = 1000 vorliegt.

Bitfolgen

> 4 bit = 1 Nibble

> 8 bit = 1 Byte

> 16 bit = 1 Word

> 32 bit = 1 long Word

Blattelement →Hierarchie

Bottom-up-Entwurf Methode des Programmentwurfs: induktives Verfahren, bei dem vom Einzelnen ausgehend schrittweise zu komplexeren Strukturen fortgeschritten wird, z. B. wird von Teilprogrammen/Modulen ausgegangen, daraus werden die höheren Hierarchiestufen aufgebaut. → Top-down-Entwurf

C (frei gewählte Bezeichnung) 1971 vorgestellte umfassende höhere Programmiersprache, die in mit →FORTRAN vergleichbarer Knappheit der sprachlichen Formulierungen, die zuweilen kryptisch anmuten, und alle Bereiche von den maschinennahen Operationen bis zur Dateiarbeit überdeckt. Quasistandard: Brian Kernighan und Dennis Ritchie 1972. Am Anfang nur für Unix implementiert, dessen interne Struktur optimal genutzt wird, später auf alle Betriebssysteme übertragen.

Weiterentwicklung mit Sprachelementen für die objektorietierte Programmierung zu C++ von Bjarne Stroustrup

Client Ein C. nimmt Dienste in Anspruch. Der C. schickt Anfragen des Benutzers in einem zu dem Dienst gehörenden Protokoll an den Server und verarbeitet dessen Antworten.

COBOL (von common business oriented language) 1961 vorgestellte höhere Programmiersprache für anwenderfreundliche Formulierung ökonomischer Aufgaben zur Verabeitung großer Datenmengen (nicht vordergründig berechnungs- und verarbeitungsorientiert) mit effektiver Definition und Verarbeitung unterschiedlicher Dateitypen wie sequentiell, indexsequentiell, gestreut gespeichert. Besondere Betonung der bei →FORTRAN und →ALGOL 60 vernachlässigten Ein- und Ausgabe.

Code (Abbildungsvorschrift) Vereinbarung, mit der die Zuordnung der Objekte einer Objektmenge zu den Objekten einer anderen Objektmenge festgelegt wird. Mit einem (technischen oder wissenschaftlichen) Code ist i. allg. eine 1:1-Zuordnung (eineindeutige, umkehrbar eindeutige Abbildung) gemeint. Beispiele: rechnerinterner Code (Binärwörter) für die externen Zeichen (eineindeutig) (ISO-7-bit-Code, ANSI-Code →ASCII), Zuordnung von →Begriffen zu →Benennungen oder →Bezeichnungen (nicht immer eindeutig). S. a. Begriffsnest Begriff, Benennung und Bezeichnung

Compilation (compilierende Programmausführung) Das Programm im Hochsprach-quellcode wird durch einen Compiler (in mehreren Schritten) in ausführbaren Objekt-code übersetzt und als getrennte Datei abgespeichert. Es ist dann ohne nochmalige Übersetzung beliebig oft abarbeitbar. S.a. Interpretation

Data Base Management System →Datenbankbetriebssystem

Data Dictionary gemeinsames Verzeichnis aller →Datenstrukturen, →Dateien, Nut-zer, Terminals, Prozesse und sonstigen Objekte im →Datenbanksystem

Datei D. ist eine mit eigenem Namen belegte geordnete Menge von Datensätzen (→Datensatz), die einem gemeinsamen Sachbezug zugeordnet und auf einem Da-tenträger (binär) gespeichert sind. Die Verkettung(sart) der Sätze ist eine wesentliche Eigenschaft der D.

$D = \{n_D, S_1, S_2, \ldots, S_m\}$

D – Symbol für die Datei als Ganzes

n_D – Name der Datei

S_x – Sätze (Inhaltskomponenten)

Daten (Pl.) sind in Dateien gespeicherte Schlüsselwörter für →Informationen. Ein-zahlformen: Datenwert, Feld, Wert, Item (→Begriffsnest Aufbau komplexer Daten-oder Informationsstrukturen ausgehend von Signalen)

Für die Datenwerte wurden →Datentypen definiert. Nur zwei →Operationen können mit jedem Datentyp ausgeführt werden

    - Transport

    - Vergleich mit einem Wert gleichen Datentyps

Alle anderen Operationen sind auf speziellere Datentypen beschränkt.

Datenbank (DB) Eine DB besteht aus einer Menge von Dateien, die durch ein →DBMS gemeinsam und einheitlich verwaltet werden. Sie enthält die gesamte aus der Informationsbasis eines Organisationsbereichs oder Problemkreises (Diskursbe-reich, Nutzerbereich) nach einheitlichen Gesichtspunkten abgeleitete Datenmenge der Objekttypen und Beziehungstypen einschließlich der zugehörigen Organisations-daten (Metadaten). Sie gewährleistet bei geringer Speicherplatzbelegung die ratio-nelle Verwaltung und zielgerichtete Bereitstellung der angeforderten nutzerrele-vanten Daten.

Datenbanken mit XML-Dokumenten → XML-Datenbanken

Datenbankadministration Sie wird von einer bei der Installation des DBMS automa-tisch eingerichteten Instanz, dem Datenbankadministrator (DBA), auch: System-administrator, wahrgenommen. Der DBA trifft die organisatorischen Festlegungen zum Datenbankbetrieb, mit denen die Aufgaben für den Diskursbereich erfüllt werden können. Die Aufgaben des DBA kann jede Person wahrnehmen, die sich beim DBMS als DBA ausweist (Nutzerkennung und Paßwort). Er installiert neue oder spezielle Versionen des DBMS, ist für die Einrichtung und Löschung von Nutzern sowie ihrer

Rechte verantwortlich (Nutzerverwaltung und Zugriffsschutz) und hat alle Festlegungen zur Gewährleistung der Datensicherheit zu treffen und zu kontrollieren. Er kann bestimmte Rechte im Datenbanksystem, z. B. zum Erzeugen neuer Datenstrukturen, an andere Nutzer weitergeben.

Datenbankadministrator (DBA) →Datenbankadministration

Datenbankbetriebssystem (DBMS – Database Management System) Ein DBMS dient dazu, den Datenbestand einer →Datenbank effektiv und rationell zu speichern, zu pflegen und auszuwerten sowie Funktionen der Datensicherheit und des Zugriffsschutzes auszuführen. Es erlaubt, die Daten der Datenbank unabhängig von der physischen Speicherungsform nach logischen Gesichtspunkten zusammenzuführen. Oft ist ein DBMS in die Software eines → Informationssystems integriert.

Datenbankentwurf Entwurf der logischen Struktur (→Datenmodell, →Datenstruktur, →Entity-Relationship-Diagramm) und Vorbereitung der physischen Realisierung dieses Entwurfs im Rahmen eines DBMS, so dass nach seiner Realisierung alle erforderlichen Daten, die die Informationen des Diskursbereichs abbilden, abgespeichert und effizient verarbeitet werden können.

Beim *logischen D.* steht der Entwerfer folgenden Komplexitäten gegenüber:

Speicherungskomplexität. Für die Speicherung der zu entwerfenden Datenstrukturen können durchaus verschiedene Speicherungsformen verwendet werden, z. B. zusätzliche Indextabellen.

Berechnungskomplexität. Die Ausführung von Berechnungen auf den Datenstrukturen sollte bereits beim Entwurf vorgedacht werden, d. h. dass häufig gemeinsam zu verarbeitende Daten auch in gemeinsamen Objekten stehen sollten.

Nutzungskomplexität. Dabei ist zu beachten, dass Anfragestrukturen nicht Gegenstand des D. sind.

Beim *Normalisierung*sprozess (→Normalformen) als Teilprozess des D. kann sich durchaus eine unpassende oder sogar falsche Variante der gewählten Normalformen ergeben. Bei ihrer Nutzung kann sich eine (teilweise) →Denormalisierung der Tabellen erforderlich machen, um die Anzahl der notwendigen →Joins zwischen den Tabellen zu reduzieren (operationale Forderungen). Es sind auch Erweiterungen des verfügbaren →Datenmodells zu beachten, aus denen sich evtl. günstigere physische Realisierungsvarianten ergeben können.

Verfügbare Werkzeuge für den D. leiten den Anwender meist in eine bestimmte Richtung oder zu einer Klasse von →DBMS hin, die für seinen Diskursbereich nicht optimal sein muss.

Weiterhin sollte beim D. von Anfang an die sinnvollen Benutzeroberflächen gedacht werden, damit sie nicht später als ‚Anhängsel' hinzugefügt werden müssen, sondern sich direkt aus den gewählten Datenstrukturen ergeben, zumindest direkt zu ihnen passen.

Insgesamt gilt wie allgemein beim Entwurf von Informations- oder Verarbeitungsstrukturen, dass beim D. so lange wie möglich mit dem normalen Sprach- und Symbolvorrat des Diskursbereichs gearbeitet werden sollte.

Der *physische D.* umfasst die Umsetzung (Transformation) des Ergebnisses des log. D. in die Sprache und die Strukturen eines konkreten →DBMS.

Der D. folgt insgesamt den Phasen der Softwareentwicklung.

Datenbanksprachen sind DBMS-spezifische Sprachen zur →Datendefinition, zur →Datenmanipulation und zum →Auswerten des Datenbestands (→Anfragesprache). Anfänglich verfügte jedes Datenbankbetriebssystem über eigene (Versionen dieser) Sprachen. In den ersten Datenbanksystemen waren die D. →proprietär (für das Produkt eigentümlich, einzigartig). Mit der Standardisierung und Durchsetzung von →SQL wurden diese drei Sprachen zusammengefasst und (zumindest im Grundbestand) durch alle folgenden DBS einheitlich nutzbar.

Datenbanksystem Ein D. besteht aus den Komponenten →Datenbankbetriebssystem, →Datenbank und →Datenbankadministration.

Datenbeschreibungssprache →Datendefinitionssprache

Datendefinition ist das Ausführen eines Kommandos zur Erzeugung eines Datenbankobjekts. In →SQL beginnen die Definitionskommandos mit dem Schlüsselwort CREATE. Die wichtigsten Objektgruppen sind →Datenbanken, →Tabellen, →Sichten, →Prozeduren und →Trigger.

Datendefinitionssprache (DDL – data definition language)Eine D. umfasst Syntax und Semantik zur detaillierten Vereinbarung aller →Datenstrukturen einer →Datenbank (Datenelemente, Sätze und Dateien, Beziehungen) auf dem Niveau einer höheren Programmiersprache. Sie gehört zur Schnittstelle zwischen Anwendungsfall und →DBS und ist bei den aktuellen DBS meist als grafische Oberfläche implementiert. In →SQL ist die D. in den verschiedenen Ausprägungen der CREATE-Kommandos zusammengefasst; Änderungen an Definitionen folgen in SQL dem Schlüsselwort ALTER .

Datenelement (Pl.: Daten) Kleinstes unterscheidbares Objekt (kleinste →Datenstruktur), das in programmgerechter Darstellung durch einen Namen identifiziert ist und das einen Wert hat. Ein D. ist ein geordnetes n-Tupel (i. allg. ein Paar): erstes Glied = Name, ab zweitem Glied = →Wert(e). Unter dem Aspekt der →Information wird der Name eines D. als der Platz interpretiert, an dem die Information untergebracht ist; der Inhalt dieses Speicherplatzes ist die Aussage der Information. In Programmiersprachen ist das D. eine Variable.

Vom →Entity-Relationship-Diagramm ausgehend, ist das D. die Realisierung eines →Attributs und nimmt in jedem →Datensatz den Merkmalswert auf, der für das aktuelle Objekt gilt. Attribut, Feld und D. sind in der Datenbanktechnik synonyme Fachbezeichnungen.

Datenintegrität →Integritätskontrolle

Datenkapsel →abstrakter Datentyp

Datenmanipulation ist das Arbeiten mit Datenwerten.

Datenmanipulationssprache (DML – data manipulation language) Zu den Manipulationskommandos von →SQL gehören INSERT (Einfügen eines Satzes oder aller Sätze einer Abfrageergebnistabelle), DELETE (Löschen vollständiger Sätze aus einer Datenbanktabelle) und UPDATE (Aktualisieren einzelner Werte in vorhandenen Datensätzen/Tabellenzeilen)

Datenmodell Darstellung der →Datenstrukturen, ihrer Eigenschaften und ihrer Beziehungen unter dem Gesichtspunkt der möglichst genauen Abbildung der Verhältnisse im Diskursbereich (→ Entity-Relationship-Modell) mit einer →Datendefinitionssprache (DDL).

Die DDL kann aus graphischen (→ERM) oder/und sprachlichen Darstellungs-/Formulierungsmöglichkeiten bestehen (logische Datenmodelle).

Das D. ermöglicht dem Nutzer die Betrachtung der Daten aus logischer Sicht. Bereits bei der Datenmodellierung muss an die geforderten Benutzeroberflächen gedacht werden, so dass sie von Anfang an Bestandteil des →DB-Entwurfs sind. Auch bei der Datenmodellierung sollte so lange wie möglich in natürlicher oder in der Fachsprache formuliert werden! Ein D. ist auf den Diskursbereich ausgerichtet und bezieht sich (nach Möglichkeit) noch nicht auf den physischen DB-Entwurf.

Gängige Datenbankmodelle sind
- hierarchisches Modell Hierarchie
- Netzwerkmodell mehrdeutige Zuordnungen
- Relationenmodell Tabellenstrukturen, math. vollst. fundiert
- Postrelationale Modelle haben sich noch nicht breit durchsetzen können. Das objektorientierte Datenmodell erwies sich nach anfänglichen Pilotimplementierungen nicht als zukunftsträchtige Entwicklungsrichtung für DBMS.
-

Datensatz ist die Zusammenfassung mehrerer, meist unterschiedlicher →Datenelemente unter einem gemeinsamen Namen. Der D. entspricht dem Datentyp →Struktur (structure) in Programmiersprachen. In der relationalen Datenbanktechnik entspricht der D. einer Tabellenzeile (engl.: row). Jedes Attribut eines →Entitytyps im →Entity-Relationship-Diagramm wird zu einem →Datenelement (Attribut) des D. für den →Entitytyp.

Def.: Ein D. ist ein k+1-Tupel von →Datenelementen beliebigen Typs, die unter einem gemeinsamen Namen zusammengefasst und (meist auch) gespeichert werden.

$\qquad$ S = {nSs, d1, …, dk}

S – Symbol für den Satz als Ganzes
n_S – Name des Satzes, oft seine Nummer in einer Datei
dx – Datenelemente, die Inhaltskomponenten des Satzes

Datensatz (mit XML-Werten) Ein D. (Satz, SQL-Datensatz) ist eine Zeile in einer relationalen DB-Tabelle, auch SQL-Tabelle genannt. Ein Satz kann auch einen Wert vom Datentyp XML enthalten. Werte dieses Datentyps sind nicht als →Primärschlüssel verwendbar, weil sie keine einfachen Werte sind, also die erste Normalform (→Normalformen) nicht erfüllen.

Datensicherheit Die D. im Kontext der →Datenbankadministration betrifft hauptsächlich die Gewährleistung der Zugriffssicherheit (Zugriffsschutz) der DB. Welche

Zugriffsmöglichkeiten auf Datenbanken/-objekte vergeben werden, entscheiden der Nutzer und der DBA gemeinsam. Die Oberhoheit muss beim DBA bleiben.

Datenstrukturen sind

Datenelement d	enthält einen Wert (Zahl, Zeichenfolge, Spezialwert)
Datensatz S	besteht aus mehreren (unterschiedlichen) Datenelementen
Datei... D	enthält zahlreiche (gleichartige) Datensätze oder Datenelemente
Datenbank DB	enthält mehrere Dateien mit ihren Beschreibungen und Verknüpfungen (Metadaten)

Jede Datenstruktur besteht aus drei Elementen.

$$DS::= (n_{DS}, B(DS), I(DS))$$

- Name n_{DS}	Benennung/Bezeichnung einer realen Datenstruktur
- Beschreibung B(DS)	Menge der Attributwerte, die die Eigenschaften einer realen Datenstruktur beschreiben
- Inhalt I(DS)	Menge der Werte (bei Datenelementen) bzw. der Strukturen niedrigerer Hierarchiestufen (bei Sätzen, Dateien und Datenbanken)

Datentyp (→Daten) Jeder Wert, mit dem ein Rechnerprogramm arbeiten soll, muss einem D. angehören. Allgemein definiert sind Grunddatentypen, aus denen eigene D. abgeleitet werden können. Eine Übersicht über die Grunddatentypen gibt das Begriffsnest gleichen Namens. Die für den jeweiligen Grund-D. typischen Merkmale, die zulässigen Operationen und Beispiele sind in dem entsprechenden Artikel enthalten. Grunddatentypen sind:

unformatierte Daten, unformatierte alphanumerische Daten, binäre Daten, formatierte Daten, Kalenderdaten, formatierte alphanumerische Daten, numerische Daten, logische Daten, numerische Zeichenkettendaten, arithmetische Daten (Zahlen). (→komplexer Datentyp)

Jeder Grunddatentyp wird im vorliegenden Zusammenhang durch vier Eigenschaften charakterisiert:

Alphabet	zulässige Zeichenmenge
Strukturmuster (Format)	vordefinierte Menge zulässiger Formate
Operationen	für den Datentyp zulässige Operationen
Wertevorrat	gegeben durch Bildungsgesetz oder Aufzählung

Datenwert Einzahlform von → Daten; atomarer Wert, der eine Einzelheit eines Objekts repräsentiert

DBMS (Data Base Management System – Datenbankverwaltungssystem) →Datenbankbetriebssystem

default value (Standardwert) Annahme eines Wertes für eine Variable, der bei ihrer Definition vergeben wurde, infolge des Unterlassens der expliziten Angabe eines Wertes durch das Programm/durch den Nutzer

Definition eines Objekts (Variable, Funktion) Physische Erzeugung eines Objekts eines bestimmten deklarierten Typs (→Deklaration)

Deklaration eines Typs (Datentyp, Funktionsprototyp). Dabei entsteht noch kein Objektcode/Maschinentext; ist Voraussetzung für eine →Definition. Standardtypen sind vordefiniert.

Denormalisierung ist der Schritt, wenn man aus praktischen Gründen einen vollzogenen Normalisierungsschritt (→ Normalformen) wieder rückgängig macht. Das kann z. B. bei starker Erhöhung der Zugriffszeit infolge zu häufiger →Joins oder deswegen notwendig werden, weil in Verbindung mit der nächst höheren Normalform keine Redundanzverringerung erreicht wird.

deskriptive Sprache →Programmiersprache, mit deren Hilfe eine Aufgabe entsprechend der Nutzerlogik formuliert wird, nicht nach der Rechnerlogik. Ein solches Programm muss für die Abarbeitung auf einem Computer in eine interne prozedurale Form übersetzt werden. Mit einer d.S. wird beschrieben, WAS zu tun ist, nicht, WIE es zu tun ist. S. a. prozedurale Sprache

deskriptive DB-Sprache →SQL

disjunkt (elementefremd) Zwei Mengen A und B sind d., wenn sie keine gemeinsamen Elemente haben:

$$A \cap B = \emptyset$$

s.a. inzident

Document Type Definition (DTD) Grammatische Beschreibung der logischen Elemente und des strukturellen Aufbaus einer Klasse von XML-Dokumenten. Angabe, welche Tags an welcher Stelle des Dokumententyps vorkommen dürfen. DTD wird in →SQL/XML nicht verwendet und voraussichtlich 2003 durch das strengere →XML-Schema abgelöst.

3-Ebenen-Architektur von DBS →Schichtenarchitektur

DTD → Document Type Definition

eindeutige Abbildung s. a. Abbildung (math.)

einfache Verzweigung (Alternative, Selektion, Auswahl) → Verzweigung

Elementetag ist ein Begrenzer eines →XML-Elements. Das E. wird selbst durch die Tag-Klammern < und > begrenzt. Beginn- und Endetag unterscheiden sich nur durch den Schrägstrich als Unterscheidungsmerkmal des Endetags vom Beginntag:

<name> ... </name>

Damit ist das Tag name eröffnet und geschlossen. Manche XML-Umgebungen akzeptieren das Fehlen des Endtags und setzen es 'an der richtigen Stelle' automatisch.

endgeprüfte Schleife, fußgesteuerte Schleife Eine →Schleife, in der der →Schleifenkörper so lange wiederholt ausgeführt wird wie es die →Schleifenbedingung anweist, wobei zuerst der Schleifenkörper ausgeführt und dann die Bedingung geprüft wird. Der Schleifenkörper wird also mindestens einmal ausgeführt.

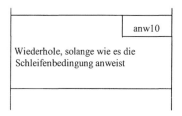

ENF →Erste Normalform

Entitätsreferenz verweist in einem →XML-Dokument auf eine vordefinierte Zeichenfolge, z. B.

auml = ä

und wird im Dokument durch ein vorangestelltes & markiert. Die Umlaute sind i. allg. für XML insgesamt vordefiniert.

Entity-Relationship-Diagramm stellt eine grafische Möglichkeit zur Modellierung (→Entity-Relationship-Modell) eines →Nutzerbereichs (Diskursbereich) dar. Die Objektklassen des Nutzerbereichs werden auf Entitypen (Entitätstypen) abgebildet. Diesen werden alle für den aktuellen Gesichtspunkt wesentlichen (relevanten) →Attribute zugeordnet. Damit stellt der Entitytyp die Struktur eines jeden Datensatzes für ein Objekt dieser Objektklasse dar. Der Realitätsausschnitt umfasst normalerweise mehrere Objektklassen. Jeweils zwei der daraus abgeleiteten Entitypen stehen zueinander in einer Beziehung, die im E. als Relationshiptyp bezeichnet wird. Jeder Relationshiptyp hat zwei Gesichtspunkte: der inhaltliche wird durch eine Verbform bezeichnet und der formale wird durch den Beziehungstyp 1:1, 1:n oder m:n mit weiteren Ergänzungen dargestellt. Das so entstehende Netzwerk aus durch Relationshiptypen verbundenen Entitypen stellt insgesamt das Entity-Relationship-Diagramm dar.

Entity-Relationship-Modell ist ein →Datenmodell, mit dessen Hilfe die Objekttypen der Realität auf einheitliche →Datenstrukturen (Datensätze) abgebildet werden. Ein Realitätsausschnitt für einen bestimmten Nutzerbereich wird als konkretes → Entity-

Relationship-Diagramm modelliert. Daraus kann dann direkt eine konkrete →Datenbank abgeleitet werden.

Entitytyp (Entitätstyp) Der E. ist neben dem →Relationshiptyp der wichtigste Bestandteil des →Entitty-Relationship-Diagramms. Ein E. ist die Abbildung eines Objekttyps der realen Welt und vereinigt in sich alle für den gegebenen Zusammenhang →relevanten →Attribute (Merkmale, Eigenschaften) der Objekte dieses Typs.

ERD →Entity-Relationship-Diagramm

Erste Normalform im →Relationenmodell (ENF). Die ENF besagt, dass jeder Wert in einer Spalte der Relation einfach, unteilbar ist.

ERM →Entity-Relationship-Modell

et-Zeichen & auch: ampersand, Kaufmanns-Und

Facette Eine F. dient im →XML-Schema zur Einschränkung des Wertebereichs von Datentypen durch

> Spezifizierung der Unter- bzw. der Obergrenze geordneter Wertebereiche:minInclusive, minExclusive, maxInclusive, maxExclusive

> Spezifizierung der Länge einer Zeichenfolge bzw. der Anzahl der Elemente einer Folge/Sequenz: length (genau), minLength (mindestens), maxLength (höchstens)

> Festlegung der maximalen Stellenzahl von Zahlen: totalDigits (Stellen insgesamt), fractionDigits (Stellen im Bruchanteil)

> Aufzählung der erlaubten Alternativwerte: enumeration

Fallunterscheidung (Mehrfachverzweigung) s. Verzweigung

Feld (array) Ein F. enthält endlich viele Objekte/Werte eines bestimmten Datentyps, die unter dem einheitlichen Feldnamen durch ihren Indexwert (interne Nummer des Feldelements) identifiziert werden.

Feld i. S. eines Datenelements →Datenstruktur

Feld (Datenelement, Einzahl von →Daten) Datenbanktechnik: Abbildung eines Attributs eines →Entitytyps auf ein Element einer DB-Tabelle

FIFO (first in – first out) (Keller)Speicherprinzip, bei dem zuerst gespeicherte Daten auch zuerst wieder zum Lesen angeboten werden

firmenbezogen (streng f., proprietär) für eine Firma/für ein Produkt eigentümlich, von allen anderen verschieden

formatierte Daten sind die Zusammenfassung von →formatierten alphanumerischen Daten, →numerischen Daten und →logischen Daten, die alle dadurch gekennzeichnet sind, dass für ihre Werte Strukturmuster festgelegt wurden.

formatierte alphanumerische Daten (→Datentyp) sind eine Teilmenge der →alphanumerischen Daten mit eingeschränktem Alphabet und sonst gleichen Eigenschaften , für die Strukturmuster definiert wurden.

Alphabet : wie für →unformatierte alphanumerische Daten

Strukturmuster (Format) : für Ziffern, Buchstaben (und Sonderzeichen) enthaltende Bezeichnungen festgelegte Formate wie z. B. für amtliche Kennzeichen von Kfz, Fahrzeuge von Verkehrsträgern, auch mit →Prüfziffer

Operationen : wie für →unformatierte alphanumerische Daten, ggf. Prüfzifferberechnung und -prüfung

Beispiele : DD-RX 2483 (Kfz-Kennzeichen), 211 341-7 (Fahrzeugnummer mit Prüfziffer), ISO 200/24° (Farbfilm-Code)

Formular (Eingabemaske) Grafischer Objekttyp zur nutzerfreundlichen Darstellung der Daten einer DB-Tabelle oder einer Abfrageergebnistabelle. In einem F. können neben der Ansicht auch Sätze eingegeben und gelöscht sowie Werte verändert werden. Die Steuerung des weiteren Arbeitsablaufs ist mit entsprechend belegten Befehlsschaltflächen möglich.

FORTRAN (von formula translator) 1953 als erste höhere, problemorietierte Programmiersprache geschaffene, auf die Ausführung von Berechnungen ausgerichtete Sprache mit Möglichkeiten zur Arbeit mit selbst definierten Variablen eines bestimmten Datentyps (Zahlen), →Steuerstrukturen, →Unterprogammtechnik ; äußerst kompakte Anweisungen (mit der Möglichkeit durch den Compiler unerkannt bleibender folgenschwerer Schreibfehler beim Programmieren)

Funktion Eine F. ist ein beliebig oft wieder verwendbarer Programmblock. Jedes →Unterstruktogramm kann als F. realisiert werden. Funktionen können beim Aufruf mit Parametern versorgt werden; sie können auch einen Wert zurückgeben. Die konkrete Ausprägung von Funktionen ist stark von der jeweiligen Programmiersprache abhängig; dort werden z. B. auch die Bezeichnungen Funktion und Prozedur für Begriffe mit unterschiedlichem Sinninhalt verwendet.

fußgesteuerte Schleife s. endgeprüfte Schleife

Graphenmodell ist ein →Datenmodell, in dem die Datenobjekte als Knoten eines Graphen dargestellt werden und die Beziehungen als Kanten. Die Kanten tragen in einem G. Bedeutung. Bestehen zwischen allen Objekten eindeutig hierarchische Beziehungen (jedes Objekt außer der Wurzel hat genau einen Vorgänger), dann spricht man von einem *hierarchischen Modell* oder einer *Baumstruktur*, hat mindestens 1 Objekt mehr als einen Vorgänger (es muss keine erkennbare Wurzel mehr geben), dann spricht man von einem *Netzwerkmodell*.

Grunddatentyp →Datentyp, →Begriffnest Grunddatentypen Die G.s sind in jeder Datenbank- und Programmiersprache definiert. Sie können für Variable/Attribute und zur Definition eigener Datentypen verwendet werden.

Hierarchie ist der Zusammenhang verwandter Objekte, die in einer Baumstruktur dargestellt werden kann.

Die wichtigsten Gesichtspunkte einer hierarchischen Struktur sind:

- Es existiert ein Wurzelelement, die Wurzel, die keinen Vorgänger hat.
- Das Ende aller Zweige sind die Blattelemente, die Blätter, die keine Nachfolger haben.
- Alle zwischen dem Wurzel- und den Blattelementen angeordneten Zweige des Baums haben genau 1 Vorgänger und mindestens einen Nachfolger.
- Zwischen der Wurzel und jedem Blattelement gibt es genau 1 Weg. Nur auf diesem Weg kann man – von der Wurzel ausgehend – das jeweilige Blatt erreichen.

hierarchisches Datenmodell beruht auf einer strengen Baumstruktur der Datensätze. Basis ist das Set-Konzept (der CODASYL-Gruppe) mit Owner-Satztypen, denen immer Member-Satztypen fest zugeordnet sind. →Graphenmodell

IFIP (International Federation for Information Processing) Dachgesellschaft sämtlicher Informatik- und Computergesellschaften der Welt

imperative Programmiersprache (anweisungsorientierte Sprache) →prozedurale Sprache

implementieren Als technologische Grundfunktion ist das I. die Realisierung der entworfenen problemorientiertem Elemente der Lösung einer Aufgabe als physisches Rechnerprogramm.

Indextabelle (Index) Eine I. ist eine →inverse Datei zu (meist) einer Tabellenspalte. Eine I. wird vom Datenbankbetriebssystem für den →Primärschlüssel jeder Tabelle automatisch angelegt. Die Sätze der I. haben in ihrer Schlüsselspalte die *Werte* aus der Spalte der Originaltabelle, zu der der Index angelegt wird. In der zweiten Spalte der (eindeutigen) I. steht die 'Adresse' des Originalsatzes (Satznummer, Satzname, also der Primärschlüsselwert), nach dem ein gesuchter Satz identifiziert wird. Der Sinn jeder I. ist die Beschleunigung des Zugriffs, weil nicht mehr alle Zeilen der Originaltabelle auf den Vergleichswert hin überprüft werden müssen, sondern nur noch in der I. danach gesucht wird, ob es einen Satz mit diesem Schlüsselwert gibt. Die Existenz einer eindeutigen I. ist Voraussetzung dafür, dass sich eine →referenzielle Integrität auf diese Spalte beziehen darf.

Information (allg.) I. ist eine Folge von →Signalen (materieller Träger) ,die als →Zeichen gedeutet werden, aus der ein (lebender) Empfänger bei Kenntnis des angewendeten →Codes Rückschlüsse auf Eigenschaften einer Einzelheit der objektiven Realität ziehen kann. Die I. hat dementsprechend vier Aspekte:

- pragmatischer Aspekt: Gesichtspunkt der Anwendung, Nutzung, Wirkung der I. im Nutzerbereich
- semantischer Aspekt: Bedeutung der I., Zusammenhang der I. mit dem beschriebenen Objekt
- sigmatischer Aspekt: Zeichengestalt der I., Beziehung zwischen Zeichen und den Objekteigenschaften
- syntaktischer Aspekt: Regeln, nach denen die Signal-/Zeichenfolgen zu bilden sind

s.a. Begriffsnest Informationen und Daten: Begriffsketten Signal → Zeichen → Information →semantische Information (Text) und Signal → Datenelement → Datensatz → Datei

Information (Einzelinformation) I. ist das Paar 'Schlüsselwort und eine zugehörige Aussage'

Bei der Gewinnung von → Daten aus Informationen finden zwei Abbildungen (Transformationen) statt:

(1) Auswahl der für den gegebenen Zusammenhang relevanten Informationen und

(2) das Weglassen der zugehörigen Aussagen, so dass nur mit Datenwerten weitergearbeitet wird. Bei der Rücktransformation Daten → Informationen werden den Datenwerten die (nicht immer) richtigen Aussagen hinzugefügt. → semantische Information. S. a. Begriffsnest Informationen und Daten.

zu (2): Das Erzeugen von Daten aus Informationen besteht im Weglassen der zu den Schlüsselwörtern gehörenden Aussagen, weil prozedurale Programme nur Werte verarbeiten können.

Beim Wiedergewinnen der Informationen aus Daten müssen die zugehörigen Aussagen wieder hinzugefügt werden, damit der empfangende Mensch etwas damit anfangen kann (pragmatischer Aspekt – Nutzen einer Information). Erfolgt das nicht (korrekt), dann kommt es beim Nutzer zur Fehldeutung der erhaltenen Daten.

Jeder Mensch (Nutzer von Daten) denkt *immer* in Informationen. Datenwerte ohne zugehörige Aussage gibt es für den Menschen praktisch nicht. Er fügt erhaltenen Daten (unbewusst) immer Aussagen hinzu. Dieser Aspekt wird beim Programmieren der Nutzerausschriften (oft) nicht genügend berücksichtigt. Das automatische Hinzufügen einer Aussage zu einem Datenwert birgt prinzipiell Fehlermöglichkeiten und kann nur durch die explizite Angabe der richtigen zugehörigen Aussage einer I. vermieden werden.

Informationsbedarf ist der Bedarf einer Nutzergruppe / eines →Nutzerbereichs an Informationen bezüglich der Gesamtaufgabe (objektiver I.). Zuweilen wird dazu auch der subjektive I. hinzugerechnet, den die an der Aufgabe beteiligten Personen auf Grund ihres fachlichen und / oder persönlichen Profils haben und der über den objektiven I. weit hinausgehen kann. Ein wesentliches Merkmal jedes formulierten I. ist die Tatsache, dass er sofort wächst, wenn er (annähernd) erfüllt wird. Der I. ist die Basis für den Entwurf eines →Informationssystems und damit auch des darin eingebetteten →Datenbanksystems.

Informationseinheit Eine I. repräsentiert eine Information über ein reales Objekt, deren Zerlegung unter einem konkreten Gesichtspunkt ihrer Nutzung nicht sinnvoll (und deshalb auch nicht zugelassen) ist. S.a. →Erste Normalform (ENF) im →Relationenmodell. Unter dem Gesichtspunkt der Nachrichtentheorie wurde im →SI als I. das Bit festgelegt.

Informationsfluss Der Fluss von →Signalen als Träger für Namen von Informationen läuft unabhängig vom (potentiellen) Empfänger einer Information ab. Als Information werden die Signale erst dann gedeutet und es entsteht damit ein I., wenn sie von einem Empfänger akzeptiert werden. Bis dahin bleiben die Informationen passiv, unwirksam. Das ist eine direkte Analogie zum Magnetfluss, der ebenfalls erst dann wirksam wird, wenn eine andere Energieform mit ihm in Wechselwirkung tritt. →Information

Informationssystem ist ein geordnetes Netz von informationellen Beziehungen zwischen den Elementen Nutzer(Menschen), datenverarbeitenden Maschinen(Rechnern), Daten und Programmen zur Erfüllung des →Informationsbedarfs einer Nutzergruppe/eines Nutzerbereichs. →Anwendungsprogramm(system) und →Datenbanksystem.

Ein I. ist immer ein Teilsystem eines größeren Systems, das es unterstützt. Es ist ein System von Informationsmengen (Informationsmassiven), die für Mitteilungen und Entscheidungen in dem jeweiligen größeren System gebraucht werden. Das I. enthält wieder Subsysteme für Sammlung (Datengewinnung und Datenerfassung), Speicherung, Verarbeitung und Verteilung von Informationsmengen. Die Nutzung erfolgt im umgebenden System.

Inkonsistenz von Daten bedeutet, dass Datenwerte, die in einem inhaltlichen Zusammenhang stehen, nicht übereinstimmen. Eine I. entsteht z. B. dann, wenn von mehreren Exemplaren eines Werts (s. redundante Daten) nur einer aktualisiert wird. (S. a. Normalformen)

Instanz (instance) (ooProgrammierung) ist die Realisierung einer Klassendefinition für ein reales Objekt.

Integritätskontrolle (Datenintegrität) Prüfung der Daten auf inhaltliche Richtigkeit. Dazu gehören Passfähigkeit zum verarbeitenden Programm(system) und syntaktische (Beziehungen zu anderen Datenstrukturen) und orthografische Prüfungen wie Einhaltung bestimmter Bedingungen, zulässiger Zeichenvorrat, Längenbegrenzungen oder Enthaltensein in vorhandenen Dateien (Thesaurus), auch die Suche und Behandlung logischer Datenfehler.

Interface Engl. Bezeichnung für Schnittstelle. I. ist eine Übergangsstelle zwischen zwei wechselwirkenden Einheiten eines Systems, für die verbindliche Festlegungen getroffen werden, so dass die Transformation der Eigenschaften der beiden durch das I. verbundenen Einheiten gesichert ist.

Hardware-I. : Anschlussmöglichkeit für Peripheriegeräte des Computers

Software-I.: Schnittstelle zwischen Protokollen, Programmen, Diensten usw.

interne Sicht In der →Schichtenarchitektur von →Datenbanksystemen die Sicht auf das DBS von der konkreten Rechenanlage aus.

Interpretation, interpretierender Betrieb: Der Hochsprachenquellcode wird während der Laufzeit des Programms gedeutet (interpretiert), in entsprechend verkettete Funktionsrufe von Maschinenprogrammen umgewandelt und abgearbeitet. Es entsteht keine weiter verarbeitbare Objektcodedatei. S. a. Compilation

inverse Datei (Indexliste, Index): Invertierung von Werten in Namen und von Namen in Werte: Jeder Satz einer i.D. enthält als Namen den Wert (Inhalt) eines Datenelements der als Ausgangspunkt dienenden →sequentiellen Datei und als Werte die

Adressen (Namen) all derjenigen Sätze der sequentiellen Datei, in denen ein Daten-element dieses Inhalts vorkommt.

inzident Zwei Mengen A und B sind i., wenn sie gemeinsame Elemente haben:

$$A \cap B \neq \emptyset$$

s. a. disjunkt (elementefremd)

Join (Tabellenverbund) Ein J. dient dazu, die Datensätze der →Kreuzmenge, die bei einer →Abfrage bezüglich mehrerer →Tabellen entsteht, auf die 'sinnvollen' Sätze einzuschränken. Das erfolgt dadurch, dass aus den Tupeln der Kreuzmenge nur die ausgewählt werden, die z. B. in je zwei Verbindungsspalten den gleichen Wert ent-halten. In der dafür notwendigen Bedingung sind alle Vergleichsoperatoren zulässig. Welche Sätze sinnvoll, im Sinne der zu lösenden Aufgabe richtig sind, kann nur der →Nutzerbereich entscheiden! Wenn zwischen zwei Tabellen → referenzielle Integri-tät definiert ist, dann wird vom DBMS der Join oft automatisch im Hintergrund realisiert.

Kalenderdaten sind →Daten, aus denen für die Anzeige durch vordefinierte Funkti-onen alle Datums- und Zeitangaben erzeugt werden können. Die Datenwerte sind ganze Zahlen, z. B. in Unix Anzahl der Sekunden seit dem 1.1.1970.

Alphabet : Ziffern, negatives Vorzeichen

Strukturmuster (Format) : keins

Operationen :   Addition und Subtraktion

Beispiele :   Sekundenwert, der dem Datum 31.12.2009 entspricht

Klasse (log.) = Menge Eine K. ist eine Gesamtheit von Objekten mit mindestens einem gemeinsamen, für die K. invarianten Merkmal. Dieses Merkmal muss nicht ein wesentliches Merkmal der Elemente sein. Gedankliches Abbild einer solchen K. ist ein →Begriff.

Klasse (ooP) Die Klassendefinition ist eine Typvereinbarung (s.a. komplexer Daten-typ). Dabei wird festgelegt, welche Datenelemente (Attribute) eine Instanz der Klasse enthalten soll und welche Funktionen (Operationen, Methoden) das Objekt auf sei-nen Daten ausführen kann. Das Prinzip der Datenkapselung (information hiding) fordert, dass nur das Objekt selbst seine Daten verändert.

Klassifikation (Schlüsselsystem) Eine K. ist die hierarchische Unterteilung einer Klasse (Menge) von Objekten (z. B. Erzeugnisse, Wissensgebiete) in (disjunkte) Teilklassen (Teilmengen) und Kennzeichnung dieser Teilklassen durch Symbole (No-tationen). Ein wesentliches Merkmal jeder K. ist die weitere Unterteilbarkeit jeder Teilklasse. Alle Elemente einer Teilklasse werden mit der gleichen Notation gekenn-zeichnet, der Teilklasse zugeordnet.

Beispiele für K.s: Dezimalklassifikation (DK, UDC) für alle Wissensgebiete der Menschheit, alle betrieblichen oder fachspezifischen Schlüsselsysteme, Schlüssel-systeme für die Fachgebietsunterteilung in Bibliotheken

Klassenbeziehungen →Mengenbeziehungen

Kode →Code

Kommunikation K. ist der Austausch von Tatsachen (→Informationen), Meinungen und Argumenten (nicht nur von Informationen!) zwischen unverwechselbaren Individuen, die nicht austauschbar sind. Informationen sind in diesem Sinn aktivierende Werkzeuge zum Einwirken auf andere Subjekte (pragmatischer Aspekt der Information).

komplexer Datentyp In jeder Programmiersprache lassen sich k.D. definieren, deren Elemente wieder aus (einfacheren) k.D., letzten Endes aber aus →Grunddatentypen bestehen. Die wichtigsten k.D. sind Feld, Struktur (Datensatz), Zeiger und Datei. Ist ein k.D. in einer Umgebung deklariert (s. Deklaration), dann können Objekte definiert werden, die von diesem Datentyp sind – völlig gleichartig zur Verwendung der Grunddatentypen.
Achtung: k.D.s haben keine Beziehung zu den komplexen Zahlen!

Kontrollstruktur →Steuerstruktur

konzeptuelle Ebene Die k.E. ist die mittlere Ebene in der →Schichtenarchitektur von →DBS, die zur Entkopplung der →externen und der internen Ebene dient. Sprache der k.E. ist das konzeptuelle Schema, das sowohl nutzer- als auch EDV-unabhängig gestaltet werden sollte. Auf der k. E. werden hauptsächlich die logischen Beziehungen zwischen den Daten dargestellt; dabei kann noch EDV-neutral gearbeitet werden.

konzeptuelles Schema Sprachliche Formulierung der Eigenschaften und Beziehungen der Datenstrukturen in der →konzeptuellen Ebene

kopfgesteuerte Schleife s. anfangsgeprüfte Schleife

Kreuzmenge = Kreuzprodukt mehrerer Mengen Eine K. mehrerer Mengen entsteht, wenn jedes Element jeder beteiligten Menge mit jedem Element aller anderen Mengen zu je einem Tupel verknüpft wird. Jedes Tupel hat also genau so viele Elemente wie es beteiligte Ausgangsmengen gibt. Die Anzahl der Tupel der Kreuzmenge ergibt sich aus dem Produkt der Elementanzahlen (Kardinalitäten) aller beteiligten Mengen.

Die K. hat in einer →relationalen Datenbank auf der Basis des →Relationenmodells besondere Bedeutung. Bezieht sich eine →Abfrage an die Datenbank auf mehr als eine →Tabelle, dann wird intern die Kreuzmenge der Datensätze aller beteiligten Tabellen gebildet, so dass 'mehrfach lange' Sätze entstehen, wobei die Satzanzahl (Zeilenzahl) der Kreuzmenge gleich dem Produkt der Zeilenanzahl aller beteiligten Tabellen ist. Auf diese oft sehr große Menge werden dann die Operationen →Selektion (mit Auswahlbedingung) und →Projektion (Nennung der anzuzeigenden Spalten) angewendet. Durch den →Join werden nur die Sätze (Tupel) der Kreuzmenge ausgewählt, die einer bestimmten Auswahlbedingung – Wertevergleich zwischen einzelnen Spalten der Kreuzmenge – genügen.

Laufanweisung s. Zählschleife

Leeranweisung (→Struktogrammtechnik) Wenn an einer Stelle in einem Struktogramm, wo eine Anweisung stehen muss, keine zu nennen ist, z. B. im Nein-Zweig einer Verzweigung, dann ist eine L. einzutragen, damit klar ist, dass dort *nichts* stehen soll und nicht etwa nur vergessen wurde, eine Anweisung einzutragen.

LIFO (last in – first out) (Keller)Speicherprinzip, Stack, bei dem zuletzt gespeicherte Daten zuerst wieder zum Lesen angeboten werden

Liste Folge von Sätzen in einer Datei, die durch eine Adresskette verbunden sind

Liste der auszuwertenden Tabellen Im Abfrageentwurf (→Abfrage) muss klar festgelegt werden, welche DB-Tabellen unbedingt in die Abfrage einzubeziehen sind. Hat die L. mehr als ein Element, dann ist zur Vermeidung der →Kreuzmenge mit ihren vielen nicht relevanten Sätzen mehrfacher Länge ein →Join zu formulieren.

logische Daten sind Daten (→Datentyp) mit dem Wertevorrat 0 und 1

> Alphabet : {0, 1}, {wahr, falsch}, (true, false}, {w, f}, {ja, nein} oder ein anderes, das nur 2 Zeichen enthält
>
> Strukturmuster (Format) :   keins
>
> Operationen :   die logischen Grundoperationen UND (Konjunktion), ODER (Disjunktion) und NICHT (Negation) und alle daraus abgeleiteten komplexen Operationen
>
> Beispiele :   0, 1, w, false, nein

m:n-Zuordnung Diese Art der Zuordnung (Beziehung) zwischen zwei →Entitytypen im →Entity-Relationship-Diagramm birgt eine prinzipielle Schwierigkeit: In den beiden zu verbindenden Entitytypen lassen sich keine →Verbindungsattribute definieren. Die Lösung dieses Problems besteht darin, dass die m:n-Beziehung in zwei 1:n-Beziehungen aufgelöst werden muss. Das erfolgt im ERD durch die gedankliche Umwandlung des m:n-Relationshiptyps in einen Entitytyp. Dieser neue Entitytyp erhält einen zweigliedrigen Primärschlüssel, bestehend aus den beiden Fremdschlüsselattributen bezüglich der benachbarten Entitytypen. Es gibt in diesem Fall mindestens 1 weiteres Attribut, das nur dem m:n-Relationshiptyp zugeordnet werden kann, weil es in keinen der Datensätze passt, die durch die beiden Entitytypen modelliert werden. Dieses oder diese Attribut/e sind nicht immer leicht zu finden. Als Hilfe diene der Hinweis: Oft stehen dafür in der Praxis eine Nummer, ein Datum oder eine Anzahl/Menge bereit. Ein solcher durch *Uminterpretation* gewonnener Entitytyp wird in der Datenbank in eine Verbindungstabelle abgebildet.

Makro maschinennahe Urform eines Unterprogramms

Makro (DBS) ist in MS Access die Zusammenfassung von Aktionen, die auf →DB-Objekten ausgeführt werden sollen, unter einem gemeinsamen Namen, über den sie zur Ausführung aufgerufen werden können. Ein M. ist die einfachste Form eines Datenbankprogramms und bietet nur eingeschränkte Strukturierungsmöglichkeiten (keine Schleifen).

Mehrebenenarchitektur von DBS →Schichtenarchitektur

Mehrfachverzweigung (Fallunterscheidung) →Verzweigung

Mengenbeziehungen M sind

einzelne Menge: Negation = komplementäre Menge, leere Menge

mehrere Mengen: Differenz, Durchschnitt, Vereinigung, disjunkte Mengen

Metadaten sind Daten, die andere Daten beschreiben, z.B. Datentyp, Länge der Werte, Satzstruktur (bei Dateien)

Methode ist in der →objektorientierten Programmierung eine fest mit einem Objekttyp verbundene Funktion. →Klasse

Modell Ein M. ist ein System, das als Repräsentant eines komplizierten Originals auf Grund mit diesem gemeinsamer Eigenschaften von einem dritten System benutzt, ausgewählt oder geschaffen wird, um letzterem die Erforschung oder Beherrschung des Originals zu ermöglichen oder zu erleichtern, bzw. um es zu ersetzen.

Modul Ein M. ist Bestandteil eines zusammengesetzten Systems oder Programms. Er kommuniziert mit der Umgebung über Schnittstellen (→Interface).

Gesichtspunkte der Modularisierung:

- *Wiederverwendbarkeit*
- *Möglichkeit der autonomen Betrachtung*
- *Austauschbarkeit*
- *Standardisierungsmöglichkeit*
- *Übersichtlichkeit*

Nachricht (s.a. Information) Anordnung von zusammengehörenden Signalen für die Übertragung einer →Information. Vom Menschen aufgenommene →semantische Information, die für ihn auf Grund der Kenntnis sowohl des Zeichen- als auch des Strukturcodes sinnvoll ist. Objektebene: menschliche Gesellschaft

Nachricht (ooP) Eine N. ist ein verbrauchbares Betriebsmittel, das von einem Prozess erzeugt und von einem anderen verbraucht wird. N.s können Zustandsänderungen auslösen.

Name gemeinsame Bezeichnung (Identifikator) aller →Werte einer →Datenstruktur, z. B. eines →Datenelements. Der Name dient außerdem als Identifikator der →Beschreibung einer Datenstruktur, deren Elemente die Eigenschaften der Struktur definieren.

Nibble Zusammenfassung von 4 bit. S. a. Bit

nichtprozedurale DB-Sprache →deskriptive DB-Sprache (SQL)

Nichtschlüsselattribut Ein N. ist ein Attribut, das keinem →Schlüsselkandidaten angehört. Seine Wertänderung hat keinen Einfluss auf Schlüsselwerte.

Normalformen dienen dazu, in Relationen Inkonsistenzen zu vermeiden, die durch redundante Daten oder funktionale Abhängigkeiten entstehen können. Das sind hauptsächlich Einfüge(INSERT)-, Änderungs(UPDATE)- und Lösch(DELETE)-Inkonsistenzen. Sie treten dann auf, wenn *Attribute mehrfach* in der DB geführt werden, ohne dass ihre *Werte* durch →referenzielle Integrität oder andere Sicherungs-mechanismen *dagegen geschützt werden*, dass nur einzelne Exemplare der mehr-fach auftretenden Werte geändert werden. Die Regeln zum Erreichen der Normal-formen sind in der *Normalformenlehre* zusammengefasst.

Erste Normalform (1NF) : Eine Relation befindet sich in der 1. Normalform (1NF), wenn alle Wertebereiche ihrer Attribute *atomar* (einfach) sind.

Zweite Normalform (2NF) : Eine Relation befindet sich in der 2. Normalform (2NF), wenn sie in 1NF ist und alle Nichtschlüsselattribute B voll funktional abhängig von A sind, also von der jeweiligen Attributkombination, die den Primärschlüssel bildet und nicht schon von einem Teil dieser Attribute.

Dritte Normalform (3NF) : Eine Relation befindet sich in der 3. Normalform (3NF), wenn sie in 1NF vorliegt und kein Nichtschlüsselattribut transitiv von einem Schlüssel abhängig ist.

Weitere Normalformen wurden definiert, haben aber keine große praktische Bedeu-tung erlangt. Das Einschränken der Nachteile streng normalisierter DB ist durch gut abgewogene →Denormalisierung möglich.

Hinweis: Ein konsequent erarbeitetes →ERD führt zwangsläufig zu einer normalisier-ten DB (bis zur 3NF). Aus diesem Grund ist die Normalformenlehre hauptsächlich eine Methode zur Analyse der datenmäßigen Modellierung eines Diskursbereichs.

Normalisierung einer DB s. Normalform

Notation (aus einem →Schlüsselsystem) kodierte Bezeichnung für ein Fachge-biet/Wissensgebiet in streng formalisierter Form

numerische Daten sind die Obermenge der →numerischen Zeichenkettendaten und der →arithmetischen Daten (Zahlen).

numerische Zeichenkettendaten sind →formatierte alphanumerische Daten mit eingeschränktem Alphabet.

Alphabet :	Ziffern, Sonderzeichen wie Bindestrich oder Gliede-rungs-Punkt
Strukturmuster (Format) :	s. formatierte alphanumerische Daten
Operationen :	s. formatierte alphanumerische Daten
Beispiele :	211 341-7 (Fahrzeugnummer mit Prüfziffer), 121.647.33-2 (Nummer für ein Objekt aus einem Nummerungssystem/Schlüsselsystem)

Nutzerbedarf → Informationsbedarf

Nutzerbereich (Nutzergruppe, Diskursbereich) ist der Bereich (organisatorisch) bzw. die Menge der an der Lösung einer Aufgabe beteiligten Personen. Alle inhaltlichen Fragen bei der Arbeit mit einer Datenbank, die nicht formal entschieden werden können, müssen vom N. geklärt werden.

Nutzersicht Sicht auf ein DBS vom Nutzerstandpunkt aus. Sicht der →externen E-bene in der →Schichtenarchitektur von DBS

Nutzerverwaltung Die N. ist eine der Aufgaben der →Datenbankadministration. Dabei geht es um das Einrichten und Pflegen von Nutzgruppen und (den zugehörigen) Einzelnutzern. So ist z. B. die Änderung des Nutzerpassworts Sache des Datenbankadministrators. Zur N. i.w.S. gehört auch das Anlegen und Pflegen der Nutzer-DBs.

Objekt (allg.) Ein O. ist ein Bestandteil der realen oder der Vorstellungswelt, der sich durch seine Eigenschaften klar von allen anderen O.s unterscheidet. Beispiele: eine Person, ein Produkt, ein Vertrag, ein Vorgang.

Die Objekte der realen oder der Programmiererwelt (objektorientierte Betrachtungsweise im Sinne der Programmierung) lassen sich in **Klassen** einordnen. Die Objekte (**Instanzen**) einer Klasse weisen bestimmte gemeinsame Merkmale auf und verhalten sich gleichartig. Ein O. ist eine in sich geschlossene Einheit, die von außen nicht verändert werden kann. Ein O. kann durch Nachrichten von anderen O.s dazu veranlasst werden, durch die Aktivierung eigener Prozeduren eine Zustandsänderung zu bewirken.

objektorientierte Programmierung ist ein Programmierungsansatz, der sich nicht am Verarbeitungsalgorithmus orientiert, sondern auf der Definition von →Klassen beruht, denen die Operationen und →Methoden zugeordnet werden. →Polymorphie, →Überladen, →Überschreiben, →Vererbung

objektorientiertes Modell (DB-Technik) gehört zu den postrelationalen →Datenmodellen, das also über das →relationale Modell hinausgeht und den Objektbegriff (Klasse, Methoden, ...) einbezieht.

Paarmenge Spezialfall der →Kreuzmenge für 2 Ausgangsmengen

Parallelanweisung ist ein Strukturelement der →Struktogrammtechnik zur Darstellung parallel abzuarbeitender → Anweisungsfolgen. Die Nutzung der P. setzt eine entsprechende Programmiersprache voraus, die auf einer Mehrprozessorarchitektur implementiert ist.

Parser (DBS) P. ist ein Übersetzer für die syntaktische Analyse einer (der natürlichen Sprache ähnlichen) Sprache in →DBS, die Zugriff in einer (der natürlichen Sprache ähnlichen) Sprache gestattet, in Eingabedaten eines →DBBS. Es gibt bereits Parser, die weniger Zeit als zum Sprechen des Satzes benötigen, der zu analysieren ist.

P. allg.: Vorübersetzer zur syntaktischen Analyse eines Quellprogramms.

PASCAL (nach Blaise Pascal benannt) ca. 1965 von Niklaus Wirth vorgestellte höhere Programmiersprache besonders für die Ausbildung. P. beruht auf ALGOL 60 und ist ebenfalls sehr klar und zwingend strukturiert. Erstmals gleichberechtigte Behandlung von Zahlen und Zeichen(folgen), von Strukturen und Daten.

PCDATA parsed character data Grunddatentyp für XML-Elemente: Zeichenfolgen

PL/1 (von programming language numero 1) 1965 geschaffene höhere Programmiersprache, die die Leistungen aller bisher bekannten Sprachen in sich aufgenommen hatte von Befehlen für hardwarenahe Operationen bis zu Strukturen für Prozeduren. In ihrer Universalität wurde die Sprache nie vollständig ausgenutzt. Implementiert wurden fast immer nur Subsets für bestimmte Rechnerfamilien.

Phasen der Softwareentwicklung Der Prozess der Softwareentwicklung wird von verschiedenen Schulen in unterschiedlich viele Phasen unterteilt. Die Unterscheidung folgender aufeinander aufbauender Phasen ist jedoch überall zu erkennen: Phase des Problemanalyse und der Aufgabenfindung, Ph. der Aufgabenstrukturierung, Ph. des Programmentwurfs (programmiersprachenunabhängig), Ph. der Implementierung einschließlich Test, Ph. der Einrichtung des Programmsystems beim Nutzer, Ph. der Wartung und Anpassung an geringfügige Änderungen im Nutzerbereich.

Polymorphie. (Vielgestaltigkeit) Gleichlautende Botschaften an kompatible Objekte unterschiedlicher Klassen können ein unterschiedliches Verhalten bewirken. So kann ein Name Objekte verschiedener Klassen bezeichnen. Jedes Objekt, das mit diesem Namen bezeichnet wird, kann auf die gleiche Botschaft auf seine eigene Art und Weise reagieren.

Potenzmenge $\underline{P}$(M) ist die Menge aller Teilmengen der Menge M. Ist M = (a,b,c), dann ist $\underline{P}$(M) = {∅, a, b, c, ab, ac, bc, M)

pragmatisch auf das Erreichen eines bestimmten Ziels gerichtet

pragmatischer Aspekt der Information →Information(allg.)

Primärdokument Dokument, das (auch auf der Grundlage anderer Dokumente) einen neuen Inhalt vermittelt- →Sekundärdokument

Primärschlüssel (meist kurz als Schlüssel bezeichnet) ist die Spalte(nkombination) einer Tabelle, die die Eigenschaft hat, jeden Datensatz (Tabellenzeile) eindeutig zu identifizieren (SQL: UNIQUE). Der P. muss für jeden Datensatz/ jede Tabellenzeile einen Wert haben (SQL: NOT NULL). Für den P. einer Tabelle – er kann auch mehrgliedrig sein – wird vom DBMS automatisch eine eindeutige →Indextabelle angelegt und gepflegt.

s.a. Schlüsselkandidat.

problemorientierte Programmiersprache →prozedurale Sprache, bei deren Definition nicht auf einen bestimmten Maschinentyp Bezug genommen wird. Deshalb auch höhere Pr.Spr. oder auch Sprache der 3. Generation genannt.

Programm Geordnete Menge von Anweisungen zur Abarbeitung eines →Algorithmus. Programmtext: statische Niederschrift einer Folge von Anweisungen zur Ausführung auf einem Rechner (Prozessor)

Programmiersprache künstlich geschaffene Sprache mit definiertem Wortschatz, Grammatik und Syntax, mit der eine für die Abarbeitung auf einem Computer vorgesehene Aufgabe so formuliert werden kann, dass sie mit Hilfe eines Übersetzerprogramms (Compiler oder Interpreter) in abarbeitbare Befehlsfolgen/-strukturen umgeformt werden kann. Eine wichtige Unterscheidung der P.s ist die in →prozedurale und →deskriptive Sprachen.

Die P. der ersten Generation waren die Maschinensprachen für je einen Maschinentyp. Mit den maschinenorientierten, den Assemblersprachen, immer noch maschinenorientiert, folgte die zweite Generation. Die maschinenunabhängigen oder auch höheren, problemorientierten Sprachen bilden die dritte Generation. Die ersten wichtigen für den Nutzerbereich geschaffenen (höheren) P.s waren die prozeduralen Sprachen →FORTRAN, →ALGOL 60, →COBOL, →PASCAL, →BASIC und →C.

Projekt ist die Menge aller Tätigkeiten, Interaktionen und Resultate, die dem Ziel dienen, eine bestimmte einmalige Aufgabe mit begrenzten Mitteln innerhalb einer begrenzten Zeit zu lösen. Die dabei geltenden Bedingungen sind in ihrer Gesamtheit einmalig. →Software-Projekt

Projektion ist die Auswahl der anzuzeigenden Spalten in einer →Abfrage. entsprechend der angegebenen Liste. Darin können die Spaltennamen entsprechend dem →Informationsbedarf des →Nutzerbereichs in beliebiger Reihenfolge stehen.

Projektmanagement ist das Führungsinstrument zur effizienten Gestaltung und Realisierung von Projekten. Es umfasst alle Aktivitäten der

- sachgerechten
- termingerechten
- kostengerechten

Definition, Planung, Organisation, Kontrolle und Abrechnung von Projektabläufen.

Es ist also

1. eine Managementphilosophie, wie komplexe, neuartige und zeitlich begrenzte Vorhaben zielgerichtet bewältigt werden

2. eine Denkweise, die das Bewusstsein der Zusammenhänge und des Zusammenwirkens in Projekten umfasst

3. eine auf das Projekt bezogene Führungsaufgabe, die alle Führungstätigkeiten einschließt

4. eine Führungs- und Organisationsform zur Planung, Steuerung, Regelung und Kontrolle von Projekten

5. die Führungsrolle in einem Projekt

proprietär →firmenbezogen

Prozedur (DB-Technik) ist ein DB-Programm, in dem eine Folge von DB-Kommandos zusammengefasst und gemeinsam übersetzt wird. Sie kann dann beliebig oft unverändert abgearbeitet werden. Um über die Leistungsfähigkeit von SQL als deskriptive Sprache hinaus zu gelangen, bietet jedes DBMS dem Nutzer prozedurale Erweiterungen.

prozedurale Sprache ablauforientierte →Programmiersprache, mit deren Hilfe streng determinierte Algorithmen durch Kombinationen der Grundelemente der →Struktogrammtechnik als rechnergerechte Programme dargestellt werden können. Eine Progr.Sprache wird als p.S. bezeichnet, wenn sie eine durch Anweisungsfolgen geprägte Programmstruktur unterstützt, wobei der Steuerfluss durch spezielle Anweisungen: Verzweigung (Alternative, bedingte Anweisung, Fallunterscheidung), Schleife (Iteration, Laufanweisung) und (impliziter) Sprung modifiziert werden kann. Der anweisungsorientierte Programmierstil ist durch die Arbeitsweise des von-Neumann-Rechners bedingt. Zu den p.S.s gehören FORTRAN, ALGOL 60, COBOL, PL/1, BASIC, PASCAL, C, MODULA-2, CHILL, ADA.

Prüfsummenverfahren Beim P. werden die Eingabedaten in Formularen zeilenweise und spaltenweise und auch kombiniert vor der Eingabe aufsummiert. Die dabei entstehenden Prüfsummen werden an festgelegten Stellen mitgeführt und eingegeben. Danach berechnet das Eingabeprogramm die Prüfsummen neu und vergleicht die eingegebenen mit den neu errechneten Prüfsummen. Die erreichbare Fehlererkennungsrate liegt um die 90%.

Prüfziffer ist eine Ziffer in einer meist numerischen Objektnummer (Bestandsdatenelement), die nach einem für den Objekttyp spezifischen Algorithmus berechnet wird. Die P. wird entweder nach einem Trennzeichen an die Objektnummer angehängt (oft bei numerischen Fahrzeugnummern) oder an einer bestimmten Stelle in die Objektnummer eingefügt. Stets ist die P. fester Bestandteil der jeweiligen Nummer. Die P. wird bei der Vergabe der Nummer berechnet und kann bei jeder Verwendung dieser Nummer nach dem gleichen Algorithmus neu berechnet werden. Die eingegebene Nummer und die gerade neu berechnete Nummer müssen übereinstimmen. Ist das nicht der Fall, dann liegt ein Eingabefehler vor, und der Eingabesatz wird zurückgewiesen. So können Eingabefehler mit einer gegen 100% gehenden Wahrscheinlichkeit erkannt werden.

QBE eigentlich *Query By Example* (Anfrage auf Grund eines Beispiels), ursprünglich Bereitstellung von Anweisungsskeletten, in die der Nutzer seine konkreten Werten eintragen konnte. Diese Technologie konnte sich nicht durchsetzen. Heute: Synonym für eine grafische Benutzeroberfläche für den Entwurf von Datenbank-Objekten. Solche Benutzeroberflächen sind auch Sprachen i.w.S., weil sie in grafisch kodierter Form bzw. über Angebotslisten alle notwendigen Operationen zur Definition und Aktivierung der Datenbank- und Anfrageobjekte bereitstellen.

Rahmenstruktogramm ist ein →Struktogramm, das an seinem Rahmen <Startzeile, Variablenliste und Stopzeile> erkennbar ist. Ein R. kann bei Bedarf mehrere →Unterstruktogramme enthalten. Anstelle einer Anweisung mit dem Inhalt 'Unterstruktogramm us_name' wird gedanklich das jeweilige Unterstruktogramm kantendeckend ins R. eingefügt.

Recherche Vergleich einer →Abfrage mit einem angemessenen Speicher mit dem Ziel, die relevanten Dokumente wiederzufinden und auszugeben.

Redundanz (wörtl.: Weitschweifigkeit) dient in technischen, biologischen Systemen und Informationssystemen zur Erhöhung der Fehlersicherheit bei Ausfall einzelner Elemente/Teile des Systems

redundante Daten sind Daten, die ohne zwingenden Grund mehr als einmal in einer Datenbank gespeichert werden. R. sind der häufigste Fall für das Auftreten →inkonsistenter Daten. R.D. sind (fast) immer ein Hinweis auf einen nicht ausreichend gut ausgeführten →Datenbankentwurf.

referenzielle Integrität ist eine inhaltliche Beziehung zwischen zwei →Tabellen einer →relationalen Datenbank. Die r.I. beruht darauf, dass in einer übergeordneten Tabelle eine Spalte mit eindeutigem Index existiert (i. allg. die Schlüsselspalte) und in einer untergeordneten Tabelle eine so genannte Fremdschlüsselspalte, in der nur Werte der entsprechenden Schlüsselspalte vorkommen. Die r.I. ist von der untergeordneten Tabelle zur übergeordneten gerichtet und sichert, dass in der Fremdschlüsselspalte nur Werte stehen, die in der Schlüsselspalte der übergeordneten Tabellen *vorhanden* sind. Heutige Datenbankbetriebssysteme unterstützen auch die r.I. bezüglich einer Nichtschlüsselspalte mit eindeutigem Index in der übergeordneten Tabelle.

Relation Eine mathematische Relation ist eine echte oder unechte Teilmenge der →Kreuzmenge mehrerer Wertemengen. Jede R. lässt sich als Tabelle darstellen: Die Spalten enthalten die Werte aus je einem Tupel, die Zeilen aus jedem Tupel genau 1 Wert.

Relationenmodell ist ein →Datenmodell auf der Basis der Darstellung der Datensätze des →Nutzerbereichs als Tupel (Zeilen) von →Relationen.

relationale Datenbank ist eine →Datenbank auf der Basis des →Relationenmodells

relevant zutreffend, wichtig. Ein relevantes Merkmal eines Objekts der realen Welt ist im für seine Abbildung auf einen →Datensatz gewählten Kontext wichtig, oft auch als sinnvoll bezeichnet.

Repository Ein R. ist ein verwaltetes Verzeichnis zur Speicherung und Beschreibung von digitalen Objekten. Bei den verwalteten Objekten kann es sich beispielsweise um Programme (Software-Repository), Publikationen (Dokumentenserver), Datenmodelle und Datenbeschreibungen (Metadaten-Repository) oder betriebswirtschaftliche Verfahren handeln. Häufig beinhaltet ein Repository auch Funktionen zur Versionierung der verwalteten Objekte.

robustes Programm r. ist ein Programm, wenn es auf jede Situation (Daten, Veränderungen) mit einer wohldefinierten Antwort reagiert.

Satz →Datensatz

Schema In einer Datenbeschreibungssprache (→Datendefinitionssprache) im weiteren Sinn formulierte vollständige →Beschreibung aller Merkmale der →Datenstrukturen einer →Datenbank. In der →Schichtenarchitektur eroIgt das auf den 3 Ebenen Nutzerebene, konzeptuelle Ebene und interne Ebene.

Schicht Ebene der →Schichtenarchitektur von DBS

Schichtenarchitektur allg. Die S. eines beliebigen Systems mit vorgegebenen Funktionen besteht aus einer Folge von Schichten (Ebenen) sowie dazwischen geschalteten →Schnittstellen, an denen die Transformation zwischen je 2 Ebenen erfolgt. Dadurch werden nicht benachbarte Schichten vollständig voneinander abgeschirmt, entkoppelt. Jeder der Schichten ist eine bestimmte Modellvorstellung und damit eine Sprache zur Beschreibung des gegebenen Systems zugeordnet.

Schichtenarchitektur (3-Ebenen-Architektur) von Datenbanksystemen

Die S. beschreibt ein →DBS auf 3 Ebenen, in 3 Schichten:

Externe oder Nutzerebene

> Beschreibung der Aufgaben in der (Fach-)Sprache des → Nutzerbereichs in vorwiegend →deskriptiver Form. Das Ergebnis auf dieser Ebene sollte anlagen- und programmunabhängig formuliert werden:

> Beschreibung der Datenstrukturen und ihrer Beziehungen z. B. in einem →Entity-Relationship-Modell (ERM)

konzeptuelle oder konzeptionelle Ebene

> Beschreibung der von der externen Schicht vorgegebenen Aufgaben durch prinzipielle Lösungsabläufe auf der Basis eines konkreten Datenmodells, z.B. des Relationenmodells, unabhängig von einem konkreten →DBMS. Dementsprechend anlagenunabhängige Formulierungen, z. B. mit Hilfe von SQL-Anweisungen

interne Ebene. Ebene der konkreten Rechenanlagen(familie)

> Umsetzung der Lösungsabläufe durch abarbeitungsfähige Programme mit Hilfe eines konkreten DBMS

Schleife Eine S. ist ein Block in einem →Struktogramm, dessen Anweisungen in Abhängigkeit von der Erfüllung einer Ausführungsbedingung oder bis zur Erfüllung einer Abbruchbedingung beliebig oft wiederholt ausgeführt werden. Allgemeine Form:

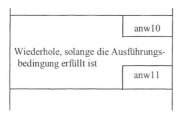

	anw10
Wiederhole, solange die Ausführungs-bedingung erfüllt ist	
	anw11

Schleifenbedingung Bedingung, mit deren Hilfe die Ausführung des →Schleifen-körpers gesteuert wird. Wir unterscheiden →Ausführungsbedingung und →Abbruch-bedingung. Letztere ist nicht in jeder Programmiersprache definiert. Diese beiden Bedingungen lassen sich gegenseitig ineinander überführen / umwandeln. Kern jeder S. ist die Auswertung des Werts der →Schleifenvariablen.

Schleifenkörper Menge der (komplexen) Anweisungen, die gemeinsam ausgeführt werden, solange, wie die Ausführungsbedingung erfüllt ist bzw. solange, bis die Ab-bruchbedingung erfüllt ist. Im S. der →anfangsgeprüften Schleife muss auch die Veränderung des Werts der →Schleifenvariablen entsprechend der →Schrittweite enthalten sein. Im S. der endgeprüften Schleife muss (spätestens) die Schleifenvari-able einen Wert erhalten bzw. ihr Wert muss entsprechend der Schrittweite verändert werden.

Schleifenvariable ist die Variable, deren Wert innerhalb der →Schleifenbedingung dazu verwendet wird zu entscheiden, ob die Bedingung den Wert 'wahr' oder 'falsch' ergibt.

Schlüssel Kurzbezeichnung für →Primärschlüssel in einem →Entitytyp oder einer Datenbanktabelle/Relation

Schlüsselattribut Teil eines Schlüssels einer Relation

Schlüsselkandidat ist eine (von mehreren möglichen) die Tupel einer Relation iden-tifizierende Attributkombination, deren Haupteigenschaft, das Identifizieren, bei Weglassen eines Attributs verloren geht. (Minimumeigenschaft). Die tatsächlich als Schlüssel ausgewählte Kombination heißt →Primärschlüssel, alle anderen Sekun-därschlüssel. Die nicht zu Schlüsselkadidaten gehörenden Attribute sind Nicht-schlüsselattribute. Jeder S. kann als Ziel einer → referenziellen Integrität dienen.

Schlüsselwort ist das bezeichnende Element einer →Information

Schnittstelle →Interface

Schrittweite ist der Wert (konstante Zahl oder Wert einer Variablen (, der auch in-nerhalb des Schleifenkörpers verändert werden darf)), um den die →Schleifen-variable bei jedem Schleifendurchlauf verändert wird.

Sekundärdokument Dokument, das (meist in verkürzter, auch stilisierter Form) über den Inhalt eines oder mehrerer anderer Dokumente informiert.

SELECT-Kommando Anzugeben sind: Liste der anzuzeigenden Spalten (→Projektion), Liste der Namen der auszuwertenden Tabellen, Auswahlbedingung für die zu berücksichtigenden Sätze/Tabellenzeilen (→Selektion) und Angabe der anzuwendenden Funktionen mit ihren Parametern.

Selektion ist die Auswahl von Datensätzen/Tabellenzeilen/Tupeln einer →Tabelle (bei mehreren einbezogenen Tabellen: aus der →Kreuzmenge) entsprechend einer beliebig komplexen Auswahlbedingung (Selektionsbedingung).

semantische Information Folge von Einzelinformationen (→ Information), deren Elemente durch einen aufgeprägten →Strukturcode im Zusammenhang der s.l. eine zusätzliche Bedeutung erhalten. Jeder Aussagesatz einer natürlichen Sprache ist eine s.l.

semantischer Aspekt der Information →Information(allg.)

Server Ein S. kann aus einem Rechner mit zugehörigem Betriebssystem und einem Dienstprogramm bestehen. Gleichermaßen kann aber auch nur ein Programm gemeint sein, das einen bestimmten Dienst bereitstellt. Beispiele:

Ein File-S. stellt seinen →Clients Dateien und Platz auf dem Dateisystem bereit. Zusätzlich übernimmt er die Sicherung der Benutzerdateien.

Ein Applikations-S. ermöglicht den Anwendern den Zugriff auf ein oder mehrere Anwendungsprogramme.

Auf einem Datenbank-S. läuft eine mehr oder weniger große →Datenbank. Die Aufgabe dieses S. ist die Verwaltung und Organisation der Daten, die schnelle Suche, das Einfügen und Sortieren von Datensätzen.

Weitere Arten von S.s sind u. a. Print-S., Media-S.

sequentielle Datei Eine s.D. enthält die Datensätze in der Eingabereihenfolge oder nach Satznummern sortiert. Der Zugriff zu einem Satz ist nur durch sequentielle Suche (Satz für Satz) nach einem beliebigen Merkmal möglich. Eine verbesserte Zugriffsmöglichkeit ist die Ergänzung der s.D. durch eine (oder mehrere) →inverse(n) Datei(en).

SI (Système International d'Unités) Internationales Einheitensystem Festlegung der für Naturwissenschaft und Technik geltenden kohärenten Basis- und abgeleiteten Einheiten, ihrer Vielfachen und Teile. Das →Bit als Einheit der →Information (smenge) konnte nicht als Basiseinheit definiert werden, weil es unteilbar ist und nicht durch andere Einheiten ausgedrückt werden kann. Das ist eine praktische Folge davon, dass die → Information eine qualitativ andere Größe als ihre Trägergrößen ist.

Sicht (engl.: view) Eine S. ist ein mit Hilfe einer SQL-Anweisung erzeugtes Datenbankobjekt, in dem eine →Abfrage eingehüllt ist. Wichtig sind S.s in Umgebungen, in denen die Abfragen nach ihrer Abarbeitung nicht mehr existieren. Ein weiterer Gesichtspunkt ist das Verstecken von Informationen (information hiding), indem der Nutzer einer Sicht nur die Ergebnistabelle der eingehüllten Abfrage zu sehen bekommt und nicht weiß, dass die Originaltabelle möglicherweise weit mehr Informationen enthält.

sigmatischer Aspekt der Information →Information(allg.)

Signal Zustandsänderung einer physikalischen oder physikochemischen Größe. (In der Nachrichtentechnik wird der S.begriff enger gefasst.)

Ein S. (eine Signalfolge) ist der materielle Träger des →Schlüsselworts einer →Information. Eine Veränderung einer materiellen Größe (Signalträger) bezüglich ihres Zeitverlaufs (Übertragungsform) oder ihrer räumlichen Anordnung (Speicherungsform) ist ein Signal und trägt Information. Durch die verwendeten Codes wird Isomorphie zwischen Signal und Information gesichert. Ohne die Kenntnis eines passenden Codes ist ein S. (eine Signalfolge) bedeutungsleer.

Als Signalträger können z. B. dienen: Magnetfluss, el. Spannung, Lichtstrom, (pneumatischer) Druck, Temperaturdifferenz, el.-chem. Potential(differenz), ...

Software ist die Gesamtheit aller Programme für den Betrieb und die Nutzung eines Computers.

Software Engineering ist eine ingenieurwissenschaftliche Disziplin mit dem Gegenstand Grundlagen und Technik rationeller Programmentwicklung.

Software-Lebenszyklus Sein Hauptprozess besteht aus den Phasen

- Problemanalyse
- Entwerfen
- Programmieren
- Testen
- Installation und Abnahme
- Inbetriebnahme, Wartung.

Die Nebenprozesse Planen, Dokumentieren, Kontrollieren und Verwalten begleiten und ergänzen jede Phase des Hauptprozesses.

Software-Projekt ist ein →Projekt mit den Hauptgesichtspunkten

- Projektziele und Begrenzung
- Komplexität
- Einmaligkeit
- Neuheit und Risiko
- Projektorganisation

SQL weltweit von mittlerweile allen modernen Datenbankbetriebssystemen unterstützte deskriptive →Datenbanksprache mit Komponenten zur →Datendefinition (CREATE), →Datenmanipulation (INSERT,DELETE und UPDATE) und zum →Auswerten des Datenbestands einer Datenbank (Anfragesprache) mit →SELECT-Kommandos.

SQL-Datentypen Die →Grunddatentypen wurden bei der Definition von →SQL auf die folgenden Datentypen abgebildet:

Zeichen[folgen]	char[(xxx)], varchar(xx), text(xxx)
ganze Zahlen	int, smallint, tinyint
gebrochene Zahlen	real, float, double precision
gebr.Zahlen, formatiert	decimal/numeric
Geldwerte	money, smallmoney
Boolesche Daten	bit
binäre Daten	binary(x), varbinary(x), image
Datumswerte	datetime, smalldatetime

SQL/XML Erweiterung von SQL im Standard SQL:2003 um den neuen Datentyp XML und Funktionen darauf.

Das standardisierende →W3C hat damit die Voraussetzung dafür geschaffen, die relationale Welt und die XML-Welt miteinander zu verbinden.

Stammdatei (Bestandsdatei) langlebige Datei, die in regelmäßigen Abständen auf den neuesten Stand gebracht, aktualisiert wird. Dazu dient die →Änderungsdatei.

Standardwert→default value

Steuerstruktur Hauptelement der →Struktogrammtechnik. Die S.s sind Anweisungsfolge, Parallelanweisung, Schleife, Verzweigung

Struktogramm ist eine rechnerunabhängige Darstellungsform für einen →Algorithmus. →Rahmenstruktogramm,→Unterstruktogramm, →Struktogrammtechnik

Struktogrammtechnik ist ein Verfahren zur rechnerunabhängigen Darstellung von →Algorithmen mit Hilfe grafischer Darstellungen für die →Steuerstrukturen Anweisungsfolge, Verzweigung, Schleife und Parallelanweisung. Mit der S. werden logisch fehlerfreie Algorithmen formuliert, wenn die Bedingungen für die Formulierung eines Struktogramms eingehalten werden. Insbesondere gibt es in der S. keine Darstellungsmöglichkeit für den unbedingten Sprung.

→Rahmenstruktogramm, →Unterstruktogramm

Struktur Eine S. (→komplexer Datentyp) ist eine benannte Menge von Datenelementen unterschiedlichen Datentyps, von denen jedes durch den Namen des Strukturelements identifiziert wird.

Struktur eines XML-Dokuments Ein →XML-Dokument ist eine komplexe Struktur aus Vorspann, Kommentar und (mindestens) einem Element (→XML-Element), vergleichbar mit der Rahmenstruktur eines C/C++-Programms.

Strukturcode Zuordnungsvorschrift zwischen Signalfolgen und semantisch verknüpften Begriffen

Strukturmuster Nach dem Vorhandensein von S.s unterscheiden sich die →unformatierten Daten (nur Bit- oder Zeichenfolgen) von den →formatierten Daten (strukturierte Zeichenfolgen). Typische Strukturmuster sind z. B. für gebrochene Zahlen die Folge von Mantissenwert mit zulässigem Dezimalpunkt, Kennzeichen E/e für den folgenden Exponenten oder die Struktur eines Kfz-Kennzeichens.

SWL →Software-Lebenszyklus

syntaktischer Aspekt der Information →Information(allg.)

System Menge von (meist sinnvoll) angeordneten Elementen und Menge von Beziehungen, die zwischen den Elementen bestehen.

Tabelle (DB-Tabelle) Eine T. enthält als Zeilen (Menge der →Attribut(wert)e) die Datensätze aus dem Nutzerbereich, auf die die Objekte der realen Welt abgebildet werden. Bei der Tabellendefinition werden die Attribute des jeweiligen →Entitytyps zu Spalten der Tabelle, hier auch Attribute genannt. Die Sätze jeder Tabelle können mit Datenmanipulationsanweisungen (→Datenmanipulation) verändert und mit →Abfragen ausgewertet werden. Durch definierte Beziehungen (→referenzielle Integrität) werden Tabellen inhaltlich miteinander verknüpft. Gleiches ist in einer →Abfrage auch mit einem →Join möglich.

Tag (Elemente-Tag) ist der in < > eingeschlossene Name eines →XML-Elements (Start-Tag) bzw. das Ende-Tag, gekennzeichnet durch einen / vor dem Elementenamen. →Elementetag

Text Folge von in einer Sprache formulierten Sätzen. Als →Grunddatentyp gehört T. zu den →unformatierten alphanumerischen Daten

Transaktion (DB-Technik) meist Bündelung mehrerer DB-Aktionen mit den Eigenschaften

- Konsistenzerhaltung
- Atomarität, Unteilbarkeit
- Dauerhaftigkeit, Persistenz
- Abkapselung, Isolation

Trigger Ein T. ist in der Datenbanktechnik ein Programm, das in einer bestimmten Situation gestartet wird (Datenmanipulation: INSERT-, UPDATE- und DELETE-Trigger) und die vorgesehenen Anweisungen ausführt.

Anwendbar für Sicherungs- und Kontrollaufgaben.

Tupel geordnete Menge von Elementen, Zeile einer →Relation in Tabellendarstellung. Jedes Element einer n-stelligen Relation ist ein n-Tupel

Typkonstruktor Ein T. dient im →XML-Schema

zum Anlegen	→einfacher benutzerdefinierter Datentypen wie
restriction :	Einschränkung auf Werte einfacher Datentypen
list:	Listenbildung über Werte einfacher Datentypen
union:	Vereinigung von Werten einfacher Datentypen

zur Bildung komplexer Datentypen wie

sequence:	Definition einer Folge beliebiger Elemente
choice:	Auswahl eines von mehreren vorgegebenen Elementen
extension:	Erweiterung um Elemente und Attribute

Überladen (Overloading, inhaltlich: dazu laden) von Funktionen / Operatoren (→objektorientierte Programmierung): mehrfache Verwendung desselben Operationsnamens mit unterschiedlicher Parameterzahl und / oder Parametern unterschiedlicher Typen, erlaubt statische →Polymorphie

Überschreiben (Redefinieren, overriding) :→Unterklasse definiert eine geerbte Operation der Oberklasse unter dem gleichen Namen neu, Anzahl und Typen der Parameter müssen gleich bleiben

umkehrbar eindeutige Abbildung s. Abbildung (math.)

unformatierte Daten sind die Zusammenfassung von →unformatierten alphanumerischen Daten und →binären Daten. Die u.D. sind durch das Fehlen von Strukturmustern für die Datenwerte gekennzeichnet

unformatierte alphanumerische Daten (→Datentyp)

Alphabet :	alle rechnerexterne Zeichen, i. allg. Buchstaben, Ziffern und ausgewählte Sonderzeichen
Strukturmuster (Format) :	kein Muster
Operationen:	wie bei Daten allgemein – nur Vergleich und Transport
Beispiele :	alle Wörter einer Sprache, Wortfolgen (mit Trennzeichen), XML-Dokumente als Gesamtheit, allgemein jeder Text

Unicode Verwendung von mehr als 1 Byte für die Kodierung eines Zeichens, damit Zeichensätze mit >256 Zeichen verarbeitbar sind. Bsp.: Japanisch mit 1850 Kanji (Symbolzeichen) + 112 Kana-Zeichen(Silbenzeichen)

Unterklasse (subclass, abgeleitete Klasse) ist eine →Klasse, die auf der Definitionen der Basisklasse (übergeordnete Klasse) beruht und alle Eigenschaften der Basisklasse erbt. Zusätzlich dazu können weitere Elemente definiert werden, mit denen spezielle Eigenschaften der Instanzen der U. beschrieben werden.

Unterstruktogramm ist eine Folge von →Steuerstrukturen, die als *eine* Anweisung behandelt wird. Ein U. beginnt sofort mit der ersten Anweisung (ohne Startkennzeichen) und endet mit seiner letzten Anweisung (ohne Stop-Kennzeichen). Ein U. wird ins →Rahmenstruktogramm gedanklich kantendeckend eingefügt, nämlich genau an der Stelle, wo in einer Anweisung der Name des U. steht. Auf diese Weise lässt sich z. B. die Forderung erfüllen, dass jedes Struktogramm auf 1 A4-Seite passen muss. Ein U. kann an mehreren Stellen eines →Struktogramms verwendet werden. Dabei muss allerdings beachtet werden, dass die Startbedingungen für die Anweisungsfolge des U. immer gleich sind. U.s können beim Programmieren als Funktion ausgearbeitet werden.

URI Unified Resource Identifier   allgemeiner Name einer Ressource, Adresse einer Speichereinheit in der Netzumgebung

URL Unified Resource Link

Validierung Die Bezeichnung V. wird in der XML-Welt für drei unterschiedliche Stufen der Überprüfung der Korrektheit eines →XML-Dokuments verwendet.

Validierung im Sinne der Prüfung darauf, ob ein →XML-Dokument wohlgeformt ist, also den syntaktischen Anforderungen an XML-Dokumente genügt. Diese einfachste Stufe der V. wird von XML-Browsern i. allg. ausgeführt.

Validierung eines XML-Dokuments durch Abgleich mit einer zugehörigen Dokumententypdefinition →DTD. Dabei wird sowohl die syntaktische als auch die strukturelle Korrektheit eines XML-Dokuments, bezogen auf einen bestimmten Kontext, überprüft.

Validierung eines XML-Dokuments mittels eines →XML-Schemas, in dem genaue Festlegungen zu vielen Eigenschaften des Dokuments formuliert werden können, die die Datenobjekte eines Diskursbereichs sehr genau beschreiben.

Man muss bei der Verwendung der Bezeichnung V. genau beachten, welche der drei Varianten im konkreten Fall verwendet wird.

Variable Eine V. dient in einer Programmiersprache dazu, einen Speicherplatz zu reservieren, auf dem im Programmverlauf unterschiedliche Werte des gleichen →Datentyps gespeichert werden können. Während der Ausführung eines →Programms wird immer auf den zum aktuellen Zeitpunkt gültigen Wert der Variablen zugegriffen, also mit ihm gearbeitet.

Verbindungsattribut V.s treten immer paarweise auf und dienen dazu, eine inhaltliche Beziehung zwischen zwei Entitytypen oder zwei Datenbank-Tabellen herzustellen. Der typische Fall zweier V.s ist das Paar →Primärschlüssel – →Fremdschlüssel. Damit ist formal eine 1:n-Zuordnung definiert, denn im Primärschlüssel kann jeder Wert nur einmal vorkommen, im Fremdschlüssel dagegen beliebig oft. In diesem Fall lässt sich zwischen V.s auch stets →referenzielle Integrität definieren.

Verbindungstabelle →m:n-Zuordnung zweier Entitytypen

Verbundanweisung →Anweisungsfolge

Vererbung (inheritance) →Klassen können ihre →Daten und →Methoden an Nachkommen vererben. Die abgeleitete Klasse (child class) enthält alle Datenelemente und die Methoden der Basisklasse (parent class), sofern die Methoden nicht überschrieben (neu definiert) werden. Die Vererbungstechnik kann zwei gegensätzlichen Zielen dienen: Nutzung einer vorhandenen Implementation oder Nutzung einer gemeinsamen Schnittstelle (interface, abstrakte Basis). Abgeleitete Objekte können über Basisreferenzen / -zeiger angesprochen werden. Die zum aktuellen Objekt eigentümliche (engl. virtual) Methode wird benutzt, sofern die gleichnamige Basis-Methode als virtuelle Methode deklariert wurde (dynamische Polymorphie).

Verwaltung der DB-Objekte ist die wichtigste Aufgabengruppe eines →Datenbank-betriebssystems (DBMS). Wenn die →Datenbank definiert ist, also auch ihr Speicherungsort, festgelegt wurde, übernimmt das DBMS alle weiteren speicherungsbezogenen Aufgaben. Dadurch bedingt hat der Nutzer keine Möglichkeit, auf die internen Dateien der DB zuzugreifen, im Gegenteil: versucht er, 'von der Seite' aus das zu tun, dann kann er sicher sein, seine DB beschädigt zu haben ...

Verzweigung ist ein Block eines →Struktogramms, in dem das Ansprechen *einer* Variante aus zwei oder mehreren vorbereitet wird, und *nur* dieser Zweig wird dann ausgeführt. Es wird zwischen Einfach- und Mehrfachverzweigung unterschieden.

Einfachverzweigung (Alternative, Selektion, Auswahl)

\\\ Bedingung erfüllt ? ///	
j	n
Anweisung 1	Anweisung 2

Mehrfachverzweigung (Fallunterscheidung)

falls x gleich	
Konst 1	anw8
Konst 2	anw9
. . .	. . .
Konst n	anw n
sonst	anw n+1

Die Implementierung der M. ist in den verschiedenen Programmiersprachen unterschiedlich. So ist in C festgelegt, dass ab der zutreffenden Variante alle weiteren mit ausgeführt werden, wenn das nicht mit *break* ausdrücklich ausgeschlossen wird.

View →Sicht

W3C – World Wide Web Consortium ist das Standardisierungsgremium für alle mit dem WWW verbundenen Festlegungen, so auch für XML.

Wert →Datenwert

Wertebereich einer Relation gibt an, aus welchen Werten die Bildpunkte der Relation zu entnehmen sind.

Wohlgeformtes XML-Dokument Ein W. liegt vor, wenn es

     – genau 1 Dokumenten-Element enthält

     – für jedes öffnende ein schließendes Tag besitzt

– alle schließenden Tags *vor* den schließenden Tags ihrer übergeordneten Elemente angeordnet sind.

Ein w. hat damit eine saubere Baumstruktur.

Wurzel →Hierarchie

XML-Attribut entspricht inhaltlich einem 1stufigen Element (→XML-Element): Es kann nicht weiter untergliedert werden. Deshalb ist seine Syntax auch einfacher als die eines XML-Elements:

attr_name = „wert"

X.s können in jedem Beginn-Tag eines XML-Elements verwendet und dort als →Attributliste angegeben werden:

<tag_name attr_name1 =„wert1", attr_name2 = „wert2" ... >

XML-Daten sind Daten(werte), die in XML-Dokumenten enthalten sind.

XML-Datenbank Die Bezeichnung XML-Datenbank ist kontextabhängig zu verstehen:

Eine X. ist eine Datenbank, die in ihren Objekten erkannte XML-Dokumente speichern und (in begrenztem Umfang) verarbeiten kann.

oder

Eine X. ist eine Datenbank, die aus XML-Dokumenten besteht, mit denen in (relativ) beliebiger Form gearbeitet werden kann.

XML-Dokument Ein X. ist eine hierarchische Datenstruktur / ein Datenobjekt vom Typ XML, das als Wert vom Datentyp XML in einen dafür aufnahmenfähigen Datensatz (SQL-Datensatz) eingefügt werden kann.

Ein X. ist selbstbeschreibend. In einem X. sind sowohl die eigentlichen Daten (Einzelwerte) als auch die Information über diese Daten, die Metadaten, enthalten. Diese Eigenschaft vereinfacht den Datenaustausch. Der Empfänger ist bei X.s in der Lage, die Datenwerte mit Hilfe der Metadaten exakt zu interpretieren. Durch die Aufhebung der strikten Trennung zwischen Metadaten (Schema) und Daten(werten), wie sie in Datenbanken üblich ist, wird die logische Datenunabhängigkeit und damit die Optimierbarkeit von Anfragen eingeschränkt.

X. sind flexibel. Sie können strukturierte Daten darstellen. Diese Eigenschaft vereinfacht die Integration heterogener Datenbestände, in denen Daten ähnliche, aber nicht genau übereinstimmende Strukturen haben.

Unter dem Aspekt der Datentypen ist ein XML-Dokument ein Text beliebiger Länge, der aus der Sicht der Umgebung eine einfache Zeichenfolge darstellt und nur mit besonderen Programmen aufgeschlüsselt werden kann, so dass seine (von außen nicht erkennbaren) Elemente einzeln weiterverarbeitet werden können.

XML-Dokumententyp Ein X. ist eine Klasse gleichartiger →XML-Dokumente, die durch ein gemeinsames →XML-Schema beschrieben/definiert werden.

XML-Element Ein X. ist ein Element eines →XML-Dokuments und wird durch die Elementeklammern < und > begrenzt. Das X. hat einen Namen, mit dem zugleich das Element begrenzt wird: Beginn mit <name> und Ende mit </name>, und enthält einen Inhalt (Wert oder wieder Elemente). Der Name jedes X. gleich welcher Stufe wird auch als Elementetag, kurz Tag, bezeichnet. Jedes Element kann direkt Werte enthalten, die als Attribute (→XML-Attribut) bezeichnet werden. Damit kann das X. beschrieben werden als

<elementetag_name   [attribut_liste]>   element_inhalt </elementetag_name>

Beginn-Tag   Ende-Tag

XML-Schema ist die strengere weiterentwickelte Form der →Document Type Definition (DTD) und dient zur echten Typisierung eines XML-Dokumententyps (Klasse gleichartiger →XML-Dokumente) . Für SQL/XML ist nur das X. relevant. Durch ein X. werden die Tags und die Datentypen sauber voneinander getrennt. Ein X. entspricht dem Tabellenschema, das beim Entwurf von Datenbanktabellen angewendet wird und in dem alle für die Datenbanktabelle relevanten Eigenschaften jeder Tabellenspalte (Attribut) festgelegt werden.

Zählschleife (Laufanweisung) ist ein Spezialfall der →anfangsgeprüften Schleife. In der komplexen Schleifenbedingung werden die Anfangswertzuweisung zur Schleifenvariablen, die Ausführungsbedingung und die Veränderung des Werts der Schleifenvariablen entsprechend der Schrittweite zusammengefasst.

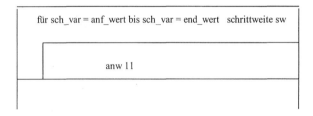

Zahlen → arithmetische Daten

Zeichen ist eine →Signalfolge, mit der (bei Kenntnis eines passenden Codes) eine →Information dargestellt werden kann. In diesem Sinn ist ein einzelnes Z. der Minimalfall einer Zeichenfolge

Zeichencode Zuordnungsvorschrift zwischen →Signal(folg)en und einzelnen →Zeichen

Zeichenfolge (Wort) Eine Z. ist die Zusammenfassung mehrerer Zeichen entsprechend einer gegebenen Vorschrift zu einer Einheit, dem Datenwort oder Datenwert., die dann nicht mehr teilbar ist. Gleichzeitig werden i. allg. neue Eigenschaften z. B. der →Datentyp des Wortes festgelegt.

Zeichenkettendaten stellen die Differenzmenge von →Daten und →arithmetischen Daten dar.

Zeiger Ein Z. enthält eine Speicheradresse, von der ab ein Datenobjekt eines bestimmten Datentyps gespeichert werden kann. Bei der Benutzung muss ein Zeiger eine gültige Adresse enthalten.

zulässige Operation (→Datentyp) Für jeden Datentyp ist eine Menge z.O.s definiert. Die untergeordneten Datentypen (s. Begriffsnetz Grunddatentypen) erben alle z.O.s vom übergeordneten Datentyp.

Beispiele: Die einzigen Operationen, die mit allen Datenwerten ausgeführt werden dürfen, sind Transport und Vergleich. Alle anderen Operationen sind nur auf eine Teilmenge der Daten anwendbar. Rechenoperationen sind z. B. nur auf Zahlen zulässig.

Diese grundsätzlichen Festlegungen werden in bestimmten Umgebungen durch spezielle Interna z. T. spezifiziert. So darf man in C/C++ durchaus mit Einzelzeichen rechnen, weil intern mit dem Zeichencode gearbeitet wird, der als Zahl verwendbar ist.

Zweig →Hierarchie

10.3 Begriffsnester

Die hier zusammengestellten Begriffsnester zeigen grob den Zusammenhang vieler Begriffe aus dem Kap. 10.2 unter jeweils einem Hauptaspekt. Die Bedeutung der in den Nestern auftretenden Bezeichnungen findet man in den *Arbeitsdefinitionen* meist als Stichwörter, sonst mit Hilfe des Stichwortverzeichnisses (s. Kap.12) in anderen Begriffsbestimmungen.

Die vorgelegten Begriffsnester beziehen sich auf die Themen

Abfragen

Datenbankobjekte

Grunddatentypen

Informationssystem und Datenbanksystem

Komplexe Daten- und Informationsstrukturen ausgehend von Signalen

Objektorientierte Programmierung – Grundbegriffe

Objektorientierte Programmierung (C++)

Steuerstrukturen (Kontrollstrukturen) in Struktogrammen und Programmen

Struktogrammtechnik

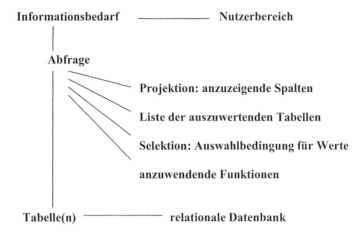

Abb. 10-1:   Abfragen an eine relationale Datenbank

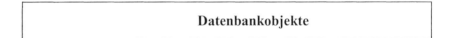

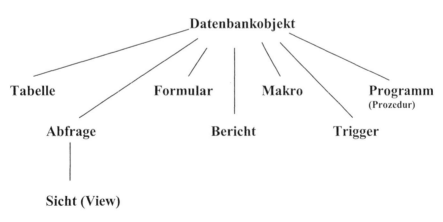

Abb. 10-2:   Datenbankobjekte

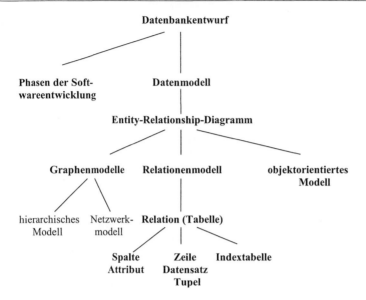

Abb. 10-3: Struktur Datenbankentwurf

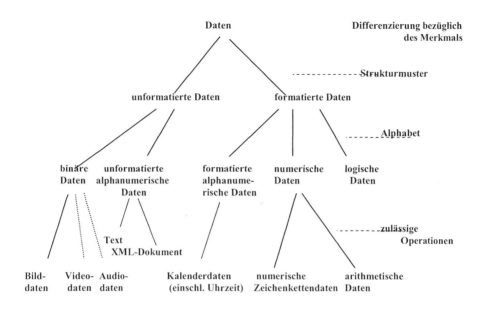

Abb. 10-4:   Grunddatentypen

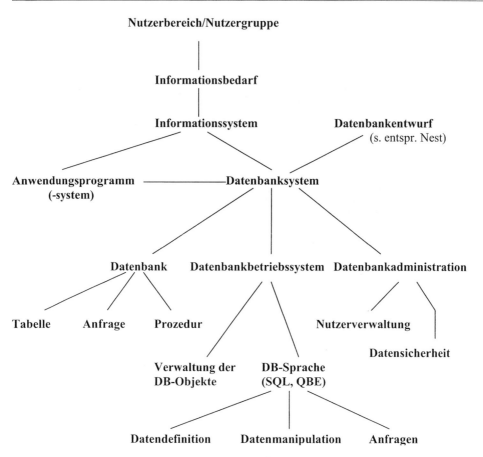

Informationssystem und Datenbanksystem

Nutzerbereich/Nutzergruppe

Informationsbedarf

Informationssystem   Datenbankentwurf
                            (s. entspr. Nest)

Anwendungsprogramm ————————Datenbanksystem
(-system)

Datenbank   Datenbankbetriebssystem Datenbankadministration

Tabelle   Anfrage   Prozedur   Nutzerverwaltung

                                                              Datensicherheit

Verwaltung der   DB-Sprache
DB-Objekte   (SQL, QBE)

Datendefinition   Datenmanipulation   Anfragen

Abb. 10-5:   Informationssystem und Datenbanksystem

Informationen und Daten (ausgehend von Signalen)

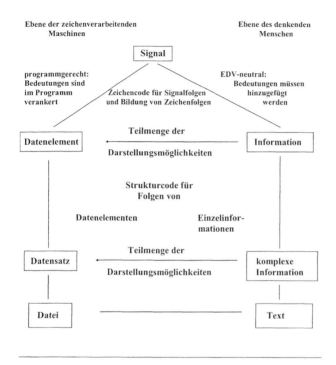

Ebene der zeichenverarbeitenden
Maschinen

Ebene des denkenden
Menschen

Signal

programmgerecht:
Bedeutungen sind
im Programm
verankert

Zeichencode für Signalfolgen
und Bildung von Zeichenfolgen

EDV-neutral:
Bedeutungen müssen
hinzugefügt
werden

Datenelement

Teilmenge der

Darstellungsmöglichkeiten

Information

Strukturcode für
Folgen von

Datenelementen

Einzelinfor-
mationen

Datensatz

Teilmenge der

Darstellungsmöglichkeiten

**komplexe
Information**

Datei

Text

Signal   - Zustandsänderung einer physikalischen oder physikochemischen Größe

komplexe Information - Stellung der Einzelinformationen hat eine bestimmte Bedeutung, festgelegt
                        durch den Strukturcode. Jeder Satz einer natürlichen Sprache stellt eine
                        komplexe Information dar.

Abb. 10-6:   Information und Daten

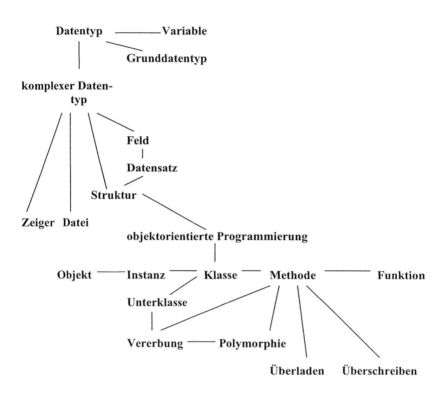

Objektorientierte Programmierung - Grundbegriffe

Datentyp ——————Variable

Grunddatentyp

komplexer Daten-
typ

Feld

Datensatz

Struktur

Zeiger Datei

objektorientierte Programmierung

Objekt ——— Instanz ——— Klasse ——— Methode ——————— Funktion

Unterklasse

Vererbung ——— Polymorphie

Überladen   Überschreiben

Abb. 10-7:   Objektorientierte Programmierung – Grundbegriffe

Objektorientierte Programmierung (C++)[68]

Begriffsnetzwerk der objekt-orientierten Programmierung (OOP) (am Beispiel von C++)

Datenkapselung (information hiding)
`private / protected / public`
Zugriffsrechte

Vererbung
Basisklasse (parent class, Vorfahr)
abgeleitete Klasse (child class, Nachfahr)
vererbte Daten und Methoden

interne (vordefinierte)
und
benutzerdefinierte Datentypen

Klasse (als class/struct/union möglich)
Daten

```
class classname{
//private:
...
protected:
...
```

Klassen-Hierarchie
Klassen-Bibliotheken
(TV, OWL, MFC)

"alleinstehende" (standalone) /
"befreundete"
`friend` Funktionen
klasseneigene Methoden

Methoden
Konstruktoren (Erzeuger)
Destruktoren (Vernichter)
statische und
virtuelle Methoden

```
public:
   classname(...);
   ~classname();
   f1();
   virtual f2();
...
} ...;
```

Instanz/ Objekt   `classname a_obj;`

Abstrakte Datentypen
(Schablonen)
```
template <class T> class Vektor;
...
   Vektor<int> x(5);
```

Überladen (`overload`) von
Funktionen
Operatoren

Polymorphie
(Vielgestaltigkeit)

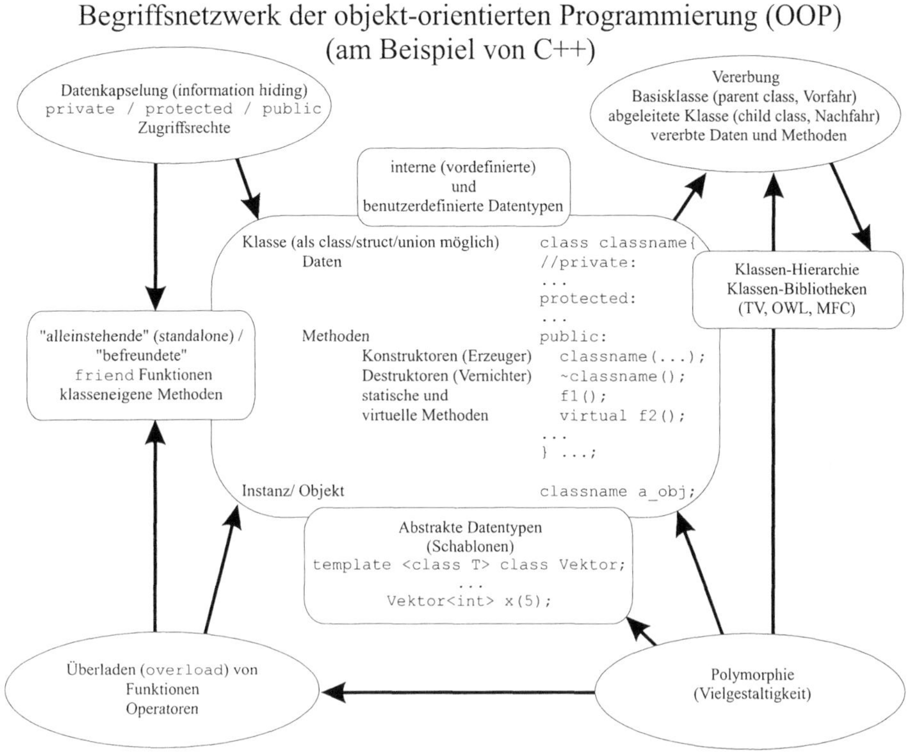

Abb. 10-8:   Objektorientierte Programmierung (C++)

---

[68] aus: [RICH, 1996]

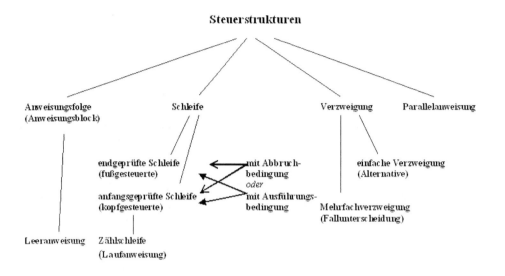

Abb. 10-9: Kontrollstrukturen in Struktogrammen

Struktogrammtechnik

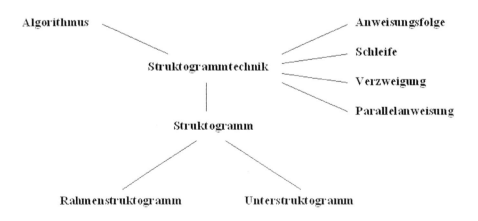

Abb. 10-10: Struktogrammtechnik

11 Hinweise zur Nutzung der CD

Die beiliegende CD enthält

- die sich selbstinstallierende Applikation „Softwaredatenbank",
- die Bedienungsanleitung zur „Softwaredatenbank" und
- eine Access-Datenbank „Telefonnummer.mdb" *(Prof. Dr. Harald Löhr)*

Die Installation der Softwaredatenbank ist selbsterklärend (Aufruf Softwaredaten-bank_2010.exe). Jeder Standard-PC ab Betriebssystem Windows XP ist dafür geeignet. Die CD ist nach der Installation ein halbes Jahr lauffähig und kann in dieser Zeit mit Einschränkung des Daten-Exports und -Imports genutzt und erweitert werden. Möchte der Leser die Software-Datenbank auch danach noch nutzen, ist beim Autor eine Freischaltung zu beantragen. Die Freischaltung zur weiteren Nutzung der Software kann für 250,-€ mit einer Bearbeitungsgebühr von 20,-€ erworben werden (Mail an info@cad-systemhaus.de).

Sollte sich ca. 3 Jahre nach Erstveröffentlichung des Buches die CD nicht mehr in-stallieren lassen, bittet der Autor um eine Information an info@cad-systemhaus.de. Dann wird die aktuellste Programm-Version zur Softwaredatenbank mit dem Daten-bestand April 2010 auf CD zur Verfügung gestellt.

Der Inhalt der Softwaredatenbank wird ständig weiterentwickelt. Neben der Sparte CAFM werden weitere Sparten (DMS, AVA, ERP u.a.) mit zugehöriger Software ab-gebildet. Über den aktuellen Stand der Softwaredatenbank kann sich der Leser unter *www.diesoftwaredatenbank.de* informieren.

Kürzel	Übersetzung	Ergänzende Erläuterungen
AG, AN	Auftraggeber, Auftrag-nehmer	
AKS	Anlagen-Kennzeichnungssystem	
AVA	Ausschreibung – Ver-gabe – Abrechnung	IT-Programmsystem zum datenbankgestützten Informationsmanagement für Ausschreibung, Vergabe und Abrechnung von HOAI-Leistungen
BAPI	Business Application Programming Interface	Standardisierte Programmierschnittstelle für SAP
BI	Business Intelligence	Datenaufbereitung für strategische Entscheidungen (Markführer Business Objects, Cognos, SAP); Beherrschung der Informationsflut über Tools (Reporting, Excel, OLAP-Tools, Scoreboard/Dashbord, Portaltechnik, Warnfunktionen, Spezialanwendungen)
BLOB	Binary Large Objects	Attribut einer relationalen Datenbank, das unstrukturiert Text, Bilder, Videos usw. speichern kann
CAD	Computer Aided Design	
CAFM	Computer Aided Facility Management	
CAM	Computer Aided Manu-factoring	
CLM	Content Lifecycle Mana-gement	

---

[69] Akronyme der IT sind als Sparten und deren Beziehungen in der Softwaredatenbank abgebildet.

Kürzel	Übersetzung	Ergänzende Erläuterungen
CMS	Content Management System	Zerlegung der Inhalte in • Informationsobjekte (Content) • Zentraler Informationspool und • Publikationspool
CRM	Customer Relationship Management	Vertriebs- und Marketingsoftware
CSV	Comma-Separated Values	
DBMS	Datenbankmanagement-system	Management der Objektinformation (Daten) und der Metainformationen (Datenbeschreibung)
DMS	Dokumenten Management System	Management digitaler Daten (Dateien) über gesamten Lebenszyklus
DXF	Drawing Interchange Format	Firmenstandard der Fa. Autodesk zum Datenaustausch von CAD-Daten mittels ASCII-Daten
ECM	Enterprise Content Management	Keinesfalls nur als Begriff hat sich das Kürzel ECM für Enterprise Content Management in der Branche durchgesetzt, die ihr Geld mit Technologien rund um Dokumente verdient. Möglichst vollständige ECM-Suiten, die Funktionen wie etwa Content Management, Archivierung, Dokumentenmanagement und Business Process Management als voll integrierte Lösungen bieten, sind nicht mehr nur als Angebote großer Hersteller wie Filenet, EMC Documentum, IBM oder Open Text am Markt – vielmehr sind auch die mittelständischen Dokumentenmanagement-Anbieter bestrebt, ihr Portfolio zu ergänzen. Und auch die Anwender scheinen ECM als relevant einzustufen. Eine Studie im Auftrag von Open Text, in deren Rahmen Anwender mit mehr als 500 Mitarbeitern befragt wurden, ergab, dass ein großer Teil der IT-Entscheider sich derzeit intensiv Gedanken über eine ECM-Strategie macht. Die Auftraggeber der Studie sprechen von einer Entwicklung, die zeitversetzt Ähnlichkeiten mit dem Bereich ERP zeigt. Lesen Sie mehr in der aktuellen Ausgabe von IT-BUSINESS NEWS ab Seite 23. (khr)

Kürzel	Übersetzung	Ergänzende Erläuterungen
EPM	Enterprise Performance Management	Die Einführung dieser Enterprise Performance Management (EPM)-Lösungen ermöglichen Finanzabteilungen, Geschäftsprozesse kontinuierlich zu optimieren, Mitarbeitern vertrauenswürdige Informationen bereit zu stellen und Ressourcen innerhalb des Unternehmens mit der eigenen Geschäftsstrategie zu verknüpfen.
ERP	Enterprise Ressource Planning	Informationsmanagement des Primärprozesses (Wertschöpfung)
FMer	Facility Manager(In)	
GAEB	Gemeinsamer Ausschuss Elektronik im Bauwesen	Definition des Datenaustauschs zwischen AVA-Programmen **D80 LV-Katalog** Zum Beispiel neutrales, nach Fachgebieten oder Gewerken aufgestelltes Anwender-Leistungsverzeichnis als Quelle für objektbezogene Leistungsverzeichnisse. **D81 Leistungsbeschreibung** Die Leistungsbeschreibung besteht aus der Baubeschreibung, dem LV und den notwendigen Anlagen. Das LV besteht immer aus den nach Ordnungszahlen geordneten Beschreibungen der Teilleistungen mit ihren Attributen. Es enthält in der Regel keine Preise (Ausnahme: Zeitvertragsarbeiten). **D82 Kostenansatz** Der Kostenansatz besteht aus dem Leistungsverzeichnis mit geschätzten Preisen und dient den Vergabeentscheidungen. Er ist gleichzeitig bei Fortschreibung Grundlage für die Kostenkontrolle während der Bauausführung. **D83 Angebotsaufforderung** Nach fachlicher Abstimmung wird das Leistungsverzeichnis ohne Preise (Ausnahme: Zeitvertragsarbeiten) den an der Ausführung der Bauleistung interessierten Unternehmen mit der Aufforderung zur Angebotsabgabe zugeleitet. Diese Phase beinhaltet auch Nachträge. **D84 Angebotsabgabe** Die Bieter, die sich an dem Angebotsverfahren beteiligen, ergänzen das Leistungsverzeichnis mit ihren Preisen, Bietertextergänzungen und freien Mengen und senden es als Angebot an die ausschreibende

Kürzel	Übersetzung	Ergänzende Erläuterungen
		Stelle zurück. Der Zeitpunkt der Abgabe des Angebotes ist in der Angebotsaufforderung fest vorgegeben. Diese Phase beinhaltet auch Nachträge. **D85 Nebenangebot** Zusätzlich zum Hauptangebot kann der Bieter ein Nebenangebot mit alternativen Ausführungsarten abgeben. Ob ein Nebenangebot zugelassen ist, entscheidet der Auftraggeber. Diese Phase beinhaltet auch Nachträge. **D86 Auftragserteilung** Auf der Basis der von den Bietern abgegebenen und durch den Auftraggeber gewerteten Angebote wird der Auftrag zur Ausführung der Bauleistung dem Bieter mit dem wirtschaftlichsten Angebot erteilt. Damit ist der Bauvertrag zwischen Auftraggeber und Auftragnehmer geschlossen. Diese Phase beinhaltet auch Nachträge. **D89 Rechnung** Die Rechnung wird mit den zugehörigen Leistungs- und Mengenansätzen übergeben; ggf. einschließlich der Zahlungshistorie aus vorangegangenen Rechnungen. Die Mengenansätze können auch an dieser Stelle durch Aufmaße belegt werden (zum Beispiel REB 23.003, Regelungen für die Elektronische Bauabrechnung).
GEFMA	German Facility Management Association	Deutscher Verband für Facility Management e.V.
GF	Geschäftsführer	
GIS	Geoinformationssystem	Informationsmanagement georeferenzierter Daten
HOAI	Honorarordnung für Architekten und Ingenieure	Neuester Stand nach Novelle 2009
IAM	Information Access Management	„Magie", um aus Informationen Wissen zu generieren!
IFC	Industry Foundation Classes	offener Standard im Bauwesen zur digitalen Beschreibung von Gebäudemodellen
ILM	Information Lifecycle Management	effektive Auswahl von Hard, Software und Dienstleistungen

Kürzel	Übersetzung	Ergänzende Erläuterungen
IT	Informationstechnologie	Angewandte Informatik
ITSM	IT-Service-Management	
ITIL	IT Infrastructure Libraries	Internationaler De-facto-Standard zur Gestaltung der IT-Prozesse
KM	Knowledge Management	Wissen erfassen und verfügbar machen
LV	Leistungsverzeichnis	Systematisierte und teilweise standardisierte Beschreibung einer bau- oder baunahen Leistung; wird i.R. mit einem AVA-Programm erstellt
OLAP	Online Analytical Processing; Anwendung auf Data Warehouse – Verifizierung einer Hypothese!	Fachsprache über Zugriffe auf verschiedenste Datenbanken
PMS	Projektmanagement-software	Software spezialisiert auf die Sparte „Projektmanagement"; wird u.a. wesentlich durch die Branche definiert
QM	Qualitätsmanagement	Transparenz und Reproduzierbarkeit von Geschäftsprozessen
ROI	Return on Investment	Der Begriff (deutsch *Kapitalverzinsung oder Kapitalrendite*) bezeichnet ein Modell zur Messung der Rendite des eingesetzten Kapitals. (Wikipedia 2010)
SAP	SAP Aktiengesellschaft Systeme, Anwendungen und Produkte in der Datenverarbeitung	Die SAP AG ist der größte europäische und weltweit viertgrößte Softwarehersteller mit Hauptsitz in Walldorf.
SOA	Serviceorientierte Architektur	Komplex aus Adapter, Middelware und Interpreter; Repository koordiniert die Dienste; alles verbunden durch einen Enterprise Service Bus (ESB)
SQL	Structured Query Language	Datenbanksprache zur Definition, Abfrage und Manipulation von Daten in relationalen Datenbanken
UML	Unified Modelling Language	standardisierte Sprache für die Modellierung von Software und anderen Systemen
VDI	Verein Deutscher Ingenieure	Es existieren ca. 1800 VDI-Richtlinien.

Kürzel	Übersetzung	Ergänzende Erläuterungen
WMS	Workflow Management System	
WSDL	Web Service Description Language	Kommunikationsschicht im Webservice

Bereich	Adresse	Inhalt
Vereine	gefma.de	Alle Aktivitäten der GEFMA e.V. und ein Einkaufsshop zu deren Richtlinien
	realfm.de	RealFM e.V. mit guter Übersicht zu Regionalkreisen, Arbeitskreisen und Branchenzirkeln, gute Newsletter zu FM-Veranstaltungen
	bvbs.de	BVBS Bundesverband Bausoftware e.V.; die führenden deutschen Bausoftwarehäuser und IT-Unternehmen im Bauwesen verfolgen in diesem Verband gemeinsame Ziele zur Förderung der Bauwirtschaft
	gpm-ipma.de	Deutsche Gesellschaft für Projektmanagement e.V.
	www.itsmf.de	IT Service Management Forum; das 1991 in England gegründete Information Technology Service Management Forum (*it*SMF) ist die weltweit einzige unabhängige und international anerkannte Organisation für IT Service Management. *it*SMF Deutschland e.V. bietet eine Plattform zum Wissens- und Erfahrungsaustausch für Einzelpersonen, Unternehmen, Hersteller und Gesellschaften in Deutschland.
Softwareanbieter Suchmaschinen	Google.de	Suchergebnis wird vom Stichwort bestimmt und der Cleverness und dem Werbeaufwand des Softwareanbieters; nur Ranking auf 1. Seite ist wirtschaftlich interessant, Logik der Suchworte sehr eingeschränkt
	Softguide.de	Nach vorgegebenem Branchenschlüssel kann von den Firmen über eigene Verschlagwortung des Softwareangebotes die Trefferrate optimiert werden. Präsentiert oft mittlere und kleinere Anbieter.
	http://web2.cylex.de	Branchenübersicht mit Verzeichnis von

Bereich	Adresse	Inhalt
		Software zur Branche
Vergleich von Applikations-software	www.diesoftwaredaten-bank.de	In Entwicklung befindliche Internetplattform für Softwareentwickler und pot. Kunden von Applikationssoftware
	cafm-check.de	CAFM-Systemauswahl analog der Struktur der CAFM-Marktübersichten
	software-marktplatz.de	Einige Metadaten über Softwareprodukte und IT-Firmen, angelagert an einen Verlag (ISIS-Datenbank)
ROI-Berechnungen	www.pemms.co.uk/cmms_ROI.htm	Ein IPS-ROI-Rechner für CAFM, CMMS- und Instandhaltungs-Management Software Systems, gegebenenfalls ROI (Return On Investment) auf dem IPS-Software-Projekt
Produkt- und Schnittstellen-beschreibungen	www.ifc.com	
	www.vdi3805.org	TGA-Produktdatenaustauschformat VDI 3805 für Komponenten und Anlagen der Heizungs-, Lüftungs-, Sanitär, und Elektro-technik; Basis für Herstellerkatalog nach einheitlichen und vergleichbaren Gesichts-punkten
Produktbe-schreibungen	www.mycafm.de	FM-Consultant Jens Nävy betreibt diese Seite; 45 CAFM-Systeme – 2009 – Kurz-beschreibung; Module und Bildschirmabbild sehr übersichtlich darge-stellt; Aktualität gering (10/2009 Stand 2005)

14   Literaturverzeichnis

[BEHR, 1998]   Behr, Franz-Josef; Strategisches GIS-Management: Grund-
                        lagen und Schritte zur Systemeinführung; Herbert Wichmann
                        Verlag 1998; Heidelberg

[CAD/CAM, 1987]   Kochan, Detlef (Herausgeber): CAD/CAM Schlüsseltechno-
                        logie als Intensivierungsfaktor; Verlag Die Wirtschaft Berlin,
                        1987

[CAFM-RING, 2009]   CAFM RING sieht gute Chancen in der Krise für CAFM –
                        Anbieter; www.conject.com; 2009

[CG-MUNICH, 2004]   Trendanalyse – Nutzung von CAFM-Software-Systemen; cg-
                        munich-report 01/2004; München

[DA, 2003]   Diplomarbeit „Nutzung und Akzeptanz von CAFM-
                        Programmen im deutschsprachigen Raum"; Fachhochschule
                        München, 2003; Kurzbeschreibung

[DIN EN 15221, 2006]   NA 041 Normenausschuss Heiz- und Raumlufttechnik
                        (NHRS), Facility Management — Teil 1: Begriffe, Manuskript
                        2006

[FM-BÜS, 2010]   Marktübersicht der FM-Beratungsunternehmen 2010, Son-
                        derausgabe von „Der Facility Manager", FORUM VERLAG
                        HERKERT GmbH

[FM-KONGR, 2009]   Facility Management Messe und Kongress Frankfurt am
                        Main 21.-23.04.2009, Tagungsband; VDE Verlag GmbH,
                        2009

[GEFMA 100-1, 2005]   Facility Management; Grundlagen Definition von FM;
                        GEFMA e.V. Deutscher Verband für Facility Management,
                        2005

[GEFMA 100-2, 2005]   Facility Management; Leistungsspektrum; GEFMA e.V.
                        Deutscher Verband für Facility Management, 2005

[GEFMA 400, 2007]   Computer Aided Facility Management CAFM; Begriffsbe-
                        stimmungen, Leistungsmerkmale; GEFMA e.V. Deutscher
                        Verband für Facility Management, 2007

[GEFMA 410, 2007]   Schnittstellen zur IT-Integration von CAFM-Software;
                        GEFMA e.V. Deutscher Verband für Facility Management,
                        2007

[GEFMA 420, 2007]   Einführung eines CAFM-Systems; GEFMA e.V. Deutscher
                        Verband für Facility Management, 2007

[GEFMA 430, 2007]   Datenbasis und Datenmanagement in CAFM-Systemen; GEFMA e.V. Deutscher Verband für Facility Management, 2007

[GEFMA 440, 2007]   Ausschreibung und Vergabe von Lieferungen und Leistungen im CAFM; GEFMA e.V. Deutscher Verband für Facility Management, 2007

[GEFMA 444, 2010]   Zertifizierung von CAFM-Softwareprodukten; GEFMA e.V. Deutscher Verband für Facility Management, 2010 (Entwurf)

[GEFMA 460, 2010]   Wirtschaftlichkeit von CAFM-Systemen; GEFMA e.V. Deutscher Verband für Facility Management, 2010 (Entwurf)

[GEFMA 940, 2009]   Marktübersicht CAFM-Software 2009 GEFMA 940, Sonderausgabe von „Der Facility Manager, FORUM VERLAG HERKERT GmbH

[GEFMA 940, 2010]   Marktübersicht CAFM-Software 2010 GEFMA 940, Sonderausgabe von „Der Facility Manager, FORUM VERLAG HERKERT GmbH

[HONORAR, 2004]   Untersuchungen zum Leistungsbild und zur Honorierung für das Facility Management Consulting; Nr. 16 der Schriftenreihe AHO; Juni 2004

[KRE, 2006]   Kreschnak, Horst; Rationales Entscheiden in Geschichte und Gegenwart; Europäischer Verlag der Wissenschaften Peter Lang; Frankfurt/Main 2007, Band 1

[KRE, 2007]   Kreschnak, Horst; Rationales Entscheiden in Geschichte und Gegenwart; Europäischer Verlag der Wissenschaften Peter Lang; Frankfurt/Main 2007, Band2

[KRIM, 2010]   Krimmling, Jörn Energiemanagement von Praktikern für Praktiker, „Der Facility Manager, FORUM VERLAG HERKERT GmbH, Heft 3 2010, S. 44-46

[MAY, 2003]   May, Michael (Herausgeber): IT im Facility Management erfolgreich einsetzen – Das CAFM-Handbuch; Springer-Verlag Heidelberg New York, 2004

[NÄVY, 2006]   Nävy, Jens; Facility Management; Springer-Verlag Heidelberg New York, 2006

[OEL, 2007]   Daten, Information und Wissen – Gedanken zur Begriffsbildung in der Angewandten Informatik und einige praktische Konsequenzen; www.cad-systemhaus.de; Dresden 2007

[RICH, 1996]   Richter, R.; C++ - Kurzeinführung, Schülerrechenzentrum Dresden, Dresden 1996

[RIE, 2009]   Rieckhof, Ralf: Master Fernstudiengang Facility Management Studienbrief Semester III, Modul TV: Informatik II, Herausgeber WINGS -Wismar International Graduation Services GmbH, ID-Nr.: M/FM/3230/-/1/200

[TGM, 2008]   Krimmling, Jörn; Oelschlegel, Joachim; Höschele, Viktor: Technisches Gebäudemanagement – Instrumente zur Kostensenkung in Unternehmen und Behörden; 3. erweiterte Auflage; expert verlag, Renningen 2008

[VDI 2898]   DV-Einsatz in der Instandhaltung – Anforderungen und Kriterien; VDI-Gesellschaft Produktionstechnik (ADB); 1996

[WHO, 2009]   WhoisWho Facility Management 2009/2010; Bauverlag BV GmbH; Gütersloh 2009

[WZ, 2008]   Gliederung der Klassifikation der Wirtschaftszweige, Ausgabe 2008 (WZ 2008), Statistisches Bundesamt, Wiesbaden 2008

15 Abbildungsverzeichnis

Dr. Joachim Oelschlegel

CAD-Systemhaus Dr. Joachim Oelschlegel

info@cad-systemhaus.de, www.cad-systemhaus.de

Dr.paed.Joachim Oelschlegel ist Inhaber der Firma CAD-Systemhaus Dr.Oelschlegel. Das Unternehmen, 1990 gegründet, hatte sich als CAD-Systemhaus bis 2005 auf zwei Bereiche spezialisiert: Geoinformationssysteme (GIS) auf Basis von MicroStation und CAFM auf Basis von AutoCAD und pit-FM. Nach Verkauf von Teilen der Firma hat sich Dr.Oelschlegel auf CAFM spezialisiert. Die Dienstleistungen reichen über Consulting, Erstellung von Pflichtenheften bis zur System- und Anwenderbetreuung. CAFM-Projekte wurden in Industrieunternehmen, Behörden und Krankenhäusern realisiert. Dr. Oelschlegel ist seit 2006 Vorsitzender des Vorstands der Gesellschaft zur Förderung der Softwareindustrie in Sachsen (GeSIS e.V.). Seine Promotion war auf dem Gebiet des Computergestützen Lernens und beschäftigte sich mit der Diagnostik und Prognostik von Klausurergebnissen in der ingenieur-mathematischen Ausbildung.

Prof. Dr. Harald Löhr

loehr@dd.sda.de

Harald Löhr studierte Theoretische Elektrotechnik (Diplom 1964) an der TH Ilmenau und promovierte dort auf dem Gebiet der Supraleitung (1971). Ab 1970 Industrietätigkeit in Dresden. Schwerpunkt war der Rechnereinsatz für Information/Dokumentation im Betrieb (Information Retrieval System). Parallel dazu Weiterbildungsvorträge für Anwender und Nutzer dieser Systeme. Habilitation auf dem Gebiet Datenbanken an der TU Dresden (1981). Hochschuldozent Dateiorganisation und Datenbanken1982 (Ingenieurhochschule Dresden), Professor für Informationsverarbeitung. 1985 (Ingenieurhochschule Mittweida). Ab 1991 Lehrtätigkeit zu Grundlagen der Informatik, Programmiersprachen und Datenbanken bis 2006. Über 30 Veröffentlichungen, mehrere Lehrbriefe, 1994 Buch Computernutzung für Nichtprofis.

Dipl.-Ing. Odette Müller

pit-cup GmbH / Niederlassung Dresden

odette.mueller@pit.de; www.pit.de

Abschluss 1982 als Dipl.-Ing. für Informationstechnik an der TU Dresden. Beratung und Projektleitung für den Einsatz von CAFM- und CAD-Systemen; Erarbeitung von kundenspezifischen Aufgabenstellungen und Datenmigrationskonzepten; Aufwandskalkulation, Projektbegleitung und Schulung der Nutzung von CAFM- und CAD-Systemen (Schwerpunkte pit-FM und pit-CAD auf Basis AutoCAD/MicroStation).

Dipl.-Ing. Michael Heinrichs

IMS GmbH

michael.heinrichs@imsware.de, www.imsware.de

Michael Heinrichs erlangte seinen akademischen Abschluss als Diplom Ingenieur 1997 an der RWTH Aachen mit der Studienrichtung Architektur. Seine beruflichen Schwerpunkte liegen im Bereich CAFM und dem Hochbau. Er setzt seine langjährigen Erfahrungen und Kompetenzen als Geschäftsführer im Unternehmen der IMS Gesellschaft für Informations- und Managementsysteme mbH in Dinslaken ein.

Dipl.-Oec.troph (FH) Peter Schmidt (B.B.A. Facility Management)

Axxerion Facility Services B.V.

p.schmidt@axxerionfs.eu, www.axxerionfs.de

Consultant bei Axxerion Facility Services für die Implementierung von Axxerion CAFM in Münster und Heteren NL. Schwerpunkte sind dabei die Projektierung von Systemeinführungen in der Lebensmittelindustrie, im Gesundheitswesen sowie im Mittelstand.

Facility Consultant bei der Fa. BASIC Facility Management in Dortmund für die Bearbeitung von diversen FM-Projekten und Kundenbetreuung im Maincontracting sowie die Entwicklung und Ausbau einer innovativen Spezial-Dienstleistung im Gesundheitswesen. Studium „Deutsch Niederländisch Dienstleistungs- und Facility Management" an der Fachhochschule Münster und Hogeschool Saxion IJselland Deventer NL. Abschluss 2004.

Tätigkeiten in der Notfallmedizin als Rettungsassistent und Paramedic, Ausbildung zum Staatlich geprüften Desinfektor, Ausbildung zum Rettungssanitäter und Berufsausbildung als Fliesen- Platten- und Mosaikleger.

Dipl.-Ing. (FH) Roland Bartmann ;MBA

Roland.Bartmann@iveco.com

1987-1990 Ausbildung zum Energieelektroniker; 1991-1995 Industrieelektronik an der FH in Ulm studiert; 2005-2008 berufsbegleitend Master of Business Administrations an der Hochschule Neu-Ulm; seit 10/2006 bei IVECO als Instandhaltungsleiter tätig.

Ein Schwerpunkt seiner bisherigen Tätigkeiten war immer die Entwicklung eines HMI (Human Machine Interface), um Anlagen zu bedienen und Informationen darzustellen. Die Diplomarbeit bei der Fa. Liebherr beinhaltete die Programmierung einer Kransimulators für Schulungszwecke. Bei der Fa. FAUN in Nürnberg war er für die Entwicklung des ersten CAN-BUS Systems und Visualisierung der Fahrzeugdaten in einem FAUN-Mobilkran verantwortlich. Bei der Fa. Uhlmann entwickelte er ein HMI für Kleinmaschinen.

Dr. Michael Dahr

Dr. Dahr Consulting GmbH

info@dr-dahr-consulting.de; www.dr-dahr-consulting.de

Dr. Michael Dahr ist Gründer und Geschäftsführer der Dr. Dahr Consulting GmbH in Bonn. Nach dem Studium der Informatik promovierte er im Bereich Deduktiver Datenbanken. Über 15 Jahre praktische Erfahrungen zur Optimierung von Geschäftsprozessen in Vertrieb, Marketing und Service sind in die Programmentwicklung von Process Management Solutions (PMS) eingeflossen. Michael Dahr ist langjähriger Lehrbeauftragter an der Universität Münster.

Rainer Siewert

Nord FM, Büro für Objekt- und Liegenschaftsbewirtschaftung

siewert@fm-nord.de; http://www.fm-nord.de

Rainer Siewert absolvierte 1983 am BMK Industrie- und Hafenbau in Stralsund ein Meisterstudium mit Abschluss Meister Hochbau. 1994 erfolgte die Ausbildung zum Kaufmann in der Grundstück- und Wohnungswirtschaft mit IHK Abschluss. Seit 2006 ist er Inhaber des Büros für Objekt- und Liegenschaftsbewirtschaftung FM Nord.

Dipl.-Inf. Olaf Th. Buck

Pietschconsult GmbH

olaf.buck@pietschconsult.de; http://www.pietschconsult.de

Olaf Th. Buck ist derzeit Leiter des Unternehmensbereichs CAFM-Software bei der Pietschconsult GmbH in Lübeck. Nach dem Studium der Informatik in Lübeck war er mehrere Jahre als Entwickler und Projektleiter im CAFM-Bereich tätig. Außer für die Weiterentwicklung der hauseigenen CAFM-Software consultware® FM zeichnet er u.A. auch verantwortlich für die Koordination der Einführungsprojekte bei Kunden bundesweit. Olaf Buck ist Lehrbeauftragter an der SRH Fachhochschule Heidelberg für CAFM-Softwaresysteme.

Dipl.-Geogr., Betriebswirt (IWW) Andreas Malec

IP SYSCON GmbH

Andreas.malec@ipsyscon.de; www.ipsyscon.de

Andreas Malec schloss sein Studium 2002 in Hannover ab. Seitdem arbeitet er als Projektleiter und Consultant im Bereich Abbildung von Geschäftsprozessen im CAFM, CAD und GIS. Er war maßgeblich an der Entwicklung der branchenspezifischen CAFM-Lösung pit-Kommunal mit Kopplung zu ESRI (ArcGIS/ArcGIS Server) und anderen GI-Systemen beteiligt. Momentan erfolgt die Weiterentwicklung im Zusammenhang mit mobilen Lösungen.

Dipl.-Ing. (FH) Sabrina Raffelsberger

Ing. Günter Grüner GmbH

s.raffelsberger@gruener.com; http://www.gruener.com

Facility Management Studium an der FHS Kufstein Tirol. Danach Tätigkeit in der Immobilienabteilung der Österreichischen Bundesforste AG mit Schwerpunkt der digitalen Verarbeitung von Grundstücks-, Liegenschafts- und Mietvertragsverwaltung. Seit Oktober 2007 als Projektleiterin im Bereich Facility Management – CAFM der Ing. Günter Grüner GmbH in Telfs (Österreich). Koordination und Umsetzung von Einführungsprojekten im Immobilienbereich.

Dipl.-Ing. Robert Umshaus

Ing. Günter Grüner GmbH

r.umshaus@gruener.com; http://www.gruener.com

Wirtschaftsingenieurstudium Fachrichtung Elektrotechnik an der TU-Graz. Seit 1997 bei der Ing. Günter Grüner GmbH, Geschäftsführer und Leiter des Geschäftsfeldes Facility Management, Projektleiter im Bereich Facility Management. Lehrtätigkeit an der FH Kufstein Tirol.